# Mein Vetter, der Räuber

Werner Becker

# Mein Vetter, der Räuber

Das Leben des Friedrich Philipp Schütz
genannt Mannefriedrich
1780 – 1812

Kurpfälzischer Verlag
Heidelberg

2018

Bibliographische Information der Deutschen Bibliothek

Die Deutsche Bibliothek verzeichnet diese Publikation in der Deutschen Nationalbibliographie; detaillierte bibliographische Daten sind im Internet über http://dnb.ddb.de abrufbar.

2018

© Urheberrechte des Textes beim Autor

Copyright der grafischen Gestaltung beim Verlag

Kurpfälzischer Verlag Heidelberg
Gestaltung und Herstellung: Kurpfälzischer Verlag
Umschlag: Bettina Bank, Heidelberg
Lektorat: Hansjoachim Räther, Ingrid Moraw, Heidelberg
Druckerei: City Druck, Heidelberg

**ISBN 978-3-924566-59-3**

Für Waltraud Becker-Hammerstein,
ohne deren Hilfe ich das Buch nicht hätte schreiben,
viele Dokumente nicht hätte entziffern
und die dänischsprachigen Texte nicht hätte lesen können

**Inhalt**                                                                 **S.**

**Prolog**
1. Räuber, Räuber, Räuber                                                   11
2. Der Lauf der Gerechtigkeit. Das Todesurteil vom 27. Juni 1812            23

**I. Arbeitsemigration 1778 – 1788**
3. Faltin Schütz seine Schuldigkeit                                         25
4. March Route. Die Reise von Nassau nach Lübeck                            35
5. Tobacks Pflantzen Arbeiter                                               37
6. Ich heiße Philipp Friederich Schütz. Lebenslauf                          47
7. Brahetrolleborg                                                          49
8. Schützin und Stein. Beschwerde an die Reichsritterschaft                 57

**II. Herumziehendes Leben 1788 – 1811**
9. Verweisung                                                               59
10. Liederliches Bettelgesindel. Recht und Gesetz im Jahr 1790              67
11. Allerley Leute                                                          71
12. Streifzüge und Visitationen. Ein Staatsvertrag von 1801                 83
13. Ein äußerst gefährlicher Mensch                                         89
14. Vom strobeligen Adel bis zum Zunderhannes. Räubernamen                  103
15. Kochemer, Jenische und andere Eingeweihte                               107
16. Aber lag ich in der Freiheit weicher? Drei Aussagen zur Praktischen Lebensphilosophie   117
17. … ach Gott, dort drunten liegt Hemsbach                                 121
18. Eine Weste mit schwarzen Blümchen. Steckbriefe                          135

**III. Zuchthaus 1811/12**
19. Ludovicus Adamus Aloysius Pfister                                       139
20. Da nahete sich die Räuberband ... Moritat I                             153
21. Ich bin der nicht, für welchen Sie mich halten                          157
22. Hört mir itzt zu, ihr liebe Leut ... Zwei Gedichte von Friedrich Philipp Schütz   169
23. Von der Kinzenbacher Mühle                                              173
24. Nun hör' mein lieb Kathrinchen. Das Abschiedsgedicht von Friedrich Philipp Schütz   185
25. Ketten, Schappeln, Sprenger, vernietet und mit Blei ausgegossen         187

| | |
|---|---|
| 26. Das Haar zu Berg euch sträuben soll ... Moritat II | 201 |
| 27. Mitgegangen, mitgefangen, mitgehangen | 205 |
| 28. Das Märchen vom Blendwerk. Friedrich Philipp Schütz' Version einer Eulenspiegel-Geschichte | 215 |

**IV. Schafott 1812**

| | |
|---|---|
| 29. Er ist unter Allen der Gebildetste, Manierlichste und Klügste | 217 |
| 30. Manne Friederichs Lebensgeschichte nach dem ABC. Moritat III | 231 |
| 31. Abscheu und Verachtung, Mitleid und Erbarmen | 233 |
| 32. Drum aus der Höll' bin ich gekehrt. Moritat IV | 247 |
| 33. Was bleibt: der Spitzname und ein paar Verse | 251 |
| 34. In weißen Totenkleidern. Die öffentliche Verkündung der Urteile | 265 |
| 35. Hinrichtungs-Tourismus | 271 |
| 36. Das Lächeln, das ihm eigen war. Theophor Dittenbergers Bericht vom Tod des Friedrich Philipp Schütz | 287 |

**Anhang**

| | |
|---|---|
| Abkürzungen | 291 |
| Anmerkungen | 292 |
| Ungedruckte Quellen | 305 |
| Gedruckte Literatur und andere Medien | 306 |
| Informationsquellen im Internet | 323 |
| Ortsregister | 324 |
| Personenregister | 330 |
| Dank | 341 |
| Bildnachweis | 344 |

„Büchner ... sagte, es sei keine Kunst, ein ehrlicher Mann zu sein, wenn man täglich Suppe, Gemüse und Fleisch zu essen habe".

*Der angeklagte Theologe Heinrich August Becker im Verhör vom 1. September 1837 über die Herausgabe des „Hessischen Landboten" (Georg Büchner: Sämtliche Werke und Schriften/Marburger Ausgabe, Bd. 2.2., Darmstadt, 2013, S. 88)*

# Prolog

### 1. Räuber, Räuber, Räuber

Seit jeher behauptet der Straßenräuber seinen festen Platz im Branchenverzeichnis des Verbrechens – und in unserem kollektiven Gedächtnis auch. Das ist erstaunlich, weil er eine eher historische Figur und die Konkurrenz in der Rubrik der Eigentumsdelikte groß ist. Sind Piraten nicht verwegener und fotogener? Bankräuber und Falschmünzer nicht handwerklich versierter? Erpresser und Trickbetrüger nicht raffinierter, Taschendiebe nicht kecker? Dagegen der Straßenräuber: „Geld her, oder ...", eher derb, brutal, ein bisschen einfältig; also der Mann, der, meist im Verein mit anderen Männern, tags oder nachts in einer einsamen Gegend, im Wald und auf der Heide, gern in einem Hohlweg, Postkutschen oder wandernde Handelsleute überfällt und ausraubt; der nicht manierlich gekleidet und gekämmt ist, in der Regel ein unordentlich geknotetes rotes Halstuch trägt und im übrigen mit einem Knüppel oder einer altmodischen Pistole herumfuchtelt; der das Geraubte in einsam gelegenen Mühlen versteckt oder in schäbigen Wirtshäusern, sagen wir: verjubelt.

Manchmal hat dieser selbe Mann, ungeachtet seiner rauen Schale, einen weichen Kern, einen guten, sogar einen edlen Charakter, manchmal wird er arg verkannt und zeigt Mitleid, verschont die Armen und gibt ihnen, was er den Reichen nimmt. Und deshalb wird er am Ende nicht gehängt. Wie auch immer: am besten ist er ein Räuberhauptmann, hat eine Räuberbande und eine Räuberbraut, lebt, den Räuberhut auf dem Kopf, in Gottes freier Natur, wenn er sich nicht in einer Räuberhöhle oder in einer Räuberspelunke verstecken muss, spricht eine zur Nachahmung reizende Räubersprache, erzählt Räubergeschichten und singt – ganz wichtig – Räuberlieder. Das zumindest können noch so raffinierte Erpresser, noch so versierte Bankräuber nicht aufweisen, geschweige denn ordinäre Taschen- oder gar Ladendiebe. Und genau das sichert dem Straßenräuber seinen festen Platz auf den Gelben Seiten unserer Sozial- und Kulturgeschichte.

Mit der kruden Wirklichkeit hat das wenig zu tun? Macht nix. Das Räuberlatein behauptet sein eigenes Recht: der Straßenräuber des 18. und 19. Jahrhunderts als romantisch verklärtes Wesen. Verklärt, als Bösewicht der besonderen Art, mit Bodenhaftung zwar, aber nicht ganz von dieser Welt, haben ihn die Literatur, Theaterstücke, Romane – Räuberromane –

und Balladen – Räuberballaden – und der Film und die Malerei und die Musik, über 200 Jahre lang, in jeder Generation anders und neu.

Die Liste der einschlägigen Beispiele ist lang, ein paar nur will ich, zur Erinnerung, erwähnen: Schillers „Räuber" natürlich („Ein freies Leben führen wir, ein Leben voller Wonne. Der Wald ist unser Nachtquartier, bei Sturm und Wind hantieren wir, der Mond ist unsre Sonne ..."). Oder, heute ganz vergessen, die Bestseller der vorvorletzten Jahrhundertwende und des frühen 19. Jahrhunderts mit ihren sprechenden Titeln: „Rinaldo Rinaldini, der Räuberhauptmann. Eine romantische Geschichte unseres Jahrhunderts in 3 Teilen oder 9 Büchern" von Goethes Schwager Christian August Vulpius; „Abällino, der große Bandit" von Heinrich Zschokke; „Hedwig, die Banditenbraut" von Theodor Körner; und das gruselige „Wirtshaus im Spessart" von Wilhelm Hauff, 1828 zum ersten Mal im Druck erschienen (und in den 1950ern als Film – „Ach, das könnte schön sein ..." – überaus erfolgreich). Oder, ein Jahrhundert später, Zuckmayers „Schinderhannes", auf der Bühne und auf der Leinwand („Im Schneppenbacher Forste, da geht der Teufel rumdibum, de Hals voll schwarzer Borste, und bringt die arme Kaufleut um!").

Die Verklärung hatte Folgen: „Wenn die Räuber nichts anderes vor den übrigen Verbrechern voraus hätten, so blieben sie immer noch die vornehmsten unter allen, weil sie als einzige eine Geschichte haben. Die Geschichte der Räuberbanden ist ein Stück der Kulturgeschichte von Deutschland, ja von Europa überhaupt" – so leitete Walter Benjamin seinen Rundfunkvortrag über „Räuberbanden im Alten Deutschland" ein, den im September und Oktober 1930 die Sender Frankfurt am Main und Berlin ausstrahlten[1]. Kulturgeschichte von Deutschland – ein großes, ein zu großes Wort, aber immerhin.

Was der Autor dann seinen Hörern erzählte, hatte er den drei Bänden über „Das deutsche Gaunerthum in seiner sozialpolitischen, literarischen und linguistischen Ausbildung zu seinem heutigen Bestande" des Juristen Avé-Lallemant entnommen, die in den 1850ern erschienen waren. Und die wiederum hatte ihm, in der Neuausgabe von 1914, sein Freund Gerhard (Gershom) Scholem 1919 zum Geburtstag geschenkt. Scholem begründete das Geschenk damit, dass dieses Buch „die jüdische Unterwelt in ihrer Beziehung zur deutschen ausführlich behandelte, ein von der jüdischen Historiographie tabuisiertes Thema, das mich als komplementär zur jüdischen 'Oberwelt' der Mystik stark anzuziehen begann. 'Die Gauner als Gottes Volk – das wäre eine Bewegung', schrieb ich damals"[2]. Noch so ein großes Wort und ein anderes Stück Kulturgeschichte von Deutschland. Es kann hier nicht behandelt werden, aber den jüdischen Räubern werden wir später noch begegnen, und den jüdischen Opfern auch.

Seit den 1960ern kamen weitere in der jeweiligen örtlichen Folklore verankerte Räuber, die zu Rebellen stilisiert wurden, zu literarischen und cineastischen Ehren: der bayerische Hiasl, der Kneißl Hias (recte Matthias Kneißl), der Hannikel (= Jacob Reinhardt) aus Süddeutschland; Nickel List und Lips Tullian aus Sachsen; der Fetzer (= Matthias Weber) oder Damian Hessel aus dem Rheinland. Charakteristisch für diese Zeit ist die Verfilmung des – in den Untersuchungsakten von 1822 gut belegten – Postraubs in der Subach (in Oberhessen) durch Volker Schlöndorff und Margarethe von Trotta: „Der plötzliche Reichtum der armen Leute von Kombach" (1971). Hier sind wir, diesmal übrigens ohne jede Verklärung, tief in der Sozialgeschichte des 19. Jahrhunderts angekommen.

Wer will, kann leicht die Entsprechungen in anderen europäischen, auch überseeischen Ländern finden, zu den Briganti in Italien, den Trabucaires in den Pyrenäen, den Bandoleros in Spanien, die es in Ronda sogar zu einem eigenen Museum gebracht haben. Und wenn wir uns schon außerhalb Deutschlands umsehen: wer denkt beim Stichwort „Räuber" nicht an Robin Hood, an Bonnie & Clyde, an John Dillinger, an die französischen Mantel- und Degen-Filme, an Ali Babas 40 Raubgesellen? Jeder wird da ein anderes Bild im Kopf haben – der Räuber als strahlender oder als tragischer Held, als Opfer der Verhältnisse, als mieser Verräter, als Rebell, als Rächer der Armen, als Luftikus, als unglücklich Liebender, als verschrobener Einzelgänger – und mit gemalt an diesen Bildern haben ganz gewiss die Kinderbücher, „Der Räuber Hotzenplotz", „Die Räuber von Kardemomme", „Ronja, Räubertochter" und was noch alles.

Mein kindliches Bild vom Räuber prägte kein Buch, sondern ein klitzekleines, kaum daumennagelhohes, bunt bemaltes Steinfigürchen, das den Rübezahl darstellen sollte und mir, gegen Ende des Zweiten Weltkriegs, als Belohnung für eine – im übrigen obligatorische – Spende an das Winterhilfswerk der Nazis ins Haus gekommen war. Das Kerlchen sah putzig und bedrohlich zugleich aus, hatte wuschelige Haare und einen Rauschebart, der fast das ganze Gesicht verdeckte und bis zum Gürtel herunterhing. Es hatte ein grünes Wams an und Wadenwickel statt Strümpfen. Die Arme waren nackt. In der rechten Hand hielt der Unhold, offenbar jederzeit zum Zuschlagen bereit, einen halb hinter dem Kopf verborgenen, sich nach oben hin verdickenden Knüppel. Richtig was zum Fürchten, und die Vorstellung, so einem leibhaftig zu begegnen, weckte in mir ein Schaudern, das auch heute noch, viele Räuberbilder später und ungeachtet des Umstandes, dass der Rübezahl nicht einmal ein richtiger Räuber war, abrufbar ist.

Mein – mittlerweile großväterliches – einschlägiges Lieblingsbuch ist „Die drei Räuber" von Tomi Ungerer. Seine Helden, ausgestattet mit allem, was herkömmlich zu ihrem Handwerk gehört, mit schwarzen Mänteln, schwarzen, federverzierten Hüten, Donnerbüchse, Hellebarde und einem Blasebalg zum Pfeffersprühen, wissen gar nicht mehr, warum sie die Pferde scheu machen, die Kutschen ausrauben und Kisten voller Gold und Perlen anhäufen; sie tun es aus Gewohnheit, in routinierter Ausübung eines erlernten Berufs gewissermaßen. Sie hatten, behauptet der Autor, „sich nie überlegt, was sie mit all dem Reichtum anfangen könnten", und gaben, von einem kleinen, allerliebsten Mädchen darauf angesprochen, alles her, um ein Schloss für Waisenkinder zu bauen. So leicht ist das – im Märchen – mit der Resozialisierung.

„Ein freies Leben führen wir ...": Titelblatt der Erstausgabe der „Räuber" von 1781

Höchste Zeit, das Feld der schönen Literatur zu verlassen und uns der Wirklichkeit zuzuwenden. Und der Frage: Was macht einen Menschen zum Räuber? Die Missgunst und die Intrige eines bösen Bruders (Franz hieß die Kanaille), antwortete der schon erwähnte Johann Christoph Friedrich Schiller und machte aus dieser These ein wortreiches, hoch pathetisches Theaterstück, das am 13. Januar 1782 im Mannheimer Nationaltheater, dem kurz zuvor aufwändig umgebauten kurfürstlich-pfälzischen Schütt- und Zeughaus (im Innenstadt-Quadrat B 3), uraufgeführt wurde. Schiller war da 22 Jahre alt und stand ganz am Anfang seiner glänzenden literarischen Karriere.

Was macht einen Menschen zum Räuber? Die politischen und gesellschaftlichen Verhältnisse seiner Zeit, meinte Friedrich Philipp Schütz, wenn er, der wohnsitzlose Angeklagte, am 19. Juni 1811, kurz bevor er in „de Hoorige Ranze", das – nunmehr großherzoglich-badische – Mannheimer Zuchthaus (im Quadrat Q 6), verlegt wurde, seinem Heidelberger Untersuchungsrichter ins Protokoll diktierte: „Die großen Herren sind selbst Schuld daran, daß wir stehlen müssen. Geduldet werden wir nicht; – Pässe bekommen wir nicht; – wir dürfen also auch nirgends aufgenommen werden; – und leben wollen wir denn doch". Schütz war jetzt 30 Jahre alt und stand ganz am Ende seiner jämmerlichen kriminellen Karriere; im Jahr darauf wurde er öffentlich enthauptet.

Quadrate, die eigentlich Rechtecke sind: Mannheim im Jahr 1813

Beide, der 20 Jahre ältere, später hoch berühmte, mit psychologischen Erklärungen hantierende, intellektuelle Aufklärer Schiller, der über Räuber bloß schrieb, und der verdreckte, gänzlich unberühmte Vagabund Schütz, der selbst ein Räuber war und genau wusste, wovon er sprach, meinten – ohne allen sonstigen Vergleich – dasselbe: dass ein Mensch zum Räuber wird, ist zwar eine Abweichung von dem, was sein soll, hat aber Ursachen, die erforscht, benannt, behoben werden können – und müssen. Von der Theorie der biologischen oder sonstigen Vorherbestimmung und von dem, was Kirchen und Staaten, was insbesondere die Strafverfolger der Zeit daraus ableiteten („von Gaunern geboren, zu Gaunern erzogen, als Gauner gelebt"), hielten sie nichts. Ob sie Recht damit hatten, das zu entscheiden überlasse ich den einschlägig Beflissenen. Ein bisschen Material zum Thema kann die folgende Geschichte aber liefern.

Von Friedrich Schiller und seinen „Räubern" will ich nicht mehr viel reden, wohl aber von Friedrich Philipp Schütz, nicht zuletzt deshalb, weil ich mit ihm verwandt bin, entfernt verwandt, ziemlich weit entfernt, aber doch so, dass es in Zeit und Raum nachgezeichnet werden kann. Des Räubers und meine gemeinsamen Vorfahren, so stellte sich heraus, lebten im 17. Jahrhundert und hießen Hans Anders (Enders) und Anna Maria Schütz; er lebte von 1629 bis 1700, wuchs also noch im 30jährigen Krieg auf, sie starb 1691 (ihr Geburtsjahr und ihren Mädchennamen verschweigen die Akten). Die beiden sind – ich muss es immer wieder nachzählen – Friedrich Philipps Urur- und meine Urururururururur-Großeltern: mein Vetter, der Räuber.

Von alledem nichts wissend, bin ich ihm zuerst begegnet bei der Lektüre eines Buches, das den etwas sperrigen – und zeittypischen – Titel trägt „Bericht vom poetischen Leben der Vaganten und Wegelagerer auf dem Winterhauch, besonders aber vom Aufstieg des Kastenkrämers Hölzerlips zum Odenwälder Räuberhauptmann". Erschienen ist es 1978, und geschrieben haben es Dieter Preuss und Peter Dietrich. Den ersteren kannte ich ganz gut. Während meiner Journalisten-Jahre zwischen 1965 und 1968 waren wir Kollegen in der Redaktion des „Mannheimer Morgen" (im Innenstadt-Quadrat R 1 – daher die Ortskenntnis; wir wohnten in T 1). Außerdem kämpften wir gemeinsam im „Republikanischen Club" gegen die damalige Große Koalition, die Notstandsgesetze, die NPD, den Vietnam-Krieg und was einem sonst noch zu dieser Zeit politisch zuwider war. Ich kaufte das Buch aus Sympathie für seinen Autor, mit dem ich, mittlerweile in Bonn, gar keine Verbindung mehr hatte, und – las es nicht. Mit Winterhauch und Hölzerlips konnte ich nichts anfangen, und mit Odenwälder Räuberbanden aus dem vorigen Jahrhundert auch nicht.

Das sollte sich ändern. Als ich das Buch, einige Jahre später und eher widerstrebend, dann doch las, stieß ich auf Seite 78 auf den Lebenslauf eines Mitglieds besagter Hölzerlips-Bande, die am 1. Mai 1811 bei Hemsbach an der Bergstraße eine Kutsche überfallen, ausgeraubt und einen der Insassen so schwer verletzt hatte, dass er kurz darauf starb. Der Hölzerlips-Kumpan firmierte, nach Räuberart, unter dem Namen Mannefriedrich. In Wirklichkeit hieß er Friedrich Philipp Schütz und war in Kopenhagen geboren; seine Eltern jedoch stammten aus Frücht, einem kleinen Dorf am nördlichen Rand des Taunus, nahe bei Bad Ems, wo ich zur Schule gegangen bin, einen Katzensprung entfernt von meinem Heimat-Städtchen Nassau an der Lahn (Ortskenntnis hilft).

Überdies: mein Vater ist in Frücht geboren, eine seiner Urgroßmütter hieß Johannette Marie Becker, geb. Schütz und lebte von 1824 bis 1889. Das war ein paar Jahre nach Mannefriedrichs Lebenszeit, aber mir war sofort klar: Um diesen Mann musst du dich kümmern. Gab es da – sieben Generationen zurück zwar und einmal um die Ecke, aber immerhin – einen Räuber, einen Raubmörder gar in der Familie?

Viel Zeit für ernsthafte Recherchen hatte ich nicht. Lange Jahre hindurch blieb es bei der gelegentlichen Lektüre von Büchern und Aufsätzen über das Räuberunwesen im deutschen Westen und Südwesten im 18. und 19. Jahrhundert, in Sonderheit der „Actenmäßigen Geschichten", die die damaligen Untersuchungs-Beamten selbst veröffentlicht hatten: Johann Nikolaus Becker und Anton Keil (für das Rheinland), Carl Friedrich Brill (Darmstadt), Friedrich Ludwig Adolf von Grolman (Gießen), Andreas Friedrich Georg Rebmann (Mainz), Carl Philipp Theodor Schwencken (Kassel). Dabei machte ich die Bekanntschaft all dieser Hannikels und Fetzers und Hessels und zudem mir bisher unbekannter, aber offenbar legendärer Räuberbanden wie der Brabäntischen, der Holländischen, der Meersener, Crevelder, Neußer, Neuwieder oder Vogelsberger. Aufregend das alles, aber ohne konkreten Bezug auf Friedrich Philipp Schütz.

Wirklich konkret wurde es erst, als mir in einem Antiquariat ein Nachdruck der „Aktenmäßige(n) Geschichte der Räuberbanden an den beiden Ufern des Mains, im Spessart und im Odenwalde. Enthaltend vorzüglich auch die Geschichte der Beraubung und Ermordung des Handelsmanns Jacob Rieder von Winterthur auf der Bergstraße. ... Vom Stadtdirector Pfister zu Heidelberg" aus dem Jahr 1812 in die Hände fiel. Pfister hat die Hölzerlips-Bande hinter Schloss und Riegel gebracht, des Raubmords überführt und aufs Schafott befördert, und dieses sowie seine folgenden Bücher waren die wichtigsten Quellen nicht nur für das Gespann Preuss/Dietrich, sondern auch für alle, die danach über die Odenwald-Räuber und Friedrich Philipp Schütz schrieben. Und das waren viele.

Als ich anfing, mich ernsthaft mit dem Thema zu befassen, stellte ich zu meiner Verblüffung fest, dass mein Vetter, der Räuber, so unbekannt, wie ich gedacht hatte, gar nicht war, dass der am 31. Juli 1812 hingerichtete Mannefriedrich ein ausgedehntes öffentliches Nachleben hatte. Immer wieder taucht sein Name auf: in juristischen und soziologischen Abhandlungen, in Aufsätzen, Büchern, akademischen Abschlussarbeiten über das Räuberwesen und die sozialen Unterschichten, sogar bei Avé-Lallemant, dem schon erwähnten Kriminologen-Papst des 19. Jahrhunderts; im „Neuen Pitaval"; in Ausstellungs-Katalogen und Werken der Bildenden Kunst; in den periodisch wiederkehrenden Räuber-Anthologien und in einem erfolgreichen Jugendbuch (Michail Krausnick: „Beruf: Räuber"); in der – meist romantisierenden – Regional-Literatur bis hin zur Heidelberger und Odenwälder Tourismus-Werbung. Vom Internet gar nicht zu reden, schon deshalb nicht, weil es, mit wenigen Ausnahmen, zum Thema schwachsinniges und infantiles Zeug enthält, das man nicht einmal ordentlich zitieren kann, weil es dauernd, aber nicht zu seinem Vorteil, umgeschrieben wird.

Sogar die paar Dutzend Verse, die Schütz während seiner Haft in Heidelberg und Mannheim verfasst und die Pfister überliefert hat, sind immer wieder, bis in die jüngste Zeit hinein, nachgedruckt worden, in Bänkel- und Räuberlieder-Sammlungen, neben Texten von Schiller(!), Heine, Lenau, Wedekind, Brecht, Lasker-Schüler, Mühsam und vielen anderen, Vergessenen wie Unvergessenen. Vertont und am Lagerfeuer oder auf Schallplatten gesungen worden sind sie auch.

Erstaunlich genug, aber nicht wirklich hilfreich. Denn bei der Lektüre stellte sich schnell heraus: Nichts davon beruht auf eigener Nachforschung, wie das bei dem Buch von Preuss & Dietrich mit dem sperrigen Titel noch der Fall gewesen war; die beiden hatten sogar die originalen Vernehmungsakten gelesen. Alles, aber auch alles andere ist, mit und ohne Quellenangabe, manchmal richtig, manchmal falsch zitiert, bei Ludwig Pfister abgeschrieben, oft genug unter Einschluss seiner Irrtümer. Der Rest ist Fantasie mit Spucke, ernst zu nehmende oder leichtfertige Interpretation, poetische Verklärung oder dumpfe Dämonisierung, plumpe Verfälschung gar. Viel Schutt, unter dem man den Menschen, um den es mir geht, nicht mehr erkennt. Nicht er spricht, andere sprechen für ihn, andere sprechen über ihn.

Je mehr ich las, desto unzufriedener wurde ich und desto größer wurde meine Neugier. Ich wollte mehr, viel mehr und anderes wissen über meinen Vetter, den Räuber. Aus der Belustigung über die Räuberpistole wurde detektivischer Ernst.

Wie aber rekonstruiert man die Biografie eines Menschen, der vor mehr als 200 Jahren gelebt und nichts, kein Haus, kein Hemd, keinen Teller, kein Blatt Papier, schon gar kein beschriebenes, hinterlassen hat? Der kaum je ein selbstbestimmtes Leben geführt hat, der in der Gesellschaft, in die er hinein geboren wurde, weit mehr Objekt als Subjekt war, für den andere entschieden, über den andere verfügten und – damals schon – schrieben? Der, wie es schien, immer nur auf der Landstraße unterwegs war und allenfalls gelegentlich in Gefängnissen und Zuchthäusern eine feste Bleibe fand?

Auch ein solcher Mensch muss Spuren hinterlassen haben, kleine, kleinste vielleicht, aber auch die wollte ich nachzeichnen. Ich machte mich auf die Suche und fand zunächst diejenigen, die, direkt oder indirekt, über das Schicksal von Friedrich Philipp Schütz entschieden, die eine wichtige Rolle in dem Drama dieses armseligen Lebens gespielt hatten, manche auf offener Bühne, manche in den Kulissen, manche nur aus dem off, mittels ihrer Gehilfen und Untergebenen, keine und keiner jedoch bloß als Statist, fast alle in tragenden Rollen. Einige kannte ich, aber zusätzlich machte ich – wie früher bei den Räubern, nun aber am anderen, am oberen Ende der sozialen Skala – die Bekanntschaft mir bisher unbekannter Menschen, darunter Duodezfürsten des Heiligen Römischen Reiches Deutscher Nation oder von Napoleons Gnaden, Aristokraten, Kirchenmänner, Beamte, ein Bankier. Hier sind, in der Reihenfolge ihres Auftretens, die Namen:

- Heinrich Ernst Graf Schimmelmann, nachmaliger dänischer Finanz- und Außenminister (1747-1821);
- Henriette Caroline vom und zum Stein, geb. Langwerth von Simmern (1721-1783); und ihr Sohn
- Heinrich Friedrich Karl Reichsfreiherr vom und zum Stein, nachmaliger preußischer Minister und Reformer (1757-1831);
- Johann Philipp Bethmann, Bankier in Frankfurt am Main (1715-1793);
- Balthasar Münter, Hauptpastor an der St. Petri Kirche in Kopenhagen (1735-1793);
- Johann Ludwig Graf Reventlow, dänischer Politiker und Schulgründer (1751-1801);

- Johann Georg Sartor, Konsistorialsekretär der fürstlich Nassau-Oranischen Regierung in Dillenburg (1737-1802);
- Wilhelm V., von Gottes Gnaden Prinz von Oranien, Fürst von Nassau, Statthalter der Republik der Sieben Vereinigten Niederlande etc etc (1748-1806);
- Dr. Ludwig Aloys Pfister, Stadtdirektor in Heidelberg und nachmaliger großherzoglich badischer Bundestags-Commissär bei der Central-Untersuchungs-Commission in Mainz (1769-1829);
- Theophor Friedrich Dittenberger, langjähriger lutherischer Stadtpfarrer in Heidelberg, Verfasser von Geografie-Lehrbüchern und großherzoglich badischer Kirchenrat (1766-1842);
- Dr. Ferdinand Kämmerer, nachmaliger ordentlicher Professor der Rechte in Rostock, Geheimer Hofrat und Verfasser juristischer und schöngeistiger Schriften (1784-1841);
- Carl Ludwig Friedrich, von Gottes Gnaden Großherzog von Baden, Herzog von Zähringen, Landgraf von Nellenburg, Graf zu Hanau etc, etc (1786-1818).

So kurios es angesichts dieser Liste erscheinen mag: Der Beschäftigung mit jedem einzelnen darin Verzeichneten verdanke ich wichtige Hinweise auf den Lebenslauf von Friedrich Philipp Schütz. Viele von ihnen haben über ihn verfügt, ohne ihn überhaupt zu kennen. Und er seinerseits hat die meisten dieser Herrschaften allenfalls dem Namen nach gekannt, die wenigsten je selbst zu Gesicht bekommen. Einen persönlichen Kontakt hatte er allein mit Pfister, der ihn 15 Monate lang vernommen, und mit Dittenberger, der ihn als Seelsorger aufs Schafott begleitet hat. Diese beiden sind also zugleich Darsteller in unserem Drama und wichtige Zeugen. Was sie überliefert haben, mag subjektiv gefärbt sein, ist bei Pfister oft von Voreingenommenheit, Bosheit und Zorn entstellt; informativ, auch für das 30 Jahre während Leben vor dem Hemsbacher Raubmord, ist es auf jeden Fall. Wichtige Zeugen, aber beileibe nicht die einzigen.

Denn da sind noch die Akten in den Archiven. Im Karlsruher Generallandesarchiv liegen die umfangreichen Untersuchungsprotokolle, die im Zusammenhang mit dem Überfall an der Bergstraße angefertigt wurden, tausende und abertausende von Seiten. Und siehe da: auf einigen von ihnen spricht der Räuber selbst, berichtet – meist, aber nicht durchweg zuverlässig – von seinem bisherigen Leben, räsoniert über Gott und die Welt, entwickelt Verteidigungsstrategien, leugnet standhaft, den Tod des Schweizer Kaufmanns verursacht zu haben, macht Späßchen, ärgert den Untersuchungsrichter, äußert Gefühle – das Objekt wird unversehens zum Subjekt. Der Mann, nach dem ich gesucht habe, wird sichtbar.

Es gibt andere Akten, vor allem im Stein'schen Archiv in Nassau, und andere Quellen, Kirchenbücher zum Beispiel (ein Hoch auf die, die sie damals führten, und auf die meisten von denen, die sie heute verwalten!), zeitgenössische Broschüren, Zeitungen, das Geplapper der Mitangeklagten. Oft genug aber liefen die Recherchen ins Leere. Die Vergangenheit gibt nicht alle ihre Geheimnisse preis. Da hilft kein „Es müsste doch ...", „Es sollte doch ...", „Es könnte doch ...". Ich muss mich begnügen mit dem, was ich gefunden habe.

Immerhin kann ich, was meinen Vetter, den Räuber, betrifft, erzählen von der Armuts-Emigration seiner Eltern von Frücht nach Kopenhagen; von einer Kindheit in Dänemark, einer Jugend in Oberhessen und einem offenbar ordentlichen Konfirmandenunterricht; von einer Handwerkslehre mit ungewissem Erfolg und einem Leben auf der Landstraße; von Diebstählen und Einbrüchen, von Verhaftungen und Ausbrüchen und insgesamt fast fünfjährigen Aufenthalten in Gefängnissen und Zuchthäusern; vom Überfall auf der Bergstraße natürlich und vom Tod auf dem Schafott; aber auch von (Ehe)frauen, von Kindern und von Nachkommen.

Kenner der Materie wird nicht erstaunen, dass es in dieser alten Geschichte zugleich um hochaktuelle Probleme geht: nicht nur um Arbeitsemigranten und Kollateralschäden, sondern auch um Abschiebungen (um die besonders), um die Armut, um ein Prekariat und um Überschuldung, um terroristische Vereinigungen, um grenzüberschreitende Kriminalität, folgerichtig um grenzüberschreitende Strafverfolgung und um den entsprechenden Datenaustausch, um den Entzug von Pässen, um Netz- und Schleierfahndung, um verdeckte Ermittler und V-Männer, um die Folter als Instrument zur Erpressung von Geständnissen. Nur eine Erzählung aus lange zurück liegender Zeit? Von wegen.

Alles in allem wird es eine Geschichte, in der, wie es sich bei diesem Thema gehört, alles Romantisch-Räuberliche vorkommt, das rote Halstuch, der Hut, die Sprache, die Lieder, die Bande, Hehler, Spelunken und der Wald als Nachtquartier; die Handelsleute, die Kutsche, sogar der hinter dem Kopf geschwungene Knüppel. Umso mehr aber muss von der kruden Wirklichkeit die Rede sein, von Brutalität und Qual, von Recht- und Obdachlosigkeit, von Kälte und Hunger, von Alkohol, Dreck und Blut. Es wird die Geschichte des Friedrich Philipp Schütz, geboren am 6. und getauft am 14. Dezember 1780 in Kopenhagen, gestorben am 31. Juli 1812 kurz nach 12 Uhr mittags und am gleichen Abend begraben in Heidelberg.

Räuberei im biedermeierlichen Gewand: „Ich bitte höflich um eine kleine Gabe." Lithografie von F. Gröber nach A. Trunz, um 1848

## 2. Der Lauf der Gerechtigkeit. Das Todesurteil vom 27. Juni 1812

Urteil<br>in Untersuchungssachen<br>gegen

Veit Krämer aus Ramsthal, Philipp Lang, vulgo Hölzerlips, aus Rod im Nassauischen, Philipp Friederich Schütz, vulgo Manne Friederich, aus Koppenhagen, Andreas Petry, vulgo Köhlers Andres, von unbekanntem Geburtsort und Sebastian Luz, vulgo Basti in Zwingenberg geboren

wegen Mord, Straßenraub, Einbruch, Diebstahl und Vagantenlebens

wird auf amtspflichtiges Verhör, gehörte Vertheidigung und erstattete Vorträge zu Recht erkannt: Daß

Veit Krämer des Straßenraubs mit Mord, auf der Bergstraße, an Rudolph Hahnhard aus Zürch und dem getödteten Jacob Rieder aus Winterthur; so wie des Straßenraubs mit Mord an dem Juden Hajum David von Altenkirchen auf der Königsteiner Straße; – 15 weiterer Straßenräube und 32 Einbrüche und Diebstähle, –

Philipp Lang des Straßenraubs mit Mord auf der Bergstraße und weiterer 15 Straßenräube und 22 Einbrüche und Diebstähle, –

Philipp Friederich Schütz, des nämlichen Straßenraubs mit Mord und weiterer 4 Straßenräube und 12 Einbrüche und Diebstähle, –

Andreas Petry, eben dieses Straßenraubs mit Mord, und weiterer 7 Straßenräube und 14 Einbrüche und Diebstähle, –

Sebastian Luz gleichfalls des Straßenraubs mit Mord an der Bergstraße, weiterer 7 Straßenräubereien und 6 gewaltsamer Einbrüche und Diebstähle

für schuldig einbekannt und überwiesen zu erklären, daher, ihnen zur gerechten Strafe, andern zum warnenden Beispiel, mit dem Schwerd vom Leben zum Tod zu bringen; – die Execution aber zuerst an Sebastian Luz, sodann an Andreas Petry, nach ihm an Friederich Schütz, hierauf an Philipp Lang und endlich an Veit Krämer zu vollziehen seye,

und werden sämmtliche Verbrecher zum Ersatz der Kosten, so weit ihr hinterlassenes Vermögen zureicht, samt und sonders, mit Ausnahme der auf ihre Hinrichtung ergehenden Unkosten, verurtheilt.

V R W

Dessen zu Urkund ist gegenwärtiger Urtheilsbrief nach Verordnung des Großherzoglich Badischen Oberhofgerichtes ausgefertigt und mit dem größeren Gerichts-Insiegel versehen worden.

        So geschehen Mannheim den 2ten Junius 1812
   Frhr von Drais  (L.S.) Dr. Gaum  vdt Schott

Wir Carl, von Gottes Gnaden Großherzog von Baden, Herzog von Zähringen, Landgraf von Nellenburg, Graf zu Hanau etc etc

wollen der Gerechtigkeit ihren Lauf lassen; welches Wir mittelst eigenhändiger Unterschrift und unter Beidruckung unseres größeren Justiz-Ministerial-Insiegels beurkunden. Karlsruhe am 27ten Juni 1812

                Carl
            Frhr. v. Hövel (L.S.)
          Auf besonderen höchsten Befehl
               G. Walther

*(GLA, Bestand 145, Nr. 676, S. 4-6; Pfister: Nachtrag, S. 316f.)*

# I. Arbeitsemigration 1778 – 1788

### 3. Faltin Schütz seine Schuldigkeit

Wie jede ordentliche Biografie fängt auch die von Friedrich Philipp Schütz vor seiner Geburt – und mit einem scheinbar belanglosen Ereignis – an. Am 11. Juli 1778 vermeldeten die Dillenburgischen Intelligenz-Nachrichten unter der Rubrik „Liste der Curgäste, so im Fürstl. Oran. Nassauischen Badhause zu Embs sich befinden" die am 29. Juni erfolgte Ankunft des Herrn „Baron von Schimmelmann nebst Frau Gemahlin, von Coppenhagen". Kaiser und Könige gehörten noch nicht, wie im 19. Jahrhundert, zur alltäglichen Emser Klientel, aber beim gehobenen Bürgertum und beim kleinen und mittleren Adel war der Ort an der unteren Lahn schon sehr en vogue.

Das alkalisch-muriatische Wasser, das es da zu trinken gab und in dem man auch baden konnte, sollte seine Heilwirkung bei so gut wie allen geläufigen Krankheiten entfalten, bei Katarrhen und Asthma ebenso wie bei Magen-, Darm-, Nieren- und Blasenbeschwerden. Vermutlich deshalb waren Schimmelmanns gekommen. Heinrich Ernst Graf Schimmelmann und Emilia, geborene Gräfin Rantzau waren seit drei Jahren verheiratet, und die junge Frau kränkelte.

Ansicht von Bad Ems zu Beginn des 19. Jahrhunderts: im Vordergrund rechts das Nassauische, dahinter das Hessische Badehaus

Ernst Schimmelmann war 30 Jahre alt. Er war ein Sohn des Kaufmanns Heinrich Karl Schimmelmann aus Demmin in Pommern, der nacheinander (und manchmal gleichzeitig) Transportunternehmer auf der Elbe, Bankrotteur, Heereslieferant für das Preußen Friedrichs II., Kolonialwaren- und Porzellan-Händler in großem Stil, Münzpächter, Plantagenbesitzer in Westindien, Sklavenhalter und Sklavenhändler, Gründer und Betreiber von Sägemühlen und Brennereien, von Waffen- und anderen Fabriken gewesen und 1759 mit dem Kauf eines Gutes bei Hamburg Untertan, kurze Zeit später sogar Schatzmeister des dänischen Königs geworden war. Eine solche Karriere machte sich nicht ohne kleinere oder größere Schurkereien, aber Heinrich Schimmelmann – die Anspielung sei erlaubt – endete sein Leben nicht auf dem Schafott, sondern steinreich und hochgeehrt als Graf von Lindenborg.

Von Ernst Schimmelmann berichten die Biografen, er sei, im Gegensatz zu seinem Vater, „zart und empfindsam, aufgeschlossen für Dichtung, Philosophie und Musik" gewesen und habe für Rousseau geschwärmt. Zwischen 1763 und 1765 hatte er, unter der Aufsicht eines Hofmeisters, in Lausanne und Genf Kameralwissenschaft (die damalige Version der Wirtschaftswissenschaft) studiert und 1766 seine Kavalierstour nach England, Frankreich, Belgien und Holland gemacht[1]. Zur Zeit seines Emser Aufenthalts war er Erster Deputierter im dänischen Kommerzkollegium (der Sache nach ein Wirtschaftsministerium) und dort zuständig für die Entwicklung von Handel und Gewerbe im Königreich. Zwar war er zur Kur hier, aber wir werden sehen, dass er auch am Kränchenbrunnen seine dienstlichen Obliegenheiten nicht vergaß.

Ein Blick in die Emser Kurliste vom Juli 1778 (Schimmelmanns reisten am 1. August wieder ab) legt die Vermutung nah, dass das junge Ehepaar sich zwischen all den Amtmännern, Postsekretären und Oberforstmeistern nebst Gattinnen gelangweilt hat. Immerhin waren da auch die La Roches aus Koblenz, die Wallmodens aus Hannover, sogar die „Herzogin von Sachsen-Weymar nebst Suite", vor allem aber „Madame Bethmann, von Frankfurth", die Frau des Johann Philipp Bethmann, dessen Bankhaus Gebrüder Bethmann jetzt und später groß in Flor stand und mit dem auch die Schimmelmanns Geschäfte machten. Bethmann stammte aus dem benachbarten Städtchen Nassau, genauer aus Bergnassau, einem kleinen Flecken auf der linken Lahnseite, wo sein Vater Nassauisch-Idsteiner Amtmann gewesen war. Madame Bethmann bewegte sich hier gewissermaßen auf heimatlichem Boden, und sie war es wohl auch, die das Ehepaar Schimmelmann mit dem Ehepaar vom und zum Stein aus Nassau bekannt machte.

Der Stein'sche Adel war weitaus älter als der der Schimmelmanns, er datierte mindestens aus dem 13. Jahrhundert, als die Vorfahren Lehnsleute und Burgmannen der Nassauer Grafen gewesen waren. In ökonomischer Hinsicht aber konnten die Steins im Vergleich mit den Neu-Dänen als kleine Krauter gelten. Der Familie gehörten Patronate und Gerichtshoheiten, Güter und Güterteile, Grundbesitzrechte mannigfaltiger Art, ein Hof hier und eine Wiese da, Streubesitz, verteilt auf gut 50 Ortschaften in einem Gebiet von knapp 20 Quadratkilometern an der Lahn und am Rhein[2]. Um standesgemäß leben zu können, mussten sich die männlichen Sprösslinge, und nicht etwa nur die nachgeborenen Söhne, bei fremden Herrn verdingen, in Preußen, bei den Habsburgern, in Trier, in Darmstadt, wo immer sich etwas ergab, als Soldaten, Kämmerer, Juristen, Verwalter. Aber: Steins waren freie Reichsritter, reichsunmittelbarer Adel, wie man das nannte, nur dem Kaiser und den Obersten Reichsinstitutionen unterstellt. Von diesen Zwerg-Souveränen gab es einige im Alten Reich, und meist bezog sich ihre Souveränität auf verschwindend kleine Territorien. Das reichsritterschaftliche Gebiet der Steins – nicht zu verwechseln mit ihrem Privatbesitz – umfasste gerade mal zwei ärmliche Taunusdörfer: Schweighausen und Frücht.

Carl Philipp vom und zum Stein, der Gesprächspartner der Schimmelmanns in Ems, war Jurist und Kammerherr am Kurfürstlichen Hof in Mainz und überließ die Verwaltung der Familienangelegenheiten weitgehend seiner Frau. Henriette Caroline, so sagen es die Historiker, war eine energische, lebensfrohe und intelligente Person, die mit den Geistesgrößen ihrer Zeit korrespondierte und zum Beispiel ein paar Jahre zuvor in ihrem Nassauer Schloss Goethe und Lavater bewirtet und unterhalten hatte. Ob sie darüber mit ihren neuen Bade-Bekanntschaften geplaudert hat, weiß ich nicht. Die Briefe, in denen Emilia Schimmelmann offenbar von diesen Gesprächen berichtete, habe ich, allem „es müsste doch ..." zum Trotz, nicht auffinden können.

Das ist schade, weil sie vielleicht über weitere, für unsere Geschichte wichtigere Debatten-Themen hätten Aufschluss geben können. Aus anderen Quellen lässt sich jedoch schließen, dass auch über Ökonomie, speziell über den Tabak-Anbau gesprochen wurde. Das mag verwunderlich klingen, ist es aber nicht. Das Thema war hoch aktuell. Landauf, landab versuchten die Landesherrn im letzten Drittel des 18. Jahrhunderts, die Agrarstrukturen zu verbessern, neue Anbau-Methoden einzuführen, neue Produkte zu propagieren, um die wachsende Bevölkerung ernähren und vielleicht sogar ein Export-Geschäft machen zu können. Die Zeitungen, meist amtliche Verlautbarungsblätter, waren voll von belehrenden Artikeln über Experimente mit Hopfen, Leinen, Klee, Runkelrüben, Nessel, Baumwollweiden, Flachs, Waid, Meerrettich, Sonnenblumen – und eben Tabak.

Später im Jahr 1778 erschien in den Dillenburgischen Intelligenz-Nachrichten, dem nassau-oranischen Wochenblatt, eine mehrseitige „Anleitung zum Tabacksbau für den Nassauischen Landmann", in der es um Bodenbeschaffenheit, klimatische Voraussetzungen, Samenzucht, Schädlingsbekämpfung, Düngung und Ertragserwartungen ging und, sprachlich etwas ungelenk, um den Wettbewerb:

> „Zu einer Zeit, da unsere Nachbarn anfangen, klüger zu werden, würde es eine Schande für uns Nassauer seyn, wenn wir allein in der Verbesserung der Industrie unthätig seyn wollten. ... Im Heßischen, im Pfälzischen, im Badenschen und andern Herrschaften Deutschlands fängt man an, den Tabacksbau nicht mehr als ein bloßes Nebengeschäfte zu treiben, und man hat schon völlig den großen Nutzen eingesehen, den ein Land hat, welches ein solches, uns nunmehr unentbehrliches Produkt ... selbst ziehen, eine große Summe Geldes im Land behalten, ja wohl gar noch für den Überfluß des Gewächses von seinen Nachbarn etwas lösen kann"[3].

Schimmelmann musste bei diesem Gesprächsgegenstand aufmerken. Dänemark bezog den Rohtabak bisher hauptsächlich aus Westindien, wo es eigene Insel-Kolonien besaß. Der Seehandel aber war durch den amerikanischen Unabhängigkeitskrieg, der jetzt zwei Jahre andauerte und zu einer Schiffs-Blockade der Engländer geführt hatte, empfindlich eingeschränkt. Die Preise stiegen, Konkurrenten gab es genug, und ein Kommerz-Deputierter musste – Kur hin, Kur her – um Abhilfe bemüht sein. Wie auch immer die Gespräche in Ems oder in Nassau im einzelnen verlaufen sein mögen, sie hatten Folgen. Ein halbes Jahr nach seiner Abreise, am 23. Februar 1779, schrieb Ernst von Schimmelmann einen artigen Geschäftsbrief an Frau vom und zum Stein „hochwohlgeboren":

> „Vous avez eu la bonté, Madame, de me dire à Embs que si nous souhaitions de faire venir quelques familles ou quelques personnes de vôtre pais dans nos contrées vous voudriez bien vous charger de cette commission ...

> L'objet principal de leur connoissances serait la culture du tabac. Ils seraient employés la première année dans les Plantages de Tabac du Roi où ils apprendraient nôtre méthode de cultiver le tabac, qu'ils combineraient avec la leur".

Sie verpflichte ihn zu großer Dankbarkeit, schloss er, „... en faisant venir deux ou trois familles ou aussi quelques jeunes gens qui seraient pas encore mariés ...".

Bethmann, der gemeinsame Bekannte, würde das Finanzielle regeln[4].

Schimmelmann wollte also in Kopenhagen Tabak anbauen und bat um Fachkräfte. Dass es in den beiden Stein'schen Dörfern solche gab, darf füglich bezweifelt werden, und dass der Landesherr diese, wenn es sie denn gab, einfach so hätte wegreisen lassen, erst recht. Vielleicht hatte Madame den Mund etwas zu voll genommen, vielleicht hatte sie nur unschöne Hintergedanken; der weitere Verlauf der Geschichte spricht eher für Letzteres.

Die legale ebenso wie die illegale Anwerbung von Arbeitskräften in armen Landstrichen, die meist gleichbedeutend mit der Auswanderung der Angeworbenen war, hatte damals Konjunktur. Der von Werbern mit oft fragwürdigen Methoden geförderte schleichende Exodus in die Vereinigten Staaten von Amerika ist gut belegt, der nach Osteuropa und auf den Balkan desgleichen. Die dortigen Neusiedler kamen aus allen Teilen West- und Süddeutschlands, auch aus den territorial zersplitterten Gebieten längs der Lahn, aus dem Taunus und aus dem Westerwald. Mehr als ein Dutzend Nachbardörfer von Frücht sind in der Liste der Herkunftsorte der Menschen verzeichnet, die um 1780 herum in die Batschka, einen Landstrich im heutigen ungarisch-serbischen Grenzgebiet, der von der Ungarischen Hofkammer in Wien kolonisiert wurde, auswanderten[5]. Dass Nachbarn weg gingen, weil es daheim nicht mehr genug zu essen gab, war ein den Zeitgenossen geläufiges Phänomen.

Die Obrigkeiten waren von solchen Auswanderungswellen durchaus nicht begeistert. Menschen, die arbeiten und vielleicht auch sonst etwas konnten, brauchten sie selber. Deshalb wollten sie Herren des Verfahrens bleiben. Auf das heimliche Verlassen des Territoriums standen schwere Strafen. Vor allem die Klärung der Vermögensverhältnisse, die faktisch mit der Abwicklung von Schulden gleich zu setzen war, war eine langwierige, kostenaufwändige Prozedur. Andererseits waren die Regierungen in der Regel außer Stande, die Ursachen der Auswanderung zu beseitigen: die allgemeine wirtschaftliche Not; die Verelendung der Bauern und Handwerker durch das geltende Erbrecht, der sogenannten Realerbteilung, die vorsah, auch den Landbesitz zu gleichen Teilen unter den Erben aufzuteilen, und so zur Zerstückelung von Grund und Boden führte, zu Grundstücksgrößen, die keine Familie mehr ernähren konnten; vom Steuer- und Abgabendruck, von Kriegsverwüstungen, Naturkatastrophen und Missernten gar nicht zu reden.

In der dörflichen Wirklichkeit des 18. Jahrhunderts sah das so aus: Als im Juni 1780 die seit 23 Jahren verwitwete Großmutter unseres Friedrich Philipp Schütz starb und über ihre Hinterlassenschaft befunden wurde, stellte sich heraus, dass ihre neun noch lebenden Kinder nichts als Schulden erbten. Die Liste allein der amtsbekannten Gläubiger – sie ähnelt aufs Haar vielen anderen mir bekannten – umfasst zwölf Personen: Schütz'sche Verwandte, Nachbarn, den Schuldiener, einen jetzigen und einen gewesenen Schultheißen, zwei Früchter und einen Schweighausener jüdischen Viehhändler, den Früchter Pfarrer und zwei seiner Kollegen aus Nachbargemeinden[6]. Nach Lage der Dinge kann es sich in kaum einem Fall um große Summen gehandelt haben, zusammen genommen reichte es für eine – nach heutiger Diktion – Privatinsolvenz, bloß dass es dieses rechtliche Instrument damals noch nicht gab.

Einzig der älteste Sohn Johann Gottfried scheint in Frücht in halbwegs geordneten Verhältnissen gelebt zu haben; jedenfalls legt das seine Funktion als Schuldenverwalter für seinen nach Dänemark ausgewanderten Bruder Johann Valentin (Friedrich Philipps Vater) nah. Dieser hieß in Frücht „Johann Velten Schütz, der Tambour", weil er in seiner Jugend, will heißen: um die Mitte des 18. Jahrhunderts, in Holland beim Militär gedient hatte. Auch ein jüngerer Bruder ließ sich dort als Soldat anwerben und nach Westindien schicken; arm und krank kam er erst 1818 zum Sterben nach Frücht zurück. Zur Vervollständigung: die vier Töchter der verstorbenen Witwe Maria Catharina Schütz hatten sich als Mägde, zwei weitere Söhne als Knechte verdingt. Das alles roch geradezu nach Armut.

Zurück in das Jahr 1779 und zu Ernst Schimmelmann. Wenngleich die Akten keinen direkten Beleg dafür enthalten, können wir davon ausgehen, dass Henriette Caroline vom und zum Stein selbst sich seiner brieflich geäußerten Bitte angenommen hat. Ihr Mann hielt sich meist in Mainz auf, und ihr später so berühmter Sohn Karl hatte gerade, mit 20 Jahren und noch gänzlich unberühmt, seine Kavalierstour durch Süddeutschland, Österreich und Ungarn angetreten. Zwar zog sich die Sache zunächst ein bisschen hin, kam aber dann – angesichts der damals eher langwierigen Kommunikationsprozesse – erstaunlich zügig voran. Im Sommer lag tatsächlich eine Liste der Auswanderer (wie sie da schon hießen) vor:

- Anton Gensmann mit Frau und fünf Kindern;
- Anton Ehwald mit Frau und zwei Kindern;
- Johann Gottfried Müller, 41 Jahre; seine Frau Anna Magdalena, 31 Jahre; sowie die Kinder Katharina Margaretha, elf Jahre; Elisabetha Catharina, sechs Jahre; Johann Friedrich, vier Jahre; und Maria Susanna, ein Jahr;

- Johann Valentin Schütz, 37 Jahre; seine Frau Maria Margaretha, 36 Jahre; sowie die Kinder Maria Elisabetha, 13 Jahre; Katharina Margaretha, zehn Jahre; Maria Magdalena, vier Jahre;
- Philipp della Strata, Fachbach; seine Frau Magdalena; und die Kinder Katharina, Magdalena, Jacob.
- Johann Jost Zerbach mit Frau und zwei Kindern[7].

Die ersten vier Familien stammten aus Frücht, die beiden letzteren aus den nahebei, am Ufer der Lahn gelegenen Dörfern Nievern und Fachbach, die den Grafen von der Leyen gehörten. Bei den Früchtern handelte es sich keineswegs um die jungen unverheirateten Männer, von denen Schimmelmann gesprochen hatte, sondern um Familienväter in – für die damalige Zeit – fortgeschrittenem Alter. Zwei waren verschwägert, Johann Gottfried Müller war ein Bruder von Maria Margaretha Schütz. Von Erfahrungen im Tabak-Anbau war nicht die Rede, die Berufsbezeichnungen fehlen, vermutlich weil es keine gab. Mag sein, dass die Stein'sche Verwaltung sie gerade deshalb ganz gern ziehen ließ.

Es war nicht zu ermitteln, wie diese Liste zustande gekommen ist, ob etwa der Stein'sche Amtmann Hiemer aus Nassau oder der Früchter Schultheiß die Aspiranten direkt angesprochen oder ob sie sich nach einer öffentlichen Bekanntmachung freiwillig gemeldet hatten. Sie waren keine Leibeigenen, die nach Belieben verschoben werden konnten. Arm aber waren sie, und da konnte der Vertrag, den die „General Land-Oeconomie und Commerce Collegia" des dänischen Königs ihnen am 12. August 1779 anboten, durchaus verlockend wirken.

Er entspricht in Inhalt, Anlage und Stil dem, was in solchen Fällen üblich war. Zunächst wird den Angeworbenen ein Reisegeld (für Männer je 30, für Frauen je 20, für Kinder je zehn Reichstaler) zuerkannt, das ihre Verpflegung bis Lübeck sichern sollte, „allwo der dänische Präsident ihren weiteren Transport nach Koppenhagen besorget". Über die wechselseitigen Verpflichtungen in Dänemark selbst heißt es dann (der besseren Lesbarkeit halber leicht redigiert und gekürzt):

„4) Dass die Leute ... die Versicherung bekommen, dass sie in Dänemark etabliert werden sollen, so dass eine jegliche Familie soll 10 bis 20 Tennen Land oder auch Morgenland bekommen, entweder zur Pacht auf Lebenszeit oder auch zum Eigentum mit den (dazu) gehörigen Häusern, Besorgung von Vieh und anderem nötigen Inventarium, auf die Bedingungen, dass weder ihr Eigentum soll dem Bischofsdienste (*einer Abgabe*) unterworfen sein, noch ihre Personen der Ausschreibung zu Soldaten, ..., (dass) aber ihre Kinder und Erben sollen, was den Militär- oder den Soldatenstand betrifft, selbigen Anredungen und selbiger Verfassung unterworfen sein wie andere Untertanen ...

5) Dahingegen sollten diese Leute sich dazu verbinden, dass sie das erste Jahr, und, wo es nötig wäre, auch das (zweite) Jahr in den königlichen Tabak-Plantagen arbeiten ..., um die gebräuchliche Pflanzung aufzubauen, und selbige mit den ihrigen Methoden zu vergleichen; dass sie für die Arbeit in diesen Plantagen sollten gleichen Lohn mit den besten Arbeitern genießen ...; dass sie alsdann, wenn sie die Pflanzungsart vollkommen in einem Jahr innehaben, sollen etabliert werden, doch müssen sie sich die Bedingung gefallen lassen, andere in der Tobacks-, Hanf-, Flachs- und Werg-Pflanzung aufzubauen, wo sie selbige verstehen, wofür ihnen, wenn sie dazu gebraucht würden, etwas gewisses (*d.h. eine Belohnung*) sollte zugestanden werden"[8].

Im ungekürzten Original klingt das noch wesentlich barocker, aber die Botschaft war klar: gute Wohnung, gute Arbeit, guter Lohn; dass da von der Voraussetzung, etwas vom Tabakanbau zu verstehen, und von Bedingungen die Rede war, überliest sich leicht. Warum nicht Kopenhagen, warum nicht Tabak? Besser als Amerika ist das allemal. Die Entscheidung, die die Familie Schütz jetzt traf, war nicht mehr belanglos, sie hatte weitreichende Folgen, auch für den noch nicht geborenen Sohn Friedrich Philipp.

Zu den eher lästigen Reisevorbereitungen gehörte die Feststellung der Schulden, die die Auswanderer zurückließen. Für Gensmann, Ehwald und Müller geschah das am 13. September 1779 in Nassau, für Johann Valentin Schütz am 1. Oktober 1779 „von Amts wegen". Da ging es um „Faltin Schütz seine Schuldigkeit"[9]. Richtig eindeutig sind die Aussagen in den Akten nicht, kein Wunder, wenn es ums Geld geht. Wer was wann erhalten, nicht erhalten, einbehalten, nicht einbehalten hat, lässt sich nicht mehr zweifelsfrei feststellen. Weil aber die Sache für den Fortgang der Geschichte wichtig ist, will ich sie wenigstens in groben Zügen schildern.

Nach der Schätzung vom 1. Oktober 1779 hinterließ Johann Valentin Schütz „Haus und Güter" im Wert von 370 Reichstalern, „worauf aber 275 Thaler Passiva haften". Die Regulierung dieser Schulden ist offenbar vor der Abreise nach Dänemark nicht möglich gewesen. Ende Mai 1780 – die Familien waren längst in Kopenhagen – wurden, wieder von Amts wegen, Kuratoren über ihr Vermögen eingesetzt, im Fall Schütz der Vorsteher Johann Adam Löwenstein. Parallel dazu beauftragte Schütz seinen älteren Bruder Johann Gottfried mit der Tilgung seiner Schulden[10]. Das war vermutlich klug, trug aber nicht zur Klärung der ohnehin verworrenen Verhältnisse bei.

Da wohl einige Gläubiger geklagt hatten, erging am 24. Juni 1780 ein Urteil, das die Versteigerung des Schütz'schen Besitzes anordnete. Diese fand erst ein Jahr später, am 3. Juli 1781 statt[11]. Dabei erwarb der ehemalige Bürgermeister Crecelius, der schon einer der Gläubiger von Johann Valentins Mutter gewesen war, das Schütz'sche Haus, ließ es abreißen und schlug das (gewiss kleine) Gelände seinem eigenen Garten zu[12]. Der Erlös der Aktion belief sich auf 303, nach anderen Quellen auf 300 Reichstaler, denen nun Schulden in Höhe von 200 Reichstalern gegenüber standen[13]. Über die Verwendung des – immerhin beträchtlichen – Differenzbetrages ist Klarheit nicht zu erlangen. Bei den Akten liegen zwar Packen von Quittungen der Kuratoren, es ist aber so gut wie unmöglich, sie heute noch richtig zuzuordnen.

Johann Valentins Witwe hat später behauptet, von all diesen Vorgängen nichts gewusst zu haben. Das ist wenig plausibel, weil es durchaus einen Briefwechsel mit der alten Heimat gegeben hat und eine Schwester Valentins sogar zwischen Frücht und Kopenhagen hin und her reiste. Immerhin scheint festzustehen, dass der Differenzbetrag in Frücht, von wem auch immer, einbehalten worden ist. Noch im Mai und im November 1783 hat der mittlerweile kranke Johann Valentin Schütz, offenbar vergebens, um die Überweisung des „Überrestes ... von mein verkaufften Gütern" gebeten[14].

Gab es triftige Gründe dafür, dieses Geld zurückzuhalten? Wurden mit ihm bisher noch nicht angemeldete Schulden oder Abgaben beglichen? Hat der Bruder den Bruder betrogen? Hat der Schultheiß getrickst? Waren die Auswanderer, immerhin des Lesens und Schreibens kundig, nicht energisch, nicht sorgfältig genug? War alles nur die Folge einer großen Schlamperei oder einer kleinlichen überbürokratisierten Praxis? Ich weiß es nicht und muss mich jedweder Schuldzuweisung enthalten. Das betrübliche Ende der Geschichte ist, dass von dem ohnehin geringen Vermögen neun Jahre später, nach dem Scheitern des dänischen Abenteuers, so gut wie nichts mehr übrig war und die Witwe Schütz auch um diesen Kleckerles-Betrag noch kämpfen musste. Spätestens dann komme ich auf das Thema zurück.

Wieder habe ich die Chronologie durcheinander gebracht. Im Herbst 1779, nach der Feststellung der allfälligen Schulden und all dem Wirrwarr zum Trotz, ging es sehr schnell. Am 7. Oktober wurde, unter Abzug des Fuhrlohns, das Reisegeld, das Bethmann offenbar rechtzeitig überwiesen hatte, ausbezahlt, am gleichen Tag wurden die Fuhrleute bestellt. Auf die

33

beschwerliche – und nicht gerade sommerliche – Pferdewagen-Reise machten sich 13 Erwachsene (auch Johann Valentins Schwester Maria Catharina, die ursprünglich nicht auf der Liste gestanden hatte, war mit von der Partie) und 19 Kinder, das jüngste von ihnen ein Jahr alt. Müllers Ehefrau Anna Magdalena war schwanger. Die Gesellschaft war mehr als 14 Tage unterwegs und kam am 1. November 1779 in Lübeck an[15].

## 4. March Route. Die Reise von Nassau nach Lübeck

March Route von Nassau auf Gießen

| | | |
|---|---|---|
| Dietz | | (= Diez) |
| Limburg | | |
| Ober Tiefenbach | | |
| Allendorf | | |
| Lein | | (= Leun) |
| Werdorf | | |
| Wetzlar | | |
| Gießen | | |

March Route ... nach Lybeck

| | | | |
|---|---|---|---|
| Lollern | 1 Meile | Nacht Quartier | (= Lollar) |
| Gießelberg | 1 ½ Meilen | | (= Gisselberg) |
| Marburg | 2 Meilen | | |
| Schönstadt | 1 Meile | Nacht Quartier | |
| Halsdorf | 1 Meile | | |
| Geesberg | 2 Meilen | Nacht Quartier | (= Jesberg) |
| Wegern | 2 Meilen | | (= Wabern?) |
| Kaßel | 3 Meilen | Nacht Quartier | (= Kassel) |
| Preusisch Minden | 1 ½ Meilen | | (= Hann. Münden) |
| Dransfeld | 3 Meilen | | |
| Nörden | 1 Meile | | (= Nörten-Hardenberg) |
| Nordheim | 2 Meilen | Nacht Quartier | (= Northeim) |
| Göttingen | 2 ½ Meilen | | |
| Eimpeck | 3 Meilen | Nacht Quartier | (= Einbeck) |
| Allefeld | 2 Meilen | | (= Alfeld) |
| Bandeln | 1 ½ Meilen | | (= Banteln) |
| Elsten | 1 ½ Meilen | Nacht Quartier | (= Elze) |
| Badensen | 1 ½ Meilen | | (= Pattensen) |
| Hanover | 1 ½ Meilen | Nacht Quartier | (= Hannover) |
| Zelle | 1 ½ Meilen | Nacht Quartier | (= Celle) |
| Rebellau | 1 ½ Meilen | Nacht Quartier | (= Rebberlah) |
| Epsdorff | 1 ½ Meilen | Nacht Quartier | (= Ebstorff) |
| Lunburg | 1 ½ Meilen | Nacht Quartier | (= Lüneburg) |
| Dreillingen | 1 ½ Meilen | Nacht Quartier | (= Dreilingen) |
| Mölln | 1 ½ Meilen | Nacht Quartier | |
| Lybeck | | | |

*Die Route folgt von Limburg an – mit Abweichungen – der heutigen Bundesstraße 49, von Gießen bis Celle der heutigen Bundesstraße 3 und führt dann quer durch die Lüneburger Heide bis Lüneburg. Wo die Reisenden die Elbe überquert haben, ist der Liste nicht zu entnehmen; vermutlich geschah dies bei Lauenburg. Die Entfernungsangaben sind, vor allem für Norddeutschland, häufig ungenau. Zwei Mal ist die Reihenfolge der Orte nicht richtig vermerkt: Göttingen muss zwischen Dransfeld und Nörten-Hardenberg, Dreilingen zwischen Rebberlah und Ebstorff eingeordnet werden. Auch für die Fuhrleute war die Reise offenbar ein Abenteuer.*

*(Archiv Stein, Nr. 6226, Bll. 122-124; die heutigen Ortsnamen sind von mir nachgetragen worden)*

## 5. Tobacks Pflantzen Arbeiter

Gern hätte ich die winterliche – und vermutlich stürmische – Seereise von Lübeck nach Kopenhagen geschildert oder den Eindruck, den die rumorige dänische Hauptstadt auf die Taunus-Dörfler gemacht hat. Nichts dazu ist überliefert, so dass die Ausmalung der Szenerie der Einbildungskraft des Lesers überlassen bleiben muss. Ganz schweigsam sind die Akten freilich nicht. Anfang 1780 schrieb Ernst von Schimmelmann nach Nassau und meldete Vollzug: alle seien wohlbehalten angekommen und, das zu betonen schien ihm wichtig, er bezahle sie gut. Auch Müller, Gensmann und Schütz berichteten, unter dem 29. Februar 1780, von einem guten Auskommen und von guten Wohnungen in der Vorstadt von Kopenhagen[1].

Diese Wohnungen lagen in einem Mietshaus Ecke Rosenborggade und Aabenraa, das damals die Hausnummer 269 trug und dem Bierfahrer Ole Jensen gehörte (oder von ihm verwaltet wurde). Mindestens fünf Jahre lang lebten die Auswanderer hier; Friedrich Philipp Schütz und seine jüngere Schwester Christiana Maria wurden hier geboren. Ob auch die ehemals von der Leyen'schen Untertanen in diesem Haus untergekommen sind, war nicht herauszufinden. Von ihnen ist so gut wie nicht mehr die Rede; nur von Johann Zerbach vermeldete ein Brief im April 1781, er habe sich „am Branntwein versündigt" und sei nach Hause zurück gekehrt[2]. Daher müssen er und Della Strata mit ihren Familien schon nach einem sehr kurzen Auftritt die Bühne unserer Geschichte verlassen.

Die Rosenborggade (die Deutschen schrieben „Rosenburger Straße") führte damals und führt auch jetzt noch von der Kopenhagener Innenstadt geradewegs zum königlichen Schloss Rosenborg. Heute befinden sich dort Rechtsanwalts-Kanzleien, schicke Geschäfte und nicht minder schicke Restaurants. Für die Arbeits-Immigranten des Jahres 1779 lag der Reiz der Straße eher in der unmittelbaren Nachbarschaft zu den ausgedehnten Tabakfeldern, auf denen sie tätig werden sollten. Diese waren schon 1776, zu Beginn der transatlantischen Scharmützel, angelegt und seither Jahr für Jahr erweitert worden, bis sie das gesamte ehemalige Glacis zwischen Vester- und Østerport umfassten. Inzwischen gibt es da ausgedehnte Parks, den Botanischen Garten, weiter nördlich das Statens Museum for Kunst und die Hirschsprung-Sammlung, die wir regelmäßig besuchen, wenn wir in Dänemark sind (Ortskenntnis hilft).

Auch anderswo wurden bisherige Getreide- und andere Felder, sogar Vieh-Weiden, mit Tabak bepflanzt. Kopenhagen sei, so berichtet es der Chronist, in diesen Jahren geradezu von Tabak-Plantagen eingerahmt gewesen. Die erhebliche Vergrößerung der Anbaufläche machte nicht nur die Rekrutierung neuer Arbeitskräfte, sondern offenbar auch eine Neu-Organisation notwendig. Im Mai 1780 ernannte Ernst Graf Schimmelmann den Inspektor Peter Soegaard (die Schreibweise des Familiennamens variiert in den Quellen) zum „Agenten", will heißen zum Direktor des ganzen Unternehmens. Zugleich bekam er den Titel „Wirklicher Kommerzienrat" und eine Goldmedaille für seine bisherigen Verdienste; er hatte die holländischen Methoden der Tabakverarbeitung studiert und auf Dänemark übertragen. Zwar blieb er dem Schimmelmann'schen „General Land Oeconomi og Commerce Collegium" unterstellt, handelte aber weitgehend selbständig[3].

Ein wichtiger Mann also. Von ihm hing zukünftig das Wohl und Wehe der Tabakplantagen ab und eben auch das der dort Arbeitenden. Eintragungen in den Kirchenbüchern zeigen, dass Soegaard sich sogar, jedenfalls eine Zeit lang, persönlich um die „Arbeitsmänner bei der Tobacks Plantasche" und um ihre neu geborenen Kinder gekümmert hat.

Es war nicht ganz einfach, den Geburtseintrag für Friedrich Philipp Schütz zu finden. Dänische Freunde gaben mir schließlich den Tipp, mich mit St. Petri in Kopenhagen in Verbindung zu setzen. Das war – seit dem Ende des 16. Jahrhunderts – und ist heute noch die Kirche der deutschsprachigen evangelisch-lutherischen Gemeinde in der dänischen Hauptstadt: ein gotischer Bau mit einer barocken Turmhaube, umgeben von mittelalterlichen Gebäuderesten und einem sorgsam renovierten Altstadt-Viertel, in unmittelbarer Nachbarschaft zur Alten Universität. Erstaunlich viele Handwerker – Schuhmacher, Schneider – waren Mitglieder dieser Gemeinde, und ebenso die deutschen Adelsfamilien, die damals in Dänemark lebten, die Bernsdorffs, Stolbergs, Rantzaus, Reventlows oder Krüdeners; nicht wenige hatten in der Kirche ihre Familiengruft, so auch die Schimmelmanns.

Pfarrer und „Hauptprediger" an St. Petri war zwischen 1765 und 1793 Balthasar Münter, der aus Lübeck stammte, in Jena studiert hatte und wegen seiner hoch gelobten und vielfach gedruckten Kanzelreden nach Kopenhagen berufen worden war. Dort wurde er bald Mitglied der Königlichen Akademie der Wissenschaften, verkehrte mit Klopstock, Niebuhr und anderen Intellektuellen, die zeitweise in Kopenhagen lebten. Auch als Dichter von Kirchenliedern war er erfolgreich. Sein Sohn Friedrich, ebenfalls Theologe, wurde später Bischof von Seeland; seine Tochter Friederike hatte als Schriftstellerin und Gastgeberin eines literarischen Salons großen Einfluss auf das dänische Geistesleben ihrer Zeit[4]. In unserem Stück spielt

Balthasar Münter eine kleine Hauptrolle, weil er in seiner Petri-Kirche die jüngeren Früchter Kinder getauft und die älteren konfirmiert hat.

Nun also St. Petri: Ja, es gab die Kirchenbücher aus der fraglichen Zeit, aber sie lagen mittlerweile im dänischen Reichsarchiv. Nein, sie können gegenwärtig nicht eingesehen werden, weil sie gerade bearbeitet werden. Ja, bearbeitet heißt: digitalisiert. Na, also. Eines Tages waren sie in zwei, in der

Die Sankt Petri Kirke in Kopenhagen im Jahr 1764. Kupferstich von Hans Quist

Schreibweise (vor allem der Namen) leicht voneinander abweichenden Versionen online benutzbar [5]. Und da stehen sie verzeichnet, die in Kopenhagen geborenen Kinder mit Migrationshintergrund:

- unter Nummer 66/1780: Catharina Anna Elisabeth Müller, geboren am 7. und getauft am 16. Mai 1780; unter den fünf Taufpaten auch „Hr. Peter Soegaard, Insp." (wenige Tage vor seiner Beförderung zum Agenten);
- unter Nummer 171/1780:
  „Den 14. Dec. wurde von Hr D Münter get.
  Friedrich Philipp geb. den 6. ej.
  Vater: Valentin Schütz, Tobacks Pflantzen Arbeiter
  Mut: Maria Margaretha geb. Müller

Gev.: 1. Frau Agentin Margaretha Segaard (!)
  2. Mad. Anna Bragge
  3. Hr Lehrer
  4. hl. Controleur Jürgen Mürck";
auch Mürck (oder Mörck) gehörte zum Tabak-Management;
- unter Nummer 103/1781: Juliana Maria Sophia Ewald, geboren am 31. Juli und getauft am 6. August 1781; unter den Taufpaten wiederum die Agentin Segaard und zwei Tabak-Inspektoren;
- unter Nummer 170/1782: Peter Christian Müller, geboren am 3. und getauft am 12. Dezember 1782; sechs Taufpaten, darunter wieder Mörck und „Hr. Agente Peter Segaard";
- unter Nummer 99/1783:
  „Den 26. Junii wurde von Hr D Münter getauft
  Christiana Maria geb. den 14 ej.
  Vat: Valenthin Johann Schütz, Arbeitsmann
  Mut: Maria Margaretha geb. Müller
  Gev: 1. Marg. Schreck, Arbeiterin
    2. Maria Ewald, Arbeiterin
    3. Johann Müller, Arbeiter
    4. Anthon Müller, Schuhmacher";
- und schließlich unter Nummer 102/1784: Elisabeth Margaretha Gensmann, geboren am 25. Juni, getauft am 13. Juli 1784; wie bei Christiana Maria Schütz fehlt unter ihren Paten das tabakbauliche Leitungs-Personal, für sie treten „Arbeitsleute auf der Tobachsplant" ein, darunter Schütz, Müller und Ehwald.

Taufpaten-Listen als Indizien für die einsetzende Krise des Tabak-Anbaus in Kopenhagen? Jedenfalls im Nachhinein kann man das so lesen. Offenbar gab es ein Problem mit der Bodenbeschaffenheit. Seit Anfang 1784 orderte (und bekam) Soegaard mehrfach neue Erde für seine Plantagen, ein Erfolg scheint sich aber nicht eingestellt zu haben. Im September, gut vier Jahre nach seiner Bestellung zum Agenten, teilte er Schimmelmann mit, dass er das ihm zugeteilte Gelände nicht mehr benutzen werde, und der reagierte mit der Entscheidung, die Felder zur Versteigerung oder zur privaten Verpachtung frei zu geben[6]. Dies bedeutete das Ende der königlichen Tabaksplantagen in ihrer bisherigen Form; dem Vertrag mit den angeheuerten Arbeitern war, unabhängig davon, ob andere die Tabak-Kulturen weiterführten oder nicht, die Grundlage entzogen, und von der versprochenen Landzuteilung war keine Rede mehr.

Ein Brief belegt, dass sich die krisenhafte Entwicklung schon ein Jahr zuvor abgezeichnet hatte. Schütz, Ehwald, Gensmann und Müller schrieben am 24. Juni 1783 an die Stein'sche Verwaltung in Nassau ausführlich über „die sehr kümmerlichen und elenden Umstände hiesiger Zeiten". Sie seien nicht länger im Stande, sich selbst zu ernähren, „... weilen uns dasjenige nicht gehalten wird, was uns laut dem schriftlichen Contract von dem hiesigen Collegio versprochen worden, und nach aller Absicht die Plantagen verkauft werden sollen ...". Sie beklagten sich darüber, dass es für ihre Kinder keinen Schul- und Konfirmanden-Unterricht gebe und eine Beschwerde an Schimmelmann ohne Ergebnis geblieben sei. Sie baten um eine Intervention bei diesem und um das Original ihres Anwerbevertrags. Der Brief schließt mit dem Satz, der durchaus als Drohung verstanden werden konnte: „... und wenn uns nicht balde geholfen wird; so sehen wir uns genöthiget, künftiges Frühjahr herrüber zu kommen". Den Vertrag bekamen sie, und es scheint sogar, dass er ihnen ein bisschen geholfen hat[7].

Ein Problem-Viertel nahe bei der Königlichen Residenz: Die Rosenborggade vor 1850. Rechts Pjaltenborg, eine Unterkunft für die Ärmsten der Armen, im Hintergrund die Leibwache vor Schloss Rosenborg

Ernst Graf Schimmelmann, den zu entschuldigen ansonsten kein Anlass besteht, war just in diesen Jahren mit ganz anderen Dingen befasst. Am 15. Februar 1782 war sein Vater gestorben, und er war der Haupterbe. Statt um den Tabakanbau musste er sich um die Abfindung seiner Geschwister, um ein Landgut hier und ein Stadtpalais dort, um Zuckerraffinerien, Gewehrfabriken, um Manufakturen, die nicht reüssierten, kümmern und nicht zuletzt um die „Königlich Dänische Oktroyierte Westindische Handelsgesellschaft", an der er Anteile hielt (Münter übrigens auch), und um den atlantischen Dreieckshandel: Gewehre, Schnaps und Kattun nach Westafrika, gebrandmarkte schwarze Sklaven von dort nach Westindien, Zucker, Baumwolle und Tabak zurück nach Dänemark[8].

Der alte Schimmelmann war „der weitaus größte Sklavenhalter Dänisch-Westindiens" gewesen „und rangierte auch nach internationalen Maßstäben in der Spitzengruppe"[9]. Auf seinen Plantagen arbeiteten hunderte von Schwarzen. Sie galten als eine Ware, mit der er handelte, die er aber auch verschenkte, z. B. „zwey recht schöne Neegers" an den dänischen König oder den Negerknaben Peter an die Herzogin von Mecklenburg[10]. Auf seinem Familienstammsitz Ahrensburg bei Hamburg gab es ebenfalls Negersklaven, und diesem Umstand verdankt die deutsche Literatur ihr erstes einschlägiges Gedicht: „Der Schwarze in der Zuckerplantage". Es stammt von Matthias Claudius, den Schimmelmann senior finanziell großzügig förderte und der in Ahrensburg verkehrte:

„Weit von meinem Vaterlande
Muss ich hier verschmachten und vergehn,
Ohne Trost, in Müh' und Schande;
Ohhh die weißen Männer!! klug und schön!
Und ich hab' den Männern ohn' Erbarmen
Nichts getan.
Du im Himmel! hilf mir armen
Schwarzen Mann!"[11]

Für den Sohn, der die „Vervollkommnung der Welt durch Erziehung der Menschen" erreichen wollte[12], war das Dilemma offenkundig: Mit einem riesigen Vermögen erbte er zugleich Leibeigene und Sklaven[13], deren Menschenrechte mit Füßen getreten wurden. Zu seiner Ehre sei angemerkt, dass er, im Verein mit anderen, dafür sorgte, dass in Dänemark 1792 der Sklavenhandel (nicht aber der Sklaven-Besitz!) verboten und 1805 die Leibeigenschaft aufgehoben wurde.

Ernst von Schimmelmann war eben nicht nur Unternehmer, sondern gleichzeitig Politiker. 1782 wurde er Handelsminister, 1784 Finanzminister des dänischen Gesamtstaates. Eine schöne Karriere und viele weniger schöne Sorgen; die Krise des Tabakanbaus war gewiss eine der kleineren, zumal mit dem Ende des amerikanischen Unabhängigkeitskriegs der Import aus den eigenen Übersee-Kolonien wieder florierte. Dennoch gibt es Indizien dafür, dass er die Kopenhagener Plantagen-Arbeiter nicht ganz vergessen hat. Einigermaßen irritierend, diese Gemengelage von idealistischem Streben, privaten finanziellen Interessen und politischem Kalkül bei ein und demselben Menschen, der immerhin eine Hauptperson im ersten Akt des Lebensdramas von Friedrich Philipp Schütz ist.

Was die Klage der vier Familienväter wegen des Konfirmanden-Unterrichts betrifft, so scheint sie Erfolg gehabt zu haben. Fünf Kinder aus dem Haus in der Rosenborggade sind jedenfalls von Münter in St. Petri konfirmiert worden:

- Marie Elisabeth Schütz am 7. April 1782 (unter 53 Mit-Konfirmandinnen und -Konfirmanden auch eine Tochter des Agenten Soegaard);
- Johann Philipp Gensmann, Katharina Margarethe Müller und Katharina Margarethe Schütz am 18. April 1784, also im Jahr nach der Beschwerde;
- und Maria Magdalena Gensmann, in großem Abstand, am 4. April 1796.

Mehreres fällt an den Einträgen auf. Die Konfirmanden – Mädchen wie Jungen – sind durchweg älter als 14 Jahre; das scheint, wie Vergleiche zeigen, damals üblich gewesen zu sein. Und entsprechend ist ihrem Namen eine Berufsbezeichnung angefügt, im Fall der Früchter Kinder (aber nicht nur bei diesen) „Arbeitsmann" oder „Arbeiterin". Auch sie trugen also schon zum Familien-Einkommen bei. Was das für einen geordneten Konfirmanden-Unterricht bedeutet haben mag, sei dahingestellt. Nicht ersichtlich ist, ob die Arbeit weiterhin auf den Tabakfeldern oder anderswo verrichtet wurde.

Für die Familie Schütz war der Verdienst der älteren Töchter lebenswichtig. Der Vater war krank. Das belegt sein schon erwähnter, nach Nassau gerichteter Brief vom 25. Mai 1783:

„Hochwohlgebohrner Herr, Besonders Hochzuehrender Herr Concellent!

Derenselben hierdurch zu incomodiren, veranlaßet der Umstand meiner bisherigen langen Krankheit, an der ich seit d 24 Marz 1783 gelegen, und bis diese Stund noch nicht recht gesund bin, ich wolt dahero gebeten haben, mir den Überrest, von mein zu gutes Geld, so bald als möglich gütigst zu überschicken, von mein verkaufften Gütern; Und habe die Ehre mich Demselben hierdurch mich zu empfehlen

Euer Hochwohlgebohrn ergebenster Diener Joh: Valentin Schütz

Copenhagen, d 25 t May 1783, In der Rosenburger Straße, hus No 269, bey Ole Jensen"[14].

Ob die Krankheit, deren Beginn so genau zu datieren war, durch einen Unfall hervorgerufen wurde, ist nicht belegt. Jedenfalls hat sich Johann Valentin Schütz nicht mehr erholt. Er starb anderthalb Jahre später. Im Kirchenbuch für 1784 ist vermerkt:

„Den 14. Oct. wurde vor das Thor begraben
Valenthin Schütz, Arbeitsmann an der Ecke der Rosenburgstr. und Aabenraad.
46 Jahre alt. Hitziges Fieber; die Erde frey".

Mit „hitziges Fieber" ist wohl nur die unmittelbare Todesursache bezeichnet, nicht aber die lang andauernde Krankheit selbst.

Ein halbes Jahr später, im April 1785, starb auch Christiana Maria, das jüngste der Schütz'schen Kinder:

„Den 14. April vors Thor begraben
Maria Magdalena Schützes Töchterl. Christiana in der Rosenburgstr.
2 Jahre alt. Schlag. Die Erde frey".

Der Name der Mutter ist hier falsch angegeben, vermutlich hat die ältere Schwester der Verstorbenen den Tod gemeldet.

Dieser traurig stimmende Eintrag ist der letzte Hinweis auf den Aufenthalt der Familie in der „guten Wohnung" in der Rosenborggade. Wiederum zwei Jahre später, am 1. Juli 1787, dem Stichtag für die erste landesweite Volkszählung in Dänemark, wohnten 18 Personen in dem Haus, drei Familien, darunter die von Ole Jensen, und vier allein stehende Matrosen, aber keiner der 1779 aus Deutschland Eingewanderten.

Protokoll-Notizen aus dem Jahr 1811 legen die Vermutung nah, dass die Familien Ehwald und Gensmann in Kopenhagen geblieben sind, also anderswo ihr Unterkommen gefunden haben[15]. Für letztere belegen das zudem weitere Kirchenbuch-Einträge wie die Konfirmation der Tochter Maria Magdalena Gensmann im Jahr 1796. Ich habe dem späteren Schicksal der beiden Familien nicht nachgespürt, und so treten auch sie jetzt von der Bühne unserer Erzählung ab. Und wo waren Müllers geblieben und die Witwe Schütz mit ihren Kindern? Die Suche nach ihnen gestaltete sich, wie wir sehen werden, mühsam, war aber schließlich erfolgreich.

Als sein Vater starb, war Friedrich Philipp Schütz knapp vier, als er die Rosenborggade verließ, fünf oder sechs Jahre alt. Im Haus Nr. 269 hatten mit ihm viele andere Kinder gewohnt, so auch die von Ole Jensen, mit denen er spielen konnte, auch Gleichaltrige wie seine Kusine Katharina Müller. Wo war da Platz zum Spielen? Wie kam er mit der fremden Sprache zurecht? Durfte er das Haus verlassen, sich auf den Altstadtgassen tummeln oder auf den Tabakfeldern, die praktisch vor der Haustür begannen? Den Vater, die älteren Schwestern begleiten?

Und wie sah, unter den geschilderten Umständen, das Familienleben aus, ordentlich oder unordentlich, liebevoll oder lieblos? Gab es Besuche bei der Patin Soegaard – oder war die schon nicht mehr zu sprechen? Gab es sonntägliche Kirchgänge (St. Petri war nur ein paar Straßenecken entfernt)? Gab es kleine Feiern, bei der Konfirmation der Schwestern, bei Geburtstagen? Fragen über Fragen, und die Antworten müssen wieder der Fantasie der Leser überlassen bleiben.

Dass Friedrich Philipp Schütz durchaus Erinnerungen an die dänische Kindheit hatte, wird in den späteren Vernehmungs-Protokollen immer wieder deutlich. Noch am Tag vor seiner Hinrichtung, am 30. Juli 1812, hat er – ebenso wehmütig wie realitätsfern – von Dänemark gesprochen. Dorthin habe er flüchten wollen, sagte er dem Pfarrer Dittenberger, weil er „durch seine ... hohen Taufpathen leicht Unterstützung hätte finden können"[16]. Ob sich Soegaards wohl noch an ihn erinnert hätten?

Den Taufschein Münters trug Schütz noch 1801, bei seiner ersten Verhaftung, bei sich; der ermöglichte es der Polizei, ihn zu identifizieren[17]. Vermutlich war er das einzige valide Ausweis-Papier, das der spätere Vagabund je besaß.

## 6. Ich heiße Philipp Friederich Schütz. Lebenslauf

Ich heiße Philipp Friederich Schütz, bin 38 bis 40 Jahre alt, lutherischer Religion und verehlicht. Mein Vater, Johann Valentin Schütz, war Bürger und Bauersmann zu Feucht bey Koblenz. Dieser Ort gehörte damals dem Freyherrn von Stein. Mein Vater kam durch den Grafen von Schimmelpfennig, welcher damals zu Ems im Bad war, als Tabackspflanzer in Königlich Dänische Dienste und zog mit meiner Mutter Anna Maria gebornen Müller nach Koppenhagen. Dort wurde ich geboren.

Mein Vater starb, als ich kaum zwey Jahre alt war, worauf meine Mutter nach Trokenburg auf Fühnen zog, wo sie 4 Jahre wohnte. Dann reis'te sie wieder heraus in ihre Heimath, um da zu bleiben, denn mein Vater hatte Haus und Güter unveräußert zurückgelassen. Allein während der Abwesenheit meiner Eltern wurde das Vermögen derselben nicht wohl verwaltet und so war es gekommen, daß nur noch ungefähr 40 fl. davon übrig waren, als meine Mutter nach Hause zurückkam; wodurch diese sich genöthigt sah, mit mir und meiner Schwester umher zu ziehen und für sich und uns Brod zu betteln.

In Brenbach bey Gießen hielt sich meine Mutter, mit Erlaubniß des Superintendenten, so lange auf, als erforderlich war, um meine Schwester und mich confirmiren zu lassen. Nach meiner Confirmation lernte ich das Korbflechten und die Tüncherarbeit, um dadurch zu dem gemeinschaftlichen Unterhalt der Meinigen mitzuwirken.

Als meine Schwester sich mit Johann Georg Röser aus Grünstadt, welcher mit Sämereyen und steinernem Geschirre handelte, verheyrathete; blieb meine Mutter noch einige Jahre über bey mir, dann aber nahm sie mein Schwager zu sich und ich trieb mich alleine herum. Den dermaligen Aufenthalt meines Schwagers und meiner Mutter weiß ich nicht; ich habe sie lange nicht gesehen.

Das Weibsbild, welches man mir vorstellte, ist wirklich meine Ehefrau. Ich wurde zu Günzburg im kaiserlichen Werbhause copulirt. Ich desertirte aber schon am 4. Tage nach der Copulation und gieng in die Gegend zurück, in welcher ich mich bisher aufhielt. Meine Ehefrau Anna Catharina geborne Närrin ist aus Otschbach im Weilburgischen gebürtig, wo ihre Eltern eine Mühle hatten.

Vorher zog ich mit einem andern Weibsbilde, Elisabeth N N, jedoch nur einige Wochen, herum. Obgleich sie aber von mir schwanger war, so hat sie mich doch im Solmsischen krank verlassen. Von meiner dermaligen Ehefrau habe ich nur ein Kind, – das jüngste. Das Aeltere hat sie mir zugebracht. Ich weiß nicht, von wem sie es hat. Ich habe mich und die Meinigen bisher mit Korbflechten ernährt und mich gewöhnlich in der Gegend von Frankfurt, Gießen, in der Wetterau und im Hessenlande aufgehalten.

*Friedrich Philipp Schütz: Aussage am 19. Juni 1811.*
*(Pfister: Merkwürdige Criminalfälle, Bd. 4, S. 385-387)*

## 7. Brahetrolleborg

Nach den Jahren der frühen Kindheit in Kopenhagen nun also, folgt man den Einlassungen von Schütz, eine Zwischenstation auf Fünen. Die Insel ist nicht besonders groß, und wir kennen sie gut. Trokenburg kannten wir nicht, auch keinen Ort mit einem entsprechenden dänischen Namen. Nach dem Stöbern in alten Atlanten und der Befragung von Experten stand fest: ein Trokenburg auf Fünen gibt und gab es nicht. Resignation. Es schien eine Lücke im Lebenslauf zu bleiben, die nicht zu füllen war.

Ohnehin maß ich den Aussagen zu seinem Lebenslauf, die der Delinquent 14 Tage nach seiner Verhaftung gegenüber Pfister machte, wenig Bedeutung bei. Er hatte bis dahin seine wahre Identität verleugnet, hatte behauptet, er heiße Goldmann, stamme aus Magdeburg und handle mit Hirse. Warum sollte er nun, bei einem scheinbar treuherzigen Geständnis, darauf verzichten, biografische Nebelkerzen zu werfen und falsche Spuren zu legen? Schimmelmann hieß ja nicht Schimmelpfennig, die Mutter Schütz nicht Anna Maria, er selbst war viel jünger, als er zu sein vorgab, und auch sonst ist, wie sich später zeigen wird, manches frei erfunden. So etwas kann nicht, wie „Feucht" statt „Frücht", auf Hör- oder Schreibfehler des Protokollanten zurückzuführen sein. Fazit zu diesem Zeitpunkt der Recherche: große Zweifel an einem Aufenthalt der Familie auf Fünen.

Eher zufällig stieß ich dann in der Biografie Ernst von Schimmelmanns auf die Beschreibung von dessen Freundschaft mit dem Grafen Johann Ludwig Reventlow, der seit 1775 auf dem Familiensitz Brahetrolleborg (früher Trolleborg, im Südwesten von Fünen, ein paar Kilometer von Faaborg entfernt) lebte. Trolleborg – Trokenburg? Nicht gerade zum Verwechseln ähnlich, aber vielleicht ...? Ein Blick in die dänischen Volkszählungsakten von 1787 war fällig und brachte – Triumph! – den Erfolg. In dem winzigen Dorf Gierup, das zum Gutsbezirk der Reventlows gehörte, waren, leicht verfremdet, verzeichnet:

„Fam. Nr. 24:
Hütesbeboere (Bewohner einer Hütte)

| | | |
|---|---|---|
| Gottfred Möller | 50 (Jahre) | Mand (Mann) |
| M Magdalena Anthon | 41 | hans kone (seine Frau) |
| Katrina Margaretha Möller | 16 | ugift (ledig) |
| Elisabeth Katrin Möller | 12 | |
| Johan Friedrich Möller | 10 | |
| Maria Susanne Möller | 8 | |
| Katrine Möller | 6 | |

| | | |
|---|---|---|
| Petter Christian Möller | 4 | |
| Johanne Möller | 1 | |
| Johann Andreas | 21 | Tienestekarl (Knecht) |
| Fam. Nr. 25: logerende (Untermieterin) | | |
| Maria Margaretha Valentin | 47 | Enke (Witwe) |
| Elisabeth Valentin | 21 | ugift (ledig) |
| Katrina Margarethe Valentin | 16 | ugift (ledig) |
| Maria Malene Valentin | 9 | |
| Friedrich Valentin | 5". | |

An dieser Liste (die in Klammern stehenden deutschen Übersetzungen habe ich hinzugefügt) fällt vor allem auf, dass die Altersangaben fast durchweg falsch sind. Sowohl die Eltern als auch die Kinder waren älter, als die Volkszähler es notiert hatten, die Witwe Schütz und ihre jüngste Tochter Maria Magdalena um drei, Friedrich Philipp um fast zwei Jahre. War das eine bewusste Täuschung der Befragten oder eine Schlamperei der Frager oder eine Folge von Sprachschwierigkeiten? Die Fragen ließen sich ebenso wenig schlüssig beantworten wie die, warum der Rufname des verstorbenen Vaters Schütz hier zum Familiennamen wurde. Sei's drum, jedenfalls wohnten die Familien Müller und Schütz am 1. Juli 1787 in Gierup.

Warum Gierup? Wieder einmal schweigen die Akten, aber anderswo gibt es ein paar sachdienliche Hinweise, die weiter helfen können. Der Weg zu ihnen, ich kann es nicht ändern, führt mitten durch das enge Geflecht von Freundschaften und Verwandtschaften deutsch-dänischer Adelsfamilien in der zweiten Hälfte des 18. Jahrhunderts. Ich beschränke mich auf die wichtigsten Pfade und Pfädchen.

Auftritt Johann Ludwig Graf Reventlow. Er war, 1751 geboren, vier Jahre jünger als Ernst von Schimmelmann, mit dem ihn eine lebenslange Freundschaft verband. Wie dieser war er stark beeinflusst von den Reform-Impulsen der europäischen Aufklärung und durchdrungen von dem Wunsch, sie in die Tat umzusetzen, und sei es nur im jeweils eigenen Wirkungskreis. Wenn ich ihren Biografen Glauben schenken darf, kam bei beiden zur aufklärerischen Rationalität eine gehörige Portion Schwärmerei dazu, die sich aus der Lektüre Rousseaus ebenso speiste wie aus religiösen Quellen[1].

Reventlow und Schimmelmann waren aber nicht nur befreundet, sondern seit 1782 auch miteinander verwandt. Ernst von Schimmelmanns erste Frau Emilia war im Februar 1780 an Tuberkulose gestorben; gegen diese Krankheit hatte auch das Emser Wasser nichts ausrichten können. Zwei

Jahre später heiratete der Witwer Charlotte Schubart, deren Schwester Sybille seit 1778 die Ehefrau Reventlows war. Die beiden Männer waren also Schwippschwäger, und die beiden Frauen, auch was ihre geistigen Interessen betraf, engstens miteinander verbunden. Brahetrolleborg war der ideale – und häufige – Treffpunkt des Quartetts.

Menschenfreund und Minister: Ernst Heinrich von Schimmelmann

Im Gegensatz zu Schimmelmann verbrachte Reventlow nur ein paar Jahre im dänischen Staatsdienst, als Deputierter im Oeconomi og Commerce Collegium war er zeitweise dessen Kollege. Die Schwerfälligkeit des Staatsapparats verhinderte schnelle Reform-Erfolge, und der ungeduldige – und immer noch sehr junge – Graf machte das ererbte Familiengut Brahetrolleborg zum Experimentierfeld für seine Ideen.

Einen Ehrenplatz in der dänischen Geschichte behauptet er vor allem als Schulreformer. 1783 gründete er, in einem Gebäude, das er eigens in Gierup hatte bauen lassen, die erste Volksschule in Dänemark, die jedem Kind, gleich welcher Herkunft, unentgeltlich offen stand, mit einem ausgeklügelten pädagogischen und didaktischen Konzept und einem anspruchsvollen Lehrplan. Führende Pädagogen der Zeit waren an dem Projekt beteiligt; Reventlow selbst war mehrfach nach Deutschland gereist und hatte sich Musterschulen angesehen, unter anderen das Philanthropin in Dessau[2]. Das ehemalige Schulgebäude steht noch und beherbergt heute ein kleines Museum. Schülerlisten aus der Anfangszeit – freundliche Menschen haben für uns danach gesucht – gibt es nicht mehr. Schade.

Wenig später nahm Reventlow auf einem Teil seines ausgedehnten Besitzes in Brahetrolleborg eine durchgreifende Bodenreform und, damit einhergehend, die Bauernbefreiung in Angriff, also die Lösung eines, nicht nur in Dänemark, drängenden sozialen und politischen Problems. Einige seiner adeligen Freunde hatten ähnliche Projekte schon verwirklicht, Ernst von Schimmelmann – was Wunder – betrieb gleichzeitig eines auf dem vom Vater geerbten Gut Lindenborg. Historiker weisen dieser Gruppe, namentlich Reventlow und Schimmelmann, das Hauptverdienst daran zu, dass, im europäischen Vergleich sehr früh, 1788 und in den Folgejahren eine umfassende Land- und Bodenreform in Dänemark Gesetz wurde[3].

Ich kann die Details dieses aufwändigen Projekts hier nicht schildern, will aber doch auf eine Folge von Reventlows Aktivitäten in Brahetrolleborg hinweisen. Das Acker- und Weideland musste neu vermessen und in profitable Parzellen für die nun eigenständig wirtschaftenden Bauern aufgeteilt werden. Auf diesen wurden dann in beträchtlicher Zahl neue Bauernhöfe errichtet. Reventlow begann mit dieser Arbeit im Jahr 1785 und suchte Arbeitskräfte, über die er selbst nicht verfügte, Maurer, Zimmerer, Arbeiter in Sägewerken und in einer kleinen Ziegelfabrik, die in diesem Zusammenhang in Betrieb genommen wurden. Und Landarbeiter brauchte er auch, denn er und seine Verwalter experimentierten ständig – wir kennen das schon – mit neuen Anbau-Methoden und neuen Nutzpflanzen.

Was lag näher, als beschäftigungslos gewordene Takakpflanzer von Kopenhagen nach Fünen zu holen? Wohlgemerkt, einen aktenmäßigen Beweis für diese These gibt es nicht, aber sie scheint mir, die enge Zusammenarbeit der beiden Freunde immer mitgedacht, durchaus plausibel. Folgt man diesem Gedankengang, dann wären die beiden Familien Müller und Schütz nach einer erneuten Seereise 1785 oder 1786 in Gierup angekommen, und die Altersdifferenz bei der Volkszählung erklärte sich aus den damals bei der Reventlow'schen Verwaltung aufgenommenen Personalien.

Die Früchter Einwanderer, dies muss im Gedächtnis behalten werden, waren weder Leibeigene noch Sklaven, über die beliebig verfügt werden konnte, die, wie diese, gekauft oder verkauft werden konnten. Ihrem Umzug von Kopenhagen nach Gierup muss ein Angebot vorausgegangen sein, und zwar eines, das als Hilfe gemeint war. Als Helfer kamen nur Schimmelmann, Reventlow und vielleicht, als Vermittler, der in der Armenpflege sehr engagierte Hauptpastor Balthasar Münter in Frage. Ob sie dabei direkt eingriffen oder ihre Untergebenen in Bewegung setzten, ist zweitrangig. Festzuhalten bleibt, dass sie die gestrandeten Tabak-Arbeiter offenbar nicht sich selbst überließen.

Diese andererseits, ein Familienvater mit Frau und sieben und eine Witwe mit vier Kindern, hatten wenig Handlungsspielraum. Eine staatliche Absicherung, gar eine Sozialversicherung gab es nicht. Also waren sie nicht wirklich frei in ihren Entscheidungen, eine Frau ohne Ernährer schon gar nicht. Wir sind gewohnt, in solchen Situationen von Chancen zu sprechen, die der Einzelne zu nutzen habe. Das geht an der gesellschaftlichen und politischen Wirklichkeit des 18. Jahrhunderts vorbei. Schon ob die Betroffenen die Hilfe, die ihnen zuteil wurde, überhaupt als Chance verstanden haben, ist zweifelhaft.

Die Fragen bleiben: ob sie aus Trägheit keine Alternative suchten oder ob es tatsächlich keine Alternative gab; ob sie, wenn es eine gab, sie aus Mangel an Willen oder aus Mangel an Kraft nicht in Erwägung zogen; ob sie einfach faul waren oder dem Alkohol verfallen oder krank, körperlich schwach, vielleicht nur begriffsstutzig. Die Fragen werden uns im Verlauf des Dramas „Friedrich Philipp Schütz" noch öfter beschäftigen. Ich fürchte, sie werden, wenn die Akten nicht eine deutlichere Sprache sprechen, kaum je schlüssig zu beantworten sein. Wie auch immer: jetzt zogen die beiden Familien nach Gierup.

Das Schloss Brahetrolleborg, bis zur Reformation ein Zisterzienserkloster, ist heute, wie die dazu gehörige gotische Kirche auch, sorgfältig restauriert, und Fotos davon zieren die Fremdenverkehrs-Prospekte Fünens. Es liegt auf einem nicht eben hohen Hügel der „Fünischen Alpen", umgeben von Weiden, Kornfeldern, Wäldchen, kleinen Seen und den Dörfern, die ehedem zum Gutsbezirk der Reventlows gehörten. Gierup buchstabiert sich jetzt Gaerup und ist nur ein paar hundert Meter weit vom Schloss entfernt. Es ist noch immer eine kleine, sehr überschaubare Siedlung und wird von Pendlern und Rentnern bewohnt, die auf der am Ortsrand vorbei führenden Landstraße zur Arbeit und zum Einkaufen in die größeren Städte fahren. Außer dem Schulmuseum erinnert nichts mehr an das Dörfchen des 18. Jahrhunderts.

Das lag schon damals abseits vom Durchgangsverkehr, ein typisches Straßendorf, ein halbes Dutzend bäuerliche Vierseithöfe rechts, ein halbes Dutzend links und noch drei oder vier verstreut im Gelände. Am Ortsausgang in nordwestlicher Richtung ein paar kleine Gebäude, die als „Hütten" bezeichnet wurden, wohl weil sie nicht, wie die Höfe, über Stallungen, Scheunen und andere Wirtschaftsgebäude verfügten. Alles Fachwerkbauten mit reetgedeckten Dächern, drum herum Gärten, die Wege unbefestigt, abwechselnd schlammig oder staubig[4].

1787 wohnten auf den Bauernhöfen 16 Familien mit insgesamt 100 Mitgliedern, in den übrigen Häusern noch einmal 80 Personen, Familien und Alleinstehende. Die Vermutung liegt nahe, dass es sich dabei, sieht man von den Alten und den Kindern ab, um die Reventlow'schen Arbeiter handelte. Die Leute hießen Rasmussen, Jensen, Hansen, Pedersen, Nielsen. Möllers/Müllers und Valentin/Schützens scheinen die einzigen Deutschen im Ort gewesen zu sein. Schon das weist auf eine Ausnahmestellung hin. Wie in Kopenhagen kann man davon ausgehen, dass die Manager, vielleicht auch die Vorarbeiter in Reventlows Diensten Deutsch sprachen, für die Nachbarn im Dorf wird man das nicht annehmen können.

Im Sommer muss es hier schön gewesen sein. Die Dorfstraße, die Wiesen, die kleinen Hügel ringsum waren für Kinder ideale Spielplätze. Unmittelbar am Ortsausgang lag ein idyllischer See, der zugleich der Waschplatz war. Nicht ganz so schön werden die Winter gewesen sein. Da machte sich die Armut, die auch hier unverkennbar herrschte, besonders bemerkbar. 14 Menschen in einem kleinen Haus und dazu noch die Schlafstelle eines Knechts, dessen geringes Kostgeld wohl zur Aufbesserung der Haushaltskasse gebraucht wurde. Der Verdienst derer, die auf den Feldern oder in den Werkstätten arbeiten konnten – neben den Eltern (oder nur dem Vater Müller?) dessen älteste Tochter und die beiden älteren Töchter Schütz – reichte sicher für das Nötigste, für mehr aber nicht. Elende Zustände fürwahr.

Was die beiden Familien bewogen hat, Dänemark wieder zu verlassen, ist allenfalls zu erraten. Mag sein, dass in Gierup, wie vorher auf den Tabakfeldern, die Arbeit ausging. Mag sein, dass die Sprachschwierigkeiten auf Dauer als störend empfunden wurden; in der Musterschule nebenan wurde zwar deutsch gelehrt, die Unterrichtssprache aber war dänisch. Vielleicht hat die Illusion eine Rolle gespielt, in der alten Heimat wieder Fuß fassen und erfolgreich ausstehende Gelder eintreiben zu können. Ganz offensichtlich gab es nach wie vor Kontakte dorthin. Maria Katharina Schwarz, geborene Schütz, die jüngere Schwester von Johann Valentin, die 1779 mit nach Kopenhagen gekommen, aber dort nicht lange geblieben und nun in Ruppertshofen, einem kleinen Taunusdorf, verheiratet war, reiste hin und her und überbrachte Nachrichten – über hunderte von Kilometern, erstaunlich genug.

Oder spielte, bei der Witwe Schütz, der mysteriöse Herr Blinonen eine Rolle, von dem sie behauptete, er sei ihr zweiter Ehemann, und der, kaum aus den Kulissen aufgetaucht, gleich wieder in denselben verschwand? In seiner Begleitung jedenfalls erschienen Maria Margaretha Schütz und ihre vier Kinder im Sommer 1788 in Frücht. Wie sie die Reise über See und Land zurückgelegt hatten, ist nicht überliefert. Eine Notiz in den Akten lässt vermuten, dass es quer durch Deutschland ein Fußmarsch gewesen war.

Endgültig war der Abschied von Dänemark, zumindest für einen Teil der Familie, nicht. Die beiden älteren Töchter Maria Elisabeth und Katharina Margarethe machten sich selbständig und kehrten nach einem kurzen Aufenthalt in Frücht in den Norden zurück. Es ist unklar, wie lange sie dort blieben. 1789 jedenfalls lebten sie, wie ihre Tante Schwarz auch, in Kopenhagen, wo sie offenbar wieder Arbeit gefunden hatten[5].

Auch Johann Gottfried Müller ist mit seiner Familie nach Frücht zurückgekehrt. Er behauptete später, das sei 1786 gewesen[6], was angesichts der Eintragung in die Volkszählungs-Liste nicht richtig sein kann. Ich habe dem nicht weiter nachgespürt.

Bevor das dänische Bühnenbild endgültig abgebaut wird und im Magazin verschwindet, müssen noch ein paar Schauspieler in tragenden Rollen verabschiedet werden. Balthasar Münter starb, hoch geehrt und tief betrauert, am 5. Oktober 1793. Es ist immerhin möglich, dass die beiden Schütz-Töchter ihm noch einmal begegnet sind.

Kinderfreund und Bauernfreund: Obelisk zu Ehren von Johann Ludvig von Reventlow in Brahetrolleborg

Johann Ludwig Graf Reventlow blieb zeitlebens der Idealist, als der er angetreten war, und hat das Seine zu den dänischen Reformen der 1790er Jahre beigetragen. Er starb am 1. März 1801 in Brahetrolleborg. Unterhalb des Schlosses, an der alten Landstraße, steht eine bescheidene Gedenksäule, die an ihn als „Boerneven og Bondeven", als den Kinder- und Bauernfreund erinnert. Schimmelmanns Nachruf evoziert den hohen Ton, der die Basis seiner Freundschaft mit dem Toten gewesen war:

> „Er wandert also nicht mehr auf der Erde, unser Bruder, unser Freund! Sein Tod war so herrlich, weil der hohe Geist seines Lebens ihn überstrahlte. Er ist uns entrissen, dieser edle, beste Freund, der immer Anteil nahm und uns nie im Stich ließ! Nun wandern wir alle einsamer auf dem dornigen Weg des Lebens, aber in unserem Schmerz ist etwas, das nicht auf dieser Erde zu Hause ist. So groß war das Beispiel, das er uns gab, so mächtig sein Sieg".[7]

Ernst Graf Schimmelmann selbst setzte seinen dornigen Weg als idealistischer Reformer und realistischer Politiker im dänischen Staatsdienst fort. 1791 garantierte er zusammen mit dem Prinzen von Augustenburg („zwei Freunde, durch Weltbürgersinn miteinander verbunden") dem kranken Friedrich Schiller (!) auf drei Jahre ein jährliches Geschenk von 1000 Talern:

> „Nehmen Sie dieses Anerbieten an, edler Mann! ... Wir kennen keinen Stolz als nur den, Menschen zu sein, Bürger in der großen Republik, deren Grenzen mehr als das Leben einzelner Generationen, mehr als die Grenzen eines Erdballs umfassen. ... Der Menschheit wünschen wir einen ihrer Lehrer zu erhalten!"[8]

Schiller nahm dankend an und revanchierte sich mit seiner Briefserie „Über die ästhetische Erziehung des Menschen". So ging das zu in der Welt idealistischer Aristokraten, und ich zitiere das alles nur, um die Diskrepanz deutlich zu machen zur Lebenswirklichkeit der Menschen, um die es in unserer Geschichte eigentlich geht.

Als Finanzminister musste Schimmelmann harte Entscheidungen fällen, die schmerzlich in das Leben vieler Menschen eingriffen. 1813 verantwortete er den spektakulären dänischen Staatsbankrott, ein Ereignis, das im historischen Bewusstsein des Landes tief verankert ist. Im gleichen Jahr wurde er entlassen, blieb aber Mitglied im Staatsrat. Von 1824 bis zu seinem Tod war er Außenminister. Ernst Graf Schimmelmann starb am 9. Februar 1831 und wurde in St. Petri zwischen seinen beiden Ehefrauen beigesetzt[9].

**8. Schützin und Stein. Beschwerde an die Reichsritterschaft**

Actum Burgfriedberg
den 15ten Nov. 1788
Erschiene Maria Margaretha Schützin aus dem Freyherrlich von Steinischen Dorf Früchten, und stellte unterthänig vor, daß sie mit ihrem verstorbenen Mann ehedem zu Früchten als Unterthanen gewohnt, und ein Hauß nebst liegenden Gütern daselbst eigenthümlich besessen. Nachher wären sie zusammen auf eine Königliche Plantage nach Dänemark gezogen, hätten ihr unbewegliches Vermögen, worauf 135 (fl) Schulden gehaftet, dem Schultheiß zu Frücht zur Administration zurückgelassen, anstatt aber, daß dieser sothan ihr Vermögen seinen Pflichten gemäs aufbewahrt, hätte er bald nach ihrem Wegzug von Früchten alles ohne ihre Einwilligung verkaufen lassen, und ihr nicht einen Heller davon zugeschickt.

Mit größtem Erstaunen hätte sie bey ihrer kürzlich erfolgten Rückkunft aus Dänemark erfahren, daß ihr Eigenthum verkauft, das Haus abgebrochen, sohin ihr nicht einmal ein Obdach in ihrem Eigenthum übrig gelassen worden sey. Der Schultheiß gebe vor, der ehemalige freyherrlich von Steinische Consulent Herr Hiemer habe die Veräußerung vorgenommen, und den Erlös zu Bezahlung der obgedachten Schulden verwendet, den Überschuß aber entweder nach Dänemark oder Friedberg geschickt.

Da weder ihr noch ihrem verstorbenen Mann nach Dänemark nicht das geringste geschickt worden sey, und da sie auch nicht glauben können, und nunmehro auch vernommen, daß etwas hierher an hochlöbliche Ritterschaft geschickt worden, indessen aber sie nur die Hälfte ihres Guts zu Früchten ausschließlich des Hauses von ihrem Bruder für 135 Rthler erkauft, mithin der Werth desselben noch mehr als noch einmal soviel sich belaufen habe, alle Erkundigung hingegen bey Amt und anderwärts ihr nicht die mindeste Gewisheit hätte beschaffen können, wie hoch ihr Guth verkauft worden, und wohin das nach Abzug oben erwähnter Schulden übrig gebliebene erlößte Geld gekommen sey, so sähe sie sich in ihrer äußersten Noth und Leiden und dem Mangel an allen Bedürfnissen des Lebens gedrungen, sich an hochlöblichste Ritter Directorium unterthänigst zu wenden, und flehentlichst zu bitten, durch ein Vorschreiben ihren gnädigen Ortsherrn dahin zu bewegen, daß hochderselbe diese Verkaufs-Sache genau untersuchen lassen, und ihr zu dem Ihrigen gnädig verhelfen mögte.

Sie verspreche sich diese hohe Gnade desto zuversichtlicher, je gerechter ihr Begehren, und je dringender ihre Noth seyn.

*Handschriftliche Anordnung des Reichsfreiherrn Karl vom und zum Stein vom 12. Dezember 1788 (am Rand der 1. und 2. Seite):*

Dem Herrn Wieler burgmann zuzustellen sub lege remissionis usw
1) Die damaligen Schulzen ueber das von der Schützin angezeigte factum an Eydes statt zu vernehmen –
2) auch sowohl von diesen als deren Gemeindsgliedern Nachrichten einzuziehen ueber
a) die Größe der der Schützin ehemals zugehörigen Grundstücke welche sich auch aus dem Grundbuch ergeben müsste.
b) ueber den Werth für welchen sie verkauft wurden, und an wen sie verkauft worden
c) ueber den Betrag der darauf haftenden Schulden, und ueber
d) die Verwendung des daraus erlösten Geldes –
   Die hierüber in gehöriger Form eingeführte und von den Deponenten unterzeichnete Protokolle hat derselbe innerhalb 4 Wochen nach Wetter nebst denen ueber diese Sache verhandelten älteren Acten im fal dergleichen vorhanden einzuschicken, auch zugleich von H. Hiemer Nachrichten einzuziehen ueber diesen Vorgang.

Cleve, d. 12t Dez. 1788
Stein

*Die Beschwerde hatte die Reichsritterschaft ihrem Mitglied Heinrich Friedrich Karl vom und zum Stein zur Stellungnahme zugesandt. Dieser war seit 1784 – in preußischen Diensten – Direktor der westfälischen Bergämter mit Dienstsitz in Wetter an der Ruhr und seit kurzem Direktor der Klevischen Kammer. Seine Mutter war 1783, sein Vater im Oktober 1788 gestorben, so dass er sich nun selbst um die Nassauer Geschäfte kümmern musste.*

*(Archiv Stein, Nr. 2128, Bll. 93-98)*

## II. Herumziehendes Leben 1788 – 1811

### 9. Verweisung

Wer vom Lahntal aus Frücht ansteuert, muss knapp 200 Höhenmeter überwinden. Als Kind, ein paar Jahre nach dem Zweiten Weltkrieg, bin ich gelegentlich zu Fuß da hinauf gestiegen, um bei unserer bäuerlichen Verwandtschaft Nahrhaftes abzuholen, auf einer steilen, kurvigen, engen und staubigen Landstraße, drei, vielleicht vier Kilometer am Stück. Noch heute sind die felsbewehrten Haarnadelkurven – auch ohne Gegenverkehr – für jeden Autofahrer eine Herausforderung. Ist man jedoch oben, auf einer Vorhöhe des Taunus, angekommen, wird jedwede Mühe eines schweißtreibenden Aufstiegs oder einer schwindelerregenden Fahrt belohnt. Weit geht der Blick über die Taleinschnitte von Rhein und Lahn hinweg ins bewaldete Mittelgebirge, nach Westen in den Hunsrück, nach Norden in den Westerwald. Nur klotzige Beton-Architektur stört hier und da die Natur-Idylle.

Der Ort selbst hat jetzt knapp 600 Einwohner, auch sie, wie in Gaerup, meist Pendler und Rentner. Ihre Häuser stehen auf Grundstücken, die ehedem Gärten, Felder oder Wiesen gewesen sind. In der Dorfmitte, auf leicht ansteigendem Gelände, ragt, wie es sich gehört, die Kirche auf mit einem richtig alten, spätromanischen Turm; nahebei findet sich die Familiengruft der Freiherrn vom und zum Stein, die ihre heutige Gestalt in den 1810er Jahren erhalten hat. Vierseithöfe hat es hier nicht gegeben; Frücht war kein Straßen-, sondern eher ein Haufendorf. Ein paar Fachwerkbauten aus dem 18. Jahrhundert sind noch zu sehen, sorgfältig restauriert und mehr oder weniger schön heraus geputzt.

Damals hatte Frücht allenfalls halb so viele Einwohner wie heute. Die meisten waren Bauern, Stein'sche Pächter oder Selbständige, einige waren Handwerker, aber auch die hatten, Selbstversorger, die sie waren und sein mussten, meist ein Eckchen Land und ein Stück Vieh im Stall. Große Anbauflächen gab es nicht, das Land war, erbrechtlich bedingt, zerstückelt, handtuchgroße Äcker waren die Regel. Der Boden war karg, das Klima nicht wirklich günstig, und zu all der Mühe und Arbeit (die drückenden Abgaben an den Landesherrn nicht zu vergessen) kamen geradezu groteske bürokratische Erschwernisse.

In der Hinterlassenschaft meines Früchter Großvaters findet sich eine Petition aus dem Jahr 1732, in der es um die Folgen eines Unwetters geht, das Bachwiesen mit Geröll gefüllt hatte. Dieses konnte nicht beseitigt werden, weil auf dem winzigen Gelände mindestens drei Obrigkeiten aufeinander stießen, die in langwieriger, oft stockender, hinhaltender diplomatischer Korrespondenz die jeweiligen Verantwortlichkeiten klären mussten. Der Bachlauf, dessen Breite eher in Zentimetern als in Metern gemessen werden konnte, markierte die Landesgrenze. Bis alles geklärt war, konnten Monate vergehen, konnte sich das nächste Gewitter ausgetobt haben oder das Heu verfault sein, und ob die getroffenen Übereinkünfte auch praktische Folgen hatten, war gar nicht sicher. Die Akten sind voll von Vorgängen dieser Art. Die Bauern hatten in der Regel das Nachsehen.

A propos Erschwernisse: Am 29. Juni 1707 beerdigte der Früchter Pfarrer den Urgroßvater unseres Friedrich Philipp Schütz und schrieb ins Kirchenbuch:

> „den 28. juni ist Johann Jacob Schütz vor Mittag zwischen 10 u 11 Uhr sanfft und selig entschlafen, nachdem Er des Morgens gegen 2 Uhr bei feindl. Überfall und Plünderung der Franzosen von einem bösen Buben ... alhier, mit einer in 3 Stück zerteilten Kugel, in die lincke Seitt durch und durch war geschossen worden, und den 29. bei vollckreicher Versammlung unter vielen Weinen und Wehklagen christl. zur Erde bestattet worden".

Ein Beispiel unter vielen: ein Kollateralschaden. Die Soldaten, fremde wie eigene, schossen aber nicht nur unbeteiligte Zivilisten tot, sondern plünderten sie auch aus, 1707 und bei jedem weiteren Krieg neu. Sie „lebten vom Land", und angemessene Entschädigungen gab es in den seltensten Fällen.

Der Familienname Schütz ist in Frücht seit dem Beginn des 17. Jahrhunderts nachgewiesen (länger reichen die Kirchenbücher nicht zurück). Seither gab es immer mehrere Familien dieses Namens im Dorf. Durch Heiraten waren sie mit den anderen Sippen, den Ansel, Mangold, Steinmetz, Metz, Löwenstein verschwägert. Als Maria Margaretha Schütz im Sommer 1788 in ihren Geburtsort zurückkehrte, konnte sie davon ausgehen, dass sie, zumindest über ihren verstorbenen Mann Johann Valentin, mit dem halben Dorf verwandt war. Einer meiner dortigen Vorfahren (sechs Generationen zurück), der Kirchengemeindevorsteher Johann Philipp Schütz senior, im gleichen Jahr 1738 geboren wie dieser, war nicht nur sein Klassenkamerad, sondern auch sein Vetter zweiten Grades.

Wohl wahr: Verwandtschaft, fernere, nähere oder ganz nahe, ist keine Garantie für Zuneigung und Hilfsbereitschaft, und das Wort „Familienbande" hatte schon immer diesen Karl Kraus'schen Beigeschmack von Wahrheit. Dennoch ist es nützlich, die Familienstrukturen beim Fortgang der

Geschichte im Gedächtnis zu behalten – eben weil sie keinen Halt gewährten.

Wenn die Schützin wirklich geglaubt hatte, in Frücht willkommen zu sein, so hatte sie sich gründlich getäuscht. Die Akten, auch wenn sie aus einer späteren Zeit (in diesem Fall vom 20. April 1801) stammen, sprechen in dieser Hinsicht eine deutliche Sprache:

„... daß der Joh. Valentin Schütz in an(no) 1779 nach Dännemarck von Frücht gezogen, daß dessen Wtb Maria Marg. geb. Müllern in an(no) 1788 sich wiederum zu Frücht gemeldet und sich daselbst niederlassen wollen und daß selbige mit einem bey sich habenden Kerl, den sie wieder geheyrathet zu haben vorgegeben, nebst 4 Kinder vorübergezogen, da sie nicht zu Frücht aufgenommen worden. Wo selbige sich hingewendet, sey unbekannt, gewiß sey es aber, daß dieselbe so wenig als eins von ihren Kindern in Frücht anßäßig sey ..."[1].

Nicht zu Frücht aufgenommen also, besser: nicht wieder und nicht dauerhaft aufgenommen – nicht von ihren Geschwistern, nicht von ihren Schwägerinnen und Schwägern und daher nicht von der Stein'schen Obrigkeit? Oder nicht von dieser und daher nicht von ihren Verwandten? Oder war der „bey sich habende Kerl" schuld, der Herr Blinonen, der sich auch noch hier niederlassen wollte? Das alles ist nicht mehr zu klären. Und es ist müßig, darüber zu spekulieren, ob nicht einer aus der näheren oder ferneren Familie, der Kirchenvorsteher zum Beispiel, die so offenkundig auf Hilfe angewiesene Witwe hätte als Magd anstellen können, wie das offenbar später anderswo geschah; ob nicht eine oder einer wenigstens die Kinder – Friedrich Philipp war sieben, seine nächstältere Schwester Maria Magdalena zwölf Jahre alt – hätte aufnehmen und durchfüttern können.

Das factum brutum bleibt: All dies geschah nicht. Maria Margaretha Schütz wurde allenfalls vorübergehend beherbergt, dann aber mit ihren Kindern des Ortes verwiesen, war fortan heimat- und weitgehend rechtlos in einer Welt, die Menschen nur als Untertanen einer bestimmten Obrigkeit kannte und in der es ein soziales Netz, wie wir es kennen, nicht gab. Von nun an war die Frau überall „landfremd" und konnte – sans papiers, wir kennen das aus der Gegenwart nur zu gut – überall ausgewiesen und vertrieben werden. In den einschlägigen Akten der Folgezeit wird sie daher stets als „Vagabundin" bezeichnet, und als solche ist sie auch gestorben.

Zu Beginn des zweiten Akts unseres Dramas ist das die entscheidende Weichenstellung, die Verweisung auf die Landstraße, und dort

"...wurden Bettler und Vaganten um ihrer bloßen Existenz willen verfolgt, de facto fast immer über die zahlreichen Territorialgrenzen abgeschoben, aber de jure beim wiederholten Aufgreifen auch durch die Brandmarkung, schließlich sogar die Todesstrafe bedroht. Daher befanden sich die Betroffenen automatisch am Rande, wenn nicht außerhalb der etablierten Gesellschaft. Der Schritt zur Verbindung mit den Gaunern war von hier aus nur ein kleiner"[2].

Was immer in den Augen der Früchter gegen die Schützin gesprochen haben mag, für sie spricht, in unseren Augen, dass sie ihr Schicksal nicht widerspruchslos hingenommen hat. Die Friedberger Beschwerde belegt, dass sie zunächst mit dem Früchter Schultheißen und mit der Stein'schen Verwaltung in Nassau verhandelt hat. Das Ergebnis war ernüchternd. Es stellte sich heraus, dass im Juli 1788 von dem Versteigerungserlös aus dem Jahr 1781 noch ganze elf Gulden und 32 ½ Kreuzer übrig waren. (Der Umrechnungskurs von Reichstalern, in denen die Summen bisher berechnet wurden, zu Gulden betrug etwa 1:1,5).

Der Bürgermeister Löwenstein, der das Geld verwaltete, zahlte davon an Johann Gottfried Schütz, den älteren Bruder und Schuldenverwalter des verstorbenen Johann Valentin, einmal zwei Gulden (wofür auch immer) und am 12. Juli 1788 noch einmal sechs Gulden, damit er für die Schütz'schen Kinder die „dringend benötigte Schuin" (= Schuhe) kaufen konnte – ein sprechender Hinweis darauf, in welchem Zustand diese in Frücht angekommen waren. Es blieb ein „Überschuss" von drei Gulden und 32 ½ Kreuzern, den Löwenstein kurz danach an die „Wittib V. Schütz" aushändigte[3]. Eine – ohnehin unmögliche – Umrechnung in Euro erübrigt sich. Es war, für jemanden, der praktisch mittellos auf der Straße stand, ein lächerlicher Betrag. Immerhin hatten die Kinder neue Schuhe.

Lag wirklich noch irgendwo Geld, das ihr eigentlich zustand? Maria Margaretha Schütz wollte es wissen und marschierte, eine Kutsche konnte sie sich gewiss nicht leisten, mitten im – übrigens bitterkalten – Winter[4] quer durch den Taunus, 100 Kilometer bergauf, bergab, nach Friedberg, dem Sitz der Mittelrheinischen Reichsritterschaft; dort brachte sie, nachdem sie wegen der erhofften Gulden abschlägig beschieden worden war, immerhin ihre – nicht ganz wahrheitsgetreue – Beschwerde vor.

Reichsritterschaften waren Zusammenschlüsse des reichsunmittelbaren Adels, der auf diese Weise ein Gegengewicht gegen die umliegenden und sie oft genug bedrängenden Territorialstaaten und -stäätchen schaffen wollte. Ihre Einbindung in das ohnehin monströse Verfassungsgefüge des Heiligen Römischen Reiches Deutscher Nation war hinreichend kompliziert und muss hier nicht dargestellt werden. Eine vorgesetzte Behörde waren sie nicht, in bestimmten Fällen aber so etwas wie eine Berufungs- und Kontroll-Instanz. In West- und Süddeutschland gab es mehrere solcher Ritterschaften, Steins waren im Kanton Mittelrhein des Rheinischen Kreises organisiert, und insofern war die Witwe Schütz in Friedberg an der richtigen Adresse.

Die Sprache, in der die Beschwerde verfasst ist, ist nicht ihre Sprache, sie ist die des Friedberger Kanzlisten, der gewohnt war, halbwegs verständliche Aktenstücke über schwer verständliche Umstände und Zusammenhänge zu verfertigen. Das Aktenstück wanderte dann, auf dem Dienstweg und mit der Bitte um Stellungnahme, von Friedberg nach Nassau, von dort zum Freiherrn vom und zum Stein nach Wetter an der Ruhr und von dort wieder zurück nach Nassau, versehen mit sehr präzisen, den energischen und versierten Vorgesetzten verratenden Anordnungen.

So weit, so gut – bloß gerade jetzt, wo es spannend zu werden verspricht, bricht die schriftliche Überlieferung ab. Es müsste doch, es sollte doch ..., von wegen! In den bruchstückhaft erhaltenen Akten der Mittelrheinischen Reichsritterschaft ist der Vorgang nicht zu finden. Und in den verstreuten Nassauer Akten nur das schon zitierte Protokoll über die Auszahlung der drei Gulden vom 2. März 1789, ein Datum, das darauf schließen lässt, dass es in Vollzug der Stein'schen Anordnungen vom 12. Dezember 1788 verfasst wurde. Mehr ist zu dieser wichtigen Geldangelegenheit nicht überliefert, und so muss endgültig offen bleiben, ob es bei der Verwendung des restlichen Versteigerungserlöses mit rechten Dingen zuging oder nicht.

Wo war während dieser Zeit, im Winter 1788/89, der Herr Blinonen? Dass er im Sommer zuvor mit der Schützin in Frücht aufgetaucht, also auf der vorangegangenen Tour durch halb Deutschland wohl ihr (nützlicher) Begleiter gewesen war, steht in den Akten, mehr aber auch nicht. Nur einmal ist dort sein ziemlich ungewöhnlicher Name verzeichnet[5]. Marschierte er mit nach Friedberg? Verschwand er, als sich die Hoffnung auf eine Aufnahme in Frücht und auf die Auszahlung größerer Summen zerschlug? Wieder einmal: ich weiß es nicht. Und wieder einmal: schade, denn zumindest zeitweise war er doch für den kleinen Friedrich eine Art Vaterersatz. Dass er wirklich mit der Witwe Schütz verheiratet war, ist wenig wahrscheinlich. Legale Heiraten waren, zumal für Landfremde wie ihn, teuer, und Maria Margaretha firmierte, nicht nur in Friedberg im November 1788, sondern auch später, wo immer sie, selten genug, in den Akten auftaucht, stets als „Schützin".

Heute ein Gymnasium, ehedem Sitz der Mittelrheinischen Reichsritterschaft: Das im 18. Jahrhundert umgebaute Kanzleigebäude aus dem Jahr 1512 auf der Burg Friedberg

Friedrich Philipp ist, seit er knapp vier Jahre alt war, vaterlos aufgewachsen, und dass er an Johann Valentin eine lebendige Erinnerung hatte, wird man nicht annehmen können. In Frücht erlebte der mittlerweile Achtjährige einen weiteren Einschnitt ins Familienleben: die Trennung von seinen beiden älteren Schwestern, die nun, alt genug waren sie, ein eigenständiges Leben begannen. Sein Gesichtskreis verengte sich für mehr als ein Jahrzehnt auf die Kleinfamilie mit der Mutter und der etwas älteren Schwester Maria Magdalena. In dieser Kleinfamilie ist er erwachsen geworden.

Die beiden Schütz-Töchter Maria Elisabeth und Katharina Margarethe, 22 bzw. 18 Jahre alt, gingen zunächst – ich habe das schon erwähnt – nach Dänemark zurück. Mit Frücht hielten sie ganz offenkundig Kontakt, vielleicht mit Hilfe ihrer hin und her reisenden Tante Katharina Schwarz. Unermüdlich und energisch forderten sie, jetzt und später, ihre Rechte ein, wenn es, mal wieder, um einbehaltene Erbschaftsgelder ging.

Die erste Gelegenheit bot sich noch im Sommer 1789. Da stritten sie um die Auszahlung von 38 Gulden aus der Hinterlassenschaft eines in Holland gestorbenen Onkels, mussten aber einwilligen, dass davon sieben Gulden abgezogen wurden, um das Kostgeld für die jüngste Schwester bei der Witwe Ahlen zu begleichen. So schnell schmolz das Geld, auf das man Anspruch zu haben glaubte, dahin; und so hartherzig waren die Verwandten gewesen, dass das Kind, wohl während die Mutter nach Friedberg unterwegs war, „in Pension" hatte gehen müssen. Immerhin wurde der Rest den beiden Älteren nach Dänemark geschickt, die Quittung unterschrieb Magnus Larsen, vermutlich ihr neuer Arbeitgeber[6].

Wie lange der neuerliche Aufenthalt der beiden in Kopenhagen dauerte, lässt sich nicht mehr klären, und auch die Umstände ihrer endgültigen Rückkehr nach Deutschland bleiben im Dunkeln. Im Sommer 1798 jedenfalls lebten Maria Elisabeth und Katharina Margarethe Schütz, offenbar schon seit geraumer Zeit, in der nassauischen Residenzstadt Dillenburg. Das belegt ein erhalten gebliebener Brief, in dem es, nicht zum letzten Mal, um die Auszahlung von Geld ging, um zehn Gulden, um genau zu sein, aus welchen Quellen immer:

„Dillenburg d. 30 Jul.
Hochgeehrtester Herr!

Wir unten benahmte nehmen uns noch einmal die Freyheit an Ihnen zu schreiben von wegen die 10 fl; da wir nun (weder) Geld noch Nachricht erhalten haben, so bitten wir Ihnen gehorsamst, denselben, wo die stehen, zu erequiren, und wenn wir das Geld in Zeit von 8 Tagen nicht erhalten und hierher geschickt bekommen, so wollen wir an den Freyherr von Stein vor(stel)len, ..."[7].

Ohne eine solche Drohung bewegte sich bei den Früchter Ortsgewaltigen offenbar nichts, und jetzt hatten die beiden einen leibhaftigen Juristen und nassauischen Staatsbediensteten im Rücken, den zu erwähnen sie natürlich nicht vergaßen: „Unsere Adresse ist ... bei dem Herren Consistorial secretär Sartor zu Dillenburg"[8].

Johann Georg Sartor, der aus Herborn stammte und dort sowie in Marburg Rechtswissenschaft studiert hatte, stand seit 1766 im Dienst der Landesregierung in Dillenburg, bei der die Verwaltung der auf deutschem Boden befindlichen nassau-oranischen Territorien zusammengefasst war. Die fürstliche Hoheit selbst – beiläufig: kein großes Licht – residierte im Haag und ließ sich im Westerwald, den er so gut wie nicht besuchte, von einem „Präsidenten" vertreten. Sartor machte eine gemächliche bürokratische Karriere und stieg im Lauf von zwei Jahrzehnten vom „2. Registrator" zum „Consistorial-Secretär" der Justiz-Kanzlei auf, die zu dieser Zeit auch für alle Kriminalfälle zuständig war[9]. In dem – überschaubaren – Städtchen Dillenburg war er gewiss eine Respektsperson. Er hatte eine große Familie zu versorgen, und Dienstboten gehörten selbstverständlich zum Haushalt.

Sartors Frau starb im September 1796 „nach einer ausgestandenen langwierigen schmerzhaften Krankheit an einer Verstopfung im Unterleib, und an der Zehrung". Zu dieser Zeit lebten noch sieben von elf Kindern des Paares, alle freilich waren erwachsen und die meisten außer Haus[10]. Wohl möglich, dass die Anstellung der Schütz-Töchter mit der langwierigen Krankheit der Ehefrau im Zusammenhang stand. Oder hatten sich diese wieder ihrer herumziehenden Mutter angeschlossen und Sartor war quasi dienstlich mit ihnen in Kontakt gekommen? Wieder eine interessante Frage, die ohne Antwort bleibt.

Wie auch immer, festzuhalten ist: zwei der in Frücht Verwiesenen kamen in Lohn und Brot. Will sagen: so etwas war möglich. War möglich, weil die beiden es wollten, weil sie die Chance (also doch!) suchten oder sie, als sie sich bot, zumindest nutzten; und möglich, weil Sartor sich ihrer annahm. Das war nicht selbstverständlich, und dafür gebührt ihm eine ehrenvolle Erwähnung im Personenverzeichnis unseres Schauspiels.

Johann Georg Sartor starb am 27. März 1802[11]. Ob Maria Elisabeth und Katharina Margarethe Schütz im Dienst der Familie, etwa eines der Söhne Sartors, blieben oder in einem anderen Haus ein Unterkommen fanden, ist nicht mehr zu klären. Jedenfalls lebten sie bis zu ihrem Tod – sie starben, unverheiratet, kurz nacheinander im Januar bzw. Oktober 1825 – in Dillenburg und ließen, mit gutem Grund, den Kontakt zu Frücht und Nassau nicht abreißen.

Wie genau die Schwestern über die Ereignisse in der weit verzweigten väterlichen Familie Bescheid wussten, beweist ein Vorgang aus dem Jahr 1806. Da erschien Maria Elisabeth in Nassau und erbat für sich und ihre Schwester Katharina Margarethe eine Bescheinigung darüber, dass sie Miterbinnen ihrer in Frankfurt am Main kinderlos verstorbenen Tante Maria Margarethe Schütz seien. Das ging nicht ohne juristische Akkuratesse ab:

> „Auf Anfragen zeigte Comparentin an, wie ihre Mutter so wie auch ihre jüngste Schwester Marie Elisabeth (richtig: Maria Magdalena) schon vor mehreren Jahren verstorben wären, auchfalls der Bruder Carl Friedrich (richtig: Friedrich Philipp) nicht mehr am Leben seye, welches sie jedoch nicht als eine unumstößliche Wahrheit bezeugen könne, unterdessen seit dem Tode der Mutter hätten sie von selbigem nichts weiter mehr gehöret"[12].

Letzteres entsprach wohl nicht der Wahrheit, aber im übrigen zeigen sich die beiden, sieht man von den eigenartigen Namensverwechslungen ab, auch hier wohl informiert und, was die Formulierungen betrifft, gut beraten. Der entscheidende Unterschied war, dass sie, als Dienstmägde zwar, aber ansonsten in geordneten Verhältnissen lebten, in Dillenburg „aufgenommen" und so den Folgen der sozialen Ausstoßung entgangen waren, während ihre Mutter und die jüngeren Geschwister auf der Landstraße das Heer der Verwiesenen, der Bettler und Vaganten, der Diebe, Räuber und Vagabunden verstärkten.

## 10. Liederliches Bettelgesindel. Recht und Gesetz im Jahr 1790

Chur- und Oberrheinische
gemeinsame
POENAL-SANCTION
und Verordnung

wider das schädliche Diebs-, Raub- und Zigeuner-, sodann herrnlose Jauner-, Wildschützen-, auch müßig u. liederliche Bettelgesindel.

Nachdem das landverderbliche Zigeuner-, Jauner- und anderes Diebs-, Raub-, Mord-, wie auch (das) herrnlose und liederliche Bettelgesindel und Landstreicher, ohnerachtet (...) verschiedener Poenal-Edicten und Landsverordnungen sich seither in den beyden Chur- und Oberrheinischen Creißen häufiger als vorhin eingefunden, die dagegen ergriffenen Mittel und Wege aber zu Steurung (des) Unheils (...) ihre erforderliche Würkung nicht erreicht haben (...);

(so ist von Seiten der) versammleten löblichen Chur- und Ober-Rheinischen Reichs-Creißen folgende gemeinsame Verordnung zur Erhaltung einer durchgängigen Gleichheit einmüthig zum Stand gebracht und festgesetzet worden; (...)

§ 8.

(Es) soll allen fremden Bettlern, es seyen Christen oder Juden, Manns- oder Weibspersonen, hierdurch ein für allemal verboten seyn, sich in den Chur- und Oberrheinischen Creißlanden aufzuhalten, und (falls) deren einige (...) gegen dieses Verbot sich einfinden werden, sollen dieselbe(n), nach empfangenem Zehrpfennig oder Allmosen, sogleich fortgeschaft, und (...) (auf) dem geradesten Weg nach ihre(r) Heimat zugeführt, aus den gesamten Chur- und Oberrheinischen Creißlanden gebracht, und denenselben in dem letzten Grenzort bedeutet werden, daß, wann sie sich in gedachten beeden Creißen hernach wieder betreffen lassen würden, sie (...) das erstemal mit gemessener Abprügelung, (...) das 2temal aber, nach jeder Landesherrschaft Gutbefinden, auf eine Zeitlang, und das 3temal (...) wenigstens zur lebenslänglichen Arbeit angehalten werden. So viel aber

§ 9.

die inheimische(n) Bettler betrift, will jeder Stand das Seinige selbsten versorgen, und da etwa einige Gemeinden damit zu sehr beladen wären, dahin sehen, daß denenselben von andern vermöglichen Orten ein Beytrag geschehe. Folglich sollen diejenigen Bettler, welche ihre Heimat oder (ihren) Geburtsort in den Chur- und Oberrheinischen Creißen haben, in Zeit von 4 Wochen (...) sich in dieselbe ohnfehlbar begeben, oder (...) empfindlich abgestraft und (...) hernach, auf Kosten desjenigen Orts (...), so selbige zu ernähren schuldig und wo sie zu Haus oder gebohren (sind), oder auch von langen Jahren her als Einwohner sich aufgehalten (haben) (...), dahin geliefert werden.

Und wie solchemnach

§ 10.

einem jeden hoch- und wohllöblichen Stand (...) die Anstalt (ver)bleibet, wie er seiner einheimischer Bettler halber die Sache am anständigsten reguliren und veranstalten lassen wolle; also überläset man demselben auch, besagte Bettler fordersamst an jedem Ort in ein ordentliche(s) Verzeichniß bringen und dergestalten unterhalten zu lassen, daß die Starke(n) und Gesunde(n) zur Handarbeit, wann es auch nur meistentheils bey Wasser und Brod wäre, die Gebrechliche(n), Schwache(n) und Kranke(n) aber in die Hospitäler, Armenhäuser, Lazarethen, oder andere dergleichen Orte, wo sie ihren ohnentbehrlichen Lebensunterhalt haben können, gebracht (werden); einheimischer Bettler oder auch anderer Hausarmen Kinder aber, so bald sie ihr Brod zu verdienen fähig (sind), sollen zu Diensten, Bauernarbeit oder Handwerker angehalten (werden). (...). (Es sollen) aber nicht allein alle Bettler vor denen Häusern abgewiesen, sondern (es soll ihnen) auch (kein) Aufenthalt weder vor den Thoren und Eingängen der Städte, Flecken und Dörfer, noch an denen offenen Landstraßen, Brücken und Wasserfährden, zu der Einheimischen und Reisenden Belästigung, gegeben und verstattet werden; wobey jedoch jeder Landesherrschaft dasjenige, was hierunter in Dero Landen bereits vorhin wohl eingerichtet und verordnet worden, nicht benommen seyn solle, (...)

§ 15.

Die mit geringen Waaren und Dingen auf dem Land herumhausienden Porcellainen- und andere Krämer, ingleichen die Pfannenflicker (...) hätten sich – wo sie nicht vorher ihres guten Lebens und ehrlichen Handels halber schon bekannt seynd – mit glaubhaften ausführlichen und jährlich zu erneurenden Zeugnissen von derjenigen Herrschaft, unter welcher sie säß- oder wohnhaft seynd, zu versehen, damit sie nicht, in deren Ermanglung (...) als Vagabunden und Landstreicher angesehen werden. Damit auch

§ 16.

beyde Chur- und Oberrheinische Creißlande desto eher von diesen schädlichen Leuten gereiniget werden, so haben alle und jede Zöllner und Thorschreiber, sodann die in den Dörfern haltenden Wachen oder sonst bestellte

Aufseher gute und genaue Obsicht und Sorge zu tragen, damit niemand Verdächtiges paßiret werde; es sollen dannenhero auch die Wirthe und Unterthanen jedes Orts, unter zu gewarten habender scharfer und ernstlicher Bestrafung, den Beamten, Schultheißen, Mayer und Dorfmeistern oder Vorstehern von Tag zu Tag anzuzeigen schuldig seyn, was vor Leute bei ihnen einkehren und übernachten, damit man nach dem liederlichen Gesindel entweder ohnverweilt greifen, oder demselben, so fern es allschon entwischet, noch in Zeiten nacheilen und (es) zur Verhaft bringen kann. Da auch

§ 17.

dieses leichtfertige Gesindel mehrentheils in den Schäfer-, Hirten- und Abdeckerhütten und anderen abgelegenern Häusern sich aufzuhalten gewohnet ist, so bringen (es) die Beamten-Pflichten ohnehin mit sich, nicht nur hierauf ein wachsames Aug zu haben, sondern auch dann und wann ganz unvermuthete Durchsuchungen mit Umstellung dergleichen Häuser (...) vorzunehmen, und besonders die in selbigen befindliche(n) Keller, Gewölbe oder andere verdeckte Löcher und heimliche Orte wohl und genau zu durchsuchen (...); damit, wo dergleichen Jauner- und Diebsvolk, und auch nur 3, 4, 5 bis 6 Personen davon anzutreffen (sind), dieses alsobalden mit bewehrter Mannschaft aufgesucht, in Verhaft gebracht, und entweder der Landesobrigkeit, oder wem sonst am Ort der Ergreifung die peinliche Gerichtbarkeit zustehet, zur ferneren Untersuchung und Bestrafung ausgeliefert (wird). (So)fern sich aber dieses Gesindel mit Gewalt widersetzen sollte, (soll) selbiges sogleich mit Ernst angegriffen, und, wann es sich anderst nicht ergeben, sondern auf der Gegenwehr bestehen wollte, auf der That und Stelle (...) niedergeschossen oder sonst getödtet oder wehrlos gemacht und gefänglich beygebracht werde(n). ...

*Diese insgesamt 24 Paragraphen umfassende Verordnung stammt vom 4. September 1748 und wurde, als in den nassau-oranischen Gebieten nach wie vor geltendes Recht, im November/Dezember 1790 in den Dillenburgischen Intelligenz-Nachrichten erneut veröffentlicht. Um die Lektüre zu erleichtern, habe ich die abgedruckten Teile des barocken Textes gekürzt, Interpunktion und Schreibweise behutsam an die heutigen Gepflogenheiten angepasst und die Eingriffe durch ( ) kenntlich gemacht.*

*(DIN, 13. 11. 1790, Sp. 721f.; 26. 11. 1790, Sp. 755-757;*
*4. 12. 1790, Sp. 769-771)*

## 11. Allerley Leute

Friedrich Philipp Schütz war acht Jahre alt, als – um die Aussage zu seinem Lebenslauf vom 19. Juni 1811 noch einmal zu zitieren – seine Mutter „sich genöthigt sah, mit mir und meiner Schwester umher zu ziehen und für sich und uns Brod zu betteln"[1]. Sein Leben auf der Landstraße begann; es endete, von wenigen Unterbrechungen, von Gefängnis- und Zuchthausaufenthalten abgesehen, erst 22 Jahre später, in eben jenem Juni 1811. Von einer Kindheit und Jugend in dem Sinn, wie wir sie uns heute vorstellen und wie sie selbst arme Dorfkinder damals noch haben mochten, konnte nun endgültig keine Rede mehr sein. Und den neuen Schuhen aus Frücht war der Junge bald entwachsen."

Leben auf der Landstraße – wie hat man sich das vorzustellen? Wandern auf ungepflasterten, natürlich auch ungeteerten, staubigen, ausgewaschenen, bei Regen schlammigen, im Winter verschneiten und vereisten, natürlich ungeräumten Chausseen, auf Feldwegen, auf Waldwegen, ein Bündel mit den wichtigsten Habseligkeiten über die Schulter geworfen, mit einer Decke vielleicht, mit Kochgeschirr und allenfalls ein bisschen zusätzlicher Kleidung. Übernachten in Köhler-, Holzfäller-, Wegewärter- oder Schäferhütten, in Heuschobern am Wiesenrand, in Höhlen und Stollen kleiner aufgelassener Erzgruben, in verlassenen Gehöften oder Mühlen. Waschen am Bachlauf oder am See – sommers wie winters – oder eben gar nicht. Sich wärmen an den vor den Dörfern liegenden Schmiede-Essen oder Backöfen, an offenen Feuerstellen auf abseits gelegenen, wilden Lagerplätzen in Gesellschaft anderer Vaganten, denen zu begegnen nicht unbedingt angenehm sein mochte, die aber auch überlebenswichtige Tipps geben konnten. „Allerley Leute", sagte Friedrich Philipp Schütz später.

Und weiter: Essen und Trinken das, was mitleidige Bauern, umsonst oder für Gegenleistungen welcher Art auch immer, abgaben, und das, was sich in der freien Natur, aber nicht zu jeder Jahreszeit, vorfand. Sich verstecken vor den Vertretern einer misstrauischen, in der Regel wenig wohlwollenden Obrigkeit, rechtzeitig weg laufen, wenn es brenzlig wurde, lügen, wenn anderes nicht mehr half. Ohne einen Mundraub, auf dem Kartoffel- oder Rübenacker, im Gemüsegarten, auf der Obstwiese, wird es nicht abgegangen sein, und die Versuchung, mehr als das Nötigste zu nehmen, war groß. Von Romantik, will ich sagen, keine Spur. Den knochenharten Existenzkampf unter solch elenden Bedingungen überlebte nicht jeder.

Es gibt für die Zeit zwischen 1789 und 1801, also für immerhin zwölf Jahre, nur wenige konkrete Hinweise darauf, in welcher Gegend Deutschlands sich die drei heimatlos umher ziehenden Menschen aufgehalten haben. In Frücht hatte Maria Margarethe Schütz geäußert, sie wolle mit ihrem jetzigen Ehemann, dem rätselhaften Herrn Blinonen, zurück nach Dänemark; jedenfalls vermerkten eifrige Amtmänner es so in den Akten[2]. Dass es tatsächlich dazu kam, ist wenig wahrscheinlich, irgendwo in den erhaltenen Unterlagen und späteren Vernehmungs-Protokollen hätte ein solch wichtiges Faktum wohl Spuren hinterlassen.

Ich halte es für möglich, dass die Schützin sich, wie ihre beiden älteren Töchter oder sogar mit ihnen, auf den Weg nach Norden machte und dabei der Reiseroute von 1779 – über Limburg, Wetzlar und Gießen – folgte, dann aber aufgehalten, womöglich als landfremde Vagabundin aufgegriffen und zurück geschickt, fortgejagt, hierhin und dorthin abgeschoben, vielleicht sogar nach § 10 der Poenal-Sanction „zu Diensten, Bauernarbeit oder Handwerker angehalten" wurde. Manches spricht dafür, dass sie schließlich in der Gegend an der oberen Lahn, an der Dill, in dem geografischen Viereck Weilburg–Gießen–Marburg–Dillenburg hängen blieb. Wiederholt erwähnt ihr Sohn in den Heidelberger Verhören, freilich ohne präzise Zeitangaben, diese Orte, dazu die Wetterau, Marburg, die Solms'schen Herrschaftsgebiete[3]. In Hadamar wurde er zum ersten Mal verhaftet. Auch seine spätere Frau Anna Katharina Nern stammte aus diesem Landstrich.

Einen weiteren Hinweis gibt eine Passage in dem Vernehmungsprotokoll vom 9. Juli 1811, das zudem belegt, dass Friedrich Philipp Schütz seinem scharfsinnigen Untersuchungsrichter Ludwig Pfister durchaus gewachsen war. Der wollte von ihm wissen, ob er geheime Räuber-Treffpunkte, also die berüchtigten Kochemer Beyes, nennen könne. Schütz bejahte, nannte aber nur solche, die weit vom Schuss lagen und jedenfalls nichts mit der Anklage gegen ihn zu tun hatten, nämlich „a) diesseits Dillenburg" in Werdorf, Aßlar, Ehringshausen, Katzenfurt und „b) anderseits von Dillenburg" in Tringenstein, Rabenscheid, Emmerichenhain, Neukirch. Die Häuser selbst „kann Mannefriedrich, wie er angibt, auf keine Weise bezeichnen, aber er will sie an Ort und Stelle zeigen", wenn er eine Gelegenheit dazu fände; eine Provokation, die der Protokollant mit der beschwörenden Bemerkung versah „quod deus clementer avertat" – was Gott gnädig verhindern möge![4] Die genannten acht Orte waren damals winzige, abseits gelegene Flecken in einer, von Heidelberg aus gesehen, weit entfernten Gegend; ihre Erwähnung bezeugt eine genaue Ortskenntnis des schlitzohrigen Angeklagten. Wann er diese erworben hat, verrät das Protokoll freilich nicht.

Ich hatte gehofft, das Dorf zu finden, in dem der Schütz-Familie ein zumindest vorübergehender Aufenthalt gewährt oder zugewiesen worden war. Ausganspunkt war die Angabe in Friedrichs Lebenslauf, seine Mutter habe solange (und das würde heißen: für ein paar Jahre) „in Brenbach bey Gießen" gelebt, bis er und seine Schwester konfirmiert worden seien. Zähneknirschend muss ich mir nach langer, vergeblicher Suche eingestehen, dass diese Hoffnung trog. Ein Brenbach oder ein Ort mit einem ähnlich klingenden Namen, in dem sich die Konfirmation der Schütz-Kinder nachweisen lässt, ist in der Gegend nicht aufzufinden.

Trotzdem spricht vieles dafür, dass die Passage im Lebenslauf nicht erfunden ist. Zunächst dies: Pfister versah sie in seiner Veröffentlichung mit der Anmerkung: „Diese Angaben bestättigten sich durch die eingezogenen Erkundigungen als wahr"[5], und was solcherart Fakten betrifft, ist der Mann zuverlässig.

Sodann: Schütz konnte – und zwar ziemlich gut – lesen und schreiben, und er besaß eine geradezu frappante Kenntnis von Gebeten und vielstrophigen Kirchenliedern. Wo anders als in einem halbwegs geordneten Unterricht konnte er diese Fähigkeiten erworben haben? Mein zögerliches Fazit: etwa zwischen 1791 und 1795 (das wären die Daten für die Konfirmation der beiden Kinder) lebte die Familie in einem Dorf in der Umgebung von Gießen, freilich ohne dort zugelassen zu werden, und verdiente ihren Lebensunterhalt durch Arbeit bei Bauern; die Mutter vielleicht als Magd, die Kinder, wo immer sie gebraucht wurden. Vielleicht mussten sie zusätzlich betteln, um zu überleben, aber das Herumziehen auf der Landstraße wäre für immerhin vier Jahre unterbrochen gewesen.

Die Akten enthalten einen Hinweis darauf, dass die Schützin in dieser Zeit noch einmal in Frücht war, um, wie die Ortsgewaltigen im August 1811 an Pfister schrieben, ihren Anteil an Obstbäumen an Gottfried Mangold zu verkaufen; sie war in Begleitung ihres Sohnes, „welcher dann sehr gewachsen und einen starken Körperbau gehabt" habe. Das könnte durchaus auf einen 14-jährigen Konfirmanden des Jahres 1795 zutreffen, und auch die weitere Mitteilung, dass sich „nach einiger Zeit zwei Mädchen, die sich als Schütz-Töchter ausgaben, eine Zeit lang im Ort aufgehalten" hätten und dann wieder abgereist seien, würde in die von mir vermutete Chronologie passen[6].

Es gibt ein weiteres Zeugnis von Schütz, das, so vage es formuliert ist, meine These stützt. Der Pfarrer Dittenberger hat es am 28. Juli 1812, drei Tage vor der Hinrichtung des Delinquenten, aufgezeichnet; es enthält auch das traurige Ende der Konfirmations-Episode, nämlich die Rückkehr auf die Landstraße:

> „Bei seiner Confirmation habe er schon vieles gewußt und noch mehr gelernt. Er sey auch damals ernstlich entschlossen gewesen, brav zu werden und ein Handwerk zu lernen, habe auch zu jener Zeit und nachher viel in der Bibel und in andern Büchern gelesen und nicht leicht eine Kirche versäumt. Zur Erlernung eines Handwerks hätte es aber in der Folge an einem festen Aufenthaltsort und am Gelde gefehlt, und er nachher sich damit begnügen müssen, bei einem herum ziehenden Korbmacher Körbe verfertigen zu lernen. Dieser geringe Nahrungserwerb hätte ihn aber genöthiget, zuweilen Lebensmittel, nie aber etwas anders, zu nehmen. Er sey bei diesem ärmlichen Leben immer fröhlichen Muthes gewesen. Die Bauren hätten ihn gern gehabt, weil er immer so lustig gearbeitet und dabei viel gesungen habe, aber durch diese herumziehende Lebensart sey er in Bekanntschaft mit allerley Leuten gerathen, und öfters verleitet worden, sein Geld zu vertrinken und zu verspielen"[7].

Betrachtet man die Region, um die es hier geht, also das heutige Nord- und Oberhessen, das nördliche Rheinland-Pfalz und dazu noch einen Streifen des südlichen Nordrhein-Westfalen auf historischen Karten, die der zweiten Hälfte des 18. Jahrhunderts gewidmet sind, so gewinnt man den Eindruck, dass selbst die großzügigste Farbpalette nicht ausgereicht hätte, um die dort versammelten, ineinander verschachtelten kleinen und kleinsten Herrschaften erkennbar voneinander abzugrenzen.

Hessen-Kasselische und Hessen-Darmstädtische Gebiete mischten sich mit den zahlreichen Nassauischen Teilstaaten, mit Gräflich Wiedschen, Saynschen, Solms'schen, Isenburgschen Zwerg-Ländchen, mit reichsstädtischen, kurtrierischen, kurmainzischen, kurkölnischen Territorien, mit gemeinsam von zwei, drei, vier Herrschaften verwalteten Ämtern, mit reichsfreiherrlichen Dörfern und reichsklösterlichen Äckern. Ein penibler Regional-Historiker hat ausgerechnet, dass damals zwischen Wetzlar und Lahnstein 24 Herrschaftsgebiete an die Lahn grenzten[8].

Dieses Konglomerat unzusammenhängender Mini-Stäätchen war ein getreues Abbild der territorialen – und konfessionellen – Zersplitterung des Alten Reiches, und es veränderte ständig seine Gestalt: durch Gebietstausch, durch Kauf und Verkauf von Dörfern und Landstrichen, durch dynastisch-erbrechtlich bedingte Teilungen und Zusammenlegungen und bald, in den 1790er Jahren, auch durch kriegerische Auseinandersetzungen. Wer da den Überblick behielt, verdiente ein dickes Lob in der Personalakte und eine gehobene Stellung in der Kanzlei des jeweiligen hochzupreisenden Souveräns.

Wirklich bewacht waren die Grenzen nicht, dazu fehlte es an Geld und Personal. Ein ideales Terrain für Vaganten und Räuber; sie konnten die Grenzen ungehindert passieren, die Polizei, so es sie gab, aber nicht. Eine Reichspolizei, wohlgemerkt, gab es gar nicht. „Verfolgte die Exekutivgewalt einen Verbrecher, so mußte sie vor der Grenze des nächsten Gebietes halt machen. Der Verbrecher aber überschritt die Grenze und konnte den Verfolgern vielleicht auf einem Zwischenraum von einigen Metern höhnisch eine 'lange Nase' machen"[9].

Kein Wunder, dass der ganze Landstrich seinerzeit für seine Räubernester bekannt war: die Langhecke bei Runkel, Georgenborn und die Hohe Wurzel im Taunus, der nördliche Feldberg, die „Rothenburger Quart" in der Herrschaft Philippsthal, eine Lichtung bei Welschneudorf im Westerwald, die Hörre bei Sinn, das Fürstentum Wied und was noch alles[10]. Pfisters Frage nach den Kochemer Beyes hatte einen durchaus realen Hintergrund.

Dass das Problem nicht neu war, zeigt die großspurige „Poenal-Sanction und Verordnung" vom 4. September 1748 ebenso wie die zahlreichen vorausgegangenen und nachfolgenden Verabredungen von jeweils benachbarten Ländchen zu einem gemeinsamen Vorgehen, deren Wortlaut zu zitieren ich mir hier erspare. Faktisch bewirkt haben sie, folgt man den Historikern, wenig bis nichts[11]. Schön für die Räuber, schlecht für die Gendarmen.

Wenn die Schützin mit ihren beiden Kindern in der hier beschriebenen Gegend unterwegs war, so war sie nicht allein auf der Straße. Heimatlose, heimatlos Gewordene zogen von hier nach dort und von dort nach hier, unter ihnen viele allein stehende Frauen[12]. Einheimische und landfremde Bettler gab es mehr als genug und zwar von alters her. Um diesem sozialen Phänomen Herr zu werden, brüteten die Obrigkeiten Armen- und Bettel-Ordnungen aus, die – schon seit dem 16. Jahrhundert – weitgehend dem gleichen Schema folgten: Betteln war verboten, einheimische Arme hatten ein Recht auf Unterstützung, landfremde wurden ausgewiesen[13].

So schrieb es, wie wir gesehen haben, die Poenal-Sanction der „Chur- und Ober-Rheinischen Creiße" vor, und die einschlägigen Vorschriften der einzelnen Territorien folgten ihr. Allein für die nassau-oranischen Länder haben Historiker für die Zeit zwischen 1559 und 1802 32 entsprechende Gesetze nachgewiesen[14]. Anderswo war es nicht anders. Schon die große

Mit gnädigster Erlaubnis: die Bekanntmachung der POENAL-SANCTION in den Dillenburgischen Intelligenz-Nachrichten vom 13. 11. 1790

Zahl der Erlasse und natürlich die stereotype Wiederholung der immergleichen Floskeln sind Hinweise auf die faktische Erfolglosigkeit.

Das Land war, über die Grenzen der Länderchen hinweg, arm und, sieht man vom Eisenerz-Abbau ab, ganz auf die Erträge der Agrarwirtschaft angewiesen Aber es ernährte seine Bewohner nicht. Gerade die Bauern litten Not. Die Abgabenlast war immens: Forst-, Jagd-, Wegebau- und Baufronden waren zu entrichten, dazu Zehnten auf alles und jedes, auf Garben, Ackerfrucht, Lämmer, Ferkel, Gänse, was immer. Die Böden waren schlecht, Düngemittel fehlten. Ein strenger Winter, ein plötzliches Viehsterben, wie es in diesen Jahren immer wieder vorkam, konnte dramatische Folgen haben[15]. Die Entfernung zu Märkten und Städten, wo die Erzeuger ihre Waren hätten absetzen können, war groß, die Wege waren in beklagenswertem Zustand – „noch schlimmer als in Sibirien", schrieb der Freiherr von Preuschen, selbst ein hoher Beamter der nassau-oranischen Regierung, in einer Reform-Denkschrift aus dem Jahr 1779[16].

Die Dillenburgischen Intelligenz-Nachrichten registrierten in den 1780er und 1790er Jahren fast wöchentlich Konkurse (nicht nur von Bauern und Handwerkern, sondern auch von veritablen Amtmännern und Professoren-Witwen) und, unter der eigens eingerichteten Rubrik „Verganthungen", Zwangsversteigerungen, vorzugsweise von Äckern und Wiesen. Die entsprechenden Vorladungen enthielten die stereotype Formel, dass allein die bereits bekannten Schulden das Vermögen um ein Beträchtliches überstiegen. Verschuldung, Überschuldung war ein Massenphänomen, das übrigens nicht nur die Untertanen betraf, sondern auch die Fürsten selbst, die, um ihren Zins-Verpflichtungen nachkommen zu können, die Abgaben erhöhten – ein Kreislauf ohne Ende.

Viele Zwangsversteigerungen bezogen sich auf die Abwicklung der Schulden von Auswanderungswilligen und Auswanderern. Ich habe die Prozedur am Beispiel der Dänemark-Fahrer aus Frücht schon beschrieben. Im Westerwald gab es um 1789 eine regelrechte Auswanderungswelle in Richtung Amerika. Zehn Jahre später versuchte die darüber ungehaltene nassau-oranische Regierung, den Strom der Emigrations-Willigen auf die eigenen Mühlen zu lenken. Sie machte Reklame für eine Neu-Ansiedlung auf „des Erbprinzen südpreußischen Gütern". Die lagen, als Privatbesitz der Oranier, in den Teilen Großpolens (um Posen und Kalisch), die 1793 bzw. 1795 bei den Polnischen Teilungen von Preußen annektiert worden waren. Die Intelligenz-Nachrichten veröffentlichten zuhauf Meldungen über die Erteilung der entsprechenden „Losscheine", d.h. der Entlassung aus der bisherigen Staatsbürgerschaft[17].

Wer nicht auswanderte (bei der Schützin kann die Versuchung nicht allzu groß gewesen sein) oder sich trotz der Schuldenlast halbwegs im bürgerlichen Leben behauptete, ging betteln; betteln in einer bettelarmen Gegend. Was das konkret bedeutete, hat ein wohlmeinender Anonymus, der 1793 ebenso kluge wie folgenlose Vorschläge dazu veröffentlichte, „wie dem müsigen Straßenbetteln Einhalt zu thun" sei, so beschrieben:

„Wir bemerken nemlich, daß uns wöchentlich gegen Dreisig müsige Bettler, theils ausländische, theils inländische besuchen. Diese dreisig Bettler tragen wöchentlich aus einem Dorf, von 45 bis 48 Bauern stark, ungefehr 72 Pfund Brod und 24 Pfund Spek oder sonstiges Fettwerk weg. Mehl, Kartoffeln, Milch und dergleichen gar nicht zu gedenken, tragen sie jährlich, das Pfund Brod zu 2 Kreuzer und das Pfund Spek zu 16 Kreuzer gerechnet, um mehr als 457 Gulden wehrt weg ..."[18].

Das ist eine erstaunliche Statistik. Auch wenn in amtlichen Berichten der Zeit davon die Rede ist, dass die Bettelei nicht abzustellen sei, weil „die Bevölkerung die geheime Rache der abgewiesenen Bettler fürchtete"[19], so kann man doch davon ausgehen, dass es zusätzlich so etwas gab wie die Solidarität der kleinen Leute. Ein Großteil der Vaganten und Bettler rekrutierte sich aus der dörflichen Unterschicht[20]. Unsere Früchter sind ein gutes Beispiel dafür. Viele der unter Abgaben und Schulden stöhnenden Bauern waren sich bewusst, dass sie im Handumdrehen das gleiche Schicksal erleiden konnten wie diejenigen, die da bettelnd vor ihrer Tür standen. Und so gaben sie eben etwas von ihrem Brot ab. Nur so, stelle ich mir vor, konnten die Schützin, ihre Kinder und ihresgleichen überhaupt überleben – auch wenn es eher selten Speckseiten zum Abendessen gab.

Aber landfremde Bettler sollten doch ausgewiesen werden? Nur: wohin? In ihre Heimat. Nur: wenn sie keine hatten, wenn sie, wie die Schützin, gerade von dort ausgewiesen worden waren? Woanders aufgenommen wurden sie nicht, allenfalls gegen ein hohes „Einzugsgeld", das sie nie und nimmer aufbringen konnten. In Nassau-Oranien betrug es 300 Gulden[21]. Hinter der Verweigerung eines neuen Gemeindebürgerrechts stand die Befürchtung, „mit der Ansässigmachung von Gemeindefremden zur Erhöhung der Armenlast beizutragen"[22]. Die Früchter Amtmänner lassen grüßen.

Immer wieder gelang es Einzelnen, diesen Kreislauf zu durchbrechen; Maria Elisabeth und Katharina Margarethe Schütz können als Beispiele dienen. Aber das Problem als solches blieb bestehen, schlimmer noch: es verstetigte sich.

> „Das Heimatprinzip leitete ... eine Verschärfung des Armutsproblems ein. Eine unstete, nicht sesshafte Armenbevölkerung ohne Heimat wurde gewissermaßen institutionalisiert, indem dieser die Gründung einer ihr Auskommen sichernden Existenz und damit die Rückkehr in die Gesellschaft systematisch verwehrt wurde"[23].

Damit das alles nicht in der Theorie stecken bleibt, folgt hier ein Fundstück aus den Dillenburgischen Intelligenz-Nachrichten. Unter der Rubrik „Criminalsachen" stand da im Januar 1789, also kurz vor der Verweisung der Schützin aus Frücht, zu lesen:

> „Amt Dillenburg. Die Anne Margareth, Ehefrau des David Daus von Neuenassenberg in der Graffschaft Berlenburg hat am 18. Dec. 1788 auf hiesigem Jahrmarkt mehrere Diebereyen verübt, bis sie endlich auf einer derselben betretten worden. Diese Dausin wurde nebst ihrem Manne, welcher sich damals schon seit 4 Tagen und Nächten nebst bey sich habenden Kindern heimlich in einem Hause zu Wissenbach aufgehalten hatte, am 22. Dec. ... der Fürstl. Oranien Nassauischen Lande für immer verwiesen. Man findet nöthig, diese Familie, welche zeither in hiesigen Fürstlichen Landen bald mit steinernen, bald mit erdenen, bisweilen mit hölzernen Geschirr gehandelt, auch Lumpen gesammelt und sich bisweilen mit Maulwurffangen abgegeben, näher zu beschreiben. 1) David Daus von Neuenassenberg oder, dem Passe nach, von Grosendorf zu Assenberg, 52 Jahre alt, ist kleiner Statur, blassen und Kupferichen Angesichts, hat pechschwarze Haare, eine helle Stimme, trägt dermalen einen grünen Rock, ein weißes tuchenes Camisol und weiße leinene Hosen. 2) Dessen Ehefrau Anne Margareth, welche sich ... als eine verehelige Mellin angab, deren Vater aber Rell geheißen hat, ist 40 Jahre alt, von sehr Kupferigem Angesicht, trägt ein blau, roth und weiß gelümtes Baumwollenes Mützgen, ein blau tuchenes Leibchen und bundgestriften Rock von Beidergewand, sodann eine blaue Schürze. 3) Das älteste Kind ein Mädgen, im 15. Jahr. 4) das zweyte ein Bub, im 12. Jahre. 5) das dritte ein Mädgen, von 8 Jahren. 6) Das vierte ein Bub, von 6 Jahren. 7) Das fünfte ein Mädchen, im 4. Jahr. 8) Das sechste ein Mädchen, von 8 Monaten"[24].

Es kann niemandem schwer fallen, sich die Geschichte, die sich hinter dieser lapidaren Mitteilung verbirgt, in epischer Breite oder dramatischer Zuspitzung auszumalen.

Angesichts der territorialen Zersplitterung der Region war es ganz unvermeidlich, dass Vaganten, sicher auch Maria Margarethe Schütz, Grenzen überschritten, ohne dazu berechtigt zu sein. Ich weiß nicht, ob die kleine Familie bis zu ihrer Verhaftung im Jahr 1801 dafür jemals zur Rechenschaft gezogen wurde. Die erhaltenen Akten geben darüber keinen Aufschluss. Selbst wenn es geschah: einschneidende Folgen hatte es zunächst nicht. Das lag auch daran, dass die Gegend erneut, wie schon mehrfach im 18. Jahrhundert, von fremden Truppen besetzt wurde.

Als 1792 der Erste Koalitionskrieg gegen Frankreich begann, marschierten zunächst die Preußen durch, und dann kamen, ganz schnell, die Franzosen unter General Custine. Sie blieben, mit Unterbrechungen, bis

1799, plünderten hier und plünderten da und nahmen sogar das Fürstlich-Weilburgische Tafel-Service mit[25]. Das mochte angehen, in den herrschaftlichen Schränken fand sich gewiss angemessener Ersatz. Für die einfachen Leute sah das anders aus. Die fremden Heere – auch die Kaiserlich-Österreichischen waren da – lebten, wie die anderen vor ihnen, „vom Land" und bedienten sich in Scheunen und Ställen.

Damit nicht genug. Die Reichsstände, große, kleine, ganz kleine (die besonders), wälzten auch die Kosten des Krieges auf ihre Untertanen ab und erhoben „außerordentliche Kriegssteuern". Sie verbrämten das mit allerlei patriotischen Appellen an die „erprobte Treue, Liebe und Anhänglichkeit an ihren Fürsten, an ihr Vaterland, an ihre Religion und an eine Landesverfassung, unter der sie bisher ruhig und glücklich lebten"[26]. Manch einem mag das, angesichts der herrschenden Armut, wie Spott und Hohn vorgekommen sein.

Es spielte durchaus eine Rolle, dass es sich bei der französischen um eine Revolutionsarmee handelte. Die deutschen Fürsten und Fürstchen hatten die Hosen gestrichen voll. Schon fünf Jahre vorher, im Dezember 1789 – das Feuer des Bastille-Sturms war kaum verflogen – hatte eine „Kurrheinische Kreißwarnung" gegen „Störer der öffentlichen Ruhe", gegen „unchristliche, verdammliche Rachgierde", gegen „Ungehorsam und Aufruhr gegen (die) Landesherren und vorgesetzten Obrigkeiten" gewettert, von den Untertanen gefordert, „Gehorsam mit gebührender Unterwürfigkeit zu leisten, die hergebrachten Abgaben und Schuldigkeiten ... zu entrichten", und dekretiert, „gefährliche Zusammenkünfte, Komplotten und Berathschlagungen verdächtiger Art (seien) ganzlich andurch untersagt". Auch die Drohung mit harten „Leibes- oder Lebensstrafen" hatte nicht gefehlt[27].

Fünf Jahre später konnte von „öffentlicher Ruhe" keine Rede mehr sein. Das ganze Land war zum Durchzugsgebiet geworden, nicht nur, wie bisher schon, für die heimatlosen Vaganten, sondern auch für fremde Armeen. Die meisten durchlauchtigsten Majestäten waren aus ihren Territorien geflohen, auch der Oranier Wilhelm V., der 1795, nach der französischen Eroberung der Niederlande, nach England entkam. Ihre Länder wurden zum Spielball politischer und kriegerischer Zufälle, ihre staatliche Verfasstheit, ohnehin nicht sehr stabil, war den Turbulenzen der neuen Zeit nicht mehr gewachsen. Die zurück gebliebenen Beamten kapitulierten vor der Macht des Faktischen. Die „Aufforderung (an die) Unterthanen zur Verheidigung des gemeinsamen Vaterlandes" verbanden die Dillenburger zum Beispiel ganz unverblümt mit dem Eingeständnis, „dadurch auf eine Zeitlang einen gänzlichen Stillstand aller Handthierungen und Gewerbe zu veranlaßen und das innere des Landes zugleich dem Raub- und Diebsgesindel" zu überlassen[28].

Wie das Betteln hatte auch das Räubern, hier wie anderswo, eine lange Tradition, Räubern in Banden, zu zweit, zu dritt, Räubern auf der Straße, Räubern in gewaltsam aufgebrochenen Häusern und Herbergen, Räubern von allem und jedem, von Geld und Schmuck, von Kupferkesseln und Pferden, von Hafer und Mehl, von Kleidern und Stoffen, wohl weil die sich bei Hehlern schnell zu Geld machen ließen. Manchmal standen die Beute-Listen sogar in der Zeitung, und die Begleittexte verraten viel über die Hilflosigkeit der Regierung:

> „Wer im Stande ist von den Thätern dieser entwendeten Waaren eine zuverlässige Anzeige bei hiesig. Fürstl. Amte zu thun, hat eine gute Belohnung, mit möglichster Verschweigung seines Nahmens, zu erwarten"[29].

Leben auf der Landstraße, noch einmal: wie hat man sich das vorzustellen, inmitten von Krieg, Verarmung und Räuberei? Unzähligen anderen Menschen konnte, musste man dort begegnen. Nicht nur Soldaten und Deserteuren, Bettlern und Gaunern, auch Gauklern, Schaustellern, Bärenführern, Musikanten; Zinngießern, Sägefeilern, Scherenschleifern, Kessel- und Pfannenflickern; Maulwurfsfängern, Kammerjägern, Viehkastrierern, Hörnerbiegern und Quacksalbern; Korb-, Bürsten-, Kamm-, Knopf- und Schnallenmachern; von den „Kötzenleuten", denen das besondere Misstrauen der Obrigkeit galt, gar nicht zu reden, von den Hausierern also, die ihre Waren in geflochtenen Körben auf dem Rücken trugen und mit Steingut und Porzellan, mit hölzernen Löffeln und Schüsseln, mit Schnüren und Tabakspfeifen, mit Wagenteer, Zunder, Lumpen und weiß der Henker was noch handelten[30].

Und mittenmang ein Junge, der seinen Kinderschuhen längst entwachsen war, der auf der Straße lernte, Körbe zu machen, und davon seinen Spitznamen herleitete: Mannefriedrich, also der, der – im Sprachgebrauch des örtlichen Dialekts – Mahnen macht, große, geflochtene, zweihenklige Körbe, in denen Kartoffel transportiert werden oder Obst oder Rüben. Korbflechter waren häufig – in der Diktion der Zeit – Zigeuner und gehörten jedenfalls zu den herumziehenden Leuten. In keiner Vaganten- und Räuberliste fehlen sie; neben dem Mannefriedrich gab es da den Mahnen-Hann-Jörg, den Mahnen-Peter, den Mahnen-Conrad, und manchmal versuchte der einsitzende Straßenräuber später, sich mit solchen Namens-Ähnlichkeiten aus der Schlinge zu ziehen.

Jetzt war Friedrich Philipp Schütz noch immer in Begleitung seiner Mutter und seiner Schwester unterwegs, ein junger Mann, der auf der Landstraße 14, 16 und 18 Jahre alt und dem das Leben dort zur eigentlichen Schule wurde. Mit 20 wurde er zum ersten Mal verhaftet.

Titelblatt für den Jahrgang 1801 der Dillenburgischen Intelligenz-Nachrichten

## 12. Streifzüge und Visitationen. Ein Staatsvertrag von 1801

Beschluß
der Abgeordneten mehrerer Regierungen der zwischen dem Rhein, der Lahn und der Nidda gelegenen Reichsländer: wegen der Unsicherheit durch das Raub- und Diebsgesindel.
Actum Wetzlar den 28. Jänner 1801

Die durch das in den Ländern zwischen dem Rhein, der Lahn und der Nidda herumziehende Raubgesindel sich täglich mehrende Unsicherheit, und verschiedene, seit einiger Zeit geschehene gewaltsame Einbrüche in Hundsangen, Daisbach, Ehringshausen, Haingründen, Breitenau, Hilscheid, Bönstadt, besonders aber die durch eine starke bewafnete Räuberbande an dem Kaiserlichen Reichsposthalter zu Würges verübte Mishandlung und Beraubung, hatten die Regierungen verschiedener in diesem Bezirk gelegener Länder veranlaßt, in einer gemeinsamen Vereinigung und Zusammenkunft jene Beschlüsse zu nehmen, durch welche der eingerissenen Unsicherheit am schnellsten und wirksamsten gesteuert, die schon würklich aufgefangene(n) Diebe und Vagabunden unschädlich gemacht, und die Landeseinwohner für die Zukunft vor allen räuberischen Anfällen gesichert werden könnten.

Auf ein deshalb von Seiten Kur-Trier erlassenes Einladungsschreiben erschienen an dem heutigen zur Verhandlung bestimmten Tage
von Seiten Kur-Trier, der Oberamtmann Freiherr von Schütz
" Oranien-Nassau der Regierungsrath von Erath
" Nassau-Usingen der Amtmann Vigelius
" Nassau-Weilburg der Amtmann Wüstenfeld
" Anhalt-Schaumburg der Kanzleydirector Marschand
" Solms-Braunfels der Hofrath Hüffel
" Wied-Neuwied der Hofrath Gombel
" Wied-Runkel der Lieutenant Zengerle
" Solms-Lich der Regierungsrath Ackermann
" Solms-Laubach der Justizrath Meister
" Solms-Rödelheim der Regierungsrath Buff
" der Reichsstadt Wetzlar der Consulent Münch.
Die ebenfalls zur Beschickung der Zusammenkunft eingeladene Fürstliche Regierung zu Gießen erwiederte in einem an den Kurtrierischen Deputirten erlassenen Antwortschreiben, daß bereits auf höchsten Befehl Sr. Durchlaucht des Herrn Landgrafen von Hessen-Darmstadt ein beträchtliches Truppencorps in mehrere Aemter der Fürstlichen Landen (...) detaschirt,

(weiterhin) sämmtliche Beamten angewiesen worden seyen, unter Benehmung mit den Benachbarten nicht nur nöthigenfalls Steifzüge anzuordnen, sondern auch alle sonstige Maßregeln zu ergreiffen, welche zu Erreichung des gemeinnützigen Zwecks erforderlich seyn möchten. Wie denn auch noch der über diesen wichtigen Gegenstand zwischen dem Fürstlichen Ministerium zu Darmstadt und dem französischen Residenten Herrn Bacher zu Frankfurth, geführte Briefwechsel (...) der Versammlung mitgetheilt wurde; aus welchem die Bereitwilligkeit sowohl des Fürstlichen Ministeriums als des französischen General-Armee-Commando's erhellet, durch militärische Beyhülfe die von der Versammlung gegen das Raubgesindel zu nehmende Beschlüsse kräftigst zu unterstützen und durch eine bereits dazu beorderte Halbbrigade einen General-Streifzug vornehmen zu lassen.

Von dem Fürstlich Oranien-Nassauischen Deputirten wurde sofort ein von ihm entworfenes, auf den in Erwägung gezogenen Gegenstand Beziehung nehmendes unmasgebliches Votum verlesen, dasselbe punktweise erwogen und hiernächst mit dessen Unterlegung einmüthig nachstehender Beschluß gefaßt:

1.) Der obgedachte militärische Streifzug wird vorerst abgewartet und bis dahin von den Landesobrigkeiten kein Vorschritt dieser Art unternommen.

2.) Sollte sich nächstdem das Raubgesindel dennoch wiederum häuffen, so wollen die Landesobrigkeiten auf dessen alsbaldige Vertilgung in Zeiten bedacht seyn.

Diejenige Obrigkeit, welche in ihrem Landesbezirk davon Spuren findet, bestimmt den Tag zu einem allgemeinen Streifzug und ladet alle diejenige, welche die gegenwärtige Convention abschließen oder derselben beitreten, dazu ein, und wird deren Einladung sofort durchgängig willfahrt.

Der alsdann vorzunehmende Streifzug geschiehet nach den Umständen mit Militair, Landmilitz und sonstiger waffenfähiger Mannschaft, gleichzeitig und möglichst allgemein.

Vorzüglichst wird damit eine genaue Visitation aller Dörfer, Mühlen, Höfe, entlegener Häuser und sonstiger Schlupfwinkel verbunden, indem diese den Vagabunden besonders während der rauhen Jahreszeit weit mehr zum Aufenthalt dienen als die Waldungen.

3.) Außer diesen allgemeinen Streifzügen bleibt es den Landesobrigkeiten, so wie allen untern Beamten unbenommen, nach Erfordernis der Umstände auf einzelnen Punkten augenblicklich Streifzüge und Visitationen zu unternehmen. Die dazu eingeladen werdende(n) Beamten des benachbarten Landes wirken dazu mit, ohne deshalb zuvor bey ihren Regierungen anfragen zu müssen.

4.) Die Landesobrigkeiten wollen in die am meisten bedrohten Gegenden so viel Militair legen, als solche der übrige im Lande zu verrichtende Dienst erlaubet; und soll solches zu den allgemeinen und einzelnen Streifzügen und Visitationen nicht allein mitwürken, sondern auch (...) die Wege und Landstraßen bereiten (und) in den Dörfern Nachsuchung thun.

5.) Alle allgemeine(n) und partikuläre(n) Streifzüge und Nachsuchungen dürfen sich über die Landesgrenzen erstrecken, mit dem Vorbehalt, daß das aufgefangene Gesindel jedesmahl dem foro deprehensionis übergeben und auch selbst in dem Fall, wenn der Streifzug oder die Visitation fruchtlos gewesen wäre, dennoch dem Ortsbeamten davon Nachricht ertheilt werde.

6.) Bey zusammenrotirtem, mit Waffen oder Prügeln versehenen Raubgesindel soll nach dem Inhalt des § 2 der Kur- und Oberrheinischen Kraissanction vom 4ten Sept. 1748, verfahren werden (...).

7.) Im Fall eine Räuberbande einen Einbruch verübet, so sollen die Ortseinwohner, sobald Lärm im Ort entstehet, verbunden seyn, zu Hülfe zu eilen. Es soll (...) sogleich gestürmt werden, und zwar zum Zeichen, daß das Stürmen nicht wegen Feuersnoth, sondern wegen (der) Räuber geschehe – mit allen Glocken, ohne abzusetzen. Sollten die Räuber, wie mehrmals der Fall gewesen ist, den Zugang zu den Glocken besetzt halten, so sollen die Einwohner durch häufiges Schießen Lärm zu machen suchen. Einwohner desselben Orts und benachbarte(r) Dörfer, welche sich erweislich nachläßig bezeigen und nicht zu Hülfe eilen, sollen mit einer ihrem Betragen angemessenen Geldstrafe belegt und diese zur Entschädigung des Beraubten verwendet werden.

8.) Ob zwar von den Dorfschultheißen, Heimbergern und Burgermeistern dem herumziehenden Gesindel der Regel nach kein Aufenthalt und Herberge im Dorf gestattet werden darf, und, wenn sich solches einfindet, davon dem Beamten die Anzeige geschehen soll; so lehret dennoch die Erfahrung, daß diese Behörden wegen der von dem ausgewiesenen oder zur Anzeige gebrachten Gesindel zu befürchtenden Rache ihrer Obliegenheit hierunter allzeit nicht nachkommen. Da nun diese Furcht allerdings einige Rücksicht verdienet, so soll, ohne die deshalbige(n) Pflichten der Dorfsvorstände ganz aufzuheben, jeder Beamte sich in seinem Bezirk ein oder mehrere vertraute Personen halten, die insgeheim auf dasjenige, was zur öffentlichen Sicherheit im Amte gehöret, Achtung geben und insonderheit alle sich einfindende(n) Vagabunden, deren Schlupfwinkel und Diebshehler, wenn sie davon Nachricht bekommen, dem Beamten ohne Verzug anzeigen.

9.) Die Landesobrigkeiten verbinden sich hierdurch feyerlichst, das in ihren Ländern aufgefangene Gesindel nicht auf die bisher hin und wieder üblich gewesene Art über die Grenze zu schicken und dadurch ihren Nachbarn zuzuweisen; sondern es sollen hierunter zum gemeinsamen Besten andere Maasregeln getroffen werden.

10.) Bey aufgefangenem Gesindel unterscheidet man billig die blos Verdächtige(n) von den Beschuldigten oder wohl gar für überführt zu Achtenden.

Erstere, im Fall sie sich in Ansehung ihrer Personen nicht legitimiren können, (...) geben durch den Mangel der Legitimation und durch das geführte Vagabundenleben zur lebenslänglichen Einsperrung oder (zur) Ablieferung an fremdes Militair und Seewerbungen den hinlänglichen Grunde an die Hand, und (sie) sollen kein anderes als dieses Loos zu erwarten haben.

Angeschuldigte und überführte Räuber und Mörder sollen dagegen nach Maasgabe der peinlichen Halsgerichtsordnung und nach vorgängiger (...) Untersuchung nach aller Strenge gerichtet werden.

11.) Diejenige Landesobrigkeiten, welche mit Zucht- und Arbeitshäusern (oder) sonstigen Verwahrungsorten nicht versehen sind, werden provisorisch mit ihren mit dergleichen Anstalten versehenen Nachbarn wegen (der) Aufbewahrung des in ihrem Lande aufgefangen werdenden Gesindels besondere Uebereinkunft zu schließen haben.

Man kann dabei zum allgemeinen Besten den Wunsch nicht unterdrücken, daß die mit jenen Anstalten versehene(n) Landesobrigkeiten, unter andern Hessen-Darmstadt, Oranien-Nassau, Nassau-Usingen und Nassau-Weilburg, sich geneigt erklären möchten, alle aufzubewahrende(n) Vagabunden und in gewissen Fällen auch die in Untersuchung kommende(n) Räuberbanden (...) in dieselbe(n) aufnehmen. Wogegen die dadurch entstehende(n) Kosten von den sämtlichen Landesobrigkeiten gemeinschaftlich nach einem billigen Repartitionfuß zu tragen wären. (...).

12.) Da auch mit Ertheilung der Pässe bisher nicht allenthalben so verfahren worden, wie es die Zeitumstände billig erfordern, von einem genugthuenden Paß die Legitimation eines Fremden jedoch in eben dem Grade anhängig ist, als ein verdächtiger und unhinlänglicher Paß den Inhaber desselben mehr oder weniger in die Klasse der Vagabunden verweißt, so werden hierunter für die Zukunft nachstehende Vorschriften und Grundsätze gemeinschaftlich beliebt und festgesetzt.

a.) Pässe sollen für die Zukunft der Regel nach nur von dem Foro domicilii ertheilet werden;

b.) Sie sollen gedruckt, nach einem zweckmäßigen Formular abgefaßt, mit einem Signalement und mit dem Siegel und der Unterschrift des Ausstellers versehen seyn; desgleichen eine bestimmte Marschroute enthalten;
c.) Sie sollen nur auf eine gewisse in dem Paß zu bestimmende Zeit gültig seyn;
d.) Kann derjenige, der den Paß verlangt, schreiben, so soll er dessen schriftlichen Inhalt selbst ausfüllen, damit in der Folge durch Vergleichung der Scipturen untersucht werden könne, ob der Paß noch in den Händen des ersten Empfängers sey;
e.) Durchpaßirenden Fremden wird auf dem von ihnen producirt werdenden Paß vorgeschrieben, wann sie in der nächsten in der Marschroute vermerkten Station eintreffen müssen; und haben sich, wenn sie später eintreffen, über ihr unnöthiges Herumstreifen zu verantworten.
f.) Sucht ein Fremder um einen neuen Paß an, so kann solchen keine Unterbehörde, sondern nur die Oberlandesstelle ertheilen. Diese aber wird solches nie ohne vorgängige Untersuchung der Umstände thun, und haftet im Concessionsfall für die Folgen ihrer Bewilligung.
g.) Dieses in Ansehung der Pässe beliebte Regulativ soll ohne Verzug in der Frankfurther Reichspostzeitung und in dem Reichsanzeiger bekannt gemacht werden, mit der Verwarnung, daß vom 1ten März dieses Jahres an alle nicht nach dieser Vorschrift eingerichtete(n) Pässe in den Ländern der versammleten Deputirten für ungültig und verrufen geachtet werden sollen.
h.) Der Kurtrierische Deputirte übernimmt die Bekanntmachung dieser Vorschrift.
13.) Diese Übereinkunft soll vorerst auf ein Jahr gültig sein, und demnächst wegen ihrer Erneuerung von neuem in Berathung getreten werden. Sie wird mitgetheilt, und werden zum gefälligen ganzen oder theilweisen Beytrtitt eingeladen: Kur-Mainz, Hessen-Cassel, Hessen-Darmstadt, Hessen-Hanau, Hessen-Homburg, Nassau-Sayn, Sayn-Altenkirchen, Wittgenstein, Berlenburg, Leinigen-Westerburg, Fürstlich und Gräflich Ysenburgische Häußer, Graf von Bassenheim, Reichsstadt Frankfurth, Reichsstadt Friedberg, Mittelrheinische Ritterschaft und Freyherrn von Riedesel. (...).
14.) Schon die Reichsgesetze legen sämtlichen Obrigkeiten die Pflicht auf, für die öffentliche Sicherheit zu sorgen. Die größeren und armirten Stände haben sich dieser Pflicht jederzeit unterzogen. Konnten mindermächtige Stände hierunter nicht gleichen Schritt gehen, so sind die wesentliche(n) Hindernisse, die ihnen, zumahl in den dermaligen Zeitläuften, im Wege standen, nicht zu verkennen. Sie erhalten inzwischen durch die gegenwärtige Convention und durch den Anschluß an dieselbe ein Mittel, ihren

nicht zu bezweiflenden Wunsch für die gute Sache zu besthätigen. Und in so fern sie wegen Kürtze der Zeit und Dringendheit der Sache nicht haben berufen werden können, werden sie hierdurch besonders zum Beytritt eingeladen. Alle Verbundene(n), gegenwärtige und zukünftige, versprechen sich übrigens gegenseitig die pünktlichste Erfüllung vorstehender Stipulation; und es würde zu bedauern seyn, wenn sie einen aus ihrer Mitte der Nichterfüllung wegen anklagen müßten.

In Urkund dessen ist dieses Protokoll und Conclusium von sämtlichen versammleten Deputirten unterschrieben, das Original bey dem Kurtrierischen Deputato hinterlegt, den übrigen Deputirten aber eine gedruckte Copie davon zugestellt worden. So geschehen Wetzlar wie oben

F. A. von Schütz
J. H. von Erath
L. Ch. Vigelius
Wüstenfeld
Marchand
E. L. A. Hüffel
H. J. Gombel
G. Zengerle
J. Ackermann
K. Meister
Ch. L. Buff
Fr. Münch

*Der Text ist geringfügig gekürzt. Ich habe die Interpunktion, in wenigen Fällen auch die Grammatik den heutigen Gepflogenheiten angepasst und die Änderungen durch ( ) kenntlich gemacht.*

*(DIN, 11. 4. 1801 Sp. 201-211)*

## 13. Ein äußerst gefährlicher Mensch

Schon wieder ein Beschluss gegen das Raub- und Diebsgesindel. Die Versuchung ist groß, ihn, wie die anderen vorher, zu den Akten zu legen oder mit Spott und Hohn zu bedenken. Zwölf Landesregierungen schließen einen veritablen Staatsvertrag, und das Territorium, über das sie verfügen, ist nicht größer als ein heutiger Landkreis. 16 weitere, Nachbarn auf engstem Raum, machen erst gar nicht mit. Zwölf Mini-Stäätchen (die meisten werden, beiläufig gesagt, die politische Flurbereinigung des Reichsdeputationshauptschlusses vom 25. Februar 1803 nicht überleben) demonstrieren Tatkraft und überlassen kleinmütig der hessen-darmstädtischen Durchlaucht und den Franzosen die ordnungsstiftende Initiative. Viel Lärm um nichts.

Doch wenn man den Text genau liest, fallen, abgesehen von einem entschiedeneren Ton, ein paar Neuerungen auf, die von den bisherigen Proklamationen abweichen und – vor allem – für den Fortgang unseres Dramas von Bedeutung sind: der Einsatz des Militärs (Nr. 4; es war verfügbar, der Zweite Koalitionskrieg gegen Frankreich fand anderswo statt); Streifzüge über die Landesgrenzen hinweg (Nr. 5); keine Abschiebungen mehr, sondern „Einsperrungen", vielleicht sogar lebenslänglich, u. a. wegen „Mangels an Legitimation" (Nrr. 9 & 10). Das alles ermöglichte der Obrigkeit ein konsequenteres Vorgehen, nicht nur gegen Diebe und Räuber, sondern auch gegen die auf den Landstraßen heimatlos Herumziehenden.

Die Folgen bekam Friedrich Philipp Schütz sofort zu spüren. Ende März oder Anfang April 1801, zwei Monate nach dem Abschluss der Wetzlarer Vereinbarung, wurde er in oder nahe bei Hadamar verhaftet. Der Taufschein Münters aus Kopenhagen, das einzige Papier, das er bei sich trug, ermöglichte der Polizei weitere Nachforschungen, z.B. in Nassau:

„Wohlgebohrner
hochgeehrtester Herr Rath!

Kürzlich wurde ein Vagabund nebst seiner Mutter, einer Frau und 4 Kindern, gefänglich dahier eingebracht. Derselbe hatte keinen Paß. Nach einem bei sich habenden Taufschein aber ist er zu Frücht, einem von Stein'schen Dorfe, gebürtig, nennt sich Phil. Friedrich Schütz und ist ein Sohn des Valentin Schütz.
Da man nötig hat zu wissen, ob derselbe in gedachtem Frücht anßäßig seye, oder wie lange derselbe bereits ein herumziehendes Leben geführt habe, so ersuche Euer Wohlgebohrne mir hierüber so bald wie möglich eine gefällige Nachricht zu ertheilen.

Ich erbiete mich zu einem gleich(en) und beharre mit vollkommenster Hochachtung,

Eurer Wohlgebohrner
ganz ergebendster
A. von Schenck
Hadamar d. 14t Aprill 1801"[1].

Zur Bekämpfung der Unsicherheit: Titelblatt der Dillenburgischen Intelligenz-Nachrichten mit der ersten Seite des Wetzlarer Vertrages

Die prompte Antwort (vom 19. April 1801) habe ich schon zitiert; sie erwähnt die Auswanderung der Familie nach Dänemark, die Rückkehr der Schützin mit dem „bey sich habenden Kerl", beharrt natürlich darauf, „daß dieselbe so wenig als eins von ihren Kindern in Frücht anßäßig sey" und verweist im übrigen auf den Dienst der beiden Ältesten bei dem Consistorial-Secretär Sartor in Dillenburg[2]. Das ist insofern interessant, als von Schenck Sartor zweifellos informierte, Maria Elisabeth und Katharina Margarethe Schütz also ebenso zweifellos von der Verhaftung ihres Bruders und ihrer Mutter wussten. Später haben sie diese Kenntnis, wie wir gesehen haben, wohlweislich verschwiegen.

Ob sie und Sartor zu Gunsten der Arretierten, denen zunächst nur „herumziehendes Leben" vorgeworfen wurde, intervenierten, geht aus den Akten nicht hervor. Wenn es geschah, hat es nichts bewirkt. Friedrich Philipp Schütz und seine Begleiterinnen blieben, da nirgends „anßäßig", in Haft und wurden am 26. Mai 1801 mitsamt den vier Kindern in das Zuchthaus in Diez überführt[3]. Schütz blieb dort ein ganzes Jahr, und als er entlassen wurde, hatte sich sein Leben grundlegend verändert.

Ehedem ein gefürchtetes Gefängnis: das Diezer Landgrafenschloss im Jahr 1907

Das Diezer Zuchthaus lag auf einem Porphyrfelsen hoch über der Lahn, auf dem, wie der Volksmund spottete, „höchsten Berg des Nassauer Landes, da derjenige, der dort hinauf gebracht wurde, mehrere Jahre brauchte, um wieder herunter zu kommen"[4]. Untergebracht war es in der ehemaligen, schon lange verlassenen Burg der Nassauer Grafen. Es blieb dort bis 1912, als die Preußen, die seit 1866 hier das Sagen hatten, im nahe gelegenen Flachland, in Freiendiez, einen, nach den Maßstäben der Zeit, modernen Neubau errichteten[5]. Auf der wiederum verlassenen Burg zog später eine Jugendherberge ein.

Als am 16. April 1785 die ersten Gefangenen in das Zuchthaus gebracht wurden, ging es dort ziemlich ungemütlich zu, so ungemütlich, dass die Obrigkeit sich Sorgen machte:

„Es ist vorgekommen, daß bei der Anlieferung der zum Zuchthaus verdammten Verbrecher an die Zuchthauskommission zu Diez mannigfaltige Inkonvenienzen sich ereignet haben, daß nämlich die Züchtlinge öfters bei der härtesten Witterung ohne Schuhe und Strümpfe, auch mehrmals ohne die zur Deckung notwendigsten Kleidungsstücke und zum Teil voll Unrat abgeliefert worden sind. – Der strafbarste Verbrecher, und wenn er auch solche Handlungen vollbracht hätte, die die Menschen entehren, hört doch nicht auf, Mensch zu sein und selbst dann noch, wenn dem Richter die traurige Notwendigkeit obliegt, gegen ihn ein Verdammungsurteil auszusprechen, bleibt er diesem ein Gegenstand des Mitleids und der Erbarmung. – Es muß daher eines Richters angelegentlichste Sorge sein, auch jenen unglücklichen Geschöpfen ..., den traurigen Zustand, in den sie versetzt sind, ... auf alle Art zu erleichtern. – Aus dieser Rücksicht findet daher das hiesige Kollegium ... sich bewogen, daß in dem Fall sich Züchtlinge in Unvermögenheit befinden, ... vor ihrer Abführung ins Zuchthaus die nötige Kleidung von der Amtsbehörde auf herrschaftliche Kosten anzuschaffen und die Rechnung mit dem Attest über Vermögenslosigkeit des Züchtlings an das Kollegium einzusenden (sei)"[6].

Es ist gut möglich, dass diese Beschreibung auch auf die drei Erwachsenen und vier Kinder zutraf, von denen hier die Rede ist.

Historiker haben das Diezer Zuchthaus in seinen ersten Jahren so beschrieben: Es bot Platz für 40 bis 45 Gefangene, beherbergte aber zunächst wesentlich weniger, weil aus Geldmangel alles nur provisorisch eingerichtet war. Männer und Frauen waren nicht getrennt voneinander untergebracht. Das Gebäude umfasste drei Geschosse; unten logierte der Verwalter, im Obergeschoss gab es drei, später sieben Zellen und eine Arbeitsstube, ganz oben einen großen Schlafraum. Nur zwei Zellen waren zu heizen. Die Aborte befanden sich, getrennt für Gesunde und Kranke, an der Außenwand. Die Einrichtung war karg, es gab weder Tische noch Betten, bloß Strohsäcke und Decken. Den Männern wurde am Fußgelenk ein Metallring angeschweißt, „an welche(m) eine lange Kette mit einer ziemlich schweren Kugel hing". Es scheint jedoch, dass dies zunächst nur bei Schwerverbrechern angewandt wurde, und dass Friedrich Philipp Schütz schon jetzt in diese Kategorie eingeordnet wurde, ist nicht wahrscheinlich[7].

Unklar ist, ob die Schützin in der Wollmanufaktur arbeiten musste, die zeitweise auf dem Gelände der Burg untergebracht war. Im Grundsatz bestand für die Gefangenen Arbeitspflicht, gemäß der Konzeption, die der Errichtung der Zuchthäuser (seit dem Ende des 16. Jahrhunderts, von den protestantischen Niederlanden ausgehend) zu Grunde lag: Arbeitsethik, Umerziehung statt Köpfen, Beitrag zum Wohlstand des Gemeinwesens, Eingliederung „unproduktiver" Gruppen in den Arbeitsprozess und was das einschlägige Nützlichkeitsdenken sich sonst noch alles vorgestellt hat[8]. In der Praxis scheiterte die Theorie daran, dass es viel zu wenig Unternehmen gab, die Arbeit anboten. Und so blieben die Zuchthaus-Insassen, unter denen die „Polizeigefangenen", also die Bettler und Vaganten, gegenüber den überführten Straftätern in der Überzahl waren[9], in ihrem Elend sich selbst überlassen. Was das für einen 20-jährigen bedeutete, mag sich jeder selbst ausmalen.

Bei der Durchsicht der Diezer Kirchenbücher dieser Jahre fällt auf, dass das Zuchthaus relativ viele Tote zu beklagen hatte, Alte und Junge, Männer, Frauen und Kinder. Unter ihnen war auch, gealtert vor der Zeit, die Schützin. Sie starb am 12. November 1801, „abends 5 Uhr" und wurde am 14. November „in der Stille" begraben. Der Text im Totenbuch lautet:

„Margarethe Schützin, eine Wittib von Früchten unweit Nassau, circa 70 Jahre, an Auszehrung"[10].

Tatsächlich war die Verstorbene 61 Jahre und acht Monate alt.

Angesichts dieses Todes – nach einem Leben in Armut, nach zehn Jahren Arbeitsemigration und zwölf Jahren auf der Landstraße, nach tapfer ausgefochtenen Kämpfen mit dieser und jener Obrigkeit – erübrigt sich die Frage nach Schuld und Verantwortung. Friedrich Philipp Schütz hat seine Mutter drei Tage vor seinem eigenen Tod, am 28. Juli 1812, im Gespräch mit dem Heidelberger Pfarrer Dittenberger so charakterisiert:

„… seine Mutter aber, ob sie gleich von einem Orte zum andern meist bettelnd hätte ziehen müssen, hätte täglich mehrmals mit ihm und seinen Geschwistern gebetet, ihn im Lesen und Schreiben geübt, ihn den Catechismus und viele Sprüche und Lieder, oft unter freiem Himmel, gelehrt. Wenn er und seine Geschwister etwas Unrechtes begangen, so hätten sie Schläge von ihr bekommen, denn sie sey eine brave Frau gewesen"[11].

Ich mag dem nichts hinzufügen und lasse es so stehen als die angemessene Würdigung einer Frau, die im ersten Teil unseres Dramas eine wichtige Rolle gespielt hat und nun, mitten im zweiten Akt, die verdüsterte Bühne verlässt.

Die Nachricht vom Tod ihrer Mutter hat die beiden ältesten Schütz-Töchter in Dillenburg ganz gewiss erreicht. Das belegt der schon zitierte Brief aus dem Jahr 1806. Dort ist auch vom Tod der jüngeren Schwester Maria Magdalena die Rede. Aus Mangel an einschlägigen Quellen lässt sich nicht feststellen, ob diese Behauptung den Tatsachen entspricht. Friedrich Philipp Schütz hat in seinem Lebenslauf, den er im Juni 1811 in Heidelberg zu Protokoll gab, davon gesprochen, diese Schwester habe „Johann Georg Röser aus Grünstadt, welcher mit Sämereyen und steinernem Geschirre handelte" (also wohl ein umherziehender Hausierer war) geheiratet. Nachforschungen in Grünstadt haben nichts Zweckdienliches zu Tage gefördert. So bleibt das Schicksal von Maria Magdalena Schütz ungeklärt. Jedenfalls lebte sie spätestens seit deren Verhaftung nicht mehr mit Mutter und Bruder zusammen. Friedrich Philipp Schütz war nun endgültig allein und auf sich selbst gestellt.

Allein? Nicht wirklich. Als er verhaftet und dann nach Diez überstellt wurde, war er in Begleitung einer Frau mit vier Kindern. Wer war diese Frau? In den Akten, die Pfister zehn Jahre später, im Jahr 1811, aus Hadamar und Diez zu dieser Causa erhielt, wird sie als „seine Frau" (dass er wirklich verheiratet war, ist schon aus finanziellen Gründen ganz unwahrscheinlich) und werden die Kinder als „seine Kinder" (er war gerade 20 Jahre alt) bezeichnet[12]. Dort ist auch vermerkt, dass eines der Kinder im Diezer Zuchthaus gestorben sei. Tatsächlich ist im Totenbuch der fraglichen Zeit der Tod eines Mädchens vermerkt:

„Sophia, Tochter der im Zuchthause sitzenden Marie Elisabeth Holzappelin von Lindscheid im Preußischen, 2 Jahre, am Wurm Fieber".

Sophie starb am 12. April 1802[13].

Dass in diesem Eintrag der im gleichen Zuchthaus einsitzende Schütz nicht als Vater vermerkt ist, mag eine Unachtsamkeit der Kerkermeister gewesen sein, kann aber auch bedeuten, dass er es tatsächlich nicht war. Ob das eine oder das andere zutraf, lässt sich heute nicht mehr entscheiden.

Dennoch war, wie wir sehen werden, die Holzappelin keine Zufallsbekanntschaft. Deshalb ist es schade, dass ich über sie nicht viel in Erfahrung bringen konnte. In den Kirchenbüchern des einzig in Frage kommenden Linscheid, das damals in der preußischen Grafschaft Mark lag und heute zur nordrhein-westfälischen Gemeinde Schalksmühle gehört, ist ihre Geburt nicht verzeichnet[14]. Und über die Zeit vor ihrer Verhaftung teilen die Akten nichts mit. Jedenfalls war sie offenbar – wie Schütz – „landfremd" und „herumziehend". Dass die Behörden sie als Paar betrachteten, belegt ein Eintrag in den Heidelberger Akten, der besagt, dass Marie Elisabeth schließlich gleichzeitig mit Schütz und zusammen mit den drei verbliebenen Kindern aus dem Zuchthaus entlassen und „in die Welt geschickt" wurde[15].

Gegen Schütz war nicht nur wegen „herumziehenden Lebens", sondern auch wegen des „Verdachts eines Straßenraubs" ermittelt worden, jedoch kam es nicht zu einer Verurteilung. Zwar bestätigte die nassau-oranische Regierung am 23. Februar 1802, ein knappes Jahr nach der Verhaftung, seine Einweisung ins Zuchthaus, jedoch entledigte sie sich seiner, offenbar weil ein Vergehen nicht nachzuweisen war, kurze Zeit später auf probate Weise. Sie überstellte ihn am 29. Mai 1802, in Übereinstimmung mit der Nummer 10 des Wetzlarer Vertrages, an das Kaiserlich Österreichische Werb-Kommando in Limburg[16]. Das befand sich seinerzeit in der Limburger Altstadt, im Erdgeschoss eines alten Fachwerkhauses, das heute noch steht und – schön herausgeputzt – als Werner-Senger-Haus bekannt ist.

Wie der Zufall so spielt: Wenige Tage nach Friedrich Philipp Schütz wurde Johannes Bückler dort eingeliefert, der sich freilich Jacob Schweikard nannte und just in diesem Haus am 8. Juni 1802 als der identifiziert wurde, der er wirklich war: der Schinderhannes. Am 31. Mai war er nahebei, in Wolfenhausen, verhaftet worden. Als die Behörden verstanden hat-

Das Werner-Senger-Haus in Limburg, eine Zeitlang Sitz des Kaiserlichen Werbhauses

ten, welch dicker Fisch ihnen da ins Netz gegangen war, überstellten sie ihn schon am 10. Juni – natürlich unter stärkster Bewachung – nach Frankfurt am Main und von da am 16. Juni nach Mainz, wo ihm im Jahr darauf, im Oktober 1803 der Prozess gemacht und wo er am 21. November des gleichen Jahres hingerichtet wurde[17]. Dass Schütz dem berühmten Räuber in der Limburger Arreststube tatsächlich begegnet ist, lässt sich nicht belegen, dass er von der Sache gehört hat, wird man kaum bezweifeln können.

Dies ist nicht nur eine putzige Anekdote, sondern hat eine ganz reale Bedeutung für unsere Geschichte. Die Verfolgung des Schinderhannes und seiner Bande wurde mit erheblichem Aufwand betrieben. Landauf, landab wurde sein Steckbrief publiziert[18]. Das hatte auch einen politischen Hintergrund: Seit das linke Rheinufer französisch geworden war, gingen die dortigen Polizeibehörden wesentlich energischer und vor allem effizienter gegen die Räuber vor. Die flohen in Scharen auf das rechte Rheinufer, organisierten sich neu und bereiteten den ohnehin überforderten Kleinstaaten zusätzliche Probleme, die noch dadurch verstärkt wurden, dass die Linksrheinischen unmissverständlich auf eine härtere Gangart drängten. Wer immer verhaftet wurde, hatte penibel über seine Beziehungen zu den Banden auf der anderen Rheinseite und besonders zu der des Schinderhannes Auskunft zu geben.

Noch 1811 und 1812, bei den Heidelberger Verhören, spielte das eine geradezu essenzielle Rolle. Pfister war besessen von der Idee, einer neuen Schinderhannes-Bande auf die Spur zu kommen, zumindest alte Schinderhannes-Kumpane aufzuspüren; deshalb suchte er in den Lebens- und Familiengeschichten aller Delinquenten, die ihm vor die Flinte kamen, nach entsprechenden Verbindungen. Wir werden sehen, dass er auch bei Friedrich Philipp Schütz fündig wurde, nicht weiter verwunderlich angesichts des Umstandes, dass dieser schon bald nach dem Diezer Zuchthaus-Aufenthalt – ein Jahr und sechs Wochen – ins räuberliche Milieu abglitt. Man muss nicht deterministische Glaubenssätze strapazieren, um zu sehen, dass spätestens jetzt die Weichen in die Kriminalität gestellt waren. Alte Frauen können betteln, junge Männer nicht.

Beim Militär blieb Friedrich Philipp Schütz vermutlich nicht lange. Er „desertierte, was vorauszusehen war, bei der ersten Gelegenheit", notierte sein Verteidiger später[19]. In seinem Lebenslauf, wir haben es gesehen, verlegte er dieses Ereignis nach Günzburg in Schwaben. Ganz auszuschließen ist eine nochmalige Anwerbung mit anschließender Desertion nicht, so etwas kam wegen des jeweils ausbezahlten Handgelds häufig vor. Ich halte es dennoch für unwahrscheinlich. Viele einschlägige Lebensläufe zeigen, dass der Bewegungsradius der Vaganten, schon gar solcher mit einer Familie, eher eingeschränkt war. Und im übrigen gehörte es zur probaten Taktik von Angeklagten, wichtige Begebenheiten in weit entfernten Orten anzusiedeln, in der Hoffnung, dass sie nicht überprüft würden.

Wie sah das aus, das Abgleiten in die Räuberei? Schütz selbst beschrieb es am Ende seines Lebens so:

„Die Polizei sey überall wachsamer und schärfer geworden, und er heimathlos, oft ohne hinlänglichen Paß, von einem Ort zum andern gewiesen, in drückenden Verlegenheiten herumgewandert. Nun erst habe er, um sich zu ernähren, hie und da aus Noth etwas genomen, – und um in der Folge auch noch Frau und Kinder zu ernähren, sey er öfters gezwungen gewesen, mit den andern, durch ein ähnliches Schicksal verfolgten, Bekannten, aufs Stehlen auszugehen, um sich und die Seinigen vor dem Hungertode zu retten. Man sey ihnen auf die Spur gekommen, hätte sie als Vaganten zuweilen sehr hart behandelt, und er habe in diesem unglücklichen, unstäten Zustande großes Elend, viele Mishandlungen, Furcht und Angst ausgestanden, die aber auch eine große Bitterkeit gegen die Menschen in seinem Herzen hervorgebracht und die er öfters durch Trinken zu unterdrücken gesucht habe"[20].

Das ist eine ziemlich realistische Darstellung, und wir sollten sie im Gedächtnis behalten, wenn im folgenden überwiegend vom Stehlen die Rede ist. Das ist der Aktenlage geschuldet: nur die Delikte fanden dort ihren Niederschlag, das Drumherum und das Zwischendurch eher nicht. Und auch nicht das alltägliche Leben auf der Landstraße, die Suche nach Nahrung und Unterkunft, vielleicht nach einem gelegentlichen Job, die Bemühungen, irgendwo, irgendwann, irgendwie doch noch Fuß zu fassen.

Wo Marie Elisabeth war, als Friedrich Philipp in Limburg bei den österreichischen Anwerbern festsaß, ist nicht überliefert. Danach aber fanden sie wieder zusammen. Nachrichten über Diebstähle, Einbrüche und Überfälle liegen für die Jahre zwischen 1802 und 1806 nur wenige vor. Ein Fall findet sich in den Unterlagen, die Pfister 1811 übersandt wurden. Dort wird von dem Verdacht berichtet, Schütz habe kurz nach seiner Entlassung aus dem Zuchthaus zusammen mit anderen in Eiershausen (nördlich von Dillenburg) einen Braukessel entwendet; er sei daher „mit seiner Ehefrau gefänglich eingezogen worden", beim Abtransport aber geflüchtet und trotz eines ausgegebenen Steckbriefs unauffindbar geblieben. Fazit: er kann „als ein äußerst gefährlicher Mensch bezeichnet werden"[21].

Unter dem 22. Februar 1804 („morgs um 5 Uhr") verzeichnet das Kirchenbuch der Pfarrei Odenhausen an der Lahn (heute ein Stadtteil von Lollar bei Gießen) für den nahe gelegenen Weiler Schmelz Geburt und Taufe eines Mädchens namens „Katharina Margaretha Schützin, Tochter des herumziehenden Friedrich Philipp Schütz von Kopenhagen und der Elisabetha N von Linscheid aus dem Preußischen. Taufzeugen: 1) Katharina Margaretha Glaser, des Hermann Glasers Ehefrau, peregrinantes. 2) Justus Jacobi, Müller von der Schmelz"[22]. So also sah das im Alltag aus: Ein einsichtsvoller Müller, vielleicht selbst kochem (und wenn schon!) gewährt der Schwangeren mitten im Winter Unterkunft, und zwei Vaganten, die zufällig dabei waren und deren Status der Pfarrer vornehm auf Latein niederschreibt, fungieren als Taufzeugen.

Dieser Kirchenbuch-Eintrag ist das letzte Lebenszeichen, das ich von Marie Elisabeth Holzappelin gefunden habe. Daher kann sie die Hauptrolle, die ihr eigentlich zustand, nicht ausfüllen und tritt ins Dunkel der Kulissen zurück. Wann die Trennung von Schütz stattgefunden hat – 1805, 1806? – muss offen bleiben und auch die Frage, wer sie vollzog. Mein Vetter, der Räuber war während der Heidelberger Verhöre äußerst wortkarg, wenn es um diese Periode seines Lebens ging. Offenbar fürchtete er, es könnten weitere Vergehen ans Licht kommen und Zeugen auftauchen, die ihn zusätzlich belasteten. Einzig in dem Geständnis vom 19. Juni 1811 hat er Marie Elisabeth erwähnt: „Vorher zog ich mit einem andern Weibsbilde, Elisabeth N N, jedoch nur einige Wochen, herum. Obgleich sie aber von mir schwanger war, so hat sie mich doch im Solmsischen krank verlassen"[23]. Da, wie wir gesehen haben, schon die Aussage des ersten Satzes nicht stimmt, sind hinsichtlich der des zweiten durchaus Zweifel angebracht.

Auch das Schicksal von Friedrich Philipp Schütz's Tochter Katharina Margaretha liegt weitgehend im Dunkeln. Blieb sie bei ihrer Mutter oder wurde sie von fremden Leuten aufgezogen? Ich weiß es nicht. War sie identisch mit dem „angeblich vom enthaupteten Philipp Friedrich Schütz noch vorhandene(n) 11jährigen Mädchen", das im Mai 1814 in Weinheim bei Heidelberg auftauchte und Anspruch auf Unterstützung aus dem für die Familien der hingerichteten Räuber eingerichteten Fonds erbat? In dem entsprechenden Dokument werden Zweifel an ihrer Berechtigung erhoben, weil sie den Namen ihrer Mutter mit „Barbara" angab. Und über den Ausgang der Sache schweigen – wieder mal – die Akten[24].

Einigermaßen sicher ist, dass Katharina Margaretha auf der Landstraße aufwuchs, denn als sie mit 17 Jahren, am 29. September 1821, ein Mädchen zur Welt brachte, wurde sie als „eine fremde herumziehende Weibsperson" bezeichnet. Der Pfarrer vermerkte ausdrücklich, dass es sich um eine „Tochter des Friedrich Philipp Schütz" handele, aber die übrigen Eintragungen sind so verwirrend, dass sie valide Aussagen über das bisherige und weitere Leben der jungen Frau nicht zulassen[25].

Friedrich Philipp Schütz ist nach der Trennung von Marie Elisabeth offenbar nach Süden gezogen. Jedenfalls legt das die Liste der Delikte nah, die ihm später vorgeworfen wurden und die sich nun häuften. Da ist die Rede von einem Straßenraub bei Klein-Karben und dem Einbruch in eine Mühle zwischen Miltenberg und Amorbach im Odenwald, die Schütz aber nicht nachgewiesen werden konnten und die deshalb keinen Eingang in das Schuldbuch fanden, das 1811 für ihn in Heidelberg angelegt wurde. Verzeichnet sind dort sechs Vergehen aus dem Jahr 1807:

- ein missglückter Einbruch in Niedereschbach (bei Oberursel); er scheiterte an einem wachsamen Haushund;
- ein Diebstahl in Thorfelden (bei Bergen); hier bestand die Beute „in 6 Hembdern und einigen Sacken" voll Malter;
- ein Einbruch in der Nähe von Ostheim mit einer Beute im Wert von immerhin 70 Gulden; „das Entwendete bestand in Kupfer und Zinn, etwas Brandwein und etwa 8 Pfund Hammelfleisch";
- ein Einbruch im Wirtshaus „Zum grünen Baum" in Bad Vilbel Anfang Oktober 1807; „das Gestohlne bestand in Kupfer, Zinn, Butter und Fleischwerk. Werth 49 fl.";
- ein Einbruch in eine Mühle bei Breitenborn in der Nähe von Gelnhausen in der Nacht vom 2. auf den 3. August 1807; hier war die Beute erheblich: über 300 Gulden in Bargeld sowie Kleider und Wäsche von gleichem Wert; und schließlich
- ein Einbruch in das Haus des Juden Zaduck Joseph in Grävenwiesbach bei Usingen in der Nacht vom 27. auf den 28. August 1807, der freilich an der Gegenwehr der Überfallenen und ihrer Nachbarn scheiterte[26].

Der Einbruch in der Mühle bei Breitenborn geschah nach geradezu klassischem Muster. Die sechs Räuber – drei Christen und drei Juden – bewaffneten sich mit Pistolen und Knüppeln, klebten sich falsche Bärte an, rammten die Haustür mit dem Rennbaum, schlugen und fesselten die alte Mutter des Müllers, weil sie das Geldversteck nicht verraten wollte, verschonten dagegen die Müllerin, weil sie Wöchnerin war, pressten dem Müller durch Drohungen den Truhenschlüssel ab, schleppten die beträchtliche Beute in Bettüberzügen weg, verkauften sie bei einem Hehler und teilten noch in der gleichen Nacht den Erlös. Es gab drei Ober-Räuber – der Hauptmann hieß „Herr Lieutenant" – und drei Unter-Räuber. Friedrich Philipp Schütz gehörte zu den letzteren, er musste zur Ablenkung des Müllers eine Stubenscheibe einschlagen und nachher Schmiere stehen; sein Anteil an der Beute war geringer als der der Ober-Räuber[27]. Der „äußerst gefährliche Mensch" war offenbar noch ein Lehrling.

Die Täter blieben unentdeckt, die Sache wurde erst 1810 durch ein umfassendes Geständnis des „Lieutenant" Johann Adam Heusner aufgeklärt. Der war, wiewohl etwa in Friedrich Philipps Alter, ein räuberisches Schwergewicht und wahrlich kein Novize mehr. Die Liste seiner Verbrechen enthält 121 Straftaten, im wesentlichen Diebstähle und Straßenräubereien, letztere hauptsächlich an jüdischen Viehhändlern und Hausierern, aber auch an Besuchern der Frankfurter Messe. Das Handwerk gelernt hatte er bei seinem Onkel Johann Adam Grasmann, der aus einer Familie umherziehender Korbmacher kam. Auch Heusners Bruder Stephan („der langbeinige Steffen") war ein ausgewiesener Räuber, und über ihre Tanten und Schwestern waren die beiden zudem mit zahlreichen anderen Vaganten-Familien verschwägert.

Damit nicht genug: Johann Adam Heusner hatte zeitweise mit dem Schinderhannes und mit der Neuwieder Bande des Fetzer und des Damian Hessel gemeinsame Sache gemacht! Und an seinen Unternehmungen waren weitere Berühmtheiten beteiligt, so die beiden anderen Ober-Räuber von Breitenborn: Itzig Muck, dem Verbindungen zur (jüdischen) Niederländischen Bande nachgesagt wurden und der nun von der Rhön aus aktiv war; und Johann Adam Hofmann alias Peter Heinrichs Hannadam, auch er mit starken Schinderhannes-Verbindungen. Dazu – wir werden den Namen noch öfter begegnen – Johannes Vielmetter (Jakobheinrichs Hanneschen), Peter Eichler (Hainstadter Peter), Peter Petry (der schwarze Peter), Albert Krämer (der Zunder-Albert), Johann Martin Rupprecht (der Hessen-Martin), Matthäus Oesterlein und nicht zuletzt die Kumpane, die später am Überfall an der Bergstraße beteiligt waren: Georg Philipp Lang (Hölzerlips) und Veit Krämer[28].

Schütz hat übrigens später standhaft eine Beteiligung an den Breitenborner und Grävenwiesbacher Unternehmungen abgestritten. Das war nicht ganz glaubhaft. Seine Ausrede, er habe zu dieser Zeit im Gefängnis gesessen, war leicht zu widerlegen; erst im Dezember 1807 wurde er erneut verhaftet. Widerwillig ließ Pfister die Anklage in diesen beiden Punkten schließlich fallen. Es blieben genügend Positionen im Schuldbuch übrig.

Es war keine feste, auf Dauer angelegte Bande, eher ein lockeres und weit verzweigtes Netzwerk, in das sich der Lehrling Friedrich Philipp

Schütz jetzt eingliederte und das ihm eine für ihn neue Mobilität abverlangte. Mitte Dezember 1807 wurden er, der Kumpan Johann Adam Hofmann, der sich Johann Winter nannte, und ein Ludwig Lutz in Hallenberg (im Sauerland, östlich des Rothaargebirges) „in des Wirthes Pöllmann Behausung arretirt". Sie wurden beschuldigt, Diebstähle, u.a. Pferdediebstähle, begangen zu haben. Hallenberg liegt gut 70 Kilometer nördlich von Gießen. Der Ort hatte zu dieser Zeit knapp 1000 Einwohner, und an ihren Fachwerkhäusern standen (und stehen) ehrbare Sinnsprüche wie „Ohne Arbeit früh bis spät wird dir nichts geraten / der Neid sieht nur das Blumenbeet aber nicht den Spaten". Keine gute Gegend für Diebe, für Pferdediebe schon gar nicht: Pferde waren teuer und, neben Ochsen, als Zugtiere in der gebirgigen Gegend unverzichtbar. Das Trio wurde, über eine Zwischenstation in Medebach, ins Arnsberger Zuchthaus gebracht[29]. Arnsberg war (wie Hallenberg) 1802 der hessen-darmstädtischen Landgrafschaft zugeschlagen worden und fungierte seither als Hauptstadt der „Provinz Herzogtum Westfalen".

Akten über die Vernehmung und den Prozess gegen die drei Beschuldigten habe ich, trotz intensiver Suche, nicht finden können, aber aus den späteren Heidelberger Protokollen lässt sich wenigstens der Ablauf rekonstruieren. Die Arnsberger Untersuchung zog sich lange hin. Erst am 14. Mai 1810 wurden Lutz und Hofmann (immer noch unter dem Namen Winter) zu dreijährigen Zuchthausstrafen verurteilt, die sie dann in Marienschloß in der Wetterau abbüßten. Schütz wurde, nachdem er (nach seinen eigenen Worten) „zwey und ein halbes Jahr weniger 17 Tage" eingesessen hatte, freigelassen[30]. Das Urteil vom 17. Juni 1810 vermerkt säuerlich, der Delinquent sei

> „zwar sehr verdächtig, mit den beiden oben genannten Kerls an verschiedenen Diebstählen thätigen Antheil genommen zu haben; in Ermangelung eines hinlänglichen Beweises konnte man ihn indessen nur als Vagabunden behandeln und über die Gränze bringen lassen, welches am 26. Juni 1810 geschehen ist"[31].

Friedrich Philipp Schütz war nun frei. Frei wozu? Zu einem Leben auf der Landstraße. Er wanderte in die Gegenden, die er von früher her kannte, spätestens seit Juli 1810 in Begleitung von Anna Katharina Nern, die aus Kinzenbach bei Gießen stammte und einen siebenjährigen Sohn mitbrachte. Und er fand schnell Anschluss an die alten Kumpane, schon kurz darauf war er wieder an Überfällen und Diebstählen beteiligt. Ein Lehrling war er nicht mehr, aber ein Lieutenant ist er nie geworden.

## 14. Vom strobeligen Adel bis zum Zunderhannes. Räubernamen

strobeliger Adel (= Johann Adam Karr)
Arschbacken-Gesicht

Beinchen (s. Frißnichts)
Bettel-Lorenz
Bigeleisen (= Friedrich Schmidt)
Blechschläger Valentin
dicker Bub (= Christian Haag)
schrammbackiger Bube
Bumber
Bürstenkaspar (= Kaspar Minndörfer/Mündörfer)
Buttlax-Hannes

dicker Christian
rother Christian
rother Comtois

Dornstöffel (= Friedrich Schmidt)

Eselskinnbäckchen (s. Halbbäckchen)

Feldscheerers Jung (s. Hennerle)
die Frankfurter Karlsbuben (= Joseph Jacobi, Balthasar, Bernhard & Friedrich Held)
die lahmhändigte Franzel
Franzenjung
der erschossene Friedel
schwarzer Frieder
Frißnichts (= Rütsch von Schmalnau)
Fulder-Ließ

Gaisen-Michel
Geiger-Christe
Geißbub
Geisenlips
Glaserchen, Glaserle (= Georg Schmidt)
Goldvögelchen (= Moses Samuel)
Grind-Frieder (= Johann Friedrich Benz)

Hafen-Kasper
Häfen-Lenert
Hainstadter Peter, auch Drehers Peter (= Peter Eichler)
Halbbäckchen ( = Johannes Knaut)
dicker, rother oder Peter Heinrichs Hannadam (= Johann Adam Heusner)
kleiner Hannadam

krummer Hannfriedel (= Koch, N. N:)
krummarmiger Hannjost (auch: Hannjost mit den krummen Händen)
krummer Hannjost (= Johann Holzapfel)
kleines Hannmartinchen
großer Harzbub (= Georg Schmitt)
scheeler Hauptmann (= Franz Vetter)
Heidenfriedrich
scheeler Heidenpeter (= Peter Goerzel)
Hessen-Martin (= Johann Martin Rupprecht)
Höllenbrands Wilhelm (= Wilhelm Euler)
Hölzerlips (= Georg Philipp Lang)
Hörnerbeuger Heinrich
Hühner- oder Hinkel-Velten (= Valentin)
Huren-Franzel

Iltis Jakob (= Johann Jakob Krämer)
kropfhalsiger Jacob
schieliger Jacob
Jacobheinrichs Hanneschen (= Johannes Vielmetter)
großer Johann (= Johann Reipert)
kleines Johannerchen
dicker, (auch:) krummer Jörg (= Georg Fehn)
schrammbackiger Jörg (= Georg Fontsch)
das getaufte Jüdchen (= Abraham Moses)
schwarzer Jung (= Johann Georg Gottschalk)

des Kaiser Marians Familie
Kammerdieners Hannjost
Kannengießers Hannes
die große Kathrin (= Catharina Hellerin)
Katzenschinder (s. Pohlengängers Hannes)
Kochlöfflen-Jacob
Kochlöffelmachers Becklen
Koffee-Velten
schwarzer Konrad (= Konrad Werner, auch Leonhard Conrad)
kleiner Krämerjörg (= Johann Georg Hoffmann)
Krautscheißer (auch: s. Vogelhannes)
Kropf-Jacobsin
Krugjoseph

Löb Langnas (= Löb Heinemann)
Löffelfranzenjörg (auch: s. Überklug)
neuer Lumpenmann
Lumpenstoffel (= Johann Christoph Schmitt)
Luzenjacobs Jörg

Mahne Conrad (= Conrad Werner)
Mainzer Hannes
näslende Mariana
dickhalsiger, kropfhalsiger Matthes
scheeler Metzger
dürrer Michel
Mühlarzt
Musikanten-Hanneschen (= Johannes Lehn)

Näpflensmacher (= Theodor Daniel Mayer)
Neunfinger-Andres (= Andreas Thron)

Oelträgerle (= Minrad Wahler)
Ofenputzers Jörg (= Johann Georg Müller)
dreckete Opersch (=Magdalena Seemännin)

scheeler Peter (scheeles Peterchen)
schwarzer Peter (= Peter Petry)
Pfaffenhure
Pfeifferchen (= Heinrich Pfeiffer)
Pohlengängers Hannes (= Johann Borgener)
Polaken-Matthes
Porzellan-Hannes (= Johannes Vogt)
scheeler Postknecht
schepper Preuß

der lange Sägenfeiler
Saifensiederlen
Salpeter-Sieder (= Philipp Bauer)
langer Samel (= Johann Adam Grasmann)
Sau-Jerg (= Hanns Jerg Würmle)
der Seiltänzer
Siebenfingerhannes
Singer- oder Pilger-Toni
Spielhannes (= Johannes Lehn)
des krummen Spielmanns Klaus
langbeiniger Steffen (= Stephan Heusner)
Stink-Urschel

Scheerenschleifers Hannadam oder das kleine Jüdchen (= Johann Adam Weis)
Schefflenzer Bub (Johann Bauer)
Schinderlorenz (= Lorenz Frank)
Schinder-Hannesken
Schinder-Heinerlein
Schinder-Martin
Schinder-Peterlen

klein Schlaumännchen (= Salomon Levi)
Schleifer-Bärbel
Schmuckel (= Itzig Lindheimer)
Schmuh-Balser (= Balthasar Meinhard oder Grünwald)
Schnallenmacher (= Johann Adam Treber)
Schnauz Madel (= Maria Magdalena Weinhändlerin)
der krumme Schneider
Schnurchler
Schodenheinrich (= Johann Heinrich Vogt oder Winkler)
Schrammbock

Tanzstoffel (= Friedrich & Georg Schmidt)
Trief Augig Bäbelen (= Anna Barbara Kleinin)

Überklug (auch: s. Löffelfranzenjörg)
Überrheiner Hannadam (= Johann Adam Steininger)
Überrheiner Wilhelm (= Wilhelm Rhein)

Vogelhannes (auch: s. Krautscheißer = Johann Schulz)

das Wetterauer Hanneschen
Windelwascher
Wurzeljörg (= Georg Horn)
Wuttwuttwutt (=Johann Werner)

der buckelte Xaveri

Zahnfranzen-Martin (= Martin Delis)
Zigeunerludwig
stumpfarmiger Zimmermann (= Philipp Müller)
Zinngießers Johann
Zundelsepp (= Josef Marx)
Zunderalbert (= Albert Krämer)
Zunderhannes (= Johannes Reinhard)

*Es ist leicht zu erkennen, was sich in den Namen spiegelt:*
*die familiäre und die geografische Herkunft,*
*Hinweise auf den Erwerbszweig und nicht zuletzt*
*auf körperliche Besonderheiten oder Gebrechen.*
*Ich habe diese Liste zusammengestellt aus der zeitgenössischen Literatur (Becker, Brill, Grolman, Pfister, Rebmann, Schwencken)*
*und aus den Gaunerlisten bei Blauert/Wiebel, S. 162ff.*

## 15. Kochemer, Jenische und andere Eingeweihte

Wer sich um 1810 in den kleinstaatlichen Justiz- und Polizeiapparaten mit Räuberbanden beschäftigen musste, der dachte nicht nur, wie wir Heutigen, an Johannes Bückler alias „der Schinderhannes", sondern auch an Jacob Reinhardt („der Hannikel"), Matthias Weber („der Fetzer"), Damian Hessel, Jan Bosbeck, Abraham Picard oder Peter Petry, der sich gemeinhin Johann Wild nannte. Wer historisch ein bisschen beschlagen war, dem fielen in diesem Zusammenhang vielleicht noch Antoine La Grave („der Große Galantho") mit seiner Zigeunerbande aus dem Anfang des 18. Jahrhunderts ein oder die Marodeure des 30-jährigen Kriegs (und der ihm folgenden auch). Und wer mit offenen Augen durch die Welt spazierte, dem war der Anblick der „herumziehenden Leute", der Entwurzelten, der Deserteure, der Heimatlosen, der Vaganten geläufig; wenn nicht, so kannte er sie jedenfalls aus seinen Akten. Er – sagen wir: Ludwig Pfister – musste also wissen, dass er es mit einem komplexen (und sehr alten) Problem zu tun hatte.

Historiker schätzen, dass im 18. Jahrhundert etwa zehn Prozent der gesamten Bevölkerung des Alten Reiches zu den „fahrenden Leuten" gehörten[1]. Das Phänomen ist schwer zu beschreiben, weil die Quellenlage miserabel ist; es spiegelt sich überwiegend in Verbots-Dekreten und Polizei-Protokollen. Die Lebenswirklichkeit der Menschen wird nicht fassbar, sie sprechen kaum je selbst. Und keineswegs handelte es sich um eine feste, in Größe und Zusammensetzung stabile Gruppe. Die Übergänge zwischen der armen bäuerlichen Bevölkerung und den Vaganten waren, in Zeit und Raum, fließend; das Beispiel unserer Früchter Familie Schütz zeigt es. Zudem: nicht jeder Vagant war ein Verbrecher, und nicht jeder Verbrecher war ein Vagant (die damaligen Obrigkeiten sahen das, wie wir wissen, anders).

Diejenigen, die auf Dauer auf der Straße lebten, entwickelten durchaus ein Gemeinschaftsgefühl. Sie erkannten sich, respektierten sich in der Regel, halfen sich auch. Sie sprachen eine von den deutschen Dialekten leicht abweichende Sprache: das Rotwelsch, die Kochemer Loschen, das Jenische; die Ermittler sagten dazu schlicht „die Diebessprache". Das war ein im späten Mittelalter entstandenes und von Generation zu Generation vererbtes Idiom, im Kern ein altertümliches Deutsch mit jiddischen und zigeunerlichen Einsprengseln und unterschiedlichen regionalen Ausprägungen. Auch Friedrich Philipp Schütz beherrschte es. Es grenzte die, die es benutzten, eben die „Kochemer" oder die „Jenischen", deutlich von der Mehrheitsgesellschaft ab und ermöglichte eine schnelle Verständigung unter Eingeweihten. Klar, dass die Untersuchungsrichter, wenn sie ihren Job ernst nahmen, eifrig bemüht waren, diese Geheimsprache zu lernen. Pfister hat seiner „Aktenmäßigen Geschichte" ein kleines Lexikon „jenisch - teutsch" angefügt, und sein Gießener Kollege Grolman veröffentlichte 1822 sogar ein umfangreiches „Wörterbuch der in Teutschland üblichen Spitzbuben-Sprachen ... die teutsche Gauner-, Jenische und Kochemer Sprache enthaltend ...".

Trotz solcher Gemeinsamkeiten war die nicht sesshafte Armenbevölkerung, waren die „Eingeweihten" mitnichten eine homogene Gruppe. Ein beliebig heraus gegriffenes Beispiel aus der Mitte des 18. Jahrhunderts mag das noch einmal verdeutlichen. Da verbat sich die Markgrafschaft Baden-Durlach an ihren Grenzpfählen die Einreise von

> „Vaganten und Bettler, Landstreicher und Deserteurs, Sack-Pfeiffer und dergleichen herum-ziehende Spiel-Leute, fahrende Schüler, unprivilegirte Haußirer, Scheuren-Krämer, welche sonderlich mit allerhand geringen Sachen handeln, Sänger, Glücks-Haven- und Raritäten-Träger, Scholderer, Taschen-Spieler, Gauckler, Thier-Führer, Quacksalber, Bettel-Juden, Brand- und dergleichen mit keiner Fürstlichen Concession versehene Collectanten, Riemen-Stecher, unbekandte fremde in dem Land nicht angesessene Bürsten-Binder, Keßler, Pfannen- und Zeinen-Flicker, auch die ohne Reichs- und Creiß-Constitutions-mäßige Urkunden faullenzend und bettelnd herumlauffende- theils auch fälschlich sich dafür ausgebende Handwerckes-Pursche"[2].

Was hatten diese Menschen gemeinsam - außer dem beklagenswerten Umstand, dass sie „herumziehende Leute" waren?

Historiker und Soziologen haben sich – was Wunder? – schwer getan mit griffigen Definitionen. Handelte es sich um „eine feste Klasse"[3]? Oder um Randgruppen[4]? Oder gar um eine „Gegengesellschaft"? Dieser Begriff hat in den 1970er Jahren Eingang in die einschlägige historische Literatur gefunden. Die Argumentationskette geht so:

> „Das fahrende Volk bildete augenscheinlich spätestens seit dem 17. Jahrhundert eine eigene soziale Schicht, die möglicherweise gleichgeordnet neben die des städtischen Bürgertums und der Bauern gestellt werden muß". Und weiter: „Der Räuber war kein Glied der bürgerlichen Gesellschaft. Sein antisoziales Verhalten war kein zeitlich begrenztes Phänomen, sondern durchgängige Form eines bewußten oder unbewußten Protestes gegen eben diese bürgerliche Gesellschaft, die ihm keinen zureichenden Platz bot". ... „Der Bandit verstand sich eindeutig als Repräsentant des fahrenden Volks und leitete aus den Verfolgungen, denen diese Gruppe ausgesetzt war, das Recht zum Raub und Diebstahl als spezifischer Form des Wider-

standes gegen den Staat und die herrschenden sozialen Bedingungen ab"; und so „... rechtfertigt bereits das Bild der Banden ihre Klassifizierung als Formation einer mehr oder minder ausgeprägten 'Gegengesellschaft' in Konkurrenz zur etablierten Sozialverfassung", und der Zusammenhalt entwickelte sich „in Richtung auf eine Art 'Klassen-' oder 'Standesbewußtsein' nicht nur der Räuber oder Gauner, sondern der Vagantenbevölkerung überhaupt"[5].

Als Kronzeuge für dieses Erklärungsmuster diente übrigens – unter anderen – Friedrich Philipp Schütz mit seinem von Pfister überlieferten Vers „Die Armuth, die war freilich schuld ..."[6].

Die These von der „Gegengesellschaft" und die von den „Sozialbanditen", die Eric J. Hobsbawm entwickelt hat, sagen mehr über den Zeitgeist der Jahre ihrer Entstehung aus als über die soziale Wirklichkeit des 18. Jahrhunderts. Sie sind denn auch bald bestritten, als „unzulässige Romantisierung" kritisiert und als unhistorisch verworfen worden[7]. Was nun? Ich gestehe, dass mir alle aus theoretischen Konstrukten hergeleiteten einschlägigen Begrifflichkeiten suspekt sind. Allenfalls mit einer offenen Definition wie „Subkultur der Ränder und der Übergänge"[8] kann ich mich, wenn es denn sein muss, anfreunden. Sie gibt, so unscharf sie sein mag, am ehesten den historischen Sachverhalt wieder.

Unschärfe ist unvermeidlich angesichts der Abweichungen und individuellen Besonderheiten, der berufstypischen und geschlechtsspezifischen Befunde, eines überraschend konventionellen Verhaltens ebenso wie der anarchistischen Selbstbeschreibung eines Damian Hessel:

> „Wir sind nothwendig! ... Gott erweckt und sendet uns, um die Geizigen und Reichen zu züchtigen, wir sind eine Art von Landplage, und wenn wir nicht wären, wozu brauchte man dann Richter?"[9].

Ränder und Übergänge: es gab ein ständig in Frage gestelltes und neu justiertes Oben und Unten in dieser Subkultur, Ober- und Unterräuber z. B., und es gab eine Arbeitsteilung, die ihrerseits Veränderungen unterlag und an den Grenzen zwischen Sesshaften und Nichtsesshaften angesiedelt war. Grolman, der offenkundig selbst mit den Definitionen seine Schwierigkeiten hatte, beschrieb das so:

> „Die Gauner im Allgemeinen, die sich auch Kochemer nennen, theilen sich in zwey Haupt-Classen. Die eigentlichen Gauner, Jenische oder Romanische Leute, machen die eine aus; die andere heißt im engeren Sinn Kochemer Leute; sie sind der ersteren Vertraute. Diese sind ansäßig und verstehen sich mit jenen auf allerley Weise. Sie beherbergen und verbergen sie

| Jenisch. | Teutsch. |
|---|---|
| Aerndte-Makener | Diebe, welche während der Abwesenheit der Bauern, z. B. im Aerndtegeschäft, stehlen. |
| Afilu | sogar. |
| Agler | Fuhrmann. |
| Aiwo | Liebe, Freundschaft. |
| Anstiebeler | Anführer. |
| Aschmathei | der Teufel. |
| Athoor | achtzig. |
| Aufbrankarten | Auflauern. |
| Awone Taubes | Juwelen. |

### B.

| Jenisch | Teutsch |
|---|---|
| Baal | Mann. |
| Babing | Gans. |
| Babolde | Jud. |
| Bachkatz | Stein. |
| Bäckerling | Weck. |
| Baker | Schaaf. |
| Baläze | Richter. |
| Ball | Mann. |
| Ballbost | ein Bestohlener. |
| Ballmassenmatter | Anführer. |
| Balo | Schwein. |
| Banderich | Kattun. Ziz. |
| Bani | Wasser. |
| Barach | Grind. |
| Barnes | Schultheiß. |
| Baro | groß. |
| Barra | Zopf. |
| Barresch | Grindskopf. |
| Barru | Zopf. |
| Barseilum | Vorlegeisen. |
| Basil schwächen | ein Gitter aufbrechen. |
| Batterisch | schwanger. |

Pflichtlektüre für Strafverfolger: eine Seite aus Pfisters Jenisch-Wörterbuch in ihren Häusern; sie kaufen ihnen die gestohlne Sachen ab oder machen ihnen dazu Kaufleute aus; sie bewahren sie vor Gefahren, richten Bestellungen aus von einem an den andern, legen für sie falsches Zeugnis ab, verrathen ihnen häufig Gelegenheiten zu Raub und Diebstahl, leihen dazu Schießgewehr und andere nöthige Sachen, nehmen das Gestohlne nach Umständen in ihre Hütten, und unterstützen sie mit einem Wort, eignes Vortheils willen, so viel sie können; nur äußerst selten stehlen sie selbst mit ihnen. Die Beherberger heißen Kochemer Bayser, und die Abnehmer Schärfenspieler; oft sind beyde in einer Person vereinigt"[10].

Subkulturen innerhalb der Subkultur gab es auch. Ich will nur die beiden auffälligsten nennen: die verarmten Juden und die – immer in der Diktion der Zeit – Zigeuner, also Gruppen, die hinsichtlich ihrer Herkunft, ihrer Traditionen, ihrer Religion und ihrer Lebensweise nichts miteinander zu tun hatten und doch, aus wiederum unterschiedlichen Gründen, massiv diskriminiert wurden und zur vagierenden Unterschicht gehörten. „Exoterische Erscheinungen", „bunte Teile" nennt sie ein Autor des 19. Jahrhunderts, und „Zutaten zum Gaunertum, die zwar durch den farbigen Typus der äußeren Erscheinung sehr leicht erkennbar, immer jedoch nicht der vorwiegende Teil jener Masse sind ..."[11]. Aber, wie oft in solchen Fällen: ihr zahlenmäßiger Anteil stand stets im umgekehrten Verhältnis zu der öffentlichen Aufmerksamkeit, die ihnen zuteil wurde, und letztere war nicht zu denken ohne eine gehörige Portion rassistischer und religiöser Vorurteile.

Zurück zu den Räuberbanden. Stichwort: „Der Große Galantho". Das war der Chef einer mitgliederstarken, aus Zigeunerfamilien bestehenden Bande, die seit 1718 von der Wetterau und vom Vogelsberg aus aktiv war, am hellichten Tag Vieh stahl, beim Rauben Menschen umbrachte, sich Feuergefechte mit Militärstreifen lieferte und so Angst und Schrecken verbreitete. Nach dem Mord an einem Pfarrer-Ehepaar in Dörsdorf im Taunus im Sommer 1725 wurde ein Teil der Bande – 28 Männer und Frauen – gefasst und im Jahr darauf in Gießen hingerichtet, auf die zeitübliche Art und Weise: gerädert, gehängt, enthauptet. Der Große Galantho selbst konnte zunächst entkommen, erst 1733 wurde er in Gelnhausen eingefangen und in Gießen an den Galgen gebracht[12].

Das war alles ziemlich gruselig. Als Beispiel dafür, wie die Obrigkeit mit Räuberbanden, hier also mit einer Zigeunerbande, umgehen konnte und sollte, blieb es über Jahrzehnte hin in Erinnerung und fand, immer dann, wenn über die Todesstrafe diskutiert wurde, seinen Niederschlag in den „Aktenmäßigen Geschichten" vom Anfang des 19. Jahrhunderts. Dabei spielte es keine große Rolle, dass zur gleichen Zeit (und auch später) in der gleichen Gegend sich Banden betätigt hatten, deren Mitglieder keine Zigeuner waren.

Stichwort: „Der Hannikel". Eigentlich hieß er Jacob Reinhardt. Auch er stammte aus einer Zigeunerfamilie und auch er war, ein halbes Jahrhundert nach dem „Großen Galantho", ein gefürchteter Räuberhauptmann. In der Nähe von Darmstadt geboren, räuberte er als junger Mann zunächst in der Pfalz und verlegte 1770, mit knapp 30 Jahren, sein Operationsgebiet nach Württemberg, in die Schweiz und ins Elsass. Seine Bande umfasste zeitweise mehr als 30 Mitglieder und überfiel vorwiegend reisende jüdische Händler und evangelische Pfarrhäuser. Reinhardt wurde zum Mythos, weil er sich in tollkühnen Aktionen immer wieder der Polizei entziehen konnte. Ein Mord im April 1786 wurde ihm zum Verhängnis. Eine dramatische Flucht vor dem Großeinsatz der Streifer endete schließlich in der Ostschweiz mit seiner Verhaftung. Nach einem spektakulären Prozess wurde er zusammen mit drei Kumpanen am 17. Juli 1787 hingerichtet [13].

Der Held dieser Geschichte ist aber – pardon – nicht der Räuber, sondern der Gendarm: Jakob Georg Schäffer, württembergischer Oberamtmann in Sulz am Neckar. Er hatte schon andere Bösewichter zur Strecke und (was wichtiger war) zum Sprechen gebracht, so den als „Konstanzer Hans" bekannten Johann Baptist Herrenberger. Durch seine Vernehmungsmethoden, durch seine kriminalistische Energie und durch seinen persönlichen Einsatz – höchstselbst schaffte er den „Hannikel", unter scharfer Bewachung, von Vaduz nach Sulz – wurde Schäffer zum Vorbild für die Räuberjäger der nächsten Generation.

Berühmt geworden ist er jedoch durch die „Sulzer Liste" aus dem Jahr 1784, genauer durch die

„Beschreibung derjenigen Jauner, Zigeuner, Mörder, Straßen-Räuber, Kirchen-, Markt-, Tag- und Nacht-Diebe, Falschen Geld-Münzer, Wechsler, Briefträger, Spieler und andern herum vagirenden liederlichen Gesindels, welche zum Schaden und Gefahr des Gemeine Wesens theils in Schwaben, meistentheils aber in der Schweiz, am Rheinstrom, Boden- und Zürcher-See, auch anderer Orten, würklich noch herumschwärmen ... Nebst einem Anhang derer von ihnen angegebenen wissentlichen Aufkäuffer und Unterschlaufgeber, ingleichen derer aus dieser Gesellschaft hie und da hingerichteten oder sonst auf eine andere Art zum Tode beförderten Erzdieben"[14].

Die Sulzer Liste war nicht die erste ihrer Art. Gauner- und Diebslisten gab es schon seit dem Ende des 17. Jahrhunderts, sie hatten aber jeweils eine geringe geografische Reichweite und enthielten nur wenige Details. Jetzt wurde die Verbreitung, gerade die über die Landesgrenzen hinweg, intensiviert, wurden zusätzlich zu den Namen und Delikten eine möglichst genaue Personenbeschreibung, Informationen über Herkunft, Familienangehörige, Komplizen, Hehler sowie frühere Verhaftungen und Verurteilungen aufgenommen. Schäffers Liste markierte so „einen Wendepunkt der staatlichen Randgruppen- und Unterschichtenpolitik des 18. Jahrhunderts – hin zu einer massiven Ausweitung der Erfassung und Kontrolle der vagierenden Bevölkerung ..."[15]. Die Fahndung löste sich von der Aufklärung des einzelnen Delikts.

In der Folgezeit wurden die Gaunerlisten, sehr bald um umfangreiche Deliktlisten erweitert, zu einem unentbehrlichen Instrument der Strafverfolger, die sie untereinander austauschten und schließlich sogar in Buchform publizierten. Die in unserem Zusammenhang wichtigsten Autoren sind:

- Friedrich Ludwig Adolf von Grolman, seit 1800 Kriminalrichter, seit 1811 Großherzoglich Hessischer Hofgerichtsrat in Gießen, der die Verfolgung der Vogelsberger und Wetterauer Banden dokumentierte[16];
- Carl Friedrich Brill, seit 1807 Kriminalrichter in Darmstadt und seit 1814 ebenfalls Großherzoglich Hessischer Hofgerichtsrat, der, wie Pfister, die Odenwald-Räuber im Visier hatte[17];
- Carl Philipp Theodor Schwencken, ein zunächst in Kassel tätiger Untersuchungsrichter, der 1820 auf über 400 Seiten seine „Notizen über die berüchtigsten jüdischen Gauner und Spitzbuben ..." veröffentlichte; 650 lebende und 32 tote Verdächtige hat er da registriert;
- Johann Nikolaus Becker, der, gestützt auf die Untersuchungen des Kölner Strafverfolgers Anton Keil, ausführlich die niederländischen und rheinischen Räuberbanden beschrieb[18].

Grolman und Brill, Kollegen und Konkurrenten im hessen-darmstädtischen Dienst, sind für uns von besonderer Bedeutung, weil sie, 1773 bzw. 1765 geboren, der gleichen Generation wie Pfister (Jahrgang 1769) angehörten, wie dieser ehrgeizig ihre Karriere verfolgten, bei allen Unterschieden im Einzelnen bei der Strafverfolgung auf ähnliche Strategien setzten und über die Landesgrenzen hinweg eng mit dem badischen Kollegen zusammen arbeiteten. Die beiden standen mit Pfister nicht nur in einem ständigen Informationsaustausch, sondern überwiesen ihm gelegentlich auch Delinquenten aus dem eigenen Zuständigkeitsbereich. Wir werden sehen, dass gerade dies Schütz und seinen Kumpanen schließlich zum Verhängnis wurde.

Auch Ludwig Pfister hat Gaunerlisten, genauer: kombinierte Gauner- und Deliktlisten publiziert[19]. Und er hat von denen anderer Autoren ausgiebig Gebrauch gemacht, so als er – nach deren Verhaftung – der Familie von Anna Katharina Nern nachspürte oder als er die Verbindungen der Odenwald-Räuber zu den versprengten Resten der linksrheinischen Banden aufzuklären suchte.

Räuber allüberall. Um zu verdeutlichen, was in Pfisters Kopf vorging, als er im Mai 1811 für die Aufklärung des Hemsbacher Raubüberfalls zuständig wurde, müssen noch die rheinischen Räuberbanden beschrieben werden. Entstanden waren sie zu Beginn der 1790er Jahre in den Niederlanden, gewissermaßen als ein jüdisches Familienunternehmen. Sie raubten in großem Stil. Bis 1804 brachten sie es angeblich auf 360 Delikte. Die Häuptlinge waren Moyses Jacob, der in der Nähe von Groningen residierte, sein Sohn Abraham und seine beiden Schwiegersöhne Jan Bosbeck und Abraham Picard. Ihr Tätigkeitsfeld dehnte sich bald nach Westdeutschland, ja bis nach Bayern hin aus, und es entstanden Untergliederungen, die jeweils eigenständig handelten.

Um 1798 herum setzten sich Teile in Neuwied und in einem Tal in der Nähe von Gelnhausen fest, wo ihnen jeweils korrupte Amtmänner Schutz vor Verfolgung boten. Die Zeitgenossen unterschieden zwischen der Brabäntischen, der Holländischen, der Mersener, der Krefelder, der Neußer, der Neuwieder und der Westfälischen Bande, Gruppen, zwischen denen es zahlreiche personelle Überschneidungen gab und die längst nicht mehr nur aus Juden bestanden. In der Führungsriege tauchten jetzt auch Damian Hessel und der „Fetzer" Matthias Weber auf.

Becker hat ihre Vorgehensweise in einem eigenen Kapitel seines Buches beschrieben[20]. Dazu gehörte eine ausgefeilte Logistik mit der Beschaffung falscher Pässe, mit häufigem Namenswechsel, mit einem Netzwerk von Hehlern und „vertrauten Häusern", den Kochemer Beyes, ebenso wie eine sorgfältige Planung. Ausgesucht wurden nur Ziele, die eine beträchtliche Beute versprachen und die, selbst auf eine weite Entfernung hin, vorher genau ausgekundschaftet worden waren. Die verstreut wohnenden Banden-Mitglieder, manchmal 60 oder 70 Mann, wurden mit Briefen zusammen gerufen, wählten einen Anführer und marschierten getrennt, von besonderen Zeichen an Bäumen geleitet, zum Tatort.

Dort wurden zunächst die Schlüssellöcher der Kirchen mit Wachs verstopft, damit das Sturmläuten unterblieb. Ein Teil der Räuber veranstaltete mit Singen, Schreien und Schüssen einen gewaltigen Lärm, um die Anwohner zu erschrecken und vom Eingreifen abzuhalten, während die anderen mit dem Rennbaum die ausgeguckte Tür einrammten. Die Bewohner wurden gefesselt und geknebelt; wir kennen das Muster vom Überfall auf die Breitenborner Mühle. Der Tarnung dienten der in die Stirn geschobene Hut und das übers Kinn gezogene Halstuch. Die Beute wurde, bevor die Bande sich wieder zerstreute, unmittelbar nach dem Überfall der Rangordnung entsprechend verteilt.

Das war großes Theater. Es wird berichtet, dass Anführer wie Picard sich zu Pferd zum Tatort begaben und den Gewinn anschließend in Bordellen bei ausgiebigen Gelagen zu verprassen pflegten. Ich lasse dahin gestellt, ob bei diesen Berichten nicht etwas zu viel (neidvolle?) Fantasie im Spiel war, will aber, dem weiteren Verlauf unserer Geschichte vorgreifend, darauf hinweisen, dass die Odenwald-Räuber, auch wenn sie manche Methode übernahmen, weit weniger professionell zu Werke gingen, auch weit weniger Beute machten und eher wie Strauchdiebe wirkten, jedenfalls im Vergleich zu den rheinischen Kollegen.

Deren Ende kam in Etappen. Ein erster Schlag traf sie schon 1798. Nach dem Überfall auf das Haus des Schultheißen von Daaden bei Altenkirchen im Westerwald im Mai dieses Jahres wurden 20 Bandenmitglieder verhaftet und in Wesel abgeurteilt[21]. Zwar konnten einige wieder entkommen, die meisten wurden jedoch nach Sibirien verfrachtet. Das war, wie auch der Galeeren-Dienst, eine damals gängige Strafe, die, nebenbei gesagt, auch Friedrich Philipp Schütz hätte treffen können. Jedenfalls sah der Wetzlarer Vertrag (Nr. 10) so etwas vor. Und auch in Baden wurde darüber diskutiert: „Die Verhaftung einer – besonders in den Odenwälder Gegenden sich aufgehaltenen Räuberbande und die aus diesem Anlaß in Vorwurf gekommene Auslieferung dergleichen Verbrecher an Frankreich zum Galeeren Dienst oder zur Deportation in Colonien. 1810–1813", heißt das entsprechende Akten-Konvolut[22].

1802 wurde der Fetzer verhaftet, in Köln, das damals zu Frankreich gehörte, vor Gericht gestellt und am 19. Februar 1803 guillotiniert. Zur Strecke gebracht hatte ihn der Strafverfolger Anton Keil, dessen Erfolg ebenso wie sein kriminalistisches Engagement Pfister zum Vorbild diente und zur Nachahmung reizte. Zwei Jahre später wurde auch Abraham Picard gefasst; er starb 1807 im Gefängnis in Marburg.

Am längsten konnte sich Damian Hessel verbergen. Angeblich war er in den 16 Jahren seiner räuberlichen Laufbahn 24 Mal eingefangen und 13 Mal vor Gericht gestellt und freigesprochen worden; elf Mal hatte er

115

fliehen können[23]. Nach seiner endgültigen Verhaftung im Jahr 1809 in Frankfurt am Main wurde er nach Mainz überstellt, zusammen mit seiner Bande wegen insgesamt 142 Delikten angeklagt und nach dem Todesurteil im März 1810 hingerichtet. Elf seiner Kumpane wurden freigesprochen, 102 verurteilt, davon allerdings 33 in contumaciam[24]. Letztere waren nicht gefasst worden oder wieder geflüchtet, und aus diesen Flüchtlingen rekrutierten sich die Gruppen, die dann als „Odenwald-Bande" ins Visier der hessen-darmstädtischen und badischen Polizei gerieten.

Damian Hessels Richter hieß Georg Friedrich Rebmann. Der hatte 1803 schon den Prozess gegen den Schinderhannes und seine Genossen geführt. Damals ging es um 53 Delikte. Von den 68 Angeklagten waren 20 zum Tod und 13 zu Zuchthausstrafen verurteilt worden, die übrigen wurden teils verbannt, teils freigesprochen. Der Umfang der Ermittlungen und der Aufwand für diese Prozesse waren also beachtlich. Sie erregten bei den Zeitgenossen erhebliches Aufsehen. An solchen Dimensionen orientierte sich Pfister, als er mit seinen eigenen Untersuchungen begann. Zu Rebmann, der nur ein Jahr älter war als er, aber im linksrheinisch-französischen Justiz-Apparat eine steile Karriere gemacht hatte, trat er in eine offene Konkurrenz. Schon in seiner ersten Veröffentlichung machte er eine (etwas säuerliche) Vergleichsrechnung auf. Die von ihm eingefangenen Räuber seien vielleicht nicht so vielseitig und interessant wie die rheinischen, schrieb er,

> „und doch übertrifft ihre Bande, sowohl an Menge der entdeckten Mitglieder, als der einbekannten Verbrechen jene des Schinderhannes bei weitem; ... obschon auf die hiesige Untersuchung nur 5 Monate, auf jene gegen Schinderhannes aber, nur vom Tag seiner Arretirung bis zur Eröffnung der öffentlichen Audienz gerechnet, 17 Monate verwendet wurden"[25].

Um sich in dieser Konkurrenz zu behaupten, benutzte er den Hemsbacher Raubüberfall zu einer Großaktion gegen Vaganten und – vermutete oder tatsächliche – Räuber, stilisierte er, jedenfalls zeitweise, den armseligen Georg Philipp Lang alias Hölzerlips zum Räuberhauptmann à la Schinderhannes oder Fetzer und machte aus einer Horde von barfuß daher kommenden Strauchdieben eine Räuberbande.

## 16. Aber lag ich in der Freiheit weicher? Drei Aussagen zur Praktischen Lebensphilosophie

Philipp Müller

So wurde unter andern der sogenannte stumpfarmige Zimmermann, Philipp Müller, und nach und nach seine ganze zahlreiche Familie verhaftet, welche sich, ohne festen Wohnsitz, ohne einen bestimmten, ergiebigen Nahrungszweig, im Badischen und Darmstädtischen Odenwalde schon seit langen Jahren herumtrieb. Der Alte hatte früher unterm Pfälzischen Militär, als Pionnier gedient, hatte später seinen Arm durch einen unglücklichen Fall, beim Arbeiten auf seiner Profession, strupirt erhalten und zog nun, seit langen Jahren, von Ort zu Ort, mit einem Kasten voll Meerschweinchen umher, welche er ums Geld sehen ließ, während dem seine Frau und Töchter durch Verfertigung von Tragringen etwa Weniges zu verdienen suchten. Ein Verbrechen war von ihm nicht bekannt; die verhafteten Räuber versicherten einstimmig, daß er weder Räuber, noch Dieb, noch Baldowerer (Ausspäher und Angeber der Gelegenheiten zu Raub und Diebstahl) seye. Ihm lag also damals nichts zur Last, als sein Vagantenleben. Er wußte für dieses manche Entschuldigung anzuführen. Geboren in einem Darmstädtischen rein lutherischen Orte, war er als kleiner Knabe seinem Vater, angeblich wegen der Härte seiner Stiefmutter gegen ihn, entlaufen; er diente als Schweinhirtenjunge in verschiedenen Orten. Ein bemittelter Zimmermann aus Mannheim fand ihn in diesem Zustande, nahm sich seiner an, ließ ihn im Waisenhause zu Mannheim erziehen und lernte ihn seine Profession. Nun war er aber in jenem Waisenhause katholisch erzogen worden; dieses und sein nachheriger langer Dienst unterm Pfälzischen Militär hinderten ihn, nachdem er strupirt war, in seinem Geburtsorte Unterkunft zu finden; auch fehlte es ihm, da er nicht mehr arbeiten konnte, an Mitteln, sich in einem festen Wohnsitze zu ernähren. Wenn man einmal meine Meerschweinchen in einem Orte gesehen hat, so ist dort auf geraume Zeit kein Verdienst mehr für mich, und haben meine Weibsleute, so sagte er, einmal ein Dorf mit neuen Tragringen versehen, so ist dort auf lange Zeit für uns nichts zu thun. Unser Gewerb macht also einen steten Wandel unumgänglich nöthig. Wollten wir es von einem festen Punkte aus betreiben, so würden die Reisen zu groß werden, auch jener feste Sitz allen Zweck für uns verlieren; denn wer sollte die Kinder besorgen, wann ich mit meinen Schweinchen, meine Frau mit den Ringen umherzöge? In einem festen Wohnsitze müßte ich herrschaftliche Abgaben geben, Wachen und Frohnden leisten, Hausmiethe bezahlen; alles dieses fällt bei meinem wandernden Leben hinweg. Und meine Kinder würde ich in stetem Wohnsitze überdies auch nicht ernähren können; so aber fehlt dieses nicht. Klagt eines Hunger, so hänge ich ihm ein Bandelier Tragringe um und schicke ihn in das nächste Dorf; kauft man ihm nichts ab, so giebt man doch dem Kinde ein Stück Brod, und handelt man ihm den Kreuzer, welchen es mehr zu fordern angewiesen ist, ab, so bedingt es sich dagegen ein Stück Brod, welches man ihm willig giebt, und sein Hunger ist gestillt, oft auch der seiner Geschwister und Eltern, wenn es gut geht. Also der stumpfarmige Zimmermann; – und was läßt sich wol gegen seine praktische Lebensphilosophie einwenden, so lange für Menschen seiner Art nicht auf andere Weise gesorgt ist? – und seiner Art Menschen giebt es so viele!

*Pfister zitiert hier aus den Heidelberger Akten.*
*(Pfister: Aktenmäßige Geschichte, S. 33f.)*

Michael Bauer
In meiner frühesten Jugend sahe ich schon, sagt Michael Bauer, daß mein Vater öfters mit Andern hinwegging, und daß er, wenn er zurückkam, gewöhnlich verschiedene Sachen uns Kindern mitbrachte. Dabei wurde uns von ihm bedeutet, daß wir davon ganz stille seyn und Niemanden etwas sagen sollten. Auch fügte es sich oft, daß wir ausgestellt wurden, um Acht zu haben: Ob jemand komme. Dieses erregte meine Aufmerksamkeit umso mehr, da mein Vater dabei äusserte: auf diese Art müsse man sich zu ernähren suchen.

Dadurch lernte ich schweigen, und gewöhnte mir ein heimliches Wesen an. Bei dieser Anleitung wurde ich größer, und mein Verstand nahm zu.

Die Grundsätze, die ich befolgen mußte, machten, bei zunehmenden Kräften, auch den Gedanken in mir rege, daß ich auch einmal den Versuch zu einer heimlichen Entwendung anstellen wollte. Ohngefähr nach meinem zwölften Jahre kam ich auf den Markt zu Hüngen, wo sich meine Eltern aufhielten; hier hatte, unter andern, auch ein Krämer Messer feil, welche mich besonders anzogen. Ich versuchte öfters Eins zu erhalten; der Krämer aber, welcher ein wachsames Auge hatte, verhinderte mich mehrmals, bis ich endlich, als derselbe mit andern Leuten handelte, Gelegenheit fand, Eines in die Hände zu bekommen, welches ich geschwind in meinem Rockermel zu verbergen wußte. Der Krämer merkte nichts, und ich kam glücklich zu meinen Eltern zurück, welchen ich alsbald meinen Gewinn zeigte.

Diese, anstatt mir einen Verweiß zu geben, lobten mich und ertheilten mir nur die Vorsichtsmaaßregeln, jedesmal gehörig Acht zu haben, denn ich würde, im Betretungsfalle, mit Schlägen bestraft werden.

Eine solche Lehre merkte ich mir. Gleich darauf wurde ich von meinem Vater zu einem Diebstahl selbst angeführt; wir waren nämlich in der Gegend von Hoppach, und zu Dörzbach bei dem Häfner Dollmann einquartirt, als mein Vater mich und meinen Bruder zur Nachtszeit aufforderte, mit ihm zu gehen; wir folgten, und er führte uns in ein anderes Ort, wo er an einer Scheuer ein Loch machte, durch welches er hineinkroch, und die Thür öffnete. Jeder von uns machte hierauf von dem Vorrath Frucht, den wir antrafen, die Tragsäcke voll, worauf wir wieder abgingen.

Da ich nun schon zweimal glücklich war, mein Vater mich selbst anführte, und diese Art die zuträglichste ist, den Muth des Gaunerzöglings zu erhöhen; so wurde ich immer freier. Mein Vater wurde auch jetzt vertrauter, ertheilte mir verschiedene Lehren, und besonders machte er mich darauf aufmerksam, daß man dergleichen Sachen nicht beichten müsse, weil es einestheils kein Verbrechen sey, und anderntheils die Geistlichen der weltlichen Obrigkeit das Gebeichtete entdeckten, welche einen dann einsetzten, und straften. Auch lehrte er mich, wenn ich allenfalls über etwas befragt werde, so sollte ich nie gestehen.

Diese und ähnliche Grundsätze wurden mir beigebracht, wodurch ich, im Vagantenleben ohnedies aufgezogen, nach und nach zu den verschiedenen Verbrechen kam, die ich bekannt habe.

*Der Text stammt aus einem Protokoll, das im November 1810*
*in Buchen aufgenommen und später von Pfister zitiert wurde.*
*(Pfister: Nachtrag, S. 44f.)*

Peter Eichler
Er äußerte nämlich dabei, man solle nicht glauben, daß er läugne, Peter Eichler zu seyn, um aus dem Zuchthause zu kommen; das wolle er keineswegs, es könne sich bei ihm niemand einen größeren Undank verdienen, als der, welcher ihn aus dem Zuchthause entlasse. Er erkläre freimüthig, daß er lebenslänglich darin bleiben wolle. Was hat das Leben im Freien, fuhr er zu reden fort, für mich für einen Werth, bei den jetzigen strengen Anstalten?

In keinem Orte werde ich geduldet, als höchstens über Nacht und das kaum über den dritten oder vierten Tag einmal, je nachdem die Ortsvorstände strenger oder nachsichtiger sind. Ich muß also täglich wandern, ohne zu wissen, wo ich Abends meinen Kopf hinlege; ich kann, eben weil ich täglich wandern muß, nichts verdienen; ich habe also auch weder etwas zum Leben, noch Geld um mich kleiden zu können; ich muß also betteln oder stehlen; beim ersten bekomme ich oft kaum einen Bissen alten Brodes, um mich gegen den Hungertod zu schützen; und wann ich mich zu letzterem entschlossen hätte, so würde ich durch innere Angst und äußere Verfolgung noch mehr gelitten haben. Diesem allem bin ich im Zuchthaus überhoben. Ich bin zwar gefesselt, allein daran gewöhnt man sich; ich darf nicht umherlaufen, das ist mir gerade recht, ich bin des Laufens müde; die Kost ist, sagt man, schlecht, allein sie ist immer besser, als ich sie, wenige Fälle ausgenommen, im Freien hatte, und ich brauche sie so wenig, als meinen Trunk, zu suchen oder zu erbetteln; man bringt mir beides täglich zu richtiger Zeit; ich liege zwar auf Stroh, aber lag ich in der Freiheit weicher? Oft hatte ich nicht einmal Stroh oder Heu zum Liegen; oft, sehr oft mußte ich unter freiem Himmel auf harter Erde, bei Regen und Kälte liegen. Hier bin ich gegen beides geschützt, und darf mir meine Lagerstätte nicht erst erbetteln, die Nacht nicht in Angst, aufgegriffen, mishandelt und von Kerker zu Kerker geschleppt zu werden, zubringen.

*Aus der Vernehmung von Peter Eichler am 28. August 1811.*
*(Pfister: Aktenmäßige Geschichte, S. 39f.)*

## 17. ... ach Gott, dort drunten liegt Hemsbach

Gerade mal elf Monate dauerte die Freiheit, in die Friedrich Philipp Schütz am 26. Juni 1810 entlassen worden war, freilich verbunden mit der Ausweisung aus hessen-darmstädtischem Gebiet und mit der Androhung einer erneuten Festsetzung für den Fall der Rückkehr. Also wohin? Ein gewesener Zuchthäusler hatte wenig Optionen. Nicht nur das linke Rheinufer war französisch, auch die Gebiete rings um die Arnsberger Provinz der Darmstädter Fürsten, also das Großherzogtum Berg und das Königreich Westfalen, wurden jetzt von Verwandten Napoleons regiert; und wer da beim Räubern erwischt wurde, landete schnell im seinerzeit berüchtigten Zuchthaus von Bicêtre (südlich von Paris) oder in den Übersee-Kolonien oder auf den Galeeren. Zum Großherzogtum Berg gehörte mittlerweile auch Dillenburg, so dass der Weg zu den Schwestern, wenn er überhaupt in Erwägung gezogen wurde, nicht ratsam war."

Die politische Landkarte hatte sich in den letzten Jahren mehrfach verändert. Die Zwerg-Territorien waren weitgehend verschwunden, aber das Tableau war nicht wirklich übersichtlicher geworden. Die neu gebildeten Staaten waren nach wie vor, mit verwirrenden Grenzziehungen, ineinander verschachtelt. Hessen-Darmstadt bestand aus drei Teilen, die geografisch kaum miteinander verbunden waren. Schnell fand sich einer, absichtlich oder unabsichtlich, auf der falschen Seite wieder.

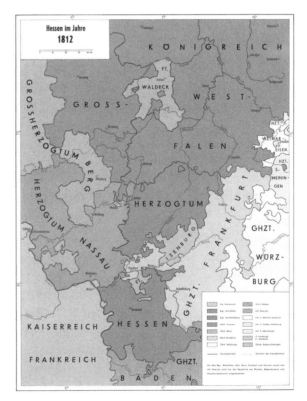

Immer noch ein Flickenteppich: Das Großherzogtum Hessen und die angrenzenden Gebiete im Jahr 1812

121

Es scheint, dass Schütz die Arnsberger Auflagen, zumindest anfänglich, ernst genommen und die verbotenen Gegenden gemieden hat. Die Diebstähle und Überfälle, an denen er in den folgenden Monaten beteiligt war, geschahen ganz überwiegend auf dem Gebiet des gerade erst entstandenen (und im übrigen kurzlebigen) Großherzogtums Frankfurt, das vom Main im Süden bis nach Fulda und an die thüringische Grenze reichte und dessen Bürokratie vollauf damit beschäftigt war, aus dem zusammen geworfenen Haufen kleiner und kleinster Herrschaften einen halbwegs regierbaren Staat zu machen. Dorthin verlegte Friedrich Philipp Schütz nun, nolens volens, seinen herumziehenden Lebensmittelpunkt.

Angenehm war das nicht, auch wenn er offenbar rasch Leute fand, die hier und da ein „vertrautes Haus" kannten. Schütz war nicht allein unterwegs, und seine Anna Katharina war schwanger. Kein leichtes Leben. In einer der wenigen Passagen der Heidelberger Kanzlisten-Protokolle, aus denen man den Originalton des Angeklagten heraushören kann, klingt das so:

> „Nun war ich der Willkühr, der Hartherzigkeit und ich kann sagen und nöthigenfalls es beweisen, der Grausamkeit der streifenden Bauern und der Land-Dragoner Preis gegeben. Einen Paß hatte ich nicht, ich wurde daher überall angehalten, mit Schlägen mißhandelt und man nahm mir die wenigen Lumpen, welche ich mir aus meinem und dem Verdienste meiner Frau angeschafft hatte. Dieses verscheuchte mich aus der Gegend von Marburg und Gießen. Ich zog mich gegen Ostheim und Windecken; dort gieng es mir aber eben so und noch schlimmer. Ich wurde in keinem Orte geduldet und war oft im härtesten Winter gezwungen, die Nacht unter freyem Himmel zuzubringen, so daß ich mit meiner Frau Morgens angefroren war. Alle diese Umstände, – diese immer fortwährenden Verfolgungen und die gänzliche Unmöglichkeit, mich und die Meinigen ehrlich zu ernähren, zwangen mich endlich zum Stehlen und Rauben; und so ist es zu verstehen, wenn ich in meinen früheren Verhören angab, die großen Herren seyen selbst an meinem Unglücke Schuld"[1].

Das ist im Schlussverhör des Prozesses, am 7. Oktober 1811, als alle Geständnisse schon aktenkundig geworden waren, gesagt, und es enthält noch einmal die Grundlinie der Schütz'schen Verteidigung. Aber es ist auch – und wieder – eine ganz realistische Zustandsbeschreibung. Ich kann nicht verhehlen, dass es solche anrührenden Texte sind, die mich meinem Vetter, dem Räuber, menschlich näher bringen, nicht obwohl, sondern weil offenkundig ist, dass sich da einer sein erbärmliches Leben schön redet. Mitleid ist durchaus am Platz, vielleicht auch Zuneigung, jedenfalls Empathie, aber keine Sentimentalität und erst recht keine romantische Verklärung.

Schließlich gab es beim Stehlen und Rauben Opfer, die man nicht als belanglos abtun und nonchalant vergessen darf. Das waren nicht nur Versatzstücke im allfälligen Räuberroman, sondern Menschen aus Fleisch und Blut, denen Leid zugefügt wurde. Die allermeisten waren keine „großen Herren", eher arm und jedenfalls so gestellt, dass das, was ihnen abgenommen wurde, einen substanziellen Verlust bedeutete. Und manchmal trugen sie auch Wunden davon. Ich hätte das nicht erleben wollen. Was davon in den Akten verzeichnet ist, sieht so aus:

Am 10. August 1810 brachen Schütz, der Hessen-Martin, der Porzellan-Hannes, der kleine Johann (= Johann Adam Treber) und einer der vielen „kleinen Hann-Adams" in Dörnigheim, einem Dorf zwischen Frankfurt und Hanau, am Gasthaus „Zur Sonne" des Wirts Jakob Herrmann einen Fensterladen und ein Fenster auf und stahlen aus der Küche „das sämmtliche darin befindlich gewesene Zinn, Kupfer und die in einem großen Zuber eingeweichte Wäsche". Es wird nicht ganz leicht gewesen sein, nasse Bettlaken und Tischtücher wegzuschaffen; das Wasser aus dem Zuber werden die Diebe ja wohl ausgegossen haben. Den Wert der Beute bezifferte die Frau des Hauses auf 200 Gulden[2].

Anfang September stahlen Schütz, der Hessen-Martin, der Schoden-Heinrich, der Porzellan-Hannes und vermutlich wieder der kleine Hann-Adam in einem Dorf bei Homburg vor der Höhe, dessen Namen die Akten verschweigen, wiederum Zinn und einen großen kupfernen Kessel[3]. Solcherart Metall scheint bei Hehlern einen sicheren Absatzmarkt gehabt zu haben.

Nur ein paar Tage später, am 10. September 1810, morgens zwischen zwei und drei Uhr, kam es ganz in der Nähe, auf der alten Landstraße, die als „Lange Meile" bekannt war, zwischen Homburg und Bonames zu einem Raubüberfall. Opfer waren fünf jüdische Metzger aus Homburg, die in Frankfurt Schlachtvieh kaufen wollten: Herz Löw Kahn, Isaak Moses Ilfeld, Feidel David Schwarzschild, Joseph Löw Strauß und Samuel Josel. Zu den Räubern gehörten wiederum der Hessen-Martin, der Porzellan-Hannes (mit Sohn Wilhelm), der Schoden-Heinrich, der kleine Hann-Adam und Friedrich Philipp Schütz. Die hatten sich am Abend vorher auf dem Gronauer Hof bei Bad Vilbel versammelt, marschierten um Mitternacht zum Tatort und legten sich im Gebüsch auf die Lauer. Sie waren zwar mit Pistolen bewaffnet, schossen aber nicht. Von den heranziehenden Metzgern verlangten sie Geld, und als diese sich zur Wehr setzten, schlugen sie auf sie ein. Es kam zu einem Handgemenge, drei der Opfer wurden verletzt, und der Porzellan-Hannes trug einen Nasenbeinbruch davon. Die Beute war verhältnismäßig gering: etwas über 100 Gulden und eine silberne Uhr, um die beim Teilen gestritten wurde[4].

Friedrich Philipp Schütz hat die Teilnahme an diesem Überfall stets – und bis zum Schluss – geleugnet, obwohl die Aussagen seiner Mittäter deutlich gegen ihn sprachen. Das Gericht hat ihm nicht geglaubt und ihn für überführt erklärt. Was da Wahrheit und was Lüge war, lässt sich heute nicht mehr entscheiden. Freilich fällt bei der Lektüre der Untersuchungsakten auf, dass Schütz sich immer dann auf's Leugnen verlegte, wenn er vermutete, dass nur ein Zeugnis gegen ihn sprach; da stünde dann Wort gegen Wort, und der Ankläger müsse kapitulieren. Immer wieder hat er das gegen Pfister ins Feld geführt, vor allem dann, wenn die Opfer selbst, wie in diesem Fall, nicht mehr als Zeugen zur Verfügung standen.

Am frühen Morgen des 30. September 1810, wieder zwischen zwei und drei Uhr, überfielen der Hessen-Martin, der krumme Hannfriedel, der Porzellan-Hannes-Sohn Wilhelm, der kleine Johann und Schütz in der Nähe von Rohrbrunn, auf der Landstraße zwischen Aschaffenburg und Marktheidenfeld (heute ist da eine Autobahnausfahrt der A 3) eine Kutsche. Ursprünglich wollten sie nur den hinten angeschnallten Koffer herunter reißen, aber sie hatten die eisernen Halterungen unterschätzt. Daraufhin brachte der kleine Johann mit einem Stein eins der Pferde zu Fall, und die anderen stürzten sich auf die Insassen, drei Nürnberger, die von der Frankfurter Messe zurück kehrten: der Kaufmann Johann Richard Söltel, der Zollbeamte Leonhard Murr und der Commis Starcke.

Die drei konnten mitsamt dem Postillon fliehen und Hilfe herbei holen. Die kam so schnell, dass die Räuber einen Großteil der Beute, angeblich „mehrere Rollen Geld, 1200 Stück Brabänter Thaler" zurücklassen und nun ihrerseits überstürzt flüchten mussten. Mitnehmen konnten sie Kleidungsstücke, eine Schatulle mit ein bisschen Geld, eine goldene und eine silberne Uhr, drei goldene Ringe sowie die Musterbücher Söltels, die sie im Wald wegwarfen. Die Überfallenen schätzten den Wert des Geraubten auf 1200 Gulden. Es traf also diesmal keine armen Leute, aber ich nehme zu ihren Gunsten an, dass das Geld ehrlich verdient war.

Dieser Überfall ist in mehrerer Hinsicht lehrreich. Schon seine Vorgeschichte belegt die Planlosigkeit und den Dilettantismus, mit dem die Räuber vorgingen. Von Strategie und Taktik keine Spur. Ausgangspunkt ihrer Unternehmung waren die Pfaffenhöfe in Erbstadt (nordöstlich von Frankfurt am Main, heute Teil der Gemeinde Nidderau), die ihnen als Basislager dienten. Das waren offenbar aufgelassene Wirtschaftsgebäude des nahe gelegenen Prämonstratenser-Klosters Ilbenstadt (heute Teil der Gemeinde

Niddatal), das 1803 säkularisiert worden war. Die ursprüngliche Absicht des Quintetts war, vor Wirtshäusern an der Landstraße von Frankfurt nach Aschaffenburg nächtlich Kaufmannswagen auszuräumen. Nach einer Zwischenstation bei Hanau, wo es in einer Kneipe zu einer Schlägerei mit hinzu gekommenen Kumpanen kam, wurden sie in Kahl, etwa 20 Kilometer von ihrem Ausgangspunkt entfernt, fündig. Sie brachen an der Straße abgestellte Karren auf, fanden aber nur Wollballen, die sie verschmähten.

Tags darauf zog die Gruppe in südöstlicher Richtung weiter. Schütz, der offenbar immer noch als Novize galt, musste in Aschaffenburg Wurst und Krähenaugen (das ist ein pflanzliches Gift) kaufen, die anderen marschierten wohlweislich um die Stadt herum. Nach ein paar Kilometern, in Bessenbach, trafen sie wieder aufeinander und versuchten, mit der präparierten Wurst die Wachhunde der beim Wirtshaus geparkten Frachtkarren zu vergiften. Das misslang, und so unterblieb auch dieser Diebstahl. Schließlich scheiterten noch nächtliche Einbruchsversuche in allein stehende Häuser an der Wachsamkeit der Bewohner. An der Landstraße legten sich die Möchtegern-Räuber schlafen, und erst das Heranrumpeln von Söltels Kutsche weckte sie auf.

Diebe, die ihre Chance verschlafen – ich möchte, trotz fundamentalem Mangel an einschlägiger Vorbildung, Nachhilfe-Unterricht erteilen im kleinen Einmaleins der Räuberei. Pfister und Brill, die beide den Vorfall ausführlich schilderten[5], müssen gewusst haben, dass sie es nicht mit Profis zu tun hatten, sondern mit armen Teufeln, die ihr Handwerk nicht wirklich beherrschten und wahllos jede Gelegenheit zum Stehlen wahrnahmen, wo und wann auch immer. Wenn sie sie dennoch für gefährlich hielten, so gerade wegen der Unberechenbarkeit, die mit dem Dilettantismus einherging. Und ganz sicher auch, weil sie einsehen mussten, dass es sich nicht um eine durchorganisierte Bande handelte, sondern um eine Gruppe unbestimmter Größe, deren Mitglieder sich mehr oder weniger zufällig zusammen fanden und wieder trennten, die zwar eigentlich auf die große Beute aus waren, sich aber auch mit der ganz kleinen, mit dem gelegentlichen Mundraub zufrieden gaben[6]. Die Folgerung, die die Justizbeamten aus alledem zogen, hieß: alle wegsperren.

Die Räuber von Rohrbrunn entkamen zunächst und marschierten die knapp 70 Kilometer zurück nach Ostheim. Dort wurden Schütz und der Johann Martin Rupprecht zufällig von streifendem Militär verhaftet, aber nach kurzem Arrest wieder frei gelassen, obwohl der Hessen-Martin noch die beiden gerade erbeuteten Ringe und die silberne Uhr aus dem Homburger Raub bei sich trug. Dilettantismus hüben und drüben. Für Rupprecht dauerte die Freiheit nicht lange. Noch im Oktober wurde er wieder – und dieses Mal endgültig – eingefangen, im Jahr darauf nach Darmstadt überstellt und dort nach langwierigen Untersuchungen zum Tod verurteilt. Im November 1814 wurde er zusammen mit Johann Adam Heusner und Johann Adam Grasmann hingerichtet. Für Friedrich Philipp Schütz, der die Beteiligung an dem Raub bei Rohrbrunn übrigens eingestanden hat, ging das Leben auf der Landstraße zunächst weiter – und das Stehlen auch.

In der Nacht vom 20. auf den 21. Oktober 1810 verübte er, zusammen mit Veit Krämer, Stephan Heusner und anderen, in Wüstwillenroth am Vogelsberg, immerhin 40 Kilometer nordöstlich von Ostheim, einen Einbruch. Diesmal erbeuteten die Diebe Kleider im Wert von über 200 Gulden, mussten einen Teil davon aber in einem Wirtshaus südlich von Gelnhausen zurücklassen, als sie von einer Razzia überrascht wurden[7]. Der weite Weg hatte sich nicht gelohnt, immerhin wurden sie nicht gefasst.

Eine Woche später, in der Nacht vom 26. auf den 27. Oktober 1810, brach eine sechsköpfige Gruppe – Veit Krämer, der Hölzerlips, Schütz, der langbeinige Steffen, Scherenschleifers Hannadam und ein Jakob Baumgart – in einem Wirtshaus in Sprendlingen (südlich von Frankfurt am Main) ein, um Bettzeug zu stehlen. Das misslang, nur ein Branntweinkessel war die Beute.

Bei der Lektüre der aufgelisteten Delikte[8] gewinnt man den Eindruck, dass die Aktionen immer hektischer, immer unüberlegter und unvorsichtiger wurden. Allein die, an denen Schütz im weiteren Verlauf des Herbstes beteiligt war, belegen das:

- ein Diebstahl in Niederzell (südlich von Schlüchtern), der „blos einige halbfeine Weibshemden und etwas flächsenes Tuch" einbrachte;
- ein Einbruchsversuch an der Kinzigbrücke bei Hanau, der scheiterte, weil auf die Diebe geschossen wurde;
- ein Kesseldiebstahl auf der Scharrmühle (wo immer die war) – das erbeutete Stück war gerade mal zwölf Gulden wert;
- der Diebstahl eines geschlachteten Schweins in Urberach (nordöstlich von Darmstadt);
- und ein versuchter Einbruch in Harheim (zwischen Frankfurt und Bad Vilbel), der allerdings zu einer bühnenreifen Posse geriet.

Pfisters Version geht so: Schütz, der Hölzerlips, der Schodenheinrich und Johann Adam Weis waren auf dem Weg nach Harheim:

„Als sie, nach eingebrochener Nacht, bei dem Do(r)telweiler Zollhause über die Chaussee gingen, sahen sie drei Reffe von Hühnerträgern, welche in dem Zollhause zechten, vor diesem stehen. Manne Friederich packte eines davon, mit welschen Hühnern beladen, auf und trug es fort. Kaum aber war er damit 10 bis 15 Schritte entfernt, so kamen schon die Hühnerträger heraus. Er warf das Reff ab und entfloh mit den Andern. Die Hühnerträger verfolgten sie. Sie verbargen sich in die Scheune des Bäckers zu Niedererlenbach. Da schliefen sie ein und verschliefen die Gelegenheit nach Haarheim. Manne Friederich erklärt die Geschichte mit dem Reff für einen Studentenstreich"[9].

Und als Ergänzung dessen Aussage dazu:

„Mannefriedrich erklärte lachend: Ja, den Spaß habe er gemacht, weil die Hühnerträger so unvorsichtig gewesen seyen, ihre Kiezen vor dem Wirtshaus stehen zu lassen, während dem sie in dem Zollhaus getrunken und gesungen hätten, aber schon ungefähr 10 Schritte von dem Haus habe er das Reff wieder hingestellt und seye seine Absicht nicht gewesen, die Hühner zu behalten, sondern blos aus purem Juchs habe er das Reff auf Geheiß der übrigen ein Stückchen weg getragen, übrigens seye er auch betrunken gewesen, denn sie hätten (vorher) 2-3 Maaß Branntwein getrunken und noch eine ganze Bouteille voll mitgenommen"[10].

1810 Schauplatz einer Posse: das Dortelweiler Zollhaus, erbaut 1783, in einer Aufnahme aus dem 20. Jahrhundert

Es scheint, dass in den ersten Monaten des Jahres 1811 das Refugium der Gruppe in der Nähe von Ostheim noch beibehalten wurde. Jedenfalls legt die Lage der Tatorte das nah. Eine Teilnahme an Einbrüchen in Langendiebach (nördlich von Hanau) in der Nacht vom 1. auf den 2. März und in Ilbenstadt (südlich von Friedberg) in der Nacht vom 18. auf den 19. März leugnete Friedrich Philipp Schütz standhaft, obwohl die Aussagen seiner Kumpane gegen ihn standen[11]. Die Beute war jeweils gering, ein bisschen Fleisch und ein bisschen Zinn, und Pfister ließ die Anklage in diesen Punkten fallen.

Zugegeben hat Schütz dagegen, an einem Straßenraub bei Gelnhausen beteiligt gewesen zu sein, und der war von ganz besonderer Art: am 31. März 1811, am hellichten Morgen und auf offener Straße, zogen fünf Räuber dem hinter seiner Kutsche einher schreitenden Referendar Köhler Hut, Röcke und Stiefel aus und nahmen ihm nicht nur die Uhr und Geld, sondern auch die Tabakspfeife und den Tabaksbeutel weg[12]. Etwas Ähnliches wiederholte sich drei Tage später in der Nähe von Heubach, einem kleinen Dorf südlich von Groß-Umstadt. Opfer war der Rotgerber Thomas Höflein aus Amorbach, der sich ohne Gegenwehr der durchaus originellen Schütz'schen Aufforderung „Gebe her, was du hast, das andere behalte!" beugte, dennoch zusammen geschlagen und zusätzlich eines Teils seiner Kleider beraubt wurde. Es wirft ein bezeichnendes Licht auf die Lage der Räuber, dass Veit Krämer den Rock Höfleins sofort anzog – und noch trug, als er wenige Wochen später verhaftet wurde[13].

Auf diesen 3. April 1811 lässt sich der Rückzug von Friedrich Philipp Schütz und zumindest von einigen seiner Komplizen in den Odenwald datieren, wo sie dann gerade mal einen Monat lang aktiv waren. Der Anlass mag eine verschärfte Überwachung des bisherigen Tummelfeldes zwischen Frankfurt, Hanau und Gelnhausen gewesen sein. Schütz selbst scheint wiederholt kurz vor einer Verhaftung gestanden zu haben. Jedenfalls notierte sein Verteidiger später: „Im Febr. u. März 1811 wurde er 2 Mahl auf einem Hof bei Frankfurt ausgehoben, erhielt mit andern eine Tracht Prügel und wurde fortgejagt"[14]. Da bot die gebirgige Unübersichtlichkeit des Odenwalds mit einer mäandernden Grenze zwischen Hessen-Darmstadt und Baden wohl mehr Schutz, und Kochemer Beyes gab es offenbar auch.

Die Stehlerei ging unverdrossen weiter, und sie war jetzt noch deutlicher als zuvor von Hunger und Verzweiflung geprägt. Das begann mit einem versuchten Dörrfleisch-Diebstahl, der durch eine herbei eilende Dorfwache vereitelt wurde. „Die Dorfwachen sind also doch manchmal zu etwas gut!", merkte Pfister sarkastisch an[15]. Es folgte ein – ziemlich kläglicher – Einbruchs-Diebstahl in Kleestadt (nördlich von Groß-Umstadt). In der Nacht vom 8. auf den 9. April 1811 drangen Veit Krämer, der langbeinige Steffen, der kleine Johann, der lange Andres und Schütz in das Haus der 75-jährigen Witwe Sauerwein ein, schlugen und fesselten die arme Frau und mussten sich schließlich – fünf Mann hoch – mit einer Beute von zehn Gulden und einem Kopfkissen zufrieden geben, weil die Überfallene schrie und die Nachbarn aufmerksam wurden[16].

Just in dieser Nacht, in der Friedrich Philipp Schütz in Kleestadt so erfolglos seinem traurigen Gewerbe nachging, gebar 50 Kilometer (Luftlinie) weiter südlich, in einer ungeheizten Scheune, Anna Katharina Nern einen Sohn:

„In der Nacht von dem 8ten auf den 9ten April wurde zu Kazenbach bey Matthäus Schultz dem Friedrich Philipp Schütz, einem Weisbinder, aus Prag gebürtig, von seiner angeblichen Ehefrau Anna Catharina, geb. Rubertin, auch aus Prag gebürtig (und beyde Ehel. luth. Rel.) ein Söhnlein zur Welt geboren, welches am 9ten desselben vormittags um 10 Uhr dahier in der Kirche getauft und Johann Valentin genannt wurde. Taufzeugen waren Johann Adam Gröber, ein vorgeblicher Landkrämer und dessen Ehefrau Karoline Wilhelmina geborene Selzerin, ingleichen Valentin Grämer, ebenfalls Landkrämer"[17].

Kazenbach heißt heute Waldkatzenbach. Das immer noch kleine Dorf liegt in der flachen Senke einer unwirtlichen, welligen Hochebene östlich des Neckarstädtchens Eberbach. Die Kirche, ein schlichter spätbarocker Bau aus der Mitte des 18. Jahrhunderts, war von Anfang an für den Gottesdienst der Lutheraner in einer ansonsten reformierten Nachbarschaft bestimmt. Dass Anna Katharina ihren Sohn hier taufen ließ, belegt ihre unveränderte Bindung an die Gepflogenheiten der sesshaften Bevölkerung. Dass sie bei den Zivilstandsdaten flunkerte, zeugt dagegen von ihrer Einbindung in die Überlebensregeln der Fahrenden. Zu denen gehörten auch die Taufpaten: Veit (Valentin) Krämer, der gar nicht zugegen war, weil er in Kleestadt mitraüberte, und seine Frau Eva Selzer, die ihrerseits kurz zuvor in der gleichen Scheune eine Tochter geboren hatte. Der Pfarrer war nicht naiv, seine skeptischen Formulierungen sprechen für sich.

Valentin also hieß der neue Erdenbürger, wie der Großvater, der 27 Jahre vorher in Kopenhagen gestorben war. In einer Krippe wird er nicht gelegen haben, wohl aber auf Heu und auf Stroh, mehr stand in der Scheune sicher nicht zur Verfügung. Anna Katharina hatte immerhin die Unterstützung anderer Frauen aus dem räuberlichen Umfeld. Matthäus Schultz übrigens, der Besitzer des Anwesens, wollte von alle dem gar nichts gemerkt haben. Mit der Ausrede, in der fraglichen Zeit krank gewesen zu sein, verschleierte er sein menschenfreundliches Gewährenlassen[18].

Wann und wo Friedrich Philipp Schütz seinen Sohn zum ersten Mal gesehen hat, ist nicht belegt. Vielleicht holte er seine Familie auf dem Rückweg von dem Kleestädter Einbruch ab und brachte sie zu der verborgenen Feuerstelle zwischen Mülben und Strümpfelbrunn (wenige Kilometer östlich von Waldkatzenbach), die der ganzen Truppe als Treffpunkt diente. Hier war auch der Ausgangspunkt für die zahlreichen weiteren Diebeszüge, die offenbar in erster Linie der Nahrungsbeschaffung dienten und die später in Heidelberg penibel aufgelistet wurden. In der zweiten Aprilhälfte war Schütz an zweien beteiligt: an einem Dörrfleischdiebstahl in Walldürn (südöstlich von Amorbach) und an einem Einbruch in dem nahe gelegenen Kailbach mit wiederum sehr geringer Ausbeute.

Vermutlich hat diese magere Ertragslage zu dem Entschluss geführt, noch einmal ein großes Ding zu wagen, also eine Kutsche zu überfallen, oder, wie Pfister das – zur großen Freude aller Rotwelsch-Fans – ausdrückte: „eine Charette zu malochnen"[19]. Am 28. April 1811 brachen Veit Krämer, Friedrich Philipp Schütz, Andreas Petry (= Köhlers Andres), Sebastian Lutz (= Basti), der lange Andres und Georg Philipp Lang (= Hölzerlips) von dem Rastplatz bei Mülben, wo sie ihre Familien zurück ließen, in Richtung Bergstraße auf. Unterwegs tranken sie sich Mut an, und Basti und Köhlers Andres „geriethen ... in Streit miteinander und zerkratzten und zerbläuten sich tüchtig". In der Nacht zum 29. April drangen sie, auf halbem Weg, in Ober-Schönmattenwaag in einen Keller ein und stahlen „einen Hafen voll Milch und ein(en) Krug Wein".

Am frühen Morgen erreichten sie oberhalb der Bergstraße das Juchhe-Häuschen (heute: Juhöhe), dessen Besitzer, die Eheleute Fuhn, kochem waren. Dort wurden sie – auf Kredit – mit Apfelwein und gebackenen Eiern bewirtet, und abends machten sie sich auf den Weg ins Tal. Sie postierten sich mit frisch geschnittenen Buchenknüppeln an der Landstraße nördlich von Oberlaudenbach, also auf hessen-darmstädtischem Gebiet (im Rotwelsch, mit Bezug auf die Löwen im Wappen, „Löwches Medine"), und harrten der Dinge, die da kommen sollten. Es kamen aber zwei Kutschen in so kurzem Abstand hinter einander, dass die Räuber vor einem Angriff zurück schreckten. Und dann kam gar niemand mehr. Den 30. April verbrachte die kleine Truppe im Wald. Abends traf sie in dem Kochemer Beyes der Witwe Geiger in Oberlaudenbach auf den als „großer Harzbub" bekannten Georg Schmitt, der ihnen den Tipp gab, es weiter südlich, in Richtung Hemsbach, auf badischem Gebiet zu versuchen.

Dort legten die Räuber sich auf die Lauer. Zwei nächtliche Fußgänger, bei denen sie eine zu geringe Beute vermuteten, ließen sie passieren. Gegen zwei Uhr morgens, gerade als sie dabei waren, in ein Wirtshaus in Unterlaudenbach einzubrechen, um sich etwas Essbares zu besorgen, hörten sie das Rumpeln einer von Norden her kommenden Kutsche. Sie liefen ihr voraus und starteten an der Stelle, an der die Bergstraße (heute noch) eine leichte Linkskurve macht, ihren Überfall. Die beiden Insassen der Kutsche wurden durch ihr Dreinschlagen schwer, der Postillon Simon Hofmann leicht verletzt. Die Beute war beträchtlich, Uhren und Schmuck, Geld und Kleider. Das „Verzeichnis der entwendeten Effekten" umfasst 24 Punkte, und den Gesamtwert schätzten die Beraubten auf über 700 Gulden[20]. Die Täter entkamen, stärkten sich noch einmal in dem Juchhe-Häuschen, bezahlten mit dem gerade gestohlenen Geld und einem Halstuch und erreichten, zunächst unbehelligt, ihren vor vier Tagen verlassenen Ausgangspunkt.

Die beiden Opfer waren Schweizer Kaufleute, die von der Frankfurter Frühjahrsmesse, die 14 Tage zuvor, am Osterdienstag, dem 16. April, begonnen hatte[21], zurück kehrten: Hans Jacob Rieter und Rudolph Hanhart (die abweichende Schreibweise der Namen in den Heidelberger Protokollen und bei Pfister ist falsch). Über Hanhart habe ich nicht viel in Erfahrung bringen können. Er war 32 Jahre alt, kam wohl aus Dießenhofen[22], lebte aber in Zürich. Vermutlich war er mit Rieter geschäftlich verbunden; die Heidelberger Korrespondenz mit ihm lief jedenfalls über Winterthur.

Rieter stammte aus einer alten, wohlhabenden Winterthurer Familie und handelte mit bedruckten Textilien. Seine Firma „Greuter & Rieter" logierte in der Marktgasse 37 und betrieb eine Textildruckerei in Islikon mit zeitweise über 400 Arbeitern und eine Rotfärberei in Frauenfeld. Sie wurde später von seinen Söhnen fortgeführt und 1880 aufgelöst. Der Name Rieter ist heute noch in Winterthur prominent vertreten durch die Firma „J. J. Rieter & Cie", die von einem anderen Familienzweig gegründet worden war. Rieter selbst war, 1766 geboren, zur Zeit des Überfalls 45 Jahre alt. Er war mit einer Nichte des Malers Anton Graff verheiratet und hatte sechs Kinder[23].

Für den Überfall gab es einen unbeteiligten Zeugen, einen Postknecht, der in umgekehrter Richtung auf der Bergstraße unterwegs war und den Lärm hörte. Er benachrichtigte umgehend den Hemsbacher Schultheißen, und der organisierte eine schnelle Hilfe. Während der Kutscher und Hanhart sich bald erholten, war Rieters Zustand besorgniserregend. Der Hemsbacher Arzt hielt ihn nicht für transportfähig, Hanhart erwirkte aber am 2. Mai beim Mannheimer Hofgericht die Anordnung, den Freund nach Heidelberg bringen zu lassen. In einer Sänfte wurde er nach Weinheim getragen und dann in einer bequemen Kutsche nach Heidelberg gefahren. Dort starb Rieter drei Tage später, am 5. Mai 1811 um 11 Uhr[24].

Im Obduktionsbericht ist von zahlreichen Quetschungen und Prellungen an Schultern und Armen, vor allem aber von schweren Kopfwunden und einer „Verletzung des großen und kleinen Gehirns" die Rede, die von den Prügeln der Räuber herrührten[25].

Zwar meldete das Heidelberger Wochenblatt am 6. Mai den Tod Rieters, jedoch wurde der Überfall selbst mit keinem Wort erwähnt. Zweifellos erregte dieser aber Aufsehen in der Stadt, nicht zuletzt deshalb, weil an der Beerdigung des Schweizers neben zahlreichen in Heidelberg lebenden Landsleuten auch die örtlichen Honoratioren teilnahmen. Rieters ältester Sohn kam, ahnungslos, erst ein paar Tage später an[26]. Begraben wurde der Tote auf dem Friedhof an der reformierten Peterskirche. Der Grabstein ist heute noch zu sehen und wurde, zumindest zeitweise, bei Stadtführungen Schweizer Touristengruppen mit den allfälligen gruseligen Hinweisen vorgezeigt. Die Inschrift lautet:

„Dem ehrbaren Handelsmanne Hans Jacob Rieter von Winterthur in der Schweiz. Er starb am 5. Mai 1811 an seinen Wunden, von Räuberhand geschlagen, tief betrauert von allen die ihn kannten".

Der Tod Rieters löste eine große Polizeiaktion aus, nicht nur in Baden, sondern auch in den Nachbarstaaten,

Dem Opfer zum Gedächtnis: Grabstein Rieters an der Mauer der Peterskirche in Heidelberg die mit Beschreibungen des Tathergangs und mit Steckbriefen versorgt wurden. Aus dem Straßenraub war ein Raubmord geworden, und das veränderte die Situation grundlegend. Nicht Strauchdiebe, sondern Mörder wurden nun gesucht (und bald gefunden), und auf Mord stand die Todesstrafe.

Friedrich Philipp Schütz wusste, als er nach seiner Verhaftung von dem Tod des Kaufmanns erfuhr, sofort, „daß es (uns) diesmal wirklich an den Kragen gehe"[27]. Immer wieder, in den entlegensten Zusammenhängen, erwähnte er „das Unglück bei Hemsbach". Der Ort wurde ihm zur Chiffre für ein verpfuschtes, aus den Fugen geratenes, zuletzt verwirktes Leben. Noch auf dem Schafott, zwischen zwei Gebeten und bevor er sich auf den Richtstuhl setzte, sagte er „ach Gott, dort drunten liegt Hemsbach"[28].

## Verzeichniß
der
durch einen Straßenraub am 1ten May 1811 entwendeten Effekten.

1) Eine goldne Repetier-Uhr mit goldner Kette, woran zwei goldne Pettschaften, wovon das eine nicht gestochen; auf dem andern aber ein Schnepfe eingestochen ist, das Zifferblatt hat römische Zahlen.

2) Eine flache goldne Uhr mit Ueberfutter von Semilor, wovon eine schön gearbeitete Haarkette, sammt Emaille mit verschiedenfarbigen Haaren eingelegt und einen Baum mit Rosen vorstellend; an dieser Kette befindet sich ein großes goldnes Pettschaft mit Kristall, worin der Namenszug J. R. H. eingegraben ist. Das Zifferblatt hat deutsche Zahlen.

3) Ein einfacher goldner Ring.

4) Ein dito façonirt mit fünf Diamanten, wovon der mittlere etwas größer ist.

5) Ein silbernes Etui, für Zahnstecher.

6) Ein ovaler noch ungerauchter und unbeschlagener meerschaummener Pfeiffenkopf.

7) 13 französische Louisd'or in Gold, und mehrere halbe französische Thaler.

8) Drei Wiener Mäntel, mit großen Krägen und Aermeln, wovon zwei von Tuch; der eine grün, der andere aschgrau, der dritte aber von weißlichem Biber.

9) Zwei Dutzend Hemden, die Hälfte mit J. R. die andere Hälfte mit R. H. unten gezeichnet, die meisten mit Striffeln.

10) 24 Sacktücher theils Leinen, theils Baumwollen, worunter mehrere weiß und blau gedrukte, die übrigen aber roth und weiß carirt sind. Die Zeichen sind die nämlichen wie die Hemden.

11) 18 Halsbinden, weiß mit farbigen Rändern, mit obenbemerkten Zeichen.

12) Ein schwarz tüchener Frakrock mit weißen Metall-Knöpfen.

13) Zwei dunkelblau tüchene dito, wovon der eine weiße Metall-Knöpfe, der andere aber gesponnene hat.

14) Ein grauer dito, mit gleichen Knöpfen.

15) Ein braun tüchener Ueberrock, mit gesponnenen Knöpfen.

16) Ein Paar blau tüchene lange Hosen.

17) Drei Paar kurze dito von Cachimir mit gesponnenen Knöpfen, zwei Paar sind gelb, 1 Paar ist weiß.

18) Ein Paar lange Ueberhosen, von grauem Tuch, mit überzogenen Knöpfen.

19) Vier Gilets, theils Wollen, theils Baumwollen, roth und gelb.

20) Ein Paar lange graue Hosen, von Wollkurz.

21) Ein Paar kurze gelb lederne, dann ein Paar leinene kurze Unterhosen.

22) Sechs Waschtücher in der Größe eines Sacktuchs.

23) Drei Tücher, worin vorstehende Kleidungsstücke eingepakt waren, das eine mit R. H., die zwei andern mit J. R. gezeichnet.

24) Zwei runde Hüte mit weiß seidenem Futter, der eine ist langhaarig.

Reiche Beute: Verzeichnis der bei dem Raubüberfall an der Bergstraße entwendeten „Effekten"

## 18. Eine Weste mit schwarzen Blümchen. Steckbriefe

Den in der Nacht vom 30ten April auf den 1ten May zwischen Hemsbach und Laudenbach im Großherzogl. Badischen Amte Weinheim verübten mörderischen Straßenraub betreffend

SIGNALEMENTS,

welche von einem der wegen jenes Straßenraubes verhafteten und der Theilnahme an der That bereits geständigen Purschen über die noch flüchtigen Mitschuldigen angegeben worden sind.

Holzer Lipps, 30-32 Jahre alt, schlank gewachsen, ohngefähr 5 Schuh 6 Zoll groß, eselsgraue Haare auf Bauernsitte geschnitten, gewöhnlicher Stirn, weißlichten Augenbrauen, grauer Augen, lange Nase, mittelmäßigen Mund, weißlichten Bart, runden Kinns, mittelmäßigen Gesichts, von rother Farbe; trägt bei sich eine lederne Kappe mit Pelz besezt, eine rothgestreifte baumwollene Weste, mit zwei Reihen kleinen gelben Knöpfen, ein Paar lange Hosen vom nämlichen Zeug, ein Wames von Farbe wie Kümmel und Salz, baumwollen Zeug, läuft baarfuß.

Bastian, 50 Jahre alt, 5 Schuh bis ohngefähr 3 oder 4 Zoll groß, schlank, schwarzbraune Haare, auf Bauernart geschnitten, bedeckte Stirn, schwarzbraune Augenbrauen, graue Augen, länglicht-spitzer Nase, gewöhnlichen Mund, Bart ohne Haare, spitzen Kinn, schmalen länglichten Gesichts, rother Gesichtsfarbe, in der oberen Lippe eine kleine Narbe; trug einen runden Hut, dunkelblauen Wames mit zwei Reihen kleinen gewölbten Knöpfen, ein Paar lange dunkelblaue Tuchhosen, eine dunkelblaue Weste mit zwei Reihen gelben Knöpfen, ein schwarz seidenes Halstuch und weißes Unterhalstuch, läuft baarfuß; trägt aber ein feines Hemd mit Streifen.

Greth (Margarethe) Frau des Bastian, ohngefähr 26 Jahre alt, groß ohngefähr 5 Schuh; trägt eine Haube von Katon mit breitem schwarzen Band nach Art der Würzburgerinnen, einen grauen bibernen Mutzen und Rock, schwarze Schuhe; hat zwei Knaben von 6 und 3 Jahren.

Langer Andres, 23 bis 24 Jahre alt, ohngefähr 5 Schuh 8 Zoll groß, dicker Statur, röthlichen nach Bauernart geschnittenen Haaren, womit die Stirn bedeckt, gleicher Augenbrauen, graue Augen, große Nase und Mund, Bart ohne Haare, runden Kinns, vollkommenen Gesichts; trägt einen runden langhaarigen Hut, dunkelblauen Frackrock mit gesponnenen Knöpfen, eine weiße wollene oder baumwollene Weste mit gelben Knöpfen, ein Paar weiß-graue kurze Beinkleider, ein Paar Stiefel; gewöhnlich mit einer Pistole und Büchsensack versehen.

Manne-Friedrich, 28-30 Jahre alt, ohngefähr 5 Schuh 3 Zoll groß, dicker besezter Statur, schwarzer Haare nach Bauernart geschnitten, hoher Stirne, schwarzer Augenbrauen, grauer Augen, kleiner stumpfen Nase, gewöhnlichen Mund, schwarzen Bart, runden Kinns, vollkommenen glatten Gesichts, rother Farbe; trägt bei sich einen runden Hut, einen braun tüchenen Ueberrock mit gesponnenen Knöpfen, eine roth wollene oder baumwollene Weste, ein Paar lange Hosen, ein Paar weiß baumwollene Strümpfe, ein Paar Schuhe mit Bändeln.

Köhler Andres: Alter 19 bis 20 Jahre. Größe 5 Schuh, ohngefähr 3-4 Zoll, und gesezter Statur. Haare, schwarz auf Bauernart geschnitten. Stirn, bedeckt. Augenbrauen, schwärzlicht. Augen, groß und schwarz. Nase, breit. Mund, groß. Bart, ohne Haare. Kinn, rund. Gesicht, rund und glatt. Gesichtsfarbe, roth. Abzeichen, ohne. Derselbe trägt einen runden Hut, einen dunkelblauen Frackrock mit Knöpfen, innen von Glasscheiben und metallenem Rande; eine weiße gedupfte wollene oder baumwollene Weste, ein Paar weiß-graue kurze Beinkleider, ein Paar mit weißem Schaafleder eingefaßte Schuhe mit Bändeln gebunden, ein weißes Halstuch, und ein gutes Hemd mit Streifen.


Den in der Nacht vom 30ten April auf den 1ten May
zwischen Hemsbach und Laudenbach
im Großherzogl. Badischen Amte Weinheim
verübten mörderischen Straßenraub betreffend

Nachtrag des Signalements derjenigen Individuen, welche als Theilnehmer an diesem Straßenraub weiter angegeben sind:

1) Der langbeinichte Steffen, Korbmacher: Alter, 26 bis 28 Jahre. Größe, 5 Schuh 6 bis 7 Zoll, schlank gewachsen. Haare, stark blond und kurz, wie bei Bauern geschnitten. Stirn, bedeckt mit Haaren. Augenbrauen, wie die Kopfhaare. Augen, kann nicht angegeben werden. Nase, auswärts gebogen und spitz. Mund, mittler. Kinn, spitz. Gesicht, mager. Gesichtsfarbe, blaß. Bart stark blond. Trägt einen runden Hut, einen dunkelblauen Ueberrock mit gesponnenen Knöpfen, eine dunkelblaue Weste mit zinnenen kleinen Plattenknöpfen, leinene lange Oberhosen und Stiefel, ein schwarz sei-

denes Halstuch mit einem weißen Untertuch. Derselbe hat 3 Kinder, wovon das älteste ein Knabe von 8 Jahren, das zweite 5 und das letztere 1 1/2 Jahre alt ist, beide letzten Mädchen.

2) Der stumpfärmichte Zimmermanns Müller: Alter, ohngefähr 50 Jahre. Größe, klein ohngefähr 5 Schuh. Haare, grau nach Bauernart geschnitten. Nase, etwas spitz. Mund, mittelmäßig. Kinn, rund. Gesicht, rund. Gesichtsfarbe röthlich. Bart grau. Abzeichen: der rechte Arm ist ganz steif, und etwas kürzer wie der linke; trägt einen dreieckigen großen Hut, einen hellblauen Oberrock, grautüchene Oberhosen und Bändelschuhe, trägt in einem Kasten auf dem Rücken Meerschweinchen zur Schau in den benachbarten Gegenden herum.

3) Des langbeinichten Steffen Frau: Alter, 24 bis 25 Jahre. Größe, 5 Schuh 2 Zoll. Statur, gesetzt. Haare, schwarz. Stirn, gewöhnlich. Augenbrauen, schwarz. Augen, schwarz. Nase, mittelmäßig. Mund, gewöhnlich. Kinn, rund. Gesicht, rund und vollkommen. Gesichtsfarbe, roth. Trägt eine nach Würzburger Tracht verfertigte Haube mit breitem schwarzem Band, roth und gestreift baumwollenzeugnes Mützchen, dunkelblau tüchenen Rock und schwarze Bändelschuhe.

4) Philipp Schütz, aus Prag, 39 bis 40 Jahre, 5 Schuh 3 Zoll 2 Strich groß, hat hellbraune Haare, blaue Augen, hellbraune Augenbrauen, mittelmäßigen Mund, eine aufwärts stehende stumpfe Nase, schwarzen nicht starken Bart, länglich hageres, etwas braunes Angesicht; trägt einen halb feinen runden Hut, braun melirten Frackrock, rothe halb baumwollene halb leinene Weste mit schwarzen Blümchen, ein Paar grau gestreifte Beinkleider von Wollkurz, und ein weiß fein leinenes Halstuch mit braunen Streifen.

5) Eva, gebohrne Selserin (Valentin Krämers Concubine), ohngefähr 22 bis 24 Jahre alt, bei 5 Schuh groß, schwarz von Haaren, frisch von Gesichtsfarbe, graue Augen, mittelmäßigen Mund und Nase, etwas blatternarbig; bekleidet mit schwarz und weiß punktirter Jacke, einen weiß und grau melirten Rock von Leinen und Baumwolle, weißer Haube mit schwarzen Blumen; geht baarfuß und hat 2 Kinder, einen Knaben von 2 1/2 Jahr und ein Mädchen von 5 Wochen.

6) Lis, vulgo Krämers-Lis, ohngefähr 50 Jahre alt und 5 Schuh groß, schwarze Haare vermischt mit grauen, und Runzeln im Gesicht. Eine schwarze Katon-Haube, dunkelblau tüchene Jacke und hellblauen Rock von Leinen und Baumwolle, geht baarfuß und hat 3 Kinder bei sich, nämlich einen Knaben von 10, einen andern von 9 und ein Mädchen von 7 Jahren.

7) Frau des Hölzer-Lipps, Namens: Katharina, ohngefähr 26 Jahre alt, nicht ganz so groß wie die Eva Selser und Krämers-Lis, schwarz von Haaren, kleinem Gesicht, blau und roth baumwollenem Rock und Jacke, schwarz blumige Katon-Haube; geht baarfuß und hat einem 9 bis 10jährigen Knaben bei sich.

Bemerkung.
Man hat Grund zu vermuthen, daß mehrere der hier sowohl als in dem frühern Blatt signalisirten Personen mit anscheinend guten Pässen versehen seyn mögen.

*Diese Steckbriefe sind unmittelbar nach der Tat, der erste am 5. Mai, der zweite am 11. Mai 1811 nach den Angaben des schon verhafteten Veit Krämer verfasst worden. Es ist erkennbar, dass die Strafverfolger noch weitgehend im Dunkeln tappten, z. B. auch den harmlosen Philipp Müller mit seinen Meerschweinchen verdächtigten. Hinsichtlich der Genauigkeit der Angaben ist Skepsis angebracht. Die Widersprüche in den beiden Signalements von Friedrich Philipp Schütz sind deutlich genug. „Mittelmäßig" und „gewöhnlich" bedeuteten übrigens im damaligen Sprachgebrauch so viel wie „normal".*

*(GLA Karlsruhe, Bestand 229, Nr. 42188, S. 48f, S. 71f.)*

## III. Zuchthaus 1811/12

### 19. Ludovicus Adamus Aloysius Pfister

Auftritt Dr. Ludwig Pfister, seinerzeit Stadtdirektor in Heidelberg. Er ist nicht nur ein Hauptdarsteller in unserem Stück, sondern fortan auch Regisseur; er bestimmt den Verlauf der Handlung, die Abfolge der Szenen, den Auftritt und den Abgang der Schauspieler, mehr noch: er entscheidet über ihr Schicksal. Anders gesagt: Der Mann war Akteur und Chronist zugleich, er schrieb mit an dem Drama, in dem er selbst auftrat. So misslich es sein mag, das meiste von dem, was ich über das letzte Lebensjahr meines Vetters, des Räubers, berichten kann, beruht auf Pfisters Zeugnis, auf dem, was er aufgeschrieben und publiziert, und auf den Vernehmungs-Protokollen, deren Inhalt er maßgeblich bestimmt hat. Ich bleibe abhängig von ihm, auch wenn ich ihm bei weitem nicht alles glaube und mir viele seiner Urteile nicht zu eigen mache. Vielleicht hilft ein Blick auf seine Biografie dabei, die dringend gebotene kritische Distanz zu schaffen.

Ludwig Pfister also. Er wurde am 15. November 1769 in Heidelberg geboren und am gleichen Tag in der Jesuitenkirche, die in unmittelbarer Nähe zur Alten Universität liegt und heute der katholischen Heilig-Geist-Gemeinde als Pfarrkirche dient, getauft:

> „Natus et Baptizatus est Ludovicus Adamus Aloysius filius legitimus D. Balthasaris Pfister, Archisatrapiae et Senatus urbis Advocati et Mariae Agathae, natae Herrin conjug. Levabat ... Ludovici Dürrfeld Satrapiae in Bühl, secretarius ..."[1].

Der Taufeintrag gibt ein paar Hinweise auf die Familiengeschichte. Der Vater Balthasar war demnach Oberamtmann in Heidelberg, das damals noch zur Kurpfalz gehörte, und so etwas wie der Justiziar des Stadtrats, also gewiss eine lokale Respektsperson. Der Pate, Ludwig Dürrfeld, dessen Vorname der neue Erdenbürger erhielt, war Amtmann in Bühl, das nach einigen lehnsrechtlichen Verwicklungen Anfang der 1770er Jahre zu Baden kam. Katholische Juristen im Dienst nicht ganz unbedeutender Territorialstaaten im Südwesten Deutschlands – so etwa lässt sich der Familien-Hintergrund Pfisters beschreiben, und es ist bezeichnend für den Mann, dass er dieser Tradition, trotz einiger Eskapaden, zeitlebens treu blieb. Auf die geografische Zuordnung weist übrigens auch der Familienname selbst: er war und ist (eine Eindeutschung des lateinischen pistor = Bäcker) in Südwest-Deutschland sehr verbreitet.

Unterlagen über Pfisters Schulausbildung habe ich nicht gefunden; er wird sie wohl an einer katholischen Einrichtung seiner Heimatstadt absolviert haben. Am 7. Dezember 1785, kurz nach seinem 16. Geburtstag, wurde er an der Universität Heidelberg immatrikuliert, vermutlich, wie es damals üblich war, in eine Art Vorstudium, dem dann das juristische folgte[2]. Gut fünf Jahre später, am 6. Mai 1790, wechselte Pfister an die Universität Marburg[3] – ein ziemlich ungewöhnlicher Schritt, da die hessen-kasselische Hochschule eine strikt reformierte Ausrichtung besaß.

Pfister blieb ein Jahr in Marburg, und sein Abgang von dort war kein freiwilliger. Am 22. Juni 1791 wurde er vom Hochschulsenat relegiert, weil gegen ihn wegen „homicidii attentati et autochiriae culposae", also wegen versuchten Mords und Selbstmords ermittelt wurde. Ein starkes Stück, eine Eskapade, die dem jungen Mann die Karriere hätte kosten können. Die Sache, die sich aus den Akten ziemlich genau rekonstruieren lässt[4], ging glimpflich ab, ein kleines Eifersuchtsdrama halt nach dem Heine'schen Motto: „Ein Jüngling liebt ein Mädchen, die hat einen Andern erwählt ...".

Der Jüngling Ludwig bewohnte in Marburg eine Stube im 2. Stock im Haus des Hofrats Wiederhold. Dieser sah sich am Montag, dem 20. Juni 1791 veranlasst, die Polizei zu alarmieren, weil seine 18-jährige Tochter Helene in der Nacht durch einen Stich in den Unterleib (Freudianer aufmerken!) verletzt worden war. Die Beamten fanden den Täter – „Ludwig Pfister aus Heidelberg, 21 Jahre alt, Römisch Katholischer Religion, der Rechte beflissener" – der sich selbst ebenfalls durch Stiche verletzt hatte, in seinem Bett vor, „matt und von Kräften, doch übrigens in ziemlich ruhiger Gemuthsverfassung".

Der gab zu Protokoll, er sei in Helene verliebt und habe tags zuvor erfahren müssen, dass diese sich mit einem anderen, einem gewissen Schulz, verlobt habe. Die Aussicht auf den unwiederbringlichen Verlust habe ihn so erregt, dass er „gegen 1 oder 2 Uhr in der Nacht" an ihre Tür geklopft habe, um ihr „etwas ganz nothwendiges zu sagen". Dann „habe er sie am Arm auf seine Stube geführt", sei „in Wuth gerathen" und habe „in einem Zustand, worinnen er seiner Sinne – wie Gott weiß – nicht mehr mächtig gewesen, ein kleines stumpfes Zulegmesser, womit er sonsten seine Tobakspfeife zu reinigen pflege, ergriffen und damit leider die gute Jungfer und auch sich ... verwundet". Er bitte um Vergebung und Mitleid. Die Aussage zeigt, dass der Jura-Student etwas für solche Fälle Brauchbares gelernt hatte.

Helene Wiederhold war erstaunlich milde gestimmt und bestätigte im Wesentlichen Pfisters Darstellung. Sie habe seine Neigung „immer für vor Scherz u. Kurzweil gehalten" und sei seiner ungestümen nächtlichen Bitte nur gefolgt, „da sie noch Licht gehabt" habe. Bei ihm sei es "dann zu mancherlei Wortwechseln u. Gesprächen gekommen ..., worüber sie endlich den Stich mit einem stumpfen Messergen ... in den Unterleib erhalten" habe. Im übrigen „glaube sie nicht, daß er ihr den Stich mit Willen zugefügt. Sie habe auch selbst Mitleid mit ihm und bedaure seine Unbesonnenheit".

Über die Verletzungen der beiden gibt es einen ärztlichen „Befundschein" vom 22. Juni. Es ist schon bemerkenswert, was ein stumpfes Pfeifenmesser alles anrichten kann; sehr viel störende Kleidung scheint da nicht im Weg gewesen zu sein. Der Stadt- und Landphysicus Dr. Busch und der Land-Chirurgus Seelig fanden bei Helene „eine kaum halb Zoll lange bis aufs Bauchfell eingedrungene Wunde auf der Magengegend", bei Pfister „eine ebenso große Wunde auf der linken Seite in der Gegend der fünften wahren Rippe, welche bis auf das Rippenfell eingedrungen und zwei kleinere weiter unten, an dem vordern Bogen der falschen Rippen eben dieser Reihe. Alle diese Wunden sind nicht gefährlich und schon auf der Heilung, Pfister aber liegt noch in einem kleinen Fieber welches mehr von dem Wahnsinn und der Alteration in welchen er die That getan als von den Wunden herzurühren scheint."

Die beiden Genesenden blieben zunächst in der Obhut des Vaters Wiederhold, aber der Skandal war, in einem Städtchen wie Marburg – und das bei Hofrats! – nicht zu vertuschen, und das Polizei-Protokoll, das von immerhin schwerwiegenden Delikten sprach, war auf dem Dienstweg nicht mehr aufzuhalten. Schon zwei Tage nach dem Vorfall wurde Pfister von der Universität gewiesen. Das hatte ein aufwändiges, aber folgenloses juristisches Nachspiel, weil jemand monierte, dass der Hochschul-Senat keine eigenen Untersuchungen angestellt hatte. Für Pfister war gerade das von Vorteil: die Akten wurden geschlossen. Für Befragungen welcher Art auch immer stand er ohnehin nicht mehr zur Verfügung; in der Nacht vom 23. auf den 24. Juni 1791 hatte er die Kutsche des Postillons Schmidt bestiegen und sich über die Landesgrenze hinweg nach Gießen ins Hessen-Darmstädtische transportieren lassen. Verfolger gab es nicht und daher auch keine Gelegenheit, ihnen eine „lange Nase zu machen".

Damit war die Geschichte freilich nicht zu Ende, und sie ging anders aus als bei Heinrich Heine. Helene Wiederhold nämlich heiratete keineswegs den Nebenbuhler Schulz, sondern – Ludwig Pfister, trotz (oder wegen?) der nächtlichen Messerattacke und trotz des konfessionellen Unterschieds (sie war „evangelisch-reformierter Konfession"). Wann genau das geschah, weiß ich nicht; sehr wahrscheinlich drängte der väterliche Hofrat auf Eile. Das Paar hatte acht Kinder, vier Töchter und vier Söhne. Helene starb vermutlich 1807; denn ein Jahr später heiratete Pfister ein zweites Mal: Katharina, geborene Gehrig, die Witwe des Heidelberger Stadtdirektors Baurittel, also eines seiner Vorgänger auf diesem Posten[5].

Sein Studium beendet hat Pfister 1791 oder 1792 in Heidelberg; Akten darüber gibt es allerdings nicht. Nach Marburg konnte er nicht zurück, und in Gießen ist weder eine Immatrikulation noch eine Promotion verzeichnet[6]. Für Heidelberg spricht die Widmung im ersten Band von Pfisters „Merkwürdigen Criminalfällen": „Meinem verehrungswürdigsten Rechtslehrer und schätzbarsten Freunde dem Großherzoglich Badischen Oberhofgerichtsrathe, öffentlich ordentlichen Lehrer der Rechte an der hohen Schule zu Heidelberg und Senior derselben Dr. Franz Wilh. Gambsjäger aus dankbarer Hochachtung". Gambsjäger lehrte seit 1781 in Heidelberg und war ein Allround-Jurist.

Vermutlich schon 1792 trat Pfister, dem Vorbild seines Vaters folgend, in kurpfälzische Dienste und zwar in Schwetzingen, einem Städtchen vor den Toren Heidelbergs mit damals knapp 2000 Einwohnern, das seine Bedeutung von einem schmucken kurfürstlichen Sommerschloss herleitete und später durch die Spargelbauern berühmt wurde. Die kleinstädtische Beamtenlaufbahn des jungen Mannes, der auch der Übergang der kurpfälzischen Gebiete an Baden nichts anhaben konnte, verlief offenbar gradlinig. Er wurde Amtmann, 1807 Oberamtsrat und schließlich 1810 – ein bedeutender Karrieresprung – Stadtdirektor in Heidelberg[7]. Das blieb er, von einem kurzen Zwischenspiel in gleicher Funktion in Freiburg im Breisgau 1814/15 abgesehen, neun Jahre lang, und sein Abgang im September 1819 war wiederum kein freiwilliger. Davon später.

Zur Zeit des Hemsbacher Kutschen-Überfalls war Pfister gerade ein Jahr im Amt, und er sah in der Aufklärung des Verbrechens wohl so etwas wie eine Bewährungsprobe. Mit Stolz zitierte er in seiner ausführlichen Dokumentation des Falls die an ihn gerichtete Verfügung des „Großherzoglichen Ministeriums des Innern vom 9. May ..., sich der Führung dieser Untersuchung, wegen ihrer Wichtigkeit, persönlich zu unterziehen", und das „persönlich" ließ er gesperrt drucken[8].

Folgerichtig wies das Hofgericht in Mannheim am 21. Mai 1811 die nachgeordneten Polizei- und Justizbehörden an, jetzt und künftig alle die Sache betreffenden Akten an den „angeordneten Untersuchungscommissaire Stadtdirector Pfister zu Heidelberg" weiterzuleiten[9]. Die taten das nur zu gern, sie wurden ein lästiges Problem los. Und ihr Heidelberger Kollege interpretierte seinen Auftrag ausgesprochen großzügig. Sein Ziel war die „gänzliche Vertilgung der Gauner, wo nicht gleich jetzt, doch über kurz oder lange"[10]. Er setzte seine ganze Energie daran, nicht nur den Mord an Rieter aufzuklären, sondern jedwedes weitere Vergehen und Verbrechen, das ihm bei seinen Untersuchungen bekannt wurde, unabhängig davon, ob es auf badischem oder auf einem anderen Territorium begangen worden war.

Pfister war ein Meister im Sammeln und Einordnen von Informationen. Der Aktenplan, den er anlegte, hatte es in sich:

„Die Untersuchung wegen dem Raubmord zwischen Laudenbach und Hemsbach geschah in einem fortlaufenden Protocolle in 7 Actenbänden und eben so vielen mit diesen correspondirenden Bänden von numerirten und nach diesen Nummern im Protocolle allegirten Beylagen. ... In dieses Hauptprotocoll wurde alles aufgenommen, was die Verfolgung, Einfangung und Uebernahme der Theilnehmer an dem Raubmord und ihrer Familienglieder, dann die Erhebung und Richtigstellung ihrer Familien- und sonstigen Verhältnisse betraf. ... Alle Angaben gegen auswärts einsitzende, welche diese allein und noch freye Gauner betrafen, wurden in das Hauptprotocoll aufgenommen und aus demselben den einschlägigen Behörden mitgeteilt. ... Und so gelang es meistens, daß alle Expeditionen am nämlichen oder doch am folgenden Tage abgehen konnten und die auswärtigen Behörden, welche diese Schnelligkeit bemerkten, waren dann wieder so gefällig, auch ihre Mittheilungen möglichst schnell zu machen"[11].

Darüber hinaus wurde über jedes einzelne Vergehen und jeden einzelnen Verdächtigten oder Tatbeteiligten eine besondere Akte angelegt, die Abschriften aus den Protokollen der Hauptakten enthielt. Mehr noch:

„Es wurde gleich im Anfange der Untersuchung ein besonderes Buch angelegt, in welches jeder Gauner, so wie er nur angegeben worden war, mit seinem wahren oder Gauner-Namen, oder, wo dieses thunlich war, mit beyden zugleich und den sonstigen von ihm angegebenen Notizen eingetragen wurde. Bey diesem Eintrage war, wenn der Bezeichnete verhaftet war, zugleich bemerkt, wo er einsitze, und dann war leerer Raum zum ferneren Eintrage alles dessen, was gegen ihn vorkam, gelassen. Nach dem Schlusse eines jeden Verhörs, in welchem neue Verbrechen angegeben wurden, ...

wurde ... jedem Gauner der ihn treffende Theil auf seinen Stock geschrieben, und so auch jede weitere gegen ihn vorkommende bedeutende Angabe ..."[12].

Das Ergebnis lässt sich noch heute im Generallandesarchiv Karlsruhe besichtigen. Da lagern, zusätzlich zu den Protokollbänden, 160 Faszikel zu Delikten und über 50 zu (allerdings weit weniger) Beschuldigten. Gegen so viel ausgefeilte Systematik und bürokratische Rationalität kamen die im Verhör sitzenden Delinquenten, die in der Regel nicht wussten, was Pfister wusste, nicht an.

Für den Heidelberger Stadtdirektor, der über zahlreiche Helfer, Protokollanten, Kopisten und Kuriere verfügte, hatte dieser ständig wachsende Papierberg einen durchaus erwünschten Nebeneffekt: er erleichterte die literarische Verwertung des Falls, und die lag ihm mindestens ebenso am Herzen wie die kriminalistische Aufklärung. Vor allem aus den Vernehmungsprotokollen hat er lange Passagen wörtlich in seine Bücher übernommen.

Das erste, die „Aktenmäßige Geschichte der Räuberbanden an den beiden Ufern des Mains, im Spessart und in Odenwalde", erschien im Dezember 1811, obwohl im Impressum das Jahr 1812 angegeben ist. Das Vorwort ist auf „Oktober 1811" datiert, also exakt auf den Zeitpunkt, an dem das Schlussverhör der Angeklagten stattgefunden und Pfister sein Untersuchungs-Ergebnis an das Hofgericht in Mannheim zur Urteilsfindung weiter gereicht hatte. Die Wahl des Buchtitels war wohl bedacht und charakterisiert den Autor, der ja eigentlich nur einen Raubüberfall an einer Landstraße hatte aufklären sollen. Er nahm unverhohlen Bezug auf Johann Nikolaus Beckers „Actenmäßige Geschichte der Räuberbanden an den beyden Ufern des Rheins" aus dem Jahr 1804, auf ein Dokument ausgreifender Verbrechensbekämpfung also. Daran wollte der ehrgeizige und überaus selbstbewusste Heidelberger Stadtdirektor gemessen werden.

Und er wollte die Deutungshoheit über seinen Fall behalten, wollte selbst „die gespannte, nicht tadelnswerthe Neugierde derjenigen befriedigen, welche die Einfangung so mancher Räuber und Gauner in hiesiger Gegend theils selbst mit ansahen, theils davon hörten"[13]. Man sieht dem – mit knapp 250 Seiten vergleichsweise kurzen – Buch die Eile an, mit der es zusammen gestellt wurde. Es enthält neben einer eher kursorischen Beschreibung des Überfalls und der Verhaftung der Verdächtigten im Wesentlichen Zusammenstellungen aus den – wohlsortierten – Akten: die nähere Beschreibung von 15 Beschuldigten, das Verzeichnis der 142 ihnen zur

Last gelegten Verbrechen, die „Nachweisung, an welchen von den verzeichneten Verbrechen jeder einzelne Räuber theilgenommen hat" und, im Anhang, das Wörterbuch „Jenisch-Deutsch", das seinem Autor viel Lob eingebracht hat[14].

Zurückhaltung im Urteil über die Beschuldigten war Pfisters Sache nicht. Er schwadronierte von der „gänzlichen Verdorbenheit dieser Menschenklasse", davon, dass „ihre Biographien ... wenig Interessantes" lieferten, „da sie sich meistens darauf reduciren: sie wurden von Gaunern geboren, zu Gaunern erzogen und lebten als Gauner"; und er bekräftigte seine Motivation, „diese Menschenklasse in ihrer ganzen Verworfenheit, Abscheulichkeit und Gefährlichkeit zu zeigen, dem so oft schädlichen Mitleid, der noch schädlicheren Nachsicht der Vorgesetzten Einhalt zu thun und die allgemeine Ueberzeugung zu begründen, daß keine Maaßregeln der Regierungen gegen diese Menschenklasse zu streng seyn können"[15]. Der Mann, der auch weitaus differenzierter urteilen konnte, schlug hier einen Ton an, der großen Widerhall unter seinen Zeitgenossen fand; ich werde später ausführlicher darüber berichten.

Wenn man das Buch heute liest, staunt man schon über die Bedenkenlosigkeit, mit der die Angeklagten – das Urteil war noch gar nicht gesprochen – unter voller Namensnennung und mit vielen biografischen Details öffentlich bloßgestellt wurden. Damals war das keine Seltenheit, und die Selbstverständlichkeit, mit der es geschah, zeigt einmal mehr die Kluft zwischen der sich formierenden bürgerlichen Gesellschaft und den „herumziehenden Leuten". Zwar verneinte der anonyme Verfasser einer Rezension in den „Jahrbüchern der Gesetzgebung und der Rechtswissenschaft des Großherzogthums Baden"[16] grundsätzlich die Frage, „ob einem Staatsbeamten das Recht zusteht, über Gegenstände, die ihm blos in der Eigenschaft eines Staatsbeamten bekannt seyn können, als Schriftsteller aufzutreten", machte aber gerade für die Rechtsprechung eine Ausnahme: „Oeffentlichkeit der Gerechtigkeitspflege ist ein so wesentliches Merkmal einer jeden guten Gerichtsverfassung, daß ... dennoch der Richter für ermächtiget zu achten ist, oeffentlich von seinem Verfahren Rechenschaft abzulegen" – also offenbar auch der Untersuchungsrichter und mit voller Namensnennung.

Einer – teureren – Teilauflage der „Aktenmäßigen Geschichte" war ein Kupferstich vorgeheftet, der ein Gruppenbild der 17 angeklagten Räuber zeigte, schon bei den Zeitgenossen ungeheures Aufsehen erregte und seither immer wieder, weitgehend kritiklos, nachgedruckt wurde. Es muss bezweifelt werden, dass es sich, wie die Bildunterschrift suggeriert, tatsächlich um lebensähnliche Porträts handelte; allzu deutlich wurde das Klischee von Räubern und Vaganten bedient.

Eins dieser illustrierten Exemplare gelangte, wie auch immer, in die Zuchthaus-Zelle der Angeklagten. Die machten Pfister – mit Recht – Vorwürfe. Der gab sich überrascht: „Hätte ich gewußt, daß irgend Jemand die Unbesonnenheit haben könne, den Inquisiten die Aktenmäßige Geschichte zu zeigen, ich würde sie lieber gar nicht geschrieben haben. Wie konnte ich aber so etwas auch nur von Weitem vermuthen ..."[17]. Das war nicht nur scheinheilig, sondern auch ziemlich schwach, und der Herr Stadtdirektor hätte, wäre das einem anderen passiert, ein vernichtendes Urteil gefällt über unangebrachte und voreilige Publizitätssucht.

Pfister selbst fochten solche Bedenken nicht an. Das zeigt der Zeitpunkt des Erscheinens seines (im ersten schon angekündigten) zweiten Buchs, des „Nachtrag(s) zu der Aktenmäßigen Geschichte ...". Zugleich mit der von ihm unterzeichneten amtlichen Ankündigung, dass die Hinrichtung der Verurteilten auf Freitag, den 31. Juli 1812 festgesetzt sei, erschien die Anzeige, das Buch werde „in den ersten Tagen nach der Hinrichtung der Raubmörder ... die Presse verlassen"[18]. Auch diese Publikation enthielt auf dem Vorblatt eine Kupfertafel; sie zeigt, schön schauerlich, die Köpfe der vier Enthaupteten Veit Krämer, Georg Philipp Lang, Friedrich Philipp Schütz und Matthäus Oesterlein. Die Gefahr, dass sie sich darüber beschweren, bestand nun nicht mehr.

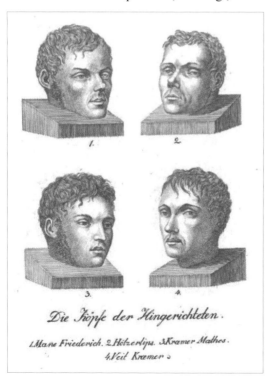

Ein Tribut an den „blutdürstigen Sinn" des Publikums: die Köpfe der vier Hingerichteten auf dem Vorblatt zu Pfisters zweitem Buch über den Raubüberfall an der Bergstraße

Dieser zweite Band ist fast doppelt so dick wie der erste und wesentlich besser komponiert. Pfister dokumentierte, wieder mit ausführlichen Zitaten aus den Akten, den Fortgang der Untersuchung bis zum Urteil und zu dessen Vollstreckung. Er brachte die Räuber- und Deliktlisten auf den neuesten Stand; letztere war auf 266 Nummern angewachsen. Das war schon wichtig, wenn man mit den Kollegen aus dem Rheinland mithalten wollte. Die Neufassung des Jenisch-Wörterbuchs ergänzte der Autor um den Abdruck von sieben – eigentlich harmlosen – kochemer Liedern, um zu illustrieren, dass „die sogenannten Gauner nicht als bloße Vaganten, sondern als eine ganz besondere Menschen-Race zu betrachten seyen, welche sich bereits besondere Grundsätze, besondere Religionsbegriffe gebildet hat, nach welchen sie in Masse handelt; – und welche eben darum desto gefährlicher ist und noch gefährlicher zu werden droht"[19].

Solche pauschalen Urteile – aus der Menschenklasse ist nun eine Menschenrasse geworden – stehen in eklatantem Widerspruch zu anderen Zitaten, in denen Pfister (im Sprachgebrauch seiner Zeit) exakt den gleichen Personenkreis beschreibt, wie etwa zu diesem:

> „So wie man einst die Juden allgemein des Betrugs beschuldigte und dann sich selbst sagte: sie müssen betrügen, weil man ihnen jeden anderen Gewerbszweig entziehe; – so gestehe man nun auch aufrichtig: daß aus gleichem Grunde die Gauner ihr Handwerk so lange forttreiben werden und müssen, als man es ihnen, in sonderbarer Verkehrtheit, unmöglich macht, ehrlich zu leben"[20].

Kluge Einsichten neben bedenkenlosen Polemiken: wir werden diesem Widerspruch bei dem Untersuchungsrichter Pfister noch öfter begegnen.

Das letzte Zitat stammt aus der Zusammenfassung einer umfangreichen Liste mit Reformvorschlägen zur effektiven Verbrechensbekämpfung, die Pfister in den „Nachtrag zu der aktenmäßigen Geschichte" eingefügt hat und in der er mit heftiger, z. T. beißender Kritik an den bestehenden Zuständen nicht sparte. Vielen Vorgesetzten oder Kollegen mag das nicht gefallen haben. Der Stadtdirektor begab sich hier auf das Gebiet der Politik, und das bedurfte einer besonderen Begründung. Er mache diese Vorschläge, schrieb er,

> „(da) man ... den ersten Theil dieser Schrift gegen meine eigene Erwartung überall mit ganz besonderem Beifall aufgenommen hat, da sogar mehrere der höchsten Souverains des rheinischen Bundes das wärmste Interesse für meine Absicht thätig gezeigt haben, da so manche wakkere Männer auf den erhabensten Posten diesem Beispiele folgten, und da selbst Manche unsrer

bekanntesten und allverehrtesten Staatsmänner mich würdigten, sich über die zweckmäßigsten Mittel zur Vertilgung der Gauner mit mir in Correspondenz zu setzen ..."[21].

Von den zeittypischen Ergebenheitsfloskeln mal abgesehen: da macht sich einer wichtig, da trägt einer dick auf, zu dick für meinen Geschmack. Da will einer nicht Stadtdirektor bleiben, sondern hoch und höher hinauf auf der Karriereleiter. Zwar wurde dieser etwas aufgesetzt wirkende Ehrgeiz nicht befriedigt, und Pfister blieb zunächst, was er war, aber als erfolgreicher Untersuchungsrichter hatte er sich einen Namen gemacht, und kein Rezensent seiner späteren Bücher versäumte den Hinweis auf den „als ein sehr gewandter Inquirent" und „im Criminal-Justiz-Fache rühmlichst" bekannten Verfasser[22].

Ludwig Pfister, der sich in der juristischen Literatur seiner Zeit gut auskannte und schon früh selbst Einschlägiges publiziert hatte[23], war fleißig. Zwischen 1814 und 1820 veröffentlichte er fünf dickleibige Bände, denen er den Obertitel „Merkwürdige Criminalfälle mit besonderer Rücksicht auf die Untersuchungsführung" gab. Anhand von Ermittlungsakten, die wohl überwiegend aus seinem Amtsbezirk stammten, ihm aber auch vom Badischen Justizministerium zur Verfügung gestellt wurden, analysierte er, in durchgängig harschem Tonfall, die Fehler der jeweils zuständig gewesenen Kollegen. Die insgesamt 31 Fallbeispiele betreffen Mord, Totschlag, Giftmischerei und Brandstiftung ebenso wie Kindsaussetzung, Testamentsfälschung, Grenzverrückung, Notzucht, Falschmünzerei, Einbruch und Betrug. Mit der Ausnahme von zwei Fällen, an denen Pfister selbst beteiligt war, sind die Orts- und Personennamen anonymisiert, so dass der Vorwurf der öffentlichen Bloßstellung nicht erhoben werden konnte. Eine der Ausnahmen ist eine neuerliche Darstellung des Hemsbacher Raubüberfalls, die der Autor zu galligen Bemerkungen über die Fehler im Verfahren nutzte, die andere – nicht etwa er selbst – gemacht hatten.

Die Bücher füllten offenbar eine Lücke in der juristischen Literatur der Zeit. Nachdem die Folter zur Erpressung von Geständnissen fast überall verboten oder ihr Gebrauch stark eingeschränkt worden war, kam es nun entscheidend auf eine sorgfältige Beweisaufnahme und Beweissicherung, auf eine ausgeklügelte und psychologisch geschickte Vernehmungs-Methode und auf eine penible Aktenführung an. Und gerade dafür lieferte Pfister Beispiele in Hülle und Fülle. Wenngleich einige Rezensenten seine „mitunter beißende(n) Noten", seinen „etwas dictatorischen Ton", „das beständige Schulmeistern" und das durchweg befremdliche Abkanzeln der beteiligten

Verteidiger kritisierten[24], so war doch das Echo, schon auf den ersten Band, überaus positiv.

Die Liste der Zeitschriften, in denen die Rezensionen erschienen, ist beeindruckend: Göttingische Gelehrte Anzeigen, Wiener Allgemeine Literaturzeitung, Jenaische Allgemeine Literatur-Zeitung, Neues Archiv des Criminalrechts und nicht zuletzt die Heidelbergischen Jahrbücher der Litteratur, in denen gleichzeitig die Bücher von Hegel, Schleiermacher, Jean Paul, Herbart, Fouqué und Fielding – um nur einige zu nennen – besprochen wurden. Pfister wurde dadurch zu einer deutschlandweit bekannten Figur. Dem tat auch der Umstand keinen Abbruch, dass vermutlich zwei Rezensenten – die Heidelberger Juristen Carl Salomo Zachariä und Ferdinand Kämmerer – aus seinem unmittelbaren Bekanntenkreis stammten. Der Mann war eben gut vernetzt. Zachariä widmete er aus Dankbarkeit den zweiten Band der „Merkwürdigen Criminalfälle".

Ich kann mir nicht verkneifen, auf eines von Pfisters Fallbeispielen näher einzugehen, nämlich auf das des „Meuchelmörders Cajetan B." [25]. Dieser unglückliche junge Mann hatte ein Mädchen aus Eifersucht („kein anderer soll sie haben") durch Stiche in den Hals mit einem Federmesser umgebracht und sich anschließend selbst töten wollen (was aber misslang). „Liebe also", schrieb Pfister in seinem Kommentar, „ – überspannte, romantische Liebe – Exaltation, Liebesneid, möchte ich sagen, war die causa movens seiner Handlung ..."; verständnisvoll charakterisierte er die „Wuth", die „Verzweiflung eines Liebhabers", die „Schwärmerey" und dekretierte schließlich: „Leidenschaft hat keinen freyen Willen". Kein Zweifel: Der Mann wusste, wovon er sprach, und es wäre eine lohnende Aufgabe für Psychologie-Studenten, die besonders zahlreichen, besonders galligen und besonders aggressiven Anmerkungen zu analysieren, die er den Ermittlungs-Ergebnissen seines Kommissar-Kollegen zuteil werden ließ.

Den vierten Band seiner „Merkwürdigen Criminalfälle" durfte Pfister sogar „Seiner Königlichen Hoheit, dem Durchlauchtigsten Fürsten und Herren, Herren Ludwig Wilhelm August, von Gottes Gnaden Großherzoge zu Baden ... als Beweis seiner Treue und Anhänglichkeit unterthänigst" widmen. Das war gewiss eine große Ehre und geschah im September 1819. Just in diesem Monat verlor der so Geehrte sein Amt als Stadtdirektor in Heidelberg, weil er nach Ansicht seiner Vorgesetzten nicht in der Lage war, Ordnung und Sicherheit in der Stadt zu gewährleisten.

Wie kam das zu Stande? Anlass war ein Pogrom, der in der Geschichtsschreibung unter dem Rubrum „Hepp-Hepp-Unruhen" firmiert. Die Angriffe auf Juden, die damit gemeint sind, begannen in Würzburg und griffen rasch auf andere Städte über, so auch auf Heidelberg. Konkret sah das so aus:

> „Am 25. August 1819 stürmte gegen neun Uhr abends eine Menschenmenge die Häuser der jüdischen Klein- und Trödelhändler Samuel Carlebach, Herz Carlebach und Hirsch Marx in der Unteren Straße, wobei Fenster und Türen eingeschlagen, Hausrat und Waren zerstört und geplündert wurden. Die ebenfalls in der Unteren Straße und am Heumarkt gelegenen Häuser von Isaac Mayer, Salomon Mayer und Mendel Abenheimer wurden gleichfalls angegriffen und beschädigt. Das städtische Polizeipersonal und die Bürgerwehr verhielten sich weitgehend passiv, so daß sich eine größere Anzahl von Studenten bewaffnete und unter Führung der Professoren Thibaut und Daub dem Tumult ein Ende bereitete sowie einige Randalierer festnahm."[26].

Den Schaden – er betrug bei den Hauptbetroffenen jeweils über 2000 Gulden – ersetzte die großherzogliche Regierung nicht, obwohl sie selbst erwogen hatte, Pfister dafür in Regress zu nehmen[27]. Man sieht: nicht nur Straßenräuber (die immerhin dafür bestraft wurden) plünderten jüdische Kaufleute aus, sondern auch die zu ihrem Schutz berufene Obrigkeit. Ludwig Börne – der Heidelberger Fall erregte die Gemüter in ganz Deutschland – kommentierte das so: „Die Polizei, welche, wie in vielen deutschen Staaten, behender ist, ruhigen Bürgern den Frieden zu nehmen, als ihn beunruhigten zu geben, hatte ... sich kaum sehen lassen. Man sollte alle Polizisten ... außer Dienst setzen und in einem Invalidenhause zu Tode füttern lassen."[28].

Der Pogrom kam nicht aus heiterem Himmel. Pfister hätte vorgewarnt sein können, und er war auch vorgewarnt worden. Seit Tagen schon waren Juden öffentlich durch Hepp-Hepp-Rufe und Beleidigungen belästigt worden, und die Opfer hatten sich bei Pfister beschwert. Am Nachmittag des 25. August kursierten „Gerüchte über eine bevorstehende Aktion gegen die Juden". Auch davon wurde der Stadtdirektor sofort informiert, „war jedoch der Ansicht, daß die Sicherheit der Juden nicht gefährdet sei. ... Er vernahm zwar die zunehmenden Hepp-Hepp-Rufe in der Stadt, gleichwohl ging er nach Hause, um Abend zu essen." Während des Pogroms selbst erhielt die Pfister unterstehende Polizei keine Anweisung zum Einschreiten[29].

Die Aufsichtsbehörde war auf's Höchste alarmiert, vermutlich weniger wegen der geschädigten Juden als vielmehr wegen der bewaffneten Studenten, die unter Generalverdacht standen, seit Karl Ludwig Sand im März 1819 in Mannheim (im Quadrat A 2) den Komödiendichter August von

Kotzebue ermordet hatte. Just in diesen Augusttagen wurden die Karlsbader Beschlüsse ausgebrütet, die unter anderem eine scharfe Kontrolle der Universitäten vorsahen. Die Regierung schickte Militär nach Heidelberg und ordnete eine Untersuchung der Vorfälle an. Die zeitigte ein für Pfister, dessen Einlassungen als Ausflüchte und der Aufklärung nicht dienlich eingestuft wurden, vernichtendes Ergebnis. Im Abschlussbericht stand, dieser habe „sich schuldhaft verhalten, da er trotz einer Reihe von Warnungen nichts zum Schutz der Israeliten unternommen und durch seine Untätigkeit die Ausschreitungen erst ermöglicht hatte"[30]. Kurzum: Pfister war nicht zu halten.

Aber, wie das auch heute in solchen Fällen zu geschehen pflegt: der Stadtdirektor a.D. stieg nicht ab (vom Invalidenhaus konnte keine Rede sein), sondern auf: Er wurde „Großherzoglich Badischer Geheimer Rath und Mitglied der Central-Untersuchungs-Commission des durchlauchtigsten teutschen Bundes" mit einem jährlichen Gehalt von 2800 Gulden. Endlich war er da angekommen, wo er schon früher hin gewollt hatte: in der großen Politik. Dass der Abschied von Heidelberg demütigend gewesen war, konnte er verschmerzen. Mokant sprach er im April 1820 in der Vorrede zum fünften Band seiner „Merkwürdigen Criminalfälle" von der „Veränderung ... die inzwischen unvermuthet in meinen Geschäftsverhältnissen statt gefunden hat".

Auf dem Höhepunkt seiner Karriere: Ludwig Pfister, porträtiert von Gotthelf Leberecht Glaeser

Die Central-Untersuchungs-Commission, von der hier die Rede ist, hat in der Geschichtsschreibung – mit Recht – keinen guten Ruf. Der „Beschluß betreffend die Bestellung einer Centralbehörde zur näheren Untersuchung der in mehreren Bundesstaaten entdeckten revolutionären Umtriebe" war, wie die Verschärfung der Pressezensur und der Kontrolle von Professoren und Studenten, Bestandteil der Karlsbader Beschlüsse, die die Bundesversammlung am

20. September 1819 sanktionierte. Sie wurde in Mainz angesiedelt. „Ihre Aufgabe war nicht die einer Gerichtsbehörde ..., sondern spezifisch politisch-polizeilicher Art, denn sie sollte den Tatbestand, Ursprung und die Verzweigungen der Umtriebe und Verbindungen feststellen und untersuchen, das hieß, datenermittelnd, observierend, inquirierend und resümierend tätig werden." [31]. Mitglieder waren die Bundesstaaten Österreich, Preußen, Bayern, Hannover, Baden, Nassau und das Großherzogtum Hessen, die jeweils einen Vertreter entsandten.

Pfister, der Repräsentant des Großherzogtums Baden, scheint sich in diesem bürokratischen Monstrum, das zwar einen eigenen Arbeitsstab besaß, sich aber rasch in Kompetenz-Streitigkeiten mit den primär zuständigen Bundesstaaten verhedderte, stark engagiert zu haben[32]. Ob diese zehnjährige Tätigkeit seinen Ehrgeiz befriedigte, weiß ich nicht, und für den Fortgang unserer Geschichte ist es unerheblich. Die Kommission wurde 1829 ohne formellen Auflösungs-Beschluss „in aller Stille suspendiert"[33]. Im gleichen Jahr, am 29. Dezember 1829, starb Ludwig Pfister als Sechzigjähriger in Mannheim[34].

## 20. Da nahete sich die Räuberband ... Moritat I

Motto:
Der Straf' entgeht kein Uebelthäter
kommt sie nicht gleich, kommt sie doch später

Nichts Schrecklicheres gibts in der Welt,
Als wenn ein Mensch auf frey'm Wege,
Nur wegen seinem wenigen Geld,
Nicht sorgenlos sich kann pflege –
Wenn die Seinigen alle zu Hause
Sich ängstigen wegen ihm drauße,
Wo er für sie nur wandelt! –

Wie fürchterlich-schrecklich für alle,
Die – in welch einem Zweck gleichviel –
Auf offner Stras', plötzlich im Falle
Verworfenster Menschen zum Spiel,
Sich unbedingt müssen ergeben –
Wo der Erfolg: Tod oder Leben –
Nur das Werk des Zufalls bleibt! –

Gegenwärt'ge G'schichte zeigt wieder,
Daß in gebildetsten Staaten,
Räuber oft von mehreren Glieder
Bestehn, und vielfältig schaden –
Allein die Geschichte zeigt auch,
Daß Räuber, noch so gut im Gebrauch,
Am End' doch hängen bleiben!

Die That geschah im vorigen Jahre,
Bey Hemsbach des Nachts um zwey Uhr,
Da kamen von Frankfurt her gefahre,
Die zwey Schweizer aus Winterthur;
Sie eilten von G'schäften getriebe,
So wie auch von inniger Liebe
Nach ihrer Familie.

Sie schliefen beide in guter Ruh,
Und war'n auf nichts Uebels bedacht;
Ihr Postillon der fuhr auch gut zu,
Denn es war noch tief in der Nacht;
Da nahete sich die Räuberband
Mit schweren Prügeln in der Hand,
Zum gräßlichen Beginnen.

Sie riefen auf einmal schrecklich: Halt!
Und zweye hielten die Pferde,
Den Postknecht, dem es bald warm, bald kalt,
Am ganzen Leibe wollt werde:
Den nahm der Erz-Räuber Hölzerlips
Vom Bock herunter, so fest am Krips,
Daß er ihn nächst erwürgte.

Zu gleicher Zeit, da schlagen recht drauf
Die andern, zwar auf den Wagen;
Darüber wachten die Schlafenden auf,
Und ehe sie konnten fragen,
Da sprangen sie rechts und links heraus,
Und ahndeten noch nicht, daß sie draus
Ihr Unglück finden würden.

Kaum hatten sie aber die Köpf' im Frey'n,
Und erkannten jetzt ihre Noth,
Da hörten sie auch die Räuber schrey'n:
Schies't, haut und schlaget sie todt! –
Da half kein Flehen: Hab' Erbarmen!
Dieß machte nur der Räuber Arme
Viel stärk're Streiche führen.

Zum Glück wohl bekam Herr Hanhart gleich
Von Anbeginn ihre Schläge
Von einem einen solch starken Streich,
Daß er sich nicht mehr konnt' rege;
Sie hielten ihn daher auch für todt,
Und könneten nun ohn alle Noth
An ihrem Raube gehen.

Nicht so ging es dem armen Rieder,
Bey seinen erhalt'nen Schlägen;
Er fiel mehrmals, erhebt sich wieder,
Und ruft oft, sie zu bewegen:
Ich will, was ich nur hab' euch geben,
Erbarmt euch nur und laßt mir's Leben,
Ich habe Weib und Kinder! –

Doch was fühlts Herz bey solchen Räubern?
Was fühlen sie für Kind und Weib! –
Für Geld und Geldes Werthe sträubern
Sie selbst des Menschen Haut vom Leib. –
Daher half hier auch gar kein Flehen,
Sie schlagen fort bis daß sie sehen,
Daß er wie todt da liege.

Am schrecklichsten bey diesem Schlagen
Gab einer ihm die Herzensstös';
Als beyde schon im Blute lagen,
Kam noch der lange Anderäs,
Und schlug mit seiner Pistol so drein,
Daß ihm das Stirn- und die Nasenbein'
Durchaus in Stücken zersprang.

Darauf kehrten sie alle zum Raub,
Und schlugen die Koffer entzwey –
Derweil schlich sich der Knecht aus dem Staub,
Und machte ein Hülfsgeschrey;
Allein die Räuber hatten noch Zeit,
Mit den gestohlnen Sachen sehr weit
Zu fliehen, eh' Hülfe kam.

Bewußtlos lagen beyde noch da,
Und waren verlassen von allen.
Da erwacht Hanhart zuerst und sah
Das Blut seines Freundes noch fallen;
Mit äußerem Weh und innigstem Schmerz
Steht er auf, drückt seinen Freund ans Herz,
Und dankt Gott für sein Leben.

Allein mit Müh' nur konnte Rieder
Sich einigermaßen erhol'n,
Sein Leben kehrte langsam wieder,
Und schon hat er sich Gott befohl'n;
Da nahm ihn sein Freund, richtet ihn auf,
Unterstützt, noch selbst schwach, seinen Lauf,
Und gingen kläglich des Weges.

Der Schultheiß von Hemsbach kam im Lauf,
Mit all seinen Leuten hinaus;
Er nahm die Schwachen dienstfertig auf,
Und führt' sie ins nächste Wirthshaus:
Sorgte für Labung und Pflege nach Pflicht,
Nahm dann vom Ort das ganze Gericht
Und die Gemeind' zum streife.

Es wurden die Kranken verbunden,
Das Physikat eilte herbey,
Und hatte bey Rieder gefunden,
Daß seine Wund tödtlich noch sey –
Man eilte zur bessern Pflege
Und fuhr ihn ganz langsam im Wege
Den Ärzten in Heidelberg zu.

Was Wissen und G'schicklichkeit bieten,
Das wurde an ihn verwendet;
Allein alle Zeichen verriethen,
Das alles fruchtlos verschwendet;
Die Kräfte schwanden von Stund zu Stund,
Und nach fünf Tagen machte man kund:
Er sey dem Herrn entschlafen.

So endete des Mannes Leben,
Der als ein Biedermann bekannt;
Den Niemand weigern sah zu geben,
Sobald ihn jemand Helfer nannt –
Und solch Biedermannes Leben ward
Von abscheulichsten Menschen so hart,
Und so meuchlerisch zerstöret! –

Und solche Menschen sollten der Rache,
des Weltregierers Zorn entfliehn? –
Dieß wäre die schlechtlohnenste Sache
des Himmels, fürs gute Bemühn!
Nein! Gott gab der Menschen Vorstand Kraft,
Daß er die Schädlichsten all wegschafft,
Die er ihm selbst noch zeiget. –

Drum konnt' der Hauf' auch nicht weit springen,
Die Sünde hemmete sie all;
Schon am vierten sah man einbringen:
Veit Krämer, der erst in der Fall –
Zu tief hatt' ihn die That selbst gerührt,
Daher zur Reue übergeführt,
Hat er sogleich gestanden.

Durch ihn bekam der Richter auch Licht
Gegen die andern zu verfahren;
Er nannte alle die Bösewicht,
Die bey dem Straßenraub waren;
Man schickte Steckbriefe in der Eil,
Und innerhalb Wegs von zwanzig Meil'
Wurden sie alle gefangen.

Es kam nebst vielen andern Räubern,
Die überall aufgepackt waren,
Auch Gauner mit Kinder und Weibern,
Tagtäglich hierher gefahren,
(So daß unsre Gegend lange Zeit
Von dergleichen G'sindell ist befreit,
Wenn anders die Aufsicht bleibt).

Darunter kam zuerst Andreas Wild,
Ein frecher, stets g'fährlicher Dieb;
Den keine Beraubung hat gestillt,
Obgleich er es täglich fort trieb;
Er ist als Köhlers Andres bekannt,
Der Aergste im Läugnen, und nie gestand,
Selbst als er verrathen sich sah.

Ihm folgte nach Mane Friederich,
Der vielmals schon hat gesessen.
Er wußt' am besten die Räuberschlich,
Konnt' hierin mit allen sich messen.
Man brachte ihn von Hanau hierher,
Und schloß ihn sogleich in Kreuz und Quer,
Wie man bis jetzt ihn noch sieht.

Er hatte nebst vielen Diebstählen
Auch Theil an dem Hemsbacher Mord;
Der Beste war er im Verhehlen
Des Gestohlnen, bey seiner Hord.
Er wollte durchaus nichts bekennen,
Und ließ sich vergebens noch nennen
Von seiner eigenen Frau.

Doch was hilft eingesperrt das Lügen
Bey einem recht guten Jurist!
Gelingt's ihm auch gleich zu betrügen,
Ist's ihm doch kaum nur eine Frist;
Und so hat er in seinen Banden
Den andern gleich auch eingestanden –
Erkannte auch wieder sein Weib.

Nun ward auch Basti hierher gebracht;
Den hat gleich 's G'wisse gezupft –
Drum ist er auch schon in zweyter Nacht
Wieder zum Fenster hinaus g'schlupft:
Nachdem er künstlich die Kette gelös't,
Und sich bis auf's Hemd hatte entblös't,
Ists ihm unglaublich gelungen.

Doch sah ihn die Wacht noch als er sprang,
Schoß nach, fehlte – das macht' ihn kecker,
Er lief stärker, so daß ihm gelang
Sich zu verstecken im Necker –
Er steckt im Wasser bis an die Nas',
Man sucht vergebens, weiß nicht was
Aus ihm geworden seyn mag.

Als es still ward, schwimmt er fort,
Kommt recht gut hinüber, und sucht
Zum Weiterkommen sicheren Ort,
Und erreicht glücklich hohe Frucht;
Durch sie gedeckt kommt er in den Wald,
Da ward ihm leicht, er dünkt sich bald
Ganz über die ränze zu seyn.

Aber die Freude dauert' nicht lange,
Es war gesorgt, wie sichs gebührt;
Schon Abends wurde er gefange,
Und andern Tags zurück geführt;
Er ging nun ohne Zaudern zum G'ständniß,
Und dacht schon zum Voraus im Gefängniß,
Man werde ihm nichts schenken.

Man brachte nun den Hölzerlips vor,
Der war berüchtigt vor allen;
Er hatte anfänglich auch kein Ohr,
Doch ließ er den Muth bald fallen;
Er sah die unausbleibliche G'fahr,
Sah auch, daß keine Rettung mehr war,
Drum gab er sich gütlich hin.

Das nämliche machten die andern,
Sie logen zwar anfänglich auch,
Aber das läst'ge Ketten-Wandern,
Das hob mit den üblen Gebrauch;
Sie bekannten die übelste That,
Sie auch als eine Frucht früher Saat
Von kleineren Verbrechen.

So kam der Richter durch Geständniß
Aller, zu seinem Hauptzwecke;
Aber bis zum reinen Bekenntniß
Mußt' er das Innre erst wecke,
Dieß vermochte der Richter durch Kunst,
Er erwarb sich der Fehlenden Gunst,
Und erfuhr was er wollte. –

All die bey dem Raubmord zugege,
Die waren schwere Verbrecher,
Durch ihr eigne Aussagsbelege
Ergaben sie sich dem Rächer: –
Dieß ist der Großherzog von Bade,
Er gibt den Schuld'gen keine Gnade,
Und strafet Jeden gerecht! –

Drum müssen die Schuld'gen sterben,
Sie sein für des Guten zu viel;
Denn ums Leben bey Solchen zu werben,
Das wär' ein sehr ungleiches Spiel;
Daher sey euch Gott nur gnädig,
Euch, die ihr zum Guten unthätig
waret, euch verzeihe Er! –

Menschen, die Ihr die Sünder sehet,
Betrachtet doch des Menschen Lauf:
Wie oft der beste untergehet,
Und oft der Schlechte stehet auf!
Behaltet Gott stets im Angesicht,
Dann kommt Euch auch das jüngste Gericht
Zu keiner Zeit zu frühe.

*Dieses ziemlich holprige Gedicht erschien ohne Angabe des Verfassers kurz vor dem 31. Juli 1812, dem Tag der Hinrichtung der Räuber von Hemsbach, in Heidelberg als 16-seitige Broschüre. Es vermittelt einen Eindruck davon, was die Öffentlichkeit zu diesem Zeitpunkt wusste – und was nicht; es geht z. B. noch von sechs Todeskandidaten aus. Es war die erste gereimte Schrift zu diesem Thema, weitere folgten.*

## 21. Ich bin der nicht, für welchen Sie mich halten

Nachdem sie am frühen Morgen des 1. Mai 1811 auf dem Juchhe-Häuschen oberhalb von Laudenbach ihre Schulden beglichen hatten, teilten die Kutschen-Räuber im nahe gelegenen Wald ihre Beute in sechs gleiche Portionen, die sie unter sich verlosten. Ober- und Unterräuber gab es hier offenbar nicht. Was sich nicht teilen ließ, die Uhren und der Schmuck, wurde versteigert, „oder, wie sie es nennen, von Einzelnen herausgekauft"[1]. Das war üblich und auch klug, weil es eine spontan notwendig werdende Trennung der Gruppe einkalkulierte. Das Sextett blieb aber zunächst zusammen, schon deshalb, weil Schütz und Lang – Odenwald-Räuber, die sie eher zufällig waren – den Weg nicht kannten, und marschierte bergauf, bergab nach Südosten.

Am Morgen des 2. Mai vertrank es einen Teil des geraubten Geldes – nein, nicht in einem städtischen Bordell, sondern in einem gewöhnlichen Wirtshaus an der Landstraße bei Eberbach. Das mag üblich gewesen sein, klug war es nicht. Ein hessen-darmstädtischer Soldat, der zufällig des Weges kam, wurde auf die Zecher aufmerksam und alarmierte die Bewohner umliegender Dörfer und Höfe. Als die Räuber, sicher nicht mehr nüchtern, das Lokal verließen, wurden sie gestellt, so ungeschickt freilich, dass fünf entkommen konnten, allerdings unter Zurücklassung eines Teils ihrer Beute-Bündel, die sie immer noch mit sich getragen hatten.

Der einzige, der verhaftet wurde, war Friedrich Philipp Schütz. Mitsamt der Bündel wurde er ins Amtsstädtchen Zwingenberg (am Neckar, südöstlich von Eberbach) gebracht. Betrunkenen Kopfes gab er sogar seinen wahren Namen preis, leugnete aber, die Geflohenen zu kennen. Auch sonst war er um Ausreden nicht verlegen. Er hatte noch eines der gerade geraubten Hemden an – auch das war üblich, aber nicht klug – und riss, um nicht überführt zu werden, im Gefängnis das Monogramm des Beraubten heraus. Als das Stückchen Stoff gefunden und richtig zugeordnet worden war, behauptete er, er habe das Hemd von den Saufkumpanen gekauft und unterwegs angezogen, und dagegen war nun nicht mehr anzukommen. Ich lerne hier eine neue Seite meines Vetters, des Räubers, kennen: er konnte reden, geschickt und frech argumentieren, kühl kontern, wenn er in die Enge getrieben wurde. Das mag ihm früher schon, vielleicht sogar in Arnsberg, geholfen haben, hier aber wird es zum ersten Mal aktenkundig.

Weniger erstaunlich ist, dass Schütz nicht nur ein-, sondern auch ausbrechen konnte. Das gehörte gewissermaßen zum Handwerk. Als die Nachricht von seiner Verhaftung in Heidelberg eintraf, war er schon entkommen und über alle Berge. Darüber, wie ihm das gelang, machte er später widersprüchliche Angaben. Einmal sagte er, ein Fremder, dessen Namen er nicht nennen wolle – Pfister kommentierte: „... man geräth wirklich in Versuchung, darin einen edlen Zug zu bewundern" – habe ihn befreit, mit Branntwein versorgt und ihm den Weg ins Gebirge gezeigt. Später behauptete er, der Gefängniswärter selbst habe ihm, gegen Zahlung von zwei Gulden, einen Meißel zugesteckt, mit dem er die Tür öffnen konnte. Der so Beschuldigte leugnete standhaft, und die Sache blieb ungeklärt[2]. Jedenfalls war Schütz seit dem 3. oder 4. Mai wieder einmal – und wieder einmal vorübergehend – ein freier Mann. Er beendete – das war klug – sein einmonatiges Gastspiel im Odenwald und kehrte auf seine Heimatbühne zurück.

Inzwischen lief die Fahndung nach den Hemsbach-Räubern auf Hochtouren. Am Tatort war, neben verstreut herum liegenden Gamaschen, Strümpfen und Taschentüchern, ein blutbefleckter, frisch geschnittener Buchenknüppel gefunden worden, gut einen Meter lang und drei Zentimeter dick; auf dem Weg ins Gebirge ein ebensolcher, eine Kopfbinde aus Rieters Koffer und eine neue Feuerstelle[3]. Und auch die Analyse der von den geflüchteten Räubern weg geworfenen Bündel ließ keinen Zweifel aufkommen: Die Spur führte in den Odenwald. Daher wurden die dort residierenden badischen und hessen-darmstädtischen Amtmänner alarmiert, die ihrerseits unter den Bauern Streifer aufboten, um das unwegsame Gelände zu kontrollieren.

Der Tod Rieters am 5. Mai, das Krankheits-Protokoll und der Obduktionsbericht, der als Todesursache die von den Räubern erhaltenen Schläge festschrieb, gaben dem Überfall eine neue Bedeutung. Das war keine lokale Angelegenheit mehr, sondern eine gesamtstaatliche. Die erhaltenen Akten zeigen das deutlich: Plötzlich waren in Karlsruhe das Justiz- und das Innen-, ja sogar das Kriegs-Ministerium involviert, das Direktorium des Neckarkreises in Mannheim, die örtlichen Amtmänner sowieso und nicht zuletzt das Großherzoglich Badische Hofgericht[4].

Dazu muss man wissen, dass in Baden die „Instruktion" und die „Entscheidung in Criminalsachen" verschiedenen Behörden anvertraut waren, die erstere dem Peinlichen Untersuchungsrichter, in diesem Falle also Pfister in Heidelberg, der polizeiliche und staatsanwaltliche Ermittlungs-Befugnisse hatte, die letztere dem Hof- bzw. Oberhofgericht in Mannheim, das das Urteil fällte, dabei aber keine Sachverhalts-Aufklärung mehr betrieb, sondern sich ausschließlich auf die Verhör-Protokolle stützte[5]. Das war theoretisch klar, im konkreten Fall aber durchaus konfliktträchtig.

Ludwig Pfister, dem das Innen-Ministerium am 9. Mai die Untersuchung in Sachen Hemsbach übertrug, konnte just an diesem Tag einen ersten Erfolg verbuchen. Mit Veit Krämer wurde ihm ein Mann überstellt, der nicht nur die eigene Beteiligung an dem Raubüberfall gestand, sondern auch mithalf, die anderen zu identifizieren und ausfindig zu machen. Pfister hat die Chance, die sich ihm hier bot, sofort erkannt und nutzte sie weidlich.

Georg Philipp Lang, Andreas Petry, der lange Andres und Veit Krämer hatten, nachdem sie den Streifern vor dem Wirtshaus bei Eberbach entkommen waren, beschlossen, nach Norden zu flüchten. Zwei Tage lang waren sie unterwegs, bis sie in einer Ziegelhütte bei Sickenhofen (zwischen Darmstadt und Seligenstadt) Rast machten. Dort wurden sie am 4. Mai von Bauern aufgestöbert, die aber bloß Veit Krämer einfangen konnten. Bei diesem wurden nicht nur Kleider, die aus dem Hemsbacher Raub stammten, sondern auch ein „silbernes Etui mit einem Zahnstocher aus Horn" gefunden, was ihn besonders verdächtig machte[6].

Zwar behauptete Krämer, er heiße Valentin Schmidt, sei aus Berlin gebürtig und hier ganz fremd, aber diese – bei Räubern übliche – Verteidigungslinie brach schnell zusammen, als sich tags darauf in Darmstadt der Untersuchungsrichter Carl Friedrich Brill seiner annahm. Dessen „Spezialprotokoll gegen Valentin Schmidt aus Berlin, modo Veit Krämer pto rapinae" vom 8. Mai 1811 enthält auf 19 Seiten die Antworten auf 108 Fragen und damit den Schlüssel zur Aufklärung des Raubmords. Auf die Frage 17 „Ob er nicht Krämer heiße", antwortete der (der von dem Tod Rieters noch nichts wusste) „... nach einigem Zögern: Ja, er heiße Krämer." Im weiteren Verlauf gestand er seine Beteiligung an dem Überfall und nannte schließlich sogar seine Komplizen: „Der eine heiße Basti (Bastian), der andere Anders u. der 3te Anders, der 4te heiße Friedrich u. der andere Lips, die Zunamen derselben könne er nicht sagen, die wisse er nicht"[7].

Pfister, der, dank reitender Boten, die nun ständig im Einsatz waren, noch am gleichen Tag in den Besitz des Protokolls gelangte, kommentierte dessen Inhalt später so: „Damit war nun freylich viel und beynahe schon alles gewonnen". Mittels zweier „besonderen Wägen mit Bedeckung" wurde Veit Krämer am 9. Mai nach Heidelberg geschafft. Brill ließ den dortigen Kollegen wissen, der Verhaftete werde „bey gelinder Behandlung geneigt seyn, alles zu gestehen". Ob Pfister wirklich, wie er behauptete, „besonders sanft gegen den Inquisiten" war, sei dahin gestellt. Veit Krämer jedenfalls gestand wirklich alles[8]. Die noch eher vagen Steckbriefe vom 5. und vom 11. Mai beruhten auf seinen Darmstädter und Heidelberger Angaben. Nach seiner Beschreibung konnte Pfister relativ genau den Hergang des Überfalls und die Flucht der Räuber rekonstruieren.

Das war viel, aber der Untersuchungsrichter wollte mehr. Er wollte detaillierte Auskünfte über Krämers Familienverhältnisse; über die richtigen Namen der Mittäter und über deren Familienverhältnisse; über alle früheren Vergehen und Verbrechen, über die daran Beteiligten und wiederum über deren Familienverhältnisse; und nicht zuletzt über Hehler und Kochemer Leute. Und er wollte Geständnisse für's Protokoll, weil ohne solche eine Verurteilung nicht möglich war. Der 22-jährige Veit Krämer, ein Naivling offenbar, der „nicht schweigen kann, sobald man sich mit ihm in ein Gespräch über seine Lebensweise und seine Diebsgenossen einläßt"[9], lieferte, peu à peu, alles, was Pfister brauchte. Die Akten und die Gefängnisse füllten sich, und wir werden, vorübergehend, Zeugen eines regelrechten Massenspektakels.

Aber der Reihe nach. Zunächst gab Veit Krämer zu, der Sohn des Albert Krämer (vulgo: Zunder-Albert) zu sein, der an zahlreichen Überfällen und Einbrüchen der letzten Jahre beteiligt gewesen war und jetzt in Würzburg auf seinen Prozess wartete. Überdies: seine Stiefmutter war eben die Fulder-Ließ (recte Selzerin), die Mutter seiner eigenen Frau (Pfister sagt „Beischläferin"), die in Heidelberg einsaß und also jederzeit vernommen werden konnte[10]. Hier bot sich die Chance zur Aufklärung weiterer Untaten, und die ganze Geschichte schien zudem Pfisters These zu bestätigen, dass Räuber eben von Räubern abstammten.

Sodann: Zusammen mit Veit Krämer war ein weiterer Verdächtiger, der einen Tag nach diesem ebenfalls in Sickenhofen gefangen worden war, sich Johann Wild nannte und aus Brünn stammen wollte, nach Heidelberg überstellt worden, und zwar zusammen mit seiner Frau und einem siebenjährigen Buben. Krämer behauptete von ihm, er sei der Vater von Köhlers Andres und der Schwiegervater des Basti, die beide wegen des Hemsbacher Überfalls gesucht wurden. Nach tagelangen fruchtlosen Verhören des Ehepaars und seines kleinen Sohnes – so etwas war üblich – bestätigte Wild schließlich diese Verwandtschaft[11].

Kurz darauf wurde Köhlers Andres unter dem Namen Andreas Wild im Hessischen verhaftet und am 30. Mai nach Heidelberg ausgeliefert. Nachdem Pfister, der trotz gegenteiliger Behauptungen in solchen Situationen nicht zimperlich war, ihm die Auspeitschung mit dem Farrenziemer angedroht und Veit Krämer ihn bei einer Gegenüberstellung identifiziert hatte, gab er die Beteiligung an dem Kutschen-Überfall zu und legte am 4. Juni ein umfassendes Geständnis ab, das auch frühere Vergehen und jeweils die Aufzählung der Mittäter einschloss.

Pfister konnte mit diesem Ergebnis zufrieden sein, war es aber nicht. Er wusste oder ahnte, dass Wild nicht wirklich Wild hieß, also seine wahre Identität verbarg. Nach immer neuen Anläufen hatte er mit seiner Befragungstechnik auch hier Erfolg. Der 59-jährige Johannes Wild – „Was soll ich mich noch lange quälen lassen, es ist doch aus" – meldete sich schließlich freiwillig bei ihm und „konnte nur durch Kopfnicken bestätigen: er seye Peter Petry, vulgo der schwarze Peter – Genosse des Schinderhannes". Der war schon lange wegen Mordes und anderer Verbrechen gesucht worden. Pfister triumphierte. Er hatte den Beweis erbracht, dass ehemalige Mitglieder der linksrheinischen Banden rechtsrheinisch weiter geräubert hatten, und er hatte einen von ihnen zu einem Geständnis bewogen.

Flugs rühmte er sich, damit zur Überführung weiterer Schinderhannes-Kumpane beigetragen zu haben, so des Martin Delis (= Zahnfranzen-Martin), der beiden in Darmstadt einsitzenden Johann Adam Grasmann (= langer Samel) und Johann Adam Heusner (= dicker oder roter Hannadam), schließlich des in Arnsberg verurteilten ehemaligen Schütz-Kumpans Johann Adam Hofman (= Peter Heinrichs Hannadam). Ich lasse dahin gestellt, ob das nicht ein bisschen übertrieben war. Peter Petry jedenfalls wurde an die Franzosen ausgeliefert und in der Folge zu lebenslanger Haft verurteilt[12].

Nicht nur Andreas Wild, der jetzt richtig Andreas Petry hieß, sondern auch Veit Krämer selbst waren nach ihren Geständnissen von Anfang Juni so weit, dass sie nicht nur die Mittäter an ihren eigenen Überfällen und Diebstählen und an denen, von denen sie nur vom Hörensagen wussten, nannten, sondern auch die Namen der Hehler und die Adressen der Kochemer Beyes aus der engeren und weiteren Umgebung.

Wahre Massenverhaftungen waren die Folge. Allein im Odenwald wurden in den nächsten Monaten (ausweislich einer Liste des Mannheimer Stadtamtmanns Ziegler) 129 Personen arretiert: kleine Diebe und Schnorrer bei den besseren Ständen, Handwerksburschen und Deserteure, Bettler und ein unglücklicher Theologie-Student, gegen die, abgesehen von der Bettelei, nichts vorlag, Blinde, Krüppel und Schwachsinnige, mit denen die Justiz nichts anzufangen wusste, und auch eine Reihe Unschuldiger, die Opfer böswilliger Denunziationen geworden waren. Selbst Pfister hielt das für übertrieben, und er erreichte, dass die Verhafteten wenigstens nicht ihm, sondern den Mannheimer Kollegen überwiesen wurden. Sofern die Leute nicht nach Baden gehörten, wurden sie ausgewiesen: das immer noch übliche Spiel. Die Kochemer Beyes wurden ausgehoben; das Ehepaar

Fuhn und die Witwe Geiger traf es hart: sie wurden zu Zuchthaus-Strafen von anderthalb bzw. drei Jahren verurteilt[13].

Immerhin gingen den Fahndern, die durch die Aussagen der beiden Inhaftierten und mit Hilfe der unermüdlich reitenden Boten immer besser und genauer informiert waren, zusätzlich ein paar dicke Fische ins Netz. Stephan Heusner (= der langbeinige Steffen) und Johann Adam Treber zum Beispiel, die zusammen mit Schütz Diebstähle und Einbrüche verübt hatten. Stephan Heusner war nicht nur ein Bruder von Johann Adam Heusner, sondern auch – Familienverhältnisse! – der Schwiegersohn des stumpfarmigen Zimmermanns Philipp Müller (der mit den Meerschweinchen), der im übrigen aktiv zu seiner Verhaftung beigetragen hatte; Heusner erhängte sich am 31. August 1811 nach einem umfassenden Geständnis in seiner Mannheimer Zelle.

Eingefangen wurde auch Peter Eichler (= der Hainstadter Peter), der mit Daumenschrauben gefoltert wurde, lange nicht davon abging, dass er Anton König heiße und aus Wien stamme, und der sich schließlich – „aber lag ich in der Freiheit weicher?" – mit allem abfand; in der Nacht vom 14. auf den 15. Januar 1812 starb er im Mannheimer Zuchthaus eines natürlichen Todes[14]. Und außerdem: die „Frankfurter Karlsbuben" Joseph Jacobi, Balthasar, Bernhard und Friedrich Held; der „Schefflenzer Bub" Johann Bauer; Johann Adam Karr (= der strobeliche Adel); Johann Schulz (= der Vogelhannes); und Johann Heinrich Vogt (= der Schodenheinrich). Sie alle mussten nun dem Heidelberger Untersuchungsrichter Rede und Antwort stehen. Die Deliktlisten wurden immer länger.

Unter den Verhafteten war auch Matthäus Oesterlein (= Kramermatthes), ein alter Bekannter von Veit Krämer, der zwar nichts mit dem Hemsbacher Überfall zu tun hatte, aber zusammen mit Krämer des Raubmords an dem jüdischen Händler Hajum David aus Altenkirchen, dazu zahlreicher Straßenraube, Einbrüche und Diebstähle überführt werden konnte. Er wurde in einem gesonderten Prozess zum Tode verurteilt und am 31. Juli 1812 zusammen mit Krämer, Lang und Schütz in Heidelberg hingerichtet.

Friedrich Philipp Schütz war seit dem 3. oder 4. Mai 1811 auf der Flucht. Auch er marschierte nach Norden. Sein Ziel war die Gegend zwischen Ostheim und Windecken (nördlich von Hanau), in der er seit seiner Entlassung aus dem Arnsberger Zuchthaus gelebt, in der er zahlreiche Diebstähle begangen hatte und aus der er einen Monat zuvor wegen der zunehmenden Kontrollen in den Odenwald abgewandert war. Dort traf er – solche Verabredungen waren auch ohne Handy möglich – seine Frau und die beiden Kinder, und ebenso Georg Philipp Lang und die Seinen. Ob sie

Die Gefängnisse füllten sich: Die „in Heidelberg verhafteten Mitglieder der Raeuber-Bande am Mayn": 1. Der schwarze Peter, 2. Sein Sohn Andreas, 3. Der Langbeinigte Stephen, 4. Hölzerlips, 5. Dessen Frau, 6. ihr buckliger Bube, 7. Mane Fritz, 8. Veit Kraemer, 9. Der Basti, 10. Der große Harz Bube, 11. Der Scheflenzer Bube, 12. Krämer Mathes, 13. 1$^{ter}$ Karlsbub, 14. 2$^{ter}$ Karlsbub, 15. 3$^{ter}$ Karlsbub, 16. 4$^{ter}$ Karlsbub, 17. Peter Henrichs HanAdam

da eine feste Bleibe hatten, etwa das Quartier auf den Pfaffenhöfen ihnen noch zur Verfügung stand, geht aus den Akten nicht hervor.

Wohl Mitte Mai überfielen Lang und Schütz auf einer Landstraße einen jüdischen Viehhändler, ließen aber von ihm ab, als ein „reitender Lieutenant" sich näherte. Dem erzählten sie – Schütz konnte reden – sie seien aus Hanau und brauchten hier, so nah dabei, keine Pässe, und der Kontrolleur ließ sie laufen. Kurz darauf brachen sie bei Somborn (etwas östlich von Ostheim) in eine Ziegelhütte ein und stahlen Zinn im Wert von wenigen Gulden. Wieder konnten sie entkommen. Mit von der Partie in Somborn war „der Jude Jacob Isac, vulgo Schimme von Heldenbergen" (das liegt auch in der Gegend). Der war „ein alter Bekannter der Räuber, welcher ihnen früher schon die geraubten Sachen abzukaufen pflegte. ... Man hat mehrere Meisel und Diebsschlüssel bei ihm gefunden"[15]. Jacob Isac wurde, wie die beiden anderen, kurze Zeit später verhaftet, nach Darmstadt überstellt und hat dort den Einbruch gestanden. Über sein weiteres Schicksal teilen die Akten nichts mit.

Einschub 1: Der Somborner Einbruch zeigt, dass – ganz abgesehen von dem sehr problematischen Bandenbegriff – die in der einschlägigen Literatur aufgetauchte Charakterisierung der „Odenwald-Bande" als „Christians, no admission of Jews"[16] falsch ist.

Einschub 2, à propos Hepp-Hepp: Pfister beschrieb die Fälle, an denen Juden als Täter oder Beschuldigte beteiligt waren, nüchtern, sachlich und ohne antisemitische Untertöne. Nur einmal, soweit ich sehe, ließ er sich, in den „Merkwürdigen Criminalfällen" im Hinblick auf den Schutzjuden H. B., der in Verdacht stand, seine schwangere Ehefrau ermordet zu haben, zu Bemerkungen über „den gemeinsten jüdischen Schachersinn" hinreißen[17]. Ansonsten befleißigte er sich genau der Neutralität in Konfessionsdingen, die von einem Beamten des aufgeklärt regierten Großherzogtums Baden erwartet werden konnte. In der Vorrede des vierten Bandes der „Merkwürdigen Criminalfälle" vom September 1819 (!) stellte er ausdrücklich fest, dass es sich bei einem im dritten Band enthaltenen Betrugsfall nicht, wie ein Rezensent unterstellt hatte, um Juden, sondern um „leibhaftige Christen" gehandelt hatte[18]. Pfisters eklatantes Versagen angesichts des Heidelberger Pogroms wird durch solche Befunde nicht eben plausibler.

Drei Tage nach dem Somborner Einbruch, der ihm fast nichts eingebracht hatte, aber sein Schuldbuch noch einmal verlängerte, also gegen Ende Mai 1811, wurde Friedrich Philipp Schütz in Windecken – und nun zum letzten Mal – verhaftet, offenbar zusammen mit Andreas Wild alias Petry. Der gab, inzwischen in Heidelberg, am 4. Juni zu Protokoll: „Der Mannefriederich sitze unter einem fremden Namen in Hanau gefangen. Er seye mit ihm, Inquisiten, dorthin gebracht worden. ... Er, Inquisit, habe in Hanau nicht gesagt, daß er den Mannefriederich kenne"[19]. Was folgte, war klar: Auslieferungs-Antrag, reitender Bote, und schon am 5. Juni abends traf Schütz, der aber tapfer leugnete, so zu heißen, in Heidelberg ein.

Mit ihm im Transport: Anna Katharina Nern, die behauptete, ihn gar nicht zu kennen, Catharine Ruppertsin zu heißen und mit einem Friedrich Schilch verheiratet zu sein, sowie die beiden Kinder Christoph und Johann Valentin. Schon am nächsten Tag begann ein Vernehmungs-Marathon, in dem es zunächst nur um die wahre Identität der beiden ging und das in Dramaturgie und Choreografie jedem Krimi zur Ehre gereicht hätte. Da just dieser Protokollband im Karlsruher Generallandesarchiv fehlt (hat Pfister ihn etwa nicht zurück gegeben?), ist die einzige Quelle für das, was folgt, dessen Bericht in den „Merkwürdigen Criminalfällen"[20]. Ich halte die Texte aber für authentisch. Gleich am 6. Juni ging es los:

„Nun wurde Mannefriederich selbst vorgeführt. Er gab an, er heiße Johannes Goldmann, seye 32 Jahre alt, lutherischer Religion; zu Magdeburg, so viel er wisse, gebürtig, wo sein Vater Soldat unter den Preußen gewesen seye. Sein Vater habe Heinrich Goldmann geheißen und seye, so wie seine Mutter, längst todt, wie er vermuthe. Er habe sie schon in seinem 9. Jahre verlassen, indem er zu einem Porzellanhändler aus Sachsen gekommen und mit demselben 4 Jahre lang umher gezogen seye. Nachher seye er zu einem Tüncher gekommen, dessen Profession er gelernt habe. Als er den Tüncher verlassen gehabt, habe er einen Handel mit Hirsen und dürren Zwetschgen angefangen, welche er in Neuwied und Hersdorf gekauft und jenseits Rheins in der Münstereifel, in der Gegend von Trier, Luxemburg, Köln und auch diesseits Rheins im Wittgensteinischen und dasiger Gegend wieder verkauft habe. Er habe in Neuwied und Hersdorf keinen ständigen Wohnsitz gehabt. Vor ohngefähr 6 Wochen habe er jene Gegend verlassen, um sich im Fuldischen und Würzburgischen wieder bey einem Tüncher nach Arbeit umzuschauen.

Frage: Wo und wann wurdest du arretirt?
Antwort: In Ostheim, weil ich keinen Paß hatte.
F.: Wie kam es, daß du keinen Paß hattest?
A.: Ich hatte früher einen, habe ihn aber in der Gegend von Limburg verloren.
F.: Warst du noch nie in der hiesigen Gegend?
A.: Meiner Lebtag nicht. Ich kam nie weiter herauf, als bis Hanau und Windecken. An letztem Orte wurde ich auch wegen Mangel eines Passes im verflossenen Winter arretirt; nach zwey Stunden aber wieder losgelassen.
F.: Ist das alles wahr, was du sagst?
A.: Ja. Warum sollte ich lügen?
F.: Warst du sonst nirgends in Arrest?
A.: (Mit barscher Stimme) Nein!
F.: Hast du nie in Zwingenberg eingesessen?
A.: Nein. Ich weiß gar nicht, wo dieser Ort liegt.
F.: Besinne dich wohl!
A.: Ich war noch nie in dieser Gegend."

In diesem Augenblick ließ Pfister den Zwingenberger Amtmann auftreten, und der fragte Schütz:

„Bist du wirklich nie in Zwingenberg gewesen und kennst du mich nicht?
Der Mannefriederich verlor keinen Augenblick seine Fassung, verneinte beydes und beharrte nicht nur, aller Ermahnungen ungeachtet, bey seinem Leugnen, sondern trieb auch seine Frechheit so weit, daß er den Untersu-

chungsrichter fragte, wer der vorstehende Mann seye? – und auf die Antwort, es ist der Herr Amtmann von Zwingenberg, diesen mit den Worten apostrophirte: Liebster Herr Amtmann, ich bitte Sie gar schön, betrachten Sie mich genau. Es ist nichts leichter zu täuschen als die Sinne der Menschen. Ich bin der nicht, für welchen Sie mich halten. Man kann sich in nichts mehr irren, als in Menschengesichtern."

Das führte zu nichts; Schütz musste abtreten. Dafür kamen, je einzeln, seine Frau und der achtjährige (!) Sohn ins Verhör, und auch das führte zu nichts. Die Prozedur wiederholte sich – ergebnislos – am 7. Juni. Tags darauf konfrontierte Pfister den vorgeblichen Johannes Goldmann mit Zeugen aus Zwingenberg, die diesen fünf Wochen vorher eingefangen und bewacht hatten, und die ihn nun wiedererkannten – „allein, alle dergleichen Bemühungen waren vergebens. Der Arrestant blieb kalt, zeigte nicht den geringsten Grad von Verlegenheit und fuhr fort, alle Angaben seiner Gegner frech abzuleugnen".

Am 10. Juni schrieb Pfister an das Mannheimer Hofgericht: „Bey diesen Umständen und in der gegründeten Besorgniß, daß Mannefriederich ferner durch boshaftes Leugnen die Untersuchung unendlich erschweren und in unabsehbare Länge ziehen, dadurch Kosten auf Kosten häufen und die schnellere Verfolgung der noch freyen Mitschuldigen erschweren werde; glaubt man allerdings Pflichten halber auf die Ergreifung außergewöhnlicher Mittel antragen zu müssen ...", er forderte also die Genehmigung zum Foltern. Der Antrag wurde am 11. Juni abgelehnt und Pfister angehalten, „durch Confrontationen oder auf andere Art im gewöhnlichen Wege die Wahrheit zu erforschen". Der setzte die Vernehmungen und Gegenüberstellungen in raschem Tempo fort. Mit Hilfe von Veit Krämer konnte er am 17. Juni die vorgebliche Catharine Ruppertsin zu einem halben Geständnis bringen. Am Nachmittag des gleichen Tages kam es zu einer bühnenreifen, wohl inszenierten Konfrontation – alle gegen einen – aus der Schütz freilich als Sieger hervorging:

„Frage: Bleibst du noch bey deinen früheren Angaben?
Antwort (Mit Frechheit): Was ich gesagt habe, gnädiger Herr, dabey bleibe ich.
F.: Heißest du wirklich Johannes Goldmann?
A.: So heiße ich und das ist wirklich mein rechter Name.
F.: Kennst du wirklich die Weibsperson nicht, welche mit dir hieher geliefert wurde?
A.: Ich kenne sie nicht.
F.: Auch den Buben nicht?
A.: Nein.

> F.: Ist nicht dieser Bub dein Stiefsohn?
> A.: Nein. Ich habe weder einen Stiefsohn noch eine Frau."

Auch den Hölzerlips, den Veit Krämer und ihre Frauen, den Köhlers Andres, den Basti, die Harzbuben wollte er nicht kennen: „Nein, ich kenne Niemand, als Gott". Damit freilich hatte Pfister gerechnet:

> „Hierauf wurde Veit Krämers Concubine vorgeführt. Sie erklärte auf Befragen: Der vor ihr stehende Mann seye ihr Gevattermann, heiße Friederich und werde gewöhnlich Mannefriederich genannt.
> Mannefriederich: Das ist gelogen.
> Zu der Krämerin wurde nun auch deren Mutter vorgeführt. Sie sagte: Dieser Mann ist meines Sohnes Gevattermann. Er heißt Friederich.
> Mannefriederich: Es ist nicht wahr.
> Zu den beyden Weibern trat nun auch Veit Krämer vor. Er erklärte: Das ist mein Gevattermann, der Mannefriederich.
> Mannefriederich: Wie kommt er dazu? – das ist nicht wahr.
> Nun trat auch Andreas Wild (= Petry) zu den drey andern und äußerte: Das ist der Mannefriederich.
> Mannefriederich: Das lügt er in seinen Hals hinein.
> Zu den vier Vorstehenden kam itzt auch noch Mannefriederichs Ehefrau. Sie sagte: Das ist mein Ehemann Friederich Schilch.
> Mannefriederich: Das ist nicht wahr. Wie kommt sie dazu?
> Auch sein Stiefsohn wurde vorgebracht und sagte dem Inquisiten: Er seye sein Vater.
> Mannefriederich, laut lachend: Da bekomme ich allerley Leute zu sehen."

Pfister war erbost über so viel Widerständigkeit, die er nur als „beispielloseste, muthwilligste", als „unbändige Frechheit", als „Frechheit ... verworfener Menschen" einordnen konnte[21], und beantragte erneut die Anwendung der Folter. Dieser Antrag erwies sich als überflüssig. Schütz gab auf. Am 18. Juni abends ließ er Pfister melden, er sei zur Aussage bereit, und am 19. Juni legte er das Geständnis ab, das ich schon zitiert habe und das mir zu Anfang dieser Geschichte als Wegweiser durch seinen Lebenslauf diente: „Ich heiße Philipp Friederich Schütz, bin 38 bis 40 Jahre alt ...".

Wieder hatte Pfister ein Etappenziel erreicht: er hatte den dritten der sechs Hemsbach-Räuber identifiziert. Der vierte und der fünfte ließen nicht lange auf sich warten; zeitgleich mit dem Schütz'schen Geständnis, am 17. und 18. Juni wurden ihm Georg Philipp Lang und Sebastian Lutz, der eine aus Hanau, der andere aus Wertheim am Main, überstellt. Das Frage- und Antwort-Spiel konnte weiter gehen. Lang war Mitte Juni als Philipp Steinmuth in Windecken verhaftet und nach Hanau gebracht worden.

Schon bei seiner ersten Vernehmung durch Pfister gestand er, der Georg Philipp Lang, 35 Jahre alt, lutherisch, gebürtig aus Roth am Berge im Nassauischen zu sein.

Seine Frau war mit einem siebenjährigen „bucklichten" Buben schon am 30. Mai nach Heidelberg gebracht worden. Sie nannte sich Spitzin und blieb bei dieser Behauptung, auch als Veit Krämer sie und ihren Sohn identifizierte. Sie blieb dabei sogar, als ihr inzwischen geständiger Mann sie als seine Frau anerkannt hatte: „Ich will deine Kathrine nicht sein". Sie blieb dabei, bis Pfister das tat, was das Hofgericht ihm gerade im Hinblick auf Schütz verboten hatte. Er „.... drohte ... der Inquisitin bey fernerem Leugnen mit körperlicher Züchtigung. Sie fuhr fort zu leugnen. Die Anstalten zur Züchtigung wurden getroffen; – sie leugnete fort. Sie erhielt in Zwischenräumen sechs Farrenziemerstreiche und fuhr fort, jeder Aufforderung zur Wahrheit Trotz zu bieten. Sie empfieng den siebenten Streich ...", und damit war ihr Widerstand gebrochen[22]. Später gab sie auch preis, dass sie eine Tochter von Johann Adam Weis, vulgo „Scheerenschleifers Hannadam" oder „das Kleine Jüdchen" war, und diese Spur führte wieder einmal ins Linksrheinische, wohin es sogleich weiter gemeldet wurde[23].

Sebastian Lutz, der fünfte im Bunde, erwies sich als ein Meister im Ausbrechen. Schon drei Tage nach seiner Einlieferung, am 21. Juni 1811, floh er, nachdem er das Fenster seiner Zelle ausgehoben, mit dem Eisenbeschlag seine kreuzweise geschlossenen Ketten gesprengt, aus einem zerrissenen Teppich ein Seil geflochten und sich daran an der Außenwand des Gefängnisses herunter gehangelt hatte. Die Nacht verbrachte er im Neckar, unter einem Boot der Heidelberger Schwimmschule. Am anderen Tag erreichte er, nur mit einem nassen Hemd bekleidet, den Odenwald, wurde aber abends – schlechte Zeiten für Räuber – von Bauern, die von den 50 Gulden gehört hatten, die auf seine Ergreifung ausgesetzt worden waren, gefangen genommen. Am 25. Juni gestand er seine Beteiligung an dem Hemsbacher Überfall[24].

Nun fehlte nur noch einer: der lange Andres. Der aber war und blieb verschwunden. Pfister konnte über ihn nur mitteilen, dass er Andreas Frank hieß, abwechselnd „Lügen-Clora-Andreas" und „Husarenjung" genannt wurde, Vogelsberger Mundart sprach und im Verdacht stand, sieben Straßenräubereien und elf Einbrüche begangen zu haben[25]. Misserfolge einzugestehen, war seine Sache nicht, und so blieb er, was den sechsten Mann betraf, ziemlich einsilbig. Umso gesprächiger waren die übrigen fünf: unisono beschuldigten sie – wen wundert's – den Abwesenden, mit seinem Pistolenknauf Rieters tödliche Wunden verursacht zu haben.

## 22. Zwei Gedichte von Friedrich Philipp Schütz

**Hört mir izt zu, ihr liebe Leut ...**

Hört mir izt zu, ihr liebe Leut,
    was kürzlich ist geschehen,
von einem Mann, man nennt ihn Veit,
    der's Spielen thät verstehen:
Er mischte vordersamst die Kart
auf eine ganz besondre Art,
    dann lud er zu dem Spiele sein,
    viel Leut aus andern Ländern ein.

Wild, der schon oft beim Spielen war,
    der thät die Karte geben,
da warf ihm Veit die Trümpfe dar,
    und sprach: „es geht ums Leben!"
Schon in dem allerersten Spiel
verlohr der alte Wild sehr viel
    und bald gewann der Veit auf's neu,
    daß Er der schwarze Peter sey.

Als Veit das Glück in seiner Hand
    sah'; thät er sich besinnen,
und schickte Briefe in das Land,
    um Spieler zu gewinnen.
Andreas Wild der erste war
dem warf Veit gleich die Trümpfe dar,
    wodurch er Wilden überwand,
    weil der das Spiel noch nicht verstand.

Nun kam ich, Manne Friederich,
    wollt' erst das Spiel nicht kennen,
doch fieng der Herr Director mich
    Da'r Zwingenberg thät nennen.
Nun spielten sie nach ihrer Art,
gemischt war schon dazu die Kart,
    Da stand ich dann bald nackt und blos,
    Denn ihre Trümpfe waren groß.

Nun kam auch Hölzerlips zum Siz;
    er konnt' nicht länger passen,
er mischt die Kart, flink wie der Blitz,
    sprach: "ich will nicht lange spassen,
Ich mach' die ganze Kart zu Trumpf!"

dadurch war'n alle Spieler stumpf,
    weil keiner's Spiel, wie er, versteht
und so macht Alle Er labeet *).

Basti, der auch nach Heidelberg
    zum Spiel ward invitiret,
der dachte gleich, das Spiel geht zwerg,
    da bist du angeschmieret,
denn, sieh, die Kart' ist trümpfevoll;
nein, dieses Spiel geht mir zu toll.
    Zuletzt ward er doch noch verführt
    zum Spiel, - und glücklich angeschmiert.

Der Oesterlein, der in dem Licht
    sich selbsten hat gesessen,
den haben Veit und Lips auch nicht
    bei diesem Spiel vergessen;
doch weil er, in dem wahren Grund,
von diesem Spiel nicht viel verstund,
    legt' man ihm nur die Karten vor,
    da merkt' er schon: daß er verlohr.

Johannes Bauer wollt' vom Spiel
    gar wunderviel verstehen,
doch fand' der Spieler er zu viel,
    die Karte thät sich drehen;
weswegen er dann vor sich nahm:
davon zu schleichen, wie er kam;
    Sie aber schrie'n: „er ist erwischt,
    warum hat er in's Spiel sich g'mischt?"

Nun kam Fritz Held, der auch, fürwahr!
    am Spiel fand kein Vergnügen;
Er dacht': das Spielen bringt Gefahr
    und ließ die Karten liegen;
doch endlich gab er nach dem Zwang.
„Macht mir das Spiel nur nicht zu lang",
    dacht er, „weil's anderst nicht kann seyn;
    ergiebst du dich gelassen drein."

Bernhardus Held, sein Bruder, sprach:
    „Die Welt die ist verkehret,

so hab' ich all' mein Lebetag
  von keinem Spiel' gehöret;
denn wer's nicht aus dem Grund versteht,
wird augenblicklich hier labeet!"
  Zuletzt nahm er doch auch die Kart
  und spielt, – mit Trümpfen schlecht ver-
  wahrt.

Der dritte Bruder, Balzer, dacht,
  in seinem Wildprettshütten \*\*):
„Das Spiel – das hat der Teufel g'macht,
ich lass' mich nicht erbitten."
Gleich drauf ward Er auch invitirt,
nach Heidelberg zum Spiel geführt.
  Die Spieler reichten ihm die Hand,
  zu zeigen: Er sey wohl bekannt.

Jacobi, das Stiefbrüderlein
  von diesen dreien Helden,
den holte man nun auch herein,
  und wie sie sich auch stellten
so war auch der doch bald erwischt;
die Kart' war schon darnach gemischt,
  der Trümpfe waren gar zu viel; -
  auch Er verlohr in diesem Spiel.

Der lange Steffen thät vom Spiel,
  glaubt mir! gar viel verstehen,
Er überwand der Spieler viel,
  war stets mit Trumpf versehen;
denn wiß't: er stammt von Spielers Art
drum kennt er auch so gut die Kart,
  doch ach! der Tod mischt sich hinein,
  und stellt ihm schnell das Spielen ein.

So weit hat nun das Spiel ein End',
  doch noch nicht unsre Plage; -
die Kart hat häßlich sich gewend't; -
  hin sind die Freiheitstage!
Ein jeder sich nun erst besinnt,
und der verliert, - und der gewinnt
  spricht: „hätten wir's zuvor bedacht,
  wir hätten's Spiel nicht so gemacht!"

\*) *labeet sein = verloren haben*
\*\*) *Er war im „Zivilberuf" Wildhüter*

**Seit dem ersten May ist uns bekannt ...**

Seit dem ersten May ist uns bekannt
der Hemsbacher Raub im badischen Land,
der unser Leben hat verkürzt
und uns in großes Leid gestürzt.

Die Armuth, die war freilich schuld,
weil man sie nicht mehr hat geduld't.
Die meisten Herrn sind Schuld daran,
daß Mancher thut, was er sonst nicht gethan.

Drum sind wir jetzt, wir arme Leut',
in diesem Fall' der uns gereut;
sind unsrer fünfe arretirt,
nach Heidelberg in Arrest geführt.

Valentin Krähmer der Erste war,
der macht's den Herrn gleich offenbar:
wer diesen Raub und Mord verricht't
und sagt's den Andern ins Gesicht.

Darnach wir Andre gestanden ein
durch Kerkerstraf' und Ketten=Pein:
daß wir gewesen auch dabei
und daß die Armuth schuld dran sey.

Im October ward das Verhör geschlossen.
viel Thränen haben wir vergossen.
Gott, der in alle Herzen sicht
doch dieser, der verläßt uns nicht.

Ob uns schon viele Menschen hassen;
thun wir uns doch auf Gott verlassen; –
denn er ist doch derselbe Mann
der des Menschen Herz regieren kann.

Unsern armen Weibern und Kinderlein
mag Gott nun ein Begleiter seyn,
da du doch selbst, Herr Jesu Christ!
der armen Waisen Vater bist.

Jetzt wollen wir das Lied beschließen;
doch lasse sich's Niemand verdrießen,
ist wohl vielleicht ein Fehler drein,
Das macht: weil wir nicht studieret seyn!

*Die einzige Quelle für diese beiden Gedichte ist Pfisters zweites Buch über den Hemsbacher Raubüberfall (Pfister: Nachtrag, S. 33f. & S. 37-41). Dort berichtete er, Schütz habe das erste in Fraktur-Buchstaben auf die Mannheimer Kerkerwand geschrieben, und seine Mitgefangenen hätten es auswendig gelernt; das zweite habe ihm Schütz wenig später zugesandt. Ich habe die zahlreichen Erläuterungen, die Pfister dem zweiten Gedicht anfügte, hier weggelassen. Die beiden mit \*) und \*\*) gekennzeichneten Anmerkungen stammen von mir.*

### 23. Von der Kinzenbacher Mühle

Ende September 2014 bekam ich Post aus Heuchelheim (das ist eine kleine Stadt westlich von Gießen). Der „Bürgermeister als Ordnungsbehörde" schrieb mir:

> „ ... Ihnen wird vorgeworfen, am 19. 09. 2014 um 16:42 Uhr in Heuchelheim, Kinzenbacher Mühle als Führer des PKW ... folgende Ordnungswidrigkeit begangen zu haben: Sie benutzten mit einem Kraftfahrzeug den Verkehrsbereich, obwohl dieser für Sie durch Zeichen 250 gesperrt war. § 41 Abs. 1 iVm Anlage 2, § 49 StVO; § 24 StVO; 141.3 BKat. Beweismittel: Foto. Zeuge: ... Wegen dieser Ordnungswidrigkeit verwarne ich Sie mit einem Verwarnungsgeld von 20,00 € (§§ 56, 57 des Gesetzes über Ordnungswidrigkeiten – OWiG). ... Im Auftrag ...".

So viele Paragrafen. Ich war mir, anders als bei ähnlichen Gelegenheiten, keiner Schuld bewusst und habe mich über den Schrieb geärgert. Dennoch verzichtete ich auf den – pflichtgemäß angebotenen – Widerspruch. Ich hatte, zufällig in der Gegend, die Kinzenbacher Mühle finden wollen, und ich hatte sie gefunden, nach längerem Suchen zwar und ungeachtet des meinem Vorsatz offenbar entgegen stehenden Zeichens 250. Das war mir schließlich die kleine Aufbesserung der Heuchelheimer Stadtkasse wert.

Ich wollte die Kinzenbacher Mühle sehen, weil Anna Katharina Nern, die Frau meines Räuber-Vetters dort geboren wurde und aufgewachsen ist, und weil ich herausgefunden hatte, dass das Gebäude noch dastand – nicht ganz selbstverständlich angesichts der bewegten Zeitläufte seither. Was einmal (bis 1964) ein Mühlenbetrieb war, ist heute ein schickes Ensemble von mehreren großen und kleinen Wohnhäusern, stattlichen Bäumen, gepflegten Blumenrabatten und großzügig bemessenen Autozufahrten. Gleich rechts am Eingang steht, sorgfältig restauriert, ein langgestrecktes, zweistöckiges Fachwerkhaus, das früher – der Vergleich mit alten Fotos zeigt es[1] – die Kinzenbacher Mühle war. An seiner Rückseite ist noch der Mühlengraben zu erahnen, und parallel dazu plätschert das Bächlein, das ihn speiste – die Bieber – gemächlich der Lahn entgegen. Das Ganze liegt in der flachen Mulde eines weitläufigen Tals und ist umgeben von Wiesen, Obstgärten und Pferdekoppeln. Gießen ist nur ein paar Kilometer entfernt: I a Wohnlage.

Früher hat es ringsum mehr Wald gegeben als heute, und die Wege waren schlechter, aber einsam gelegen war die Kinzenbacher Mühle nicht. Nach Kinzenbach (das zu Heuchelheim gehört) und nach Heuchelheim selbst ist es jeweils ein Katzensprung, 500 bzw. 1000 Meter, wenn ich richtig gemessen habe. So kurz die Entfernungen, so hinderlich jedoch die Grenzen, die es hier schon immer gab, und so zäh der Streit um ihren Verlauf. Kinzenbach gehörte seit 1585 – von der Zeit vorher und von den anderen kleinen Orten ringsum will ich gar nicht reden – zu Nassau-Weilburg, Heuchelheim zu Hessen. Und dazwischen gab es ein Waldstück, das gemeinsam, aber nicht einvernehmlich genutzt wurde. Die Misshelligkeiten, vielleicht damals schon wegen einem „Zeichen 250", lösten immer wieder Gewalttätigkeiten aus, beschäftigten jahrzehntelang die Gerichte und dauerten 200 Jahre. Friedlich war die Gegend nicht und, nicht nur deshalb, ein getreues Abbild des Alten Reiches.

Auch die Kinzenbacher Mühle gehörte seit 1585 den Nassauischen Grafen. Da hieß sie noch, wie bei ihrer ersten überlieferten Erwähnung 200 Jahre zuvor, Mandelmühle, nach einer längst untergegangenen Siedlung in der Nachbarschaft und nicht etwa, weil dort Mandeln gemahlen worden wären[2]. Betrieben wurde sie, wie andere auch, von Pächtern, die zunächst Zeit-, seit 1717 (wesentlich teurere) Erbpachtverträge hatten. Dennoch konnten die Müller wegen des sogenannten Mahlzwangs in der Regel ganz gut leben. Mahlzwang bedeutete für die Mandelmühle: die Bauern aus fünf umliegenden Dörfern (Kinzenbach, Krofdorf, Gleiberg, Launsbach und die Hälfte von Wißmar) mussten ihr Getreide dort mahlen lassen. 1755 hob die nassauische Regierung diesen Mahlzwang teilweise auf, um den Wettbewerb zu stimulieren. Für die Mühlenbetreiber hieß das: Krise.

Pächter der Kinzenbacher Mühle war zu dieser Zeit Georg Ludwig Mandler, der Großvater von Anna Katharina Nern. Er protestierte gegen die Neuregelung, machte geltend, er habe knapp die Hälfte seiner Kunden verloren, und verbiss sich offenbar in langwierige Auseinandersetzungen mit der Obrigkeit. Die beschuldigte ihn, bei geheimen Treffen Konkurrenzvermeidungs-Absprachen mit anderen Müllern getroffen zu haben, und schrieb in die Akten, er sei „der größte Betrüger"[3]. Ich kann nicht entscheiden, ob der harte Vorwurf berechtigt war oder nicht, nehme ihn aber als Beleg dafür, dass es rau zuging auf der Kinzenbacher Mühle. Die übernahm, als Georg Ludwig Mandler 1768 starb, sein Sohn Johann Georg, ein Bruder also von Anna Katharinas Mutter. Nach dessen Weggang aus Kinzenbach im Jahr 1779 sprang – so war das üblich in Müller-Dynastien – sein Onkel Georg Philipp Mattern ein, und dessen Nachkommen betrieben die Mühle bis zum Ende des 19. Jahrhunderts[4].

Friedrich Philipp Schütz hat ein bisschen geflunkert, als er in einem seiner Heidelberger Verhöre zu Protokoll gab: „Seine Ehefrau sei bei Atzbach einem Nassauer Weilburgischen Amtsort aus Kenzenbach gebürtig, wo ihr

Vater N.N. Nerr eine Müle besessen habe"[5]. Johann Heinrich Nern, Anna Katharinas Vater, mag Müller gewesen sein, Besitzer oder Pächter einer Mühle war er jedoch nicht. Er kam auf die Kinzenbacher Mühle, weil er, verwitwet und Vater von mindestens drei noch lebenden minderjährigen Kindern, 1768 Anna Margaretha, eine Tochter von Georg Ludwig Mandler geheiratet hatte. Mit ihr hatte er acht weitere Kinder, fünf Söhne und drei Töchter. Anna Katharina war die vierte in der Reihe. Am 29. November 1775 kam sie auf der Kinzenbacher Mühle zur Welt [6]; sie war also ziemlich genau fünf Jahre älter als Friedrich Philipp Schütz.

Die Heimat von Anna Katharina Nern: Die Kinzenbacher Mühle in einer Aufnahme aus der Mitte des 20. Jahrhunderts, vom Mühlengraben aus

Historiker berichten, dass just in den 1770er Jahren die Armut in der Gegend, von der hier die Rede ist, besonders bedrückend war. 1773 muss ein regelrechtes Hungerjahr gewesen sein. Es gab Bettler, einheimische und durchziehende, zuhauf. 1774 gründete die nassauische Regierung, um der Verelendung gegenzusteuern, in Atzbach – zwei Kilometer von Kinzenbach entfernt – eine Wollspinnerei und bot sogar eine entsprechende Ausbildung an. Der Plan scheiterte, es fehlte an der notwendigen Infrastruktur, und die Menschen verweigerten sich, aus welchen Gründen immer, der stupiden, schlecht bezahlten Arbeit[7]. Es kann nicht schwer fallen, sich angesichts solcher Befunde die wirtschaftliche Situation der kinderreichen Familie Nern auf der Kinzenbacher Mühle, von deren Ertrag ja auch andere leben mussten, vorzustellen. Die Konsequenz hieß oft genug: aus solcherart prekären Verhältnissen auszubrechen und statt dessen ein „herumziehendes Leben" zu führen. Hier wird sie greifbar, die Subkultur der Ränder und der Übergänge, von der schon die Rede war.

Es scheint, dass Anna Katharina Nern, die einen um 1803 herum geborenen unehelichen Sohn (Christoph) hatte, und Friedrich Philipp Schütz sich schon vor dessen Einlieferung nach Arnsberg, also vor dem Dezember 1807, kannten. Jedenfalls gab Schütz gegenüber Pfister mit Bezug auf Katharina zu Protokoll, er habe bei den dortigen Vernehmungen deren wahren Namen verschwiegen[8]. Und sein damaliger Kumpan Johann Winter (der in Wirklichkeit Johann Adam Hofmann und mit dem Räubernamen Peter Heinrichs Hannadam hieß) war vor seiner Verhaftung mit Anna Katharinas jüngerer Schwester Maria Katharina Nern (1786 geboren) – sagen wir: liiert. Die Ähnlichkeit der Vornamen wäre der Älteren 1811 beinahe zum Verhängnis geworden, und diese Geschichte ist es wert, hier, ein bisschen außerhalb der Chronologie, erzählt zu werden.

Nachdem Friedrich Philipp Schütz in den Verhören nach seinem Geständnis den tatsächlichen Namen seiner Frau genannt hatte, konsultierte Pfister – wie üblich – die in Umlauf befindlichen Gaunerlisten und

„fand, daß in diesen Katharina Nerrin als zur Anton Keilischen Räuberbande gehörig von dem Peinlichen Gerichtshof des Departements Donnersberg wegen Theilnahme an dem Diebstale zu Kaiserslautern im Oktober 1810 zu einer 8jährigen Einsperrung in das Zuchthaus, dann zu einer vorläufigen öffentlichen Schaustellung von 6 Stunden verurtheilt sei"[9].

Der Untersuchungsrichter glaubte Anna Katharinas Verweis auf ihre Schwester nicht und bat postwendend den französischen Procureur Général in Trier um Auskunft. La Cour Impériale de Trèves antwortete am 3. August 1811 und legte ein Verhörprotokoll bei, aus dem hervorging, dass die „Cathérine Nerr" 26 Jahre alt war, sie zwar – übrigens mit gutem Recht, der Procureur hatte es mit den Namen nicht so genau genommen – leugnete, aus Atzbach zu sein und einen „Manfried" bzw. einen „Philippe Frédéric Schulz" zu kennen, aber doch zugab, sie habe eine Schwester gleichen Namens, die sie seit acht Jahren nicht gesehen habe[10]. Letzteres entsprach wohl nicht der Wahrheit, aber Anna Katharina, die Pfister als von „dicker, untersetzter Natur und stark in dreißig Jahren" beschrieb, war aus dem Schneider, zumal eine Heidelberger Mitgefangene, die ihrerseits zur Keil'schen Bande gehört hatte, für sie bürgte[11].

Durch die Post aus Trier war Pfister auf die Liaison der jüngeren Schwester mit Peter Heinrichs Hannadam aufmerksam geworden, der ja seit der Verurteilung in Arnsberg in Marienschloß in der Wetterau einsaß. Dieser Hinweis musste ihn alarmieren, da der Mann im Verdacht stand, mit der Schinderhannes-Bande (!) in Verbindung gestanden zu haben. Er ließ ihn nach Heidelberg kommen und brachte ihn, unter tätiger Mithilfe von Schütz, Lang und Petry, zu dem Eingeständnis, tatsächlich Johann Adam Hofmann zu sein. Ergebnis: „Er wurde nach Marienschloß zurückgebracht, und von da nach Mainz abgeliefert, von wo er ebenfalls nach Bicêtre kam"[12]. Ein solcher Dienst für die linksrheinischen Behörden konnte das Ansehen des Heidelberger Untersuchungsrichters nur erhöhen.

Wo (und ob überhaupt) Maria Katharina Nern ihre lange Zuchthausstrafe absaß, weiß ich nicht. Jedenfalls kehrte sie, wann auch immer, nach Kinzenbach zurück und heiratete dort 1828, mit 42 Jahren, den Johannes Steinbach, der im Kirchenbuch als „Geschirrhändler, Lumpensammler" verzeichnet ist[13]. Maria Katharina Steinbach starb 1855 in Reiskirchen „an der Wassersucht" und hinterließ „2 majorenne (*volljährige*) Kinder"[14].

Die Akten enthalten keinen Hinweis darauf, wo sich Anna Katharina Nern während der zweieinhalb Jahre aufhielt, die Friedrich Philipp Schütz in der – nach heutigem Sprachgebrauch – Untersuchungshaft in Arnsberg verbrachte. Offenbar, legt man die neunmonatige Schwangerschaft bis zur Geburt ihres zweiten Sohnes Anfang April 1811 zu Grunde, trafen sich die beiden unmittelbar nach der Entlassung aus dem Zuchthaus, also Ende Juni 1810, wieder. Fortan zogen sie gemeinsam herum, flohen aus dem Gießener Umland in das von Hanau und schließlich in den Odenwald. Zeitweise handelten sie mit Kaffeeschalen, die sie in einer Fabrik in Kelsterbach einkauften, und mit Zunder. Die Waren transportierte Friedrich Philipp Schütz in einem Tragkorb auf dem Rücken. Der Pass, den er als Hausierer bekam, galt immer nur für kurze Zeit (Wetzlarer Vertrag, Nr. 12 c), und ohnehin misstrauten die Behörden den Wanderhändlern, den „Kötzenleuten" nicht weniger als den Vaganten und Räubern. Viel eingebracht hat der Handel auch nicht: „Im Staat kann man bey solchem Verdienste nicht gehen und auch nicht in Flor leben. Ich mußte mir manchmal auch ein Stückchen Brod fordern", antwortete Anna Katharina auf die entsprechende Frage Pfisters im Heidelberger Verhör[15]. Ein Leben auf der Landstraße, in vielem vergleichbar mit dem, das 20 Jahre zuvor die Schützin geführt hatte, besser: hatte führen müssen. Ein wesentlicher Unterschied: die Kontrollen waren schärfer, die Bewegungs-Spielräume kleiner geworden.

Die beiden waren ein Paar, aber dass sie im behördlichen Sinn verheiratet waren, ist unwahrscheinlich. Schütz sprach, wenig plausibel, von einer Trauung in Günzburg, Anna Katharina von einer solchen im Kloster Arnsburg, das im Solms'schen Gebiet, geografisch also näher gelegen war. Aber in den dortigen Kirchenbüchern ist eine Heirat der beiden nicht nachzuweisen[16]. In den Verhören sprach Friedrich Philipp konsequent von „seiner Frau", Anna Katharina ebenso eindeutig von „ihrem Mann", und ich habe diesen Sprachgebrauch, auch angesichts der enormen Schwierigkeiten, die einer ordnungsgemäßen Heirat seinerzeit entgegen standen, übernommen.

Es gibt in den Verhör-Protokollen Passagen, die die Vermutung nahe legen könnten, die beiden hätten sich – ziemlich lieblos – gegenseitig denunziert. So sagte Anna Katharina in ihrem Geständnis vom 17. Juni 1811:

„Der Mann, welcher von Hanau mit mir hieher geliefert wurde, ist wirklich der Mannefriederich. Ich bitte wegen meinem bisherigen Leugnen um Verzeihung. Ich mußte leugnen, denn mein Mann hat mir gedroht, mir Arme und Beine entzwey zu schlagen, wenn ich die Wahrheit sagte"[17].

Und Friedrich Philipp bemerkte in dem Verhör-Marathon im Juli 1811 einmal beiläufig:

„Sie sei an seinem Tode schuld, denn hier komme er mit dem Leben nicht heraus, weil er gestanden habe dabei gewesen zu sein. Dies würde er aber nicht gethan haben, wenn nicht sie selbst ihn für ihren Mann angegeben gehabt hätte, denn so habe er befürchten müssen, daß sie genau angegeben habe oder noch angebe, wodurch man ihn förmlich hätte überweisen können"[18].

Zu Idealisierungen besteht kein Anlass, aber dennoch sollte man solche Worte nicht für bare Münze nehmen. Sie wurden erkennbar in Extrem-Situationen gesagt und dienten dem Zweck, widersprüchliches Verhalten und tausenderlei Notlügen plausibel zu machen. Pfister seinerseits nahm sie gern zu Protokoll, weil sie seiner These von der „gänzlichen Verdorbenheit dieser Menschenklasse" entsprachen.

Natürlich gab es Absprachen für den Fall der Verhaftung, und sie waren nicht erst auf dem gemeinsamen Transport von Hanau her getroffen worden. Nicht nur die Frauen, auch die Kinder waren in dieses Spiel einbezogen. So etwas gehörte zu den Grundregeln des räuberlichen Zusammenlebens. Fast alle in Heidelberg Einsitzenden – das lässt sich aus den Verhör-Protokollen gut ablesen – verfolgten eine Strategie des wechselseitigen Verleugnens und der erlogenen Identitäten, die einen mehr, die anderen weniger raffiniert. Da Pfister sie bei ihrer Ankunft von einander getrennt hatte und sie nun, von den geschickt inszenierten Konfrontationen abgesehen, keine Verbindung mehr mit einander hatten, mussten sie sich auf ihr Gedächtnis verlassen, und das war bei vielen nicht besonders gut entwickelt. Schnell verstrickten sie sich in Widersprüche.

Keiner log so dreist wie Friedrich Philipp Schütz, schon gar nicht seine Anna Katharina. Einmal sagte sie, ihr Mann heiße Ruppert, ein andermal, er heiße Schilch. Wenn vorgebliches Nichtwissen nicht verfing, flüchtete sie sich ins Ungefähre: ihr Mann stamme „aus dem Kaiserlichen", die Kinder seien „im Braunfelsischen" bzw. „an der sächsischen Grenze" geboren und was noch alles[19]. Den Angaben im Katzenbacher Kirchenbuch, die sie ein paar Wochen zuvor selbst gemacht hatte und die Pfister kannte, widersprach das allemal.

Nur gelegentlich wurde sie energisch, so, wenn Mitgefangene gegen sie zeugten: „Solche Leute nehme ich gar nicht an. – Die ist eine Arrestantin wie ich. ... Ich muß mir in diesem Augenblicke alles gefallen lassen, denn ich bin in den Händen der Obrigkeit"[20]. Auch das wirkte angelernt, Schütz benutzte in solchen Situationen die genau gleichen Formeln. Dem Tempo und der zielgenauen Fragetechnik Pfisters war Anna Katharina ohnehin nicht gewachsen, und der war des „Gemengsel(s) von Wahrheit und neu ersonnenen Lügen, welches sie für ihre Lebensgeschichte ausgab", bald überdrüssig, konfrontierte sie am 17. Juni mit dem geständigen Veit Krämer, und da brach ihr Widerstand zusammen[21]. Pfister ging übrigens relativ höflich mit ihr um. Während er ihren Mann und die jüngeren Beschuldigten duzte, redete er sie und die anderen gefangenen Frauen nach der Sitte der Zeit mit „Ihr" an.

Ganz gewiss gehörte es auch zu den Absprachen, dass die Frauen zwar zugaben, im Allgemeinen über das Treiben ihrer Männer unterrichtet gewesen zu sein, eine Mitwisserschaft oder gar eine Beteiligung an einzelnen Vergehen aber energisch abstritten. Alle weiblichen Gefangenen in Heidelberg hielten sich an diese Regel, auch Anna Katharina Nern, und das bewahrte sie schließlich vor einer Zuchthausstrafe. Schon kurz nach ihrem Geständnis erklärte sie: „Wenn ich gleich gewußt habe, daß die Männer auf etwas ausgegangen waren, oder etwas verübt hatten, so erfuhr ich doch die Namen der Orte nicht, in welchen etwas geschah. Auch achtete ich überhaupt nicht so genau darauf, daß ich etwas Bestimmtes angeben könnte"[22]. Diese Verteidigungslinie behielt sie bis zum Schlussverhör konsequent bei.

Die Untersuchungsrichter der Zeit – nicht nur Pfister – taten sich schwer mit den Frauen derer, die sie der Räuberei oder anderer Verbrechen beschuldigten. Sie verlangten unisono, sie nicht nur gemeinsam mit ihren

Männern zu verhaften, sondern sie auch, ungeachtet der Beweislage, in Haft zu behalten, bis die Männer verurteilt worden waren, nicht zuletzt deshalb, weil sie ihre Befreiungsversuche fürchteten[23]. Andererseits konnten sie ihnen kaum je etwas Schwerwiegendes nachweisen. Das machte sie unsicher. Nur selten sprachen sie überhaupt von „Frauen" oder gar von „Ehefrauen". In aller Regel benutzten sie in ihren Publikationen ein gröberes Vokabular, das von „Weibern", „Weibsleuten" und „Weibspersonen" über „Concubinen" bis zu „Beischläferinnen" und „Zuhälterinnen" reichte.

Historiker haben bei der Auswertung der Gaunerlisten herausgefunden, dass der Anteil der darin verzeichneten Frauen bei 40 Prozent lag[24]. Kein Wunder: hier waren Familien unterwegs. Und es scheint, dass Paare – verheiratet oder auch nicht – überwiegend monogam lebten und dass darüber hinaus in den ziemlich umfangreichen Schuldbüchern Sexualdelikte eher selten waren[25]. Es mag sein, dass solche Aussagen auf einer dürftigen Quellen-Grundlage beruhen, sie reichen aber aus, die Berechtigung des herabwürdigenden Vokabulars in Zweifel zu ziehen. Es war wohl so: auch in der Wortwahl grenzten sich die Angehörigen der bürgerlichen Oberschicht – genauer: die bürgerlichen Männer – von denen der herumziehenden Unterschicht – insbesondere von den herumziehenden Frauen – überaus deutlich ab, und die Zeiten waren so, das sie es ungestraft tun konnten.

Und was war mit den Kindern? Fast alle im Zusammenhang mit dem Hemsbacher Überfall Verhafteten hatten welche: Veit Krämer einen Sohn von knapp drei Jahren und eine Tochter von drei Monaten; Georg Philipp Lang einen behinderten Sohn von neun oder zehn Jahren; Stephan Heusner einen Sohn von acht und zwei Töchter von fünf bzw. eineinhalb Jahren; Sebastian Lutz zwei Söhne von sechs bzw. drei Jahren; Peter Petry einen siebenjährigen Sohn; und – nicht zu vergessen – Friedrich Philipp Schütz den achtjährigen Christoph und den Johann Valentin, der gerade mal acht Wochen alt war. Sie alle waren, wie ihre Mütter, wie die Kinder des stumpfarmigen Zimmermanns und all der anderen, ins Heidelberger Gefängnis eingeliefert worden.

Von ihnen ist jedoch kaum je die Rede, es sei denn, sie wurden – auch das aus heutiger Sicht ungewöhnlich – als Zeugen vernommen und aufgefordert, gegen ihre Eltern auszusagen. In der Regel plapperten sie das nach, was die ihnen eingeschärft hatten, weinten und kapitulierten spätestens dann, wenn der Untersuchungsrichter ihnen – wie im Fall von Christoph Nern/Schütz – die körperliche Züchtigung androhte[26]. Von Rücksichtnahme auf kindliche Befindlichkeiten, gar von Empathie keine Spur. Originalton Pfister: „Von solchen Eltern geboren, auf solche Weise in der zartesten Jugend gebildet – welche Pest drohen solche Kinder dem Lande, in dem sie geboren wurden!"[27].

Aus den Akten und aus den Veröffentlichungen Pfisters geht nicht einmal hervor, ob die Kinder gemeinsam mit ihren Müttern oder getrennt von ihnen, vielleicht sogar in Pflegefamilien außerhalb des Gefängnisses, untergebracht waren; ob sie alle gleich behandelt und vorsorgt wurden oder nicht; ob sie in kleinen oder großen Zellen oder in einem Gemeinschaftsraum ihre Zeit verbrachten und Gelegenheit hatten, miteinander zu spielen; wie sie sich überhaupt beschäftigten und ob die Älteren womöglich irgend eine Art von Unterricht erhielten. Und wie sah es mit der Hygiene aus, mit der Behandlung im Fall von Krankheiten? Wer kümmerte sich um den Säugling, wenn Anna Katharina dem Untersuchungsrichter Rede und Antwort stehen musste? Fragen über Fragen – und keine Antworten. Das ist bedauerlich, wenn man bedenkt, dass die Haft für die Frauen und Kinder der Hemsbach-Räuber viele Monate dauerte, allein vier (bis zum Schlussverhör) in Heidelberg und dann noch einmal zehn in Mannheim.

Die „Feierlichen Schlussverhöre", die Pfisters Untersuchung des Raubmords an der Bergstraße abschlossen, fanden Anfang Oktober 1811 statt. Dabei wurden den Beschuldigten noch einmal die Anklage und ihre Geständnisse vorgelesen; anschließend erhielten sie Gelegenheit, dazu Stellung zu nehmen. Anna Katharina Nern war gleich am 1. Oktober an der Reihe. Die Prozedur war kurz. Der Vorhalt lautete:

„Ihr liege zur Last, daß sie als eine unstäte unter keinem obrigkeitlichen Schuz befindliche Person, ohne allen sicheren Nahrungszweig, also als wahre Jaunerin im Lande herumgezogen sei; ihr liege ferner zur Last, daß sie Kenntnis von den Vergehen ihres Mannes gehabt und das, was er geraubt und gestolen, mit verzehrt habe. Sie erscheine also als Mittheilhaberin an seinen Vergehen, ob und was sie als ihre Entschuldigung anzuführen habe?"

Das mit der Teilhabe an seinen Vergehen war gefährlich, und Anna Katharina blieb konsequent bei ihrer bisherigen Linie:

„Sie habe nicht bestimmt gewußt, worauf die Mannsleute ausgingen. Ihr Mann habe ihr nie gesagt, daß es auf Straßenräubereien oder Diebstäle ausgehe, und wenn er etwas eingebracht habe, so habe er gesagt, daß er es gekauft habe. Übrigens wisse sie wegen ihrer herumziehenden Lebensart keine besondere Entschuldigung vorzubringen; es werde ihr übrigens Niemand etwas Schlechtes nachsagen können."

Ähnlich argumentierten die anderen Frauen[28].

Tatsächlich hat das Großherzogliche Hofgericht in Mannheim die Anklage fallen gelassen, Anna Katharina (die es zudem als Ehefrau von Friedrich Philipp Schütz anerkannte) sei „Mittheilhaberin" an den Vergehen ihres Mannes. Am 9. April 1812 fällte es acht Urteile in minder schweren Fällen, zu denen vor allem die Frauen gehörten, darunter auch das über Anna Katharina:

> „Eva Selzer, Veit Krähmers Zuhälterin, deren Mutter Elisabetha Selzer, und Catharina Karrin (sic!), Manne Friederichs Ehefrau, wurden, beide Erste der Landstreicherei und des Concubinats, Letztere der Landstreicherei für schuldig erklärt und, unter Anrechnung des bisherigen Arrests zur Strafe, zu scharfer körperlicher Züchtigung verdammt und des Landes verwiesen"[29].

Pfister war mit diesen Urteilen nicht zufrieden, er fand sie zu mild und merkte boshaft an: „Inzwischen waren die Weibsleute selbst sehr vergnügt darüber, für den harten, langen Winter für sich und ihre kleine Familie eine sichere und gute Unterkunft, auf fremde Kosten, gehabt zu haben, und nun, beim Beginnen des Lenzes, wieder zum Genuß der Freiheit und der schönen verjüngten Natur zurückkehren zu können". Tatsächlich wurden die Frauen und Kinder nach der Urteilsverkündigung nicht entlassen, sondern dem Direktorium des Neckarkreises in Mannheim überstellt und blieben dort von April bis mindestens Ende Juli 1812 in Haft. Der Kreisdirektor nahm zunächst mit den Behörden jener Staaten Fühlung auf, in die die Verurteilten abgeschoben werden sollten, „um sicher zu seyn, daß sie dort aufgenommen, unter specielle Aufsicht gesetzt, und ihnen der Rücktritt in die Gauner-Gemeinschaft unthunlich gemacht werde"[30]. Im Fall von Anna Katharina geschah dies am 1. Mai 1812, als die „Communication mit der (*hessen-darmstädtischen*) Regierung zu Gießen" eröffnet wurde, die bezweckte, dass „sie in ihren Geburtsort aufgenommen" werde[31]. Mit diesem Vorgehen war Pfister einverstanden, denn er befürchtete,

> „daß diese Weibsleute die alten Kameraden ihrer verhafteten Zuhälter oder Verwandten aufsuchen und sie verleiten möchten, wiederholte Versuche zu ihrer Befreiung zu machen. Die Kenntnisse, welche sie sich von der Localität der Gefängnisse erworben hatten, konnten leicht schädliche Folgen erzeugen; wenigstens den Muth zu dem Wagstück erhöhen. Eben so mußte befürchtet werden, daß diese Weibsleute den Kameraden, oder ihren zum Theil noch freien Zuhältern selbst, dasjenige mittheilten, was sie von der Untersuchung und den gegen jene getroffenen Maaßregeln erfahren hatten, und so deren Beifangung und die Prozedur gegen sie erschwerten"[32].

Ob diese Befürchtung ein hinreichender Haftgrund war, darf füglich bezweifelt werden, und auch, ob sie überhaupt berechtigt war. Der Befreiungsversuch, den es gab und über den ich später berichten werde, war eher dilettantischer Natur. Aus den Akten geht nicht hervor, wo die Frauen und Kinder während ihrer verlängerten Haftzeit in Mannheim untergebracht waren, ob ebenfalls im Zuchthaus in Q 6, in das die Männer nach den Schlussverhören im Oktober 1811 überstellt worden waren und wo sie sie gelegentlich besuchen durften, oder in einem gesonderten Arrest.

Auch ist ungewiss, ob wirklich alle bis Ende Juli 1812 in Mannheim blieben. Bei der Frau von Georg Philipp Lang z.B. scheint das nicht der Fall gewesen zu sein. Anna Katharina und ihre Kinder jedenfalls verließen die Stadt erst am 29. Juli 1812 und wurden – zusammen mit der Schwester von Andreas Petry – „auf mündliche Weisung des Großherzoglich Hochlöblichen Neckarkreis Directoriums ... durch Zuchtmeister Kloster in Begleitung zweyer Polizeidiener" nach Heidelberg gebracht, damit sie ihren Mann und Vater vor dessen Hinrichtung noch einmal sehen konnten[33]. Es kam zu bewegenden Szenen, die der Pfarrer Dittenberger überliefert hat und die ich in einem späteren Kapitel beschreiben will. Von der Hinrichtung selbst wurden die Frauen und Kinder der Verurteilten ferngehalten.

Ob Anna Katharina tatsächlich, wie im Urteil vorgesehen, die körperliche Züchtigung, also wohl eine Auspeitschung, über sich ergehen lassen musste, ist nicht belegt. Das Land aber, in das es sie eher zufällig verschlagen hatte, musste sie verlassen. Es spricht viel dafür, dass sie noch im August 1812 in ihre Heimat, nach Kinzenbach, zurück gekehrt ist. Den badischen Behörden konnte sie jetzt nur noch lästig sein.

Sie verließ Heidelberg nicht ganz mittellos. Für die hinterbliebenen Frauen und Kinder von Friedrich Philipp Schütz und Veit Krämer sowie für die Schwester von Andreas Petry war eine Spendensammlung auf den Straßen und in den Wirtshäusern initiiert worden, die die erstaunliche Summe von 279 Gulden und 33 3/4 Kreuzer (Stand 1. September 1812) erbracht hatte. Unter den jüdischen Spendern war übrigens auch der Kaufmann Samuel Carlebach aus der Unteren Straße, der sieben Jahre später durch Pfisters unrühmliches Verhalten einen beträchtlichen Teil seines Vermögens einbüßte.

Unterlagen über die Verteilung der Summe habe ich nicht gefunden. Es scheint, dass die Zuchthausverwaltung angewiesen wurde, das Geld verzinslich anzulegen. Ich kann nur hoffen, dass die beträchtliche öffentliche Aufmerksamkeit, die der Fall erregte, und Männer wie der Kirchenrat

Wolf, der zu den Initiatoren der Sammlung gehörte, für eine halbwegs gerechte Auszahlung der Gelder gesorgt haben.

Dafür, dass Anna Katharina in Kinzenbach „aufgenommen" und nicht, wie die Schützin im Sommer 1788, „verwiesen" wurde, sorgten, korrekt, wie sie waren, die Gießener Behörden. Und außerdem gab es da noch die Familie[34]. Zumindest Anna Katharinas Mutter lebte noch am Ort (das Todesdatum des Vaters ist nicht bekannt), dazu eine Stiefschwester, die mit einem Mandler-Nachkommen verheiratet war, und schließlich ihre jüngste Schwester Maria Katharina, mit der Pfister sie einmal verwechselt hatte. Weitere Geschwister scheinen in Nachbarorten gewohnt zu haben. Anna Katharina und ihre Söhne führten jetzt – die Kirchenbuch-Einträge belegen es – den Familiennamen Schütz. Sie scheinen sich in die (immer noch arme) Dorfgemeinschaft eingegliedert zu haben: eine Subkultur der Ränder und der Übergänge.

Christoph Schütz, der einen Teil seiner Kindheit auf der Straße verbracht, als Achtjähriger Gefängnis und Zuchthaus kennen gelernt und sicher Erinnerungen an seiner Stiefvater hatte, wurde 1817 konfirmiert und heiratete 1823 „nach geschehener Schwängerung, wobei der Bräutigam erklärt hat, daß er das von der Braut unehelich geborene Kind für ein durch ihn erzeugtes erkenne". Zum Naserümpfen besteht kein Anlass, Heiraten war teuer, und der Mann war Tagelöhner. Christoph starb am 23. März 1865 in Vetzburg, einem Dorf in der unmittelbaren Nachbarschaft.

Johann Valentin Schütz, der während eines Raubzugs seines Vaters in Waldkatzenbach das Licht der Welt erblickt hatte und bei dessen Tod noch ein Säugling gewesen war, blieb wohl zeitlebens in Kinzenbach. Er war Maurer, seit 1837 verheiratet und starb – vermutlich nicht in einer Scheune – am 12. Dezember 1877. Beide Schütz-Söhne hatten Nachkommen, deren Schicksale ich nicht verfolgt habe.

Anna Katharina, „des weild. Schütz Witwe geb. Nern" (wie das Kirchenbuch vermerkt), starb, 61-jährig, am 10. Februar 1837, morgens zwischen sieben und acht Uhr, an einer „Brustkrankheit" und wurde zwei Tage später beerdigt[35]. Sie hatte ihren Friedrich Philipp um fast 25 Jahre überlebt.

## 24. Nun hör' mein lieb Kathrinchen. Das Abschiedsgedicht von Friedrich Philipp Schütz

Nun hör' mein lieb Kathrinchen:
    Es kommt nun bald die Zeit,
Die dich, mein edles Blümchen!
    von mir mit Thränen scheid't.
Denk' an die vor'gen Zeiten,
    die ich schon oft bedacht'
die wir in Freud' und Leiden
    oft haben zugebracht!
        Drum schlag, mein liebes Weibchen,
           das Eitle aus dem Sinn
        und denk, in größter Freude,
           daß ich gefangen bin!

Auch unsre arme Kinder,
    die unverständig seyn,
denn sie sind noch Unmünder,
    sind schon in solcher Pein.
Es wird sich doch bald lindern;
    ich hoff, in kurzer Zeit
daß sich die Last wird mindern
    und ich vom Kreuz befreit.
        Drum schlag ... etc

Auch dieser Erde Freuden
    und ihre falsche Rott
soll mich von dir nicht scheiden;
    selbst nicht der bittre Tod.
Will gleich das Herz mir brechen,
    bleib ich dir doch getreu.
Mein Geist wird dir versprechen:
    ich sey von Falschheit frei.
        Drum schlag ... etc

Das Herz mögt mir zerbrechen,
    ja, das muß ich gesteh'n
weil ich dich nicht darf sprechen
    dich nicht einmal darf seh'n.
Wer weiß, was uns noch blühet,
    was unserm Gott gefällt,
wo eins das Andre siehet
    hier od'r in jener Welt.
        Drum schlag ... etc

Viel Seufzer thu ich schicken
    zu dir, geliebtes Kind!
Könnt'st du sie nur erblicken,
    dann wär' dein Herz entzünd't.
Oft fühl' in deinen Armen
    ich in dem Traume mich,
empfinde dein Erbarmen
    und glaub': du tröstest mich.
        Drum schlag ... etc

Die Freude ist verschwunden
    in dieser Zeitlichkeit;
bald schlägt die Trauerstunde,
    die uns hienieden scheid't.
Drum laßt man sie nur schlagen,
    wann Gott es haben will;
Denn auch den Unglückstagen
    Setzt unser Gott ihr Ziel.
        Drum schlag ... etc

Die Welt mit ihren Gaben
    sie scheid't mich nicht von dir; –
doch wann es Gott will haben;
    so kann ich nicht dafür.
Denn Gott nur kann uns helfen;
    sonst bleibet uns kein Freund,
was fragt man nach den Wölfen,
    wann seine Hülf erscheint!
        Drum schlag ... etc

Zum Ende lass' uns denken
    an Jesu Martertod
der unsre Seel wird senken
    in seiner Wunden Roth;
Drum hab' ich an sein Leiden
    schon oftermahl gedacht.
Nun jetzo muß ich scheiden; –
    mein Weibchen gute Nacht!
        Denk' du stets an die Worte,
           die Er am Kreuze sagt:
        Ich reiß' zur Himmelspforte,
           Gottlob, es ist vollbracht!

*Auch für dieses Gedicht ist Pfisters zweites Buch
die einzige Quelle (Pfister: Nachtrag, S. 34-36).
Die beiden Anmerkungen Pfisters,
die eher kommentierenden Charakter hatten,
habe ich hier weggelassen.*

## 25. Ketten, Schappeln, Sprenger, vernietet und mit Blei ausgegossen

Auch wenn der resignierende Peter Eichler es der Freiheit vorzog und Ludwig Pfister es zynisch als begehrten Aufenthaltsort in einem harten, langen Winter pries – eine angenehme Bleibe war ein Zuchthaus am Beginn des 19. Jahrhunderts gewiss nicht. Es sagt sich leicht: er war in Haft, er saß ein, er blieb im Arrest; aber es beschreibt sich schwer. Wie sah das konkret aus, das Leben hinter Kerkermauern, das mein Vetter, der Räuber, im letzten Jahr seines kurzen Leben führte, führen musste? Ein bisschen was geben die Akten preis dazu, und ich will versuchen, das Wenige, das man wissen kann, hier zusammen zu tragen.

Die Erfahrung des Eingesperrtseins war nicht neu für Friedrich Philipp Schütz. Er hatte in vielen Gefängnissen gesessen, aus den meisten war er nach wenigen Tagen oder gar Stunden entkommen. 13 Monate immerhin hatte er im Zuchthaus in Diez verbracht, knapp 30 in dem von Arnsberg. Er war also, als er nach Heidelberg überstellt wurde, das, was man heute einen erfahrenen Knacki nennen würde. Das hat ihm sicherlich die Anpassung an die jeweils neue Umgebung – vom 5. Juni bis zum 15. Oktober 1811 im Gefängnis in Heidelberg, anschließend bis Anfang April 1812 im Zuchthaus in Mannheim, zuletzt wieder bis zu seiner Hinrichtung am 31. Juli 1812 in Heidelberg – erleichtert. Darüber hinaus: das herumziehende Leben, das in den letzten Wochen ein solches auf der Flucht gewesen war – von wegen „Ein freies Leben führen wir, ein Leben voller Wonne" – wird in vielen Aspekten dem Einsitzen hinter Gittern geglichen haben. Abgehärtet, nicht zuletzt von den ewig langen Fußmärschen auf den Raubzügen, war der Mann wohl auch.

Die Sauberkeit ließ bei der Einlieferung in Heidelberg zu wünschen übrig: „Da Basti und Manne Friedrich zu sehr mit Läusen und sonstigem Unrat angesteckt waren, so gab ich sogleich jedem 1 Hemd", notierte der Kerkermeister[1]. „Zu sehr" ist eine verräterische Formulierung; galt „ein bisschen" oder sogar „sehr" etwa als normal? Jedenfalls das neue Hemd war sauber. Bei der Untersuchung erwies sich, dass Schütz nicht gebrandmarkt war[2]. Das ist bemerkenswert, weil solcherart Kennzeichnungen damals noch üblich waren, vor allem bei Abschiebungen über die jeweilige Grenze hinweg praktiziert wurden. Die körperliche Unversehrtheit war freilich nicht von langer Dauer. Alle männlichen Gefangenen wurden bei ihrer Ankunft an Händen und Füßen mit schweren Ketten gefesselt, und das Scheuern des Eisens auf der Haut verursachte Wunden, die kaum je verheilten.

187

Pfister hat das in einem Anforderungs-Katalog, der vermutlich weitgehend seiner Heidelberger Praxis entsprach, sehr anschaulich beschrieben:

„Die Ketten müssen nicht, wie man so häufig sieht, bloße Symbole des Criminal Arrestes, oder Theaterketten, – sie müssen vielmehr von gehöriger Stärke seyn; damit der Gefesselte sie nicht leicht durch Reiben der Geleiche aneinander, oder an den Gefängnißwänden zerbrechen, oder durch Aufschlagen mit einem Steine auf das aufwärts gestellte Kettenglied zersprengen könne.

Die Hand- und Fußschappeln dürfen nicht, wie man so viele findet, rund seyn, noch weniger dürfen sie ohne weitere Nachsicht bald diesem, bald jenem, wie er gerade eingeliefert wird, angelegt werden; sondern es ist nöthig, daß diese Schappeln jedesmal, und besonders die Handschappeln, genau nach dem Arm oder dem Fuß gerichtet werden, an welchen sie kommen sollen. ...

Man lasse sich nicht leicht durch die Beschwerden der Arrestanten über die zu engen Schappeln und die dadurch ihnen verursacht werdenden Schmerzen irre machen; – solange der Arm oder der Fuß nicht anschwellen, sind solche Klagen erdichtet. Auch durch vorgezeigte Hautabschürfungen und dergleichen lasse man sich nicht zu voreiliger Barmherzigkeit verleiten. Sie werden gewöhnlich mit allem Fleiße gemacht, um diese Barmherzigkeit rege zu machen, und von ihr weitere Schappeln oder gänzliche Befreiung von den Ketten zu erhalten. Ein wenig Salbe, Unschlitt oder Butter heilt das kleine Uebel leicht.

Kein Geschließ werde mit Schlössern geschlossen. Jeder Nagel, jedes starke Hölzchen, selbst ein Restchen Kordel ist dem erfahrenen Gauner genug, sie zu öffnen. Man lasse alle Geschließe, nachdem sie dem Gauner angelegt sind, von dem Schlosser vernieten; – oder wenn dieses, wegen dazu noch nicht eingerichteten Geschließen, nicht so geradezu geschehen kann, die angehängten Schlösser mit Blei ausgiesen.

Ist der einliegende Gauner ein sehr starker oder verwegener Mann, so daß von ihm eine Uebermannung des Stockmeisters oder Gefangenenwärters befürchtet werden müßte, so lasse man es bei einer Kette nicht bewenden, sondern schließe ihn kreuzweis; – und sollte er dennoch Versuche zu seiner Befreiung machen, so lege man ihm Handsprenger, welche ihn hindern, beide Hände zusammen zu bringen, und wann diese nicht Sicherheit genug gewähren sollten, auch Fußsprenger an, alle fest genietet.

Jeder gefährlich erscheinende Gauner werde überdieses für die Nachtzeit an eine in die Mauer seines Gefängnisses festgemachte starke Kette angeschlossen"[3].

Schappeln, das muss man wohl erläutern, waren breite eiserne Reifen, an denen die Ketten befestigt waren, Geleiche ist ein altertümliches Wort für Gelenke, Unschlitt war ein tierischer Talg und Sprenger – wie nur das Grimm'sche Wörterbuch noch weiß – „ein strafwerkzeug für verbrecher: an einer eisernen stange sind vier schellen angebracht, von denen die beiden äuszeren zum fesseln der hände, die beiden inneren zum schliszen der füsze dienen".

Gefesselt mit Ketten und Sprengern: Georg Philipp Lang und Veit Krämer, dargestellt auf dem Vorblatt zu: anon.: „Kurze und treue Darstellung des außerordentlichen Straßenraubes ...", Heidelberg, 1812

Die Sprenger kamen zum Einsatz, nachdem die Hemsbach-Räuber im Winter 1811/12 in Mannheim einen – freilich erfolglosen – Ausbruchs-Versuch unternommen hatten. Die Zuchthaus-Wärter hatten gestattet, „daß Manne Friedrichs Knabe", also der achtjährige Christoph, „einige Stunden bei seinem Vater zubringen durfte. Durch diesen Knaben erhielten sie ein Messer; dieses wurde zur Säge bereitet und mit diesem Instrumente sollte Veit Krähmer die sehr starken eisernen Fenstergitter durchschneiden und so die Gelegenheit zur gemeinschaftlichen Flucht öffnen". Auch Georg Philipp Lang hatte ein Messer und werkelte damit herum, aber die beiden Sägenden brauchten – in Ketten wohlgemerkt – ziemlich lang, stellten sich auch nicht besonders geschickt an, und am Ende verriet ein Mitgefangener, der als V-Mann eingeschleust worden war, das ganze Vorhaben: „Die Folge war, daß Alle in schwere Fesseln mit Sprengern geschmiedet wurden"[4].

Was bedeutete das für das tägliche Leben, für das An- und Auskleiden, für das Essen und Trinken, das Waschen und Abtrocknen, das Schnäuzen und Nasebohren, das Sitzen, Stehen und Gehen? Ich kann es mir nicht wirklich vorstellen, die Kerkerszene ist zu schwach beleuchtet. Vielleicht gab es Erleichterungen als Belohnung für Wohlverhalten, aber die Ketten blieben ganz gewiss da, wo sie waren, und der Kerkermeister konnte sie ja nicht jedes Mal entnieten, wenn einer aufs Klo musste – wo immer das war. Pfister hielt auf Reinlichkeit, mag sein, dass tatsächlich darauf geachtet wurde. Aber das Bild von rund um die Uhr in Eisen geschmiedeten Männern will sich mir nicht auf diesen Begriff reimen.

Kein Wunder, dass Außenstehende, die die Gefangenen in diesem Zustand sahen, entsetzt waren über „die Wunden, welche (ihnen ihre) schweren Fesseln verursacht hatten". Sogar beim Empfang des Abendmahls kurz vor ihrer Hinrichtung blieben sie angekettet: „Als ... das Gebet begann, rasselten, wie auf ein gegebenes Zeichen, ihre Ketten, sie stunden auf, und blieben in dieser, ihnen beschwerlichen, Stellung bis zum Schlusse der Handlung". Die beiden Pfarrer, die das Abendmahl austeilten, waren erschüttert, Dittenberger schrieb sogar, dass ihm bei diesem Anblick „Thränen in die Augen traten"[5]. Es scheint überdies, dass die Gefangenen Fremden regelrecht vorgeführt wurden. Jedenfalls sprach Pfister einmal von den in Mannheim „ohne alle Vorsicht gestatteten Besuche der Neugierigen und deren mitunter sehr unüberlegte(n) Aeußerungen und Fragen"[6]. Auch in Heidelberg hatten wohl Amtspersonen, die nicht mit dem Verfahren befasst waren, wie der Bürgermeister Mays und der Stadtkommandant Hill, Gelegenheit, die Delinquenten zu besichtigen[7].

Der Grund für die Verlegung der Hemsbach-Räuber nach Mannheim Mitte Oktober 1811, unmittelbar nach den Schlussverhören, war ein Gerücht über Befreiungsversuche mittels Brandstiftung durch noch nicht verhaftete Kumpane[8]. Ob es solche wirklich gegeben hat, lässt sich wegen mangelnder konkreter Angaben in den Quellen nicht mehr klären. Das Heidelberger Gefängnis, in dem Schütz & Co bisher untergebracht gewesen waren, war immerhin ein massiver Gebäudekomplex, der als „Mannheimer Tor" bekannt, aber eben nicht nur ein Tor war, sondern neben mehreren Gefängnis-Trakten auch eine Zollstation und Wohnungen enthielt. Es lag am westlichen Ausgang der Hauptstraße, also am Rand der alten Stadt, da, wo sich heute der Bismarckplatz befindet. Vielleicht hat zur Befreiungsfurcht der Umstand beigetragen, dass einige der vergitterten Zellenfenster zur Straße hin zeigten, eine Kommunikation der Gefangenen mit Passanten also möglich war. Im Zug der Stadterweiterung wurde das Mannheimer Tor Mitte der 1850er Jahre abgerissen.

Das Mannheimer Tor in Heidelberg kurz vor dem Abriss im Jahr 1856

Auch das Zuchthaus in Mannheim war ein umfangreiches, stark befestigtes Bauwerk, noch in der Innenstadt, aber doch an ihrem damaligen Rand, am Stadtgraben gelegen: im Planquadrat Q 6. Um die Mitte des 18. Jahrhunderts erbaut, beherbergte es, zeittypisch, zugleich ein Irren-, ein Armen- und ein Waisenhaus. Im Volksmund hieß es „Hooriger Ranzen", was, wenn ich den Lokalhistorikern trauen darf, von der stark behaarten Brust eines einsitzenden und zur Besichtigung frei gegebenen Vaganten abgeleitet war[9]. Als Zuchthaus hatte es offenbar erst zu Beginn des 20. Jahrhunderts ausgedient. In unserer Mannheimer Zeit zwischen 1965 und 1969 befand sich in Q 6 ein Parkplatz, heute steht dort ein monumentales, als „Stadtquartier Q 6/Q 7" bezeichnetes, glitzerndes und steriles Einkaufszentrum. Keine Spur mehr natürlich vom „Hoorigen Ranzen" und vom stinkenden Stadtgraben.

Es scheint, dass die Gefangenen in Mannheim Pfister, der sie dennoch regelmäßig besuchte, weit seltener Rede und Antwort stehen mussten, und dass sie, wenigstens tagsüber, nicht in Einzel- oder Zweierzellen, sondern in einem Gemeinschaftsraum untergebracht waren. Dem Untersuchungsrichter lag, nicht ohne Hintergedanken, viel daran, dass sie bei guter Laune blieben:

> „So lange sie Zeitvertreib haben, denken sie selten an das Ausbrechen. Darum erlaubte ich, worüber hier Manche sich wunderten, den hiesigen Inquisiten, zu singen, darum erhielt Andreas Petry seine Querpfeife in das Gefängniß, darum erlaubte ich dem Mannefriederich, die Wände zu bemalen, Heilige etc auf Papier zu zeichnen, seine Gedichte zu schreiben; darum ließ ich ihnen Karten, darum ließ ich ihnen, als ich bemerkte, daß sie Wohlgefallen daran hatten, sogar Blumensträuße geben, deren Wohlgeruch ihnen die herzlichste Erquickung war. Darum endlich brachte ich selbst so manche Stunde in ihren Gefängnissen zu"[10].

Der Edelmut, wie bei Pfister oft, wirkt ein bisschen übertrieben, aber den Gefangenen wird so viel Entgegenkommen gefallen haben. An Befreiungs-Sehnsüchten und Ausbruchsversuchen hat es sie – jetzt und später – dennoch nicht gehindert.

Ich erfahre hier noch eine Neuigkeit: Friedrich Philipp Schütz malte und zeichnete, offenbar gern und gut. Wo hatte er das gelernt? Er hat in Mannheim „neben Crucifixen, Schutzengeln und dem Ritter St. Georg, sich und seine Kameraden abconterfait, auch die Ablieferung des schwarzen Peter, des Zahnfranzen-Martin und der Hölzerlipsin nach Mainz, an die Wand gemahlt und sich darüber sehr lustig gemacht"[11]. Jammerschade, dass es damals noch keine Fotoapparate gab und dass auch auf andere Weise nichts davon erhalten geblieben ist. Den kleinen Bildband hätte ich herausgeben wollen.

Die Hemsbach-Räuber blieben ein knappes halbes Jahr in Mannheim; Anfang April 1812 wurden sie, samt den schweren Ketten, die sie nach dem Ausbruchsversuch tragen mussten, nach Heidelberg zurück verlegt[12]. Der dortige Polizei-Wachtmeister Biedermann bescheinigte pflichtschuldigst „die zur diesseitigen Stelle mit mehreren hierher transportirten Inquisiten erhaltene 3 Kreuzstangen mit 3 Fußsprengen, 2 große Fußsprengen mit Kreuzketten und 2 große Handschappelen, 1 Steifsprenger"[13]. Solcherlei Gerät war eben nicht nur schwer, sondern auch teuer.

Unmittelbarer Anlass für die Rückführung waren neue Beschuldigungen, die auf Pfisters eifriger Korrespondenz mit den Kollegen in den umliegenden Staaten beruhten und die sich nicht auf den Raubüberfall, sondern auf andere, zum Teil lange zurück liegende Diebereien bezogen. Sie lösten eine wahre Flut von Vernehmungen und Gegenüberstellungen mit anderswo einsitzenden Verdächtigten aus und bescherten dem Friedrich Philipp Schütz die Bekanntschaft mit einem weiteren Gefängnis. Am 21. Mai 1812 wurde er in Begleitung zweier reitender Wachleute nach Darmstadt gebracht, wo er mit dem dort einsitzenden Johann Adam Heusner und dessen ihn belastenden Aussagen konfrontiert werden sollte. Letztere bezogen sich auf eine Beteiligung an den Einbrüchen in Grävenwiesbach und auf der Breitenborner Mühle bei Gelnhausen im August 1807, die Schütz bisher abgeleugnet hatte.

Der „Hoorige Ranzen": das alte Mannheimer Zuchthaus in Q 6

Auch Pfister reiste nach Darmstadt und war bei den Vernehmungen, die Brill und seine Mannen vornahmen, zugegen. Die Prozedur dauerte zwei Tage und ging aus wie das Hornberger Schießen: „Heußner beharrte bei seinen Angaben, Manne Friederich bei seinem Läugnen" – kein Wunder, denn nach den Arnsberger Erfahrungen fürchtete Schütz die hessen-darmstädtische Justiz wie kaum eine andere. Die beiden erfahrenen Kriminalisten mussten den Versuch abbrechen, und der Delinquent genoss seinen Triumph: „Ob man denn geglaubt habe", gab er nach der Rückkehr am 24. Mai 1812 in Heidelberg – etwas großspurig – zu Protokoll, „er werde den Darmstädter Herren die Ehre anthun und die Freude machen, daß sie sagen könnten: Sie hätten ihn gezwungen? – Das würde er nimmermehr gethan haben und nimmermehr thun und wenn man ihn noch zehenmal nach Darmstadt führe. Lieber gebe er hier etwa Unwahres zu, als daß er sich dort zur Wahrheit zwingen lasse. Diese Freude sollten die Herrn zu Darmstadt nicht haben!"[14]. Über die Kosten des Transports (13 Gulden und 12 Kreuzer) stritten sich die Beteiligten noch ein Jahr später[15].

Eine Woche danach, am 1. Juni 1812, fällte das Oberhofgericht in Mannheim sein Urteil in Sachen Hemsbach, das freilich noch der Bestätigung durch das Justizministerium und den Großherzog bedurfte. Da damit die ganze Angelegenheit abgeschlossen schien, regte es an, „Veit Krämer et Complices sogleich wieder nach Mannheim in das Zuchthaus zurückbringen zu lassen, welches doch immer mehr gesichert scheine". Pfister widersprach vehement und gab dem eher administrativ gemeinten Plan eine grundsätzliche Bedeutung, die sein tiefes Misstrauen gegenüber dem Gericht ebenso offenbarte wie sein Gefühl einer schmerzlichen narzisstischen Kränkung.

In einem ellenlangen dienstlichen Brief, den er später in seinem zweiten Band über den Bergstraßen-Überfall – gewiss nicht zur Freude seiner Vorgesetzten – sogar öffentlich machte[16], häufte er Argument auf Argument, um die neuerliche Verlegung nach Mannheim zu verhindern: Heidelberg sei sicher, es gebe keine Hinweise auf Befreiungsversuche; in Mannheim bestehe die Gefahr von geheimen Verabredungen der Gefangenen zum Widerruf ihrer Geständnisse, und „ich glaube, daß nur die Relation, in welcher ich mit den Gaunern stehe, mir allein es möglich macht, sie von der Ausführung dieses Plans abzuhalten". Und weiter: Es bestehe Hoffnung auf die Einfangung weiterer Räuber – auch der fehlende sechste Mann, der lange Andres wurde bemüht – und dies und anderes mache weitere Vernehmungen nötig; in Mannheim „könnte aber Ich sie nicht vornehmen, ohne meine andern Arbeiten liegen zu lassen und die Kosten zu erhöhen. ... Es hat sicher Niemand die ganze Geschichte dieser Menschen, in ihrem Zusammenhang und in ihren Details, lebendiger im Kopfe, als ich; – und wer nicht in diesem Falle ist, kann in der Sache, mit ganz gutem Erfolge, nicht arbeiten".

Des Pudels Kern: Pfister hegte den Verdacht, das Gericht wolle ihm nicht „die Execution des Urtheils" übertragen, ausgerechnet ihm, der doch „Monate lang, im Schweiße seines Angesichts, und mit schlaflosen Nächten die Sache bearbeitete". Das darf nicht sein, „... und zwar gerade der Inquisiten selbst wegen. Sie sind in hiesigem Lande fremd, sie haben keine Bekannte und außer mir Niemand, zu dem sie Vertrauen haben, – von dem sie Trost, von welchem sie die Aufnahme und Gewährung ihrer letzten Bitten, mit Zuversicht, erwärtigen. Warum sollte man ihnen die Linderung rauben, gerade in ihren letzten Stunden den einzigen Mann um sich zu haben, mit welchem sie vertraut sprechen können".

Es ist höchste Zeit, Pfister ins Wort zu fallen. Der Mann hegte keinerlei erkennbare Sympathie für seine „Inquisiten". Er hatte nur ein Ziel: sie der Vergehen und Verbrechen, derer sie beschuldigt wurden, gerichtssicher zu überführen und sie dafür, im Fall der Hemsbach-Räuber mit dem Tod, bestrafen zu lassen. Um dieses Ziel zu erreichen, hatte er allerdings Verhör-Methoden entwickelt, die es ermöglichten, ein stabiles Vertrauens-Verhältnis zu den Vernommenen aufzubauen. Bei der sozialen Prägung, die diese mitbrachten, war es kein Wunder, dass er zu einer Art von Ersatzvater für sie wurde. Das – und nur das – kann ich als Hintergrund seiner Argumentation gelten lassen, die ansonsten der Absicht diente, die kriminalistische Aufklärung des Raubüberfalls an der Bergstraße durch die Regie bei der öffentlichen Exekution der Räuber zu krönen.

Pfisters Eingabe, die am Ende auch noch geltend machte, „daß es der Heidelberger Bürgerschaft kränkend seyn müsse, wenn sie", nach all den überstandenen Gefahren, „nun nicht einmal den Nutzen genießen solle, welcher durch die Vollziehung der Execution dahier und den dadurch sicher erzeugt werdenden Zusammenfluß vieler Menschen für sie entstehen würde", hatte Erfolg. Das Oberhofgericht überließ die Sache dem Karlsruher Justizministerium, und das entschied zugunsten des Heidelberger Stadtdirektors[17].

Pfister hat in seinem Anforderungskatalog zur Behandlung der Gefangenen nicht nur von Ketten und Schappeln gesprochen, sondern auch von einer menschlichen Behandlung und von ihrem leiblichen Wohl:

„Man gewöhne die Gefangenenwärter, die Arrestanten nicht despotisch zu behandeln, sondern ihnen freundlich zu begegnen; sie beim Gehen und Kommen zu grüßen; über gleichgültige Dinge mit ihnen zu plaudern u.s.w. Man sorge vor allem dafür, daß die Gauner gesunde und gute Kost erhalten, koste diese von Zeit zu Zeit selbst; lasse sich jede Klage darüber vortragen, prüfe sie aber auch genau.

> Man sey selbst gefällig gegen die Gauner, gewähre ihnen von Zeit zu Zeit kleine Bitten; bewillige ihnen abwechselnd ein Glas Wein, Bier oder Brandwein, Schnupftabak oder Tabak zum kauen"[18].

Wenn freilich einer den Suppenkasper spielte, dann wurde der pater familias sehr ungehalten:

> „So wollte einst Hölzerlips keine Gerstensuppe essen, und sendete sie zurück. Er erhielt nun nichts weiter; am folgenden Tage aber dieselbe Suppe wieder. Er nahm sie wieder nicht an. Sie kam am dritten Tage wieder. Nun behielt er sie. Abends war die Schüssel leer. Mathes Oesterlein verriet aber, daß er die Suppe in den Nachtstuhl geschüttet habe. Es fand sich so; und Hölzerlips erhielt für diese von allen seinen übrigen Genossen laut verabscheute Bosheit seine verdiente Strafe"[19].

Der Bericht über kleine Begebenheiten wie diese gibt nicht nur einen Einblick in das tägliche Leben der Gefangenen, sondern liefert auch einen Hinweis auf ihr Verhältnis zueinander. Pfisters „Inquisiten" lebten auf engstem Raum zusammen und hatten über Monate hin kaum Außenkontakte, schon gar nicht – von wenigen Ausnahmen abgesehen – solche zu ihren Familienangehörigen. Männer unter sich. Sie praktizierten eine Kameraderie, die noch aus der Zeit gemeinsamen Stehlens und Räuberns stammte, die aber mit Solidarität nicht verwechselt werden darf. Gegenseitige Denunziationen – nicht nur im Hinblick auf die entsorgte Gerstensuppe – waren an der Tagesordnung. Pfister konnte fest damit rechnen, dass ihm alles und jedes hinterbracht wurde, mal von dem einen, mal von dem anderen, mal mit zielgerichteter Bosheit und mal aus einer bloßen Laune heraus. Er war ein aufmerksamer Menschenbeobachter und ein guter Psychologe, der sich die zwischen Rührung und Aggression schwankenden Stimmungen, die seelische Labilität der Beschuldigten geschickt zunutze machte. Und er wusste, dass er immer mit deren Renommiersucht und Eitelkeit rechnen konnte[20].

Zwar gab es offenbar Versuche, die Aussagen miteinander abzustimmen, ja sogar die Geständnisse gemeinsam zu widerrufen, aber sie scheiterten regelmäßig und kläglich. In der Konfrontation mit dem übeväterlichen Untersuchungsrichter, der gerade einen Widerruf fürchtete wie die Pest, war jeder auf sich allein gestellt. Die Vernehmungsakten sind voll davon: Georg Philipp Lang ließ sich melden und gab zusätzlich zu dem bisher Bekannten an ..., Veit Krämer ließ sich melden und erklärte ..., und dann der und dann jener. Alle waren Denunzianten und Opfer zugleich, auch Friedrich Philipp Schütz. Der half – erkennbar ohne Not, vielleicht wollte er Pfister nur einen Gefallen tun – beispielsweise mit, den Johann Heinrich Vogt (alias „Schodenheinrich"), der in Bergen (bei Frankfurt am Main) einsaß, zu identifizieren und einiger Diebstähle zu überführen. Der Mann landete mit einer „lebenslänglichen Eisenstrafe erster Klasse" im Marburger Zuchthaus[21].

Und umgekehrt hinterbrachte Veit Krämer dem Stadtdirektor taktische Überlegungen von Schütz (der ein starkes Interesse daran hatte, frühere Vergehen nicht aktenkundig werden zu lassen) wie diese:

> „Man werde vom Manne Friederich kein weiteres Geständniß erhalten, denn derselbe habe bestimmt erklärt: Er werde nichts weiter einbekennen, und wenn man ihn umbringe. Sicher habe aber Manne Friederich in früheren Jahren, wo er, Veit, ihn noch nicht gekannt habe, noch mehr gethan; – darum habe er auch dem Hölzerlips bittere Vorwürfe darüber gemacht, daß er die Zinndiebstähle zu Ostheim, Vilbel etc einbekannt habe, – nicht als ob sie ihres Betrags wegen, ihnen schädlich seyn könnten; sondern weil sie bewiesen, daß sie schon vor mehreren Jahren und mit berüchtigten Gaunern gestohlen hätten. 'Wir hätten', habe er beigefügt, 'lieber noch zwei Straßenräubereien auf uns genommen'"[22].

Es wird sich zeigen, dass derartige Aussagen am Ende dazu führten, dass mein Vetter, der Räuber, für eine großherzogliche Begnadigung nicht in Frage kam.

Veit Krämer freilich war ein besonderer Fall. Er hatte alle anderen durch seine Geständnisse in die Bredouille gebracht, er war der Verräter. Andreas Petry sagte dem Pfarrer Dittenberger noch zwei Tage vor Krämers Hinrichtung: „den ..., der uns durch sein Angeben ins Unglück gebracht hat, schlage ich noch auf dem Richtplatz tod, oder wenn ich das nicht kann, so drehe ich ihm noch den Hals um, denn er allein ist Schuld daran, daß wir geköpft werden"[23]. Pfister protokollierte Ähnliches: „Veit Krähmer wurde von allen Andern, seiner Geständnisse wegen, so wie sie ihn erblickten, geschimpft, wenn es unbemerkt geschehen konnte". Und an anderer Stelle, mit Bezug auf die Rückkehr aus Mannheim: „Veit Krähmer war bei seiner Ankunft in Heidelberg sehr erfreut: auf einige Zeit wieder aus dem Zuchthause, besonders aber aus der Gesellschaft seiner Raubgenossen gekommen zu seyn, weil diese ihn, wie er angab, täglich und stündlich mit Vorwürfen über seine hiesigen Geständnisse gequält und ihn beschuldigt hatten, daß er der Urheber ihres Unglücks und des Unglücks der meisten Mitglieder der Bande sey. Besonders Manne Friederich, sagte er, habe sich stets damit beschäftigt: ihm sowohl, als jedem der Andern Vorlesungen darüber zu halten, wie sie sich eigentlich im Verhöre hätten benehmen sollen ..."[24].

Auch die schweren Ketten hätten wohl nicht verhindert, dass die Gefangenen übereinander herfielen, aber dazu ist es offenbar nicht gekommen. Die Attacken waren eher verbaler Art. Beschuldigungen und Denunziationen lösten einander ab, und dann siegte wieder die Kameraderie: „In dem nämlichen Augenblicke, in welchem die Räuber einander in den Confrontationen Vorwürfe machten, söhnten sie sich auch lachend wieder aus; und kaum war dieses geschehen, so verrieth wieder einer den Andern"[25].

Sieht so eine Räuberbande aus, eine Räuberbande mit einem kühnen Räuberhauptmann und einem wagemutigem Räuber-Fußvolk? Gewiss nicht. Abermals wird die Diskrepanz deutlich zwischen unseren romantischen Vorstellungen und der kruden Wirklichkeit. Das Verhalten der Gefangenen in ihrem zuchthäuslichen Alltag ähnelte in seiner Planlosigkeit, seinem Dilettantismus und seinem spontanen, oft zufälligen Aktionismus dem, das sie in der Freiheit an den Tag gelegt hatten.

Man kann eine Gruppe von sechs Männern, die nachts eine Kutsche überfällt und ausraubt, mit einigem Recht als Räuberbande bezeichnen; der Heidelberger Stadtdirektor z. B. musste auf diesem Begriff bestehen, weil er anders eine Verurteilung der Räuber nicht erreichen konnte. Die Bande jedoch, die da bei Hemsbach tätig wurde, hatte eher zufällig zueinander gefunden und bestand in dieser Zusammensetzung genau vier Tage lang. Danach löste sie sich auf. Das war kein Einzelfall. Sieht man die Deliktlisten durch, die die Untersuchungsrichter der Zeit veröffentlichten, so wird man finden, dass nur ein Bruchteil der hundert und aberhundert Diebstähle und Überfälle von Gruppen gleicher Zusammensetzung begangen wurde. Nicht einmal Familienclans zogen gemeinsam auf Raub aus.

Was alle, auch die fünf gefassten Hemsbach-Räuber, einte, war die Erfahrung des „herumziehenden Lebens", das im Fall von Lang und Schütz länger, im Fall von Krämer, Petry und Lutz – sie waren mehr als zehn Jahre jünger als ihre beiden Kumpane – kürzer gedauert hatte. Und es war die kriminelle Vergangenheit, mit der sie nun, in der Eintönigkeit des Gefängnisses und unter dem Eindruck von Pfisters Fragetechnik, konfrontiert wurden. Die Ketten, die sie trugen, führten ihnen täglich vor Augen, wie ausweglos – nicht nur körperlich – ihre Situation war. Sie wussten, dass ihnen die Todesstrafe drohte. Und alle bisher erprobten Mittel, ihr zu entgehen, waren erfolglos geblieben: die Flucht und die Bestechung des Aufsichtspersonals, das individuelle und das kollektive Leugnen, die kleinen und die großen Ausreden, was immer. Sogar den letzten Trumpf, den sie zu haben glaubten, schlug Pfister ihnen aus der Hand: er lehnte konsequent ihre Angebote ab, sie, im Tausch gegen das Erlassen der Todesstrafe, als V-Leute (im Rotwelsch: Fleischmänner) anzustellen.

Fast alle griffen, nachdem sie ihre Taten gestanden hatten, zu diesem Mittel. Georg Philipp Lang startete den Versuch – „er wolle das Land sauber machen" – schon im Juni 1811; Veit Krämer erst im Schlussverhör im Oktober mit dem konkreten Angebot, er könne daran mitwirken, „die noch frey herumziehenden Räuber einzufangen". Dem Untersuchungsrichter fiel es leicht, auf diese Mitwirkung zu verzichten, Krämer hatte ohnehin schon alles gesagt, was er wusste[26].

Am hartnäckigsten war Friedrich Philipp Schütz. Nachdem er am 19. Juni 1811 zugegeben hatte, am Hemsbacher Raubüberfall beteiligt gewesen zu sein, kam er gleich zur Sache: „Nun erbot er sich, binnen 2 Monaten alle Räuber einzufangen, wenn man ihn zum Fleischmann (Spitzbubenfänger) mache"; und „wenn ihm aber das Leben geschenkt werde und man Vertrauen zu ihm habe, so wolle er der Herrschaft noch manche Dienste leisten"[27]. Eine Antwort bekam er darauf ebenso wenig wie auf seinen neuerlichen Versuch im Schlussverhör am 7. Oktober 1811: „Er mache sich verbindlich, ... alle noch in Freiheit befindliche Räuber und Diebe beizufangen und so dem Lande, welches er für einen Augenblick mit unsicher gemacht habe, für lange Jahre ersprießliche Dienste zu leisten"[28].

Da machte sich einer Illusionen und wollte mit Trümpfen punkten, die er nicht in der Hand hatte. Der Versuch, in letzter Minute den Kopf aus der Schlinge zu ziehen, zeigt aber auch, dass der Mann wusste, was auf ihn zukam, dass er in einer Sackgasse steckte, an deren Ende das Schafott stand.

## 26. Das Haar zu Berg euch sträuben soll... Moritat II

Gar schöne und feine Reimlein, enthaltend die gräßliche, grausame Morithat, welche von den Räubern, die heute, zu Heidelberg den 31. Juli, geköpfet werden sollen, ist begangen worden.

Ihr lieben Leute, höret zu,
Von jener Mordgeschichte!
Ich sitze hier in guter Ruh,
Und mache das Gedichte,
Das, vieler grausen Thaten voll,
Das Haar zu Berg euch sträuben soll,
Zum Schrecken aller Leute.

Es war in einer düstern Nacht,
Die Gott der Herr erschaffen,
Da ward die Morithat vollbracht
Von jenen groben Laffen.
Die waren auf die Lau'r postirt,
Am Wege, der nach Hemsbach führt,
Zu rauben und zu plündern.

Es standen da der Mannefriz,
Benebst Andres dem Langen,
Dann Köhlers Andres ohne Witz,
Und Hölzerlips, zum Bangen,
Der magre Basti war dabei,
Und endlich schloß die Compagnei,
Der nannte sich Veit Krämer.

Und plötzlich kam daher, sieh da!
Ein Wagen angefahren;
Herbei gesprungen kamen nah
Sogleich nun die Barbaren.
Sie dachten, einen Fang zu thun,
Und wollten nun, bei Gott! nicht ruhn,
Als bis sie ihn geplündert.

Der eine hielt den Fuhrmann an,
Der andre hielt die Pferde;
Der Fuhrmann war kein tapfrer Mann,
Und fiel betäubt zur Erde;
Und als der Wagen stillstand,
Der andre Theil sich gleich verband
Zum Raub an jenen Fremden.

Sie schlugen auf des Wagens Kopf
Mit ihren großen Knütteln;
Da wachten in des Wagens Kropf
Die Fremden auf vom Schütteln;
Sie lagen wohl in tiefem Schlaf,
Doch als der Schlag den Wagen traf,
Sie mußten sich ermuntern.

Sie wurden wie vom Blitz gerührt,
Nicht wissend wo sie waren;
Und liefen, da der Schlag gespürt,
Entgegen den Gefahren.
Sie sprangen wahrlich, wie der Daus,
Noch halb im Schlaf zum Wagen h'naus
Sich durch die Flucht zu retten.

Allein die Räuber schlugen los
Mit ihren groben Stecken;
Da mußte auf der Erde bloß
Herr Hanhart sich hinstrecken.
Herr Rieder der fiel auch wohl hin,
Es ward ihm wunderlich im Sinn,
Vom schweren Streich getroffen.

Die Räuber nahmen nun das Geld;
Doch ach! der arme Rieder
Von neuem große Streich erhält,
Weil er erholt sich wieder;
Der lange Andres schlug d'rauf zu,
Als wär' er eine todte Kuh,
Das Leben ihm zu rauben.

Herr Rieder schrie wohl Ach! und Weh!
Ich habe Frau und Kinder!

Doch nicht erweicht durch sein Herje
Andreas ward der Sünder;
Er schlug mit der Pistole Knopf,
Den armen Herren auf den Kopf,
Daß er betäubt muß fallen.

Nun plündern sie den Wagen ganz,
Und schlagen Koffer offen,
Und freuen sich bei diesem Tanz,
Daß sie's so gut getroffen.
Als jeglicher beladen war,
Da nahmen sie die Stunde wahr,
Und flohen ins Gebürge.

Die Nachricht gleich nach Hemsbach kam,
Der Schulz, der ließ sie suchen;
Die Räuber keiner wahrenahm,
Trotz Schelten und trotz Fluchen;
Sie waren in dem Dunkel schon
Weit über alle Berg entflohn,
Drum hört man auf mit Spüren.

Nach Heidelberg nun ward gebracht
Herr Hanhart und Herr Rieder,
Und jener in der ersten Nacht
Erholte sich bald wieder.
Doch schlimmer war der andre, ach!
Er wurde schwächer nach und nach
Und mußte leider sterben.

Drob doppelt sich die Wachsamkeit
Der hohen Obrigkeiten,
Und allen Menschen that es leid,
In diesen bösen Zeiten.
Doch wie das Glück beim Unglück ist,
Die Thräne kommt, wer Zwiebeln frißt,
So ward's auch hier gefunden.

Es waren kaum der Tage neun
Verflossen und vergangen,
So wurden – jeder that sich freun –
Die Räuber schon gefangen.
Nach Heidelberg man brachte sie,

Daß ihnen würd' das Urtheil hie
Zum Lohne solcher Thaten.

Nun wurde der Prozeß gemacht
Vom Stadtdirector Pfister,
Sie haben wohl dabei gelacht,
Und logen, wie ein Küster,
Doch irremachen ließ sich nicht
Der Stadtdirector im Gericht,
Und bringt sie zum Bekennen.

Als er die Sach nun untersucht,
Herausbringt alle Kniffe,
Da nimmt der Basti gar die Flucht,
Und birgt sich unterm Schiffe
Im Wasser bis auf seinen Mund,
Und liegt darinnen wohl drei Stund,
Bis er sich kann entfernen.

Doch, ach! die Flucht, sie half ihm nichts!
Sie ward ihm theu'r versohlet,
Beim ersten Schein des Morgenlichts
Da ward er eingeholet.
Man legt ihm einen Harnisch an,
Daraus er nicht entspringen kann,
Und also ist's geschehen.

Als nun das fünfte Mondenlicht
Entflohen und vergangen,
Da schickte man an's Hofgericht
Die Acten der Gefangen;
Da wurde viel deliberirt,
Und ebenfalls auch referirt,
Daß man zum Urtheil käme.

Und als es nun gesprochen war,
Und ferner unterschrieben,
Da macht man's allen offenbar,
So wie es war geschrieben;
Sie saßen all im hohen Rath,
Als man es publiciret hat
Den armen Todessündern:

„Ihr müßt besteigen das Schaffot,
„Da wird man euch belohnen!
„Das scharfe Schwerd giebt euch den Tod,
„Es darf euch nicht verschonen.
„Drum saget nur der Welt ade!
„Es hilft euch jetzt kein Ach und Weh,
„Ihr müßet alle sterben!"

Heut werden sie nun abgethan,
Als wären's welsche Hähne,
Die Köpfe fliegen Mann bei Mann,
So wie vom Bret die Spähne;
Wer solches noch nie hat gesehn
Der mag zu diesem Schauspiel gehn,
Er blickt sein rothes Wunder.

Zuerst erscheint Sebastian Luz,
Auch Basti wohl genennet;
Er bietet den Gesetzen Trutz,
Wenn er im Zorn entbrennet.
Einst sagte Hölzerlips: Er kann's,
Weit bringen, wie der Schinderhanns
Und ist der beßte Räuber.

Nach ihm nun Köhlers Andres naht,
Der Sohn vom schwarzen Peter;
Er weinte viel und bat und bat;
Doch hilft ihm nichts sein Zeter.
Er spielet Flöt und Clarinet,
Und kennet auch das Flageolet;
Und ist ein böser Bube.

Ihm folgt dann der Mannefriz,
Der noch nicht ganz verwildet;
Ist ein Poet, hat Menschenwitz,
Und nicht ganz schlecht gebildet;

Doch weil er nun zu Gaunern kam,
Ach! so verlor er alle Scham,
Und muß darumme sterben.

Nun naht der böse Hölzerlips,
Der grausamste von allen;
Sein Antlitz ist so weiß, wie Gips,
Und thut mir nicht gefallen;
Doch schwarz nur sieht sein Herze aus,
Und er bestand so manchen Strauß
Und commandirt die andern.

Sieh da! Matheus Oesterlein
Erscheinet als der fünfte;
Er wanderte umher als ein
Gesell der Maurerzünfte;
Von ihm und andrer Räuberbrut
Erschlagen ward ein armer Jud,
Das bracht ihn ins Verderben.

Am Ende dann Veit Krämer kommt,
Das meist hat der verbrochen;
Wenn auch der Tod ihm nimmer frommt,
Wird doch die That gerochen.
Er hat das meiste ausgesagt,
Wenn er vom Richter ward gefragt,
Und muß der letzte sterben.

Nun liebe Leut' hab ich erzählt,
So wie es wird geschehen;
Ein Beispiel nehmt, und nimmer fehlt,
Dann fühlt ihr keine Wehen;
Und wer was Böses nie gethan,
Der ist ein guter braver Mann,
Und wird nicht also sterben.

*Der Verfasser dieses Gedichts, das im Juli 1812, unmittelbar vor der Hinrichtung der Hemsbach-Räuber als achtseitige Broschüre anonym in Heidelberg erschien, war der Jurist Ferdinand Kämmerer, der sich in der Folgezeit noch mehrfach dem Thema widmete. Das Vorblatt enthält eine Zeichnung der Köpfe der sechs Verurteilten, die Nr. 1 ist mit „Mane Fritz" bezeichnet.*

## 27. Mitgegangen, mitgefangen, mitgehangen

Wer hat geschlagen? Wer hat auf die beiden Schweizer Kaufleute eingeprügelt und wer hat den Tod Rieters verursacht? Diese Fragen standen im Mittelpunkt der Heidelberger Verhöre, nachdem die Identität der fünf gefangenen Hemsbach-Räuber geklärt war und diese ihre Beteiligung an dem Überfall (aber nur die) eingestanden hatten. Der Überlebende Rudolph Hanhart und der Kutscher Simon Hofmann, die durch Schläge verletzt worden waren, konnten zur Klärung dieses wichtigen Aspekts der Untersuchung nichts Sachdienliches beitragen. Weitere Tatzeugen gab es nicht. Chemische Analyse-Methoden standen den Kriminalisten der Zeit nicht zur Verfügung. Pfister war auf die Aussagen der Räuber selbst angewiesen, und die machten ihm – bis zuletzt – das Leben schwer.

Sie leugneten nicht, mit eigens für den Überfall geschnittenen Knüppeln – und Andreas Frank, alias der lange Andres, sogar mit einer Pistole – bewaffnet gewesen zu sein, und sie gaben auch bereitwillig Auskunft über den Tathergang. Sie waren sehr gesprächig und denunzierten sich mit Eifer gegenseitig. Aber sie widersprachen sich auch, verwickelten sich in Widersprüche, nahmen ihre Beschuldigungen zurück oder relativierten sie so, dass sie zu einer validen Tatsachen-Feststellung nicht mehr viel taugten.

Den Anfang machte Andreas Petry. Am 31. Mai und am 1. Juni 1811 gab er zu Protokoll, er und Veit Krämer hätten nicht geschlagen, Georg Philipp Lang, Friedrich Philipp Schütz, Sebastian Lutz und Andreas Frank aber sehr wohl. Im Juli gestand er, selbst – aber nur leicht – geschlagen zu haben, widerrief seine Aussage mit Bezug auf Lang und belastete den (nicht eingefangenen) Frank schwer: der habe Rieter „die härtesten Schläge auf den Kopf (gegeben) und mit dem Hahnen der Pistole gerade auf die Stirne, und zwar so oft und viel, daß er ihm die ganze Hirnschale entzwey schlug". Und dabei blieb er in den folgenden Verhören.

Sebastian Lutz räumte (am 25. Juni 1811) ein, einen Stock gehabt zu haben – „es war aber nur ein kurzes, ganz dünnes Ding, worüber mich die Andern auslachten", und mit dem habe er nicht geschlagen. Wer dann? Mit Gewissheit Schütz, sagte Lutz. Das korrigierte er am 15. Juli 1811; außer Schütz hätten auch Frank, Petry und – ja – er selbst geschlagen. Und wieder eine Einschränkung: mit eigenen Augen habe er aber nur Frank beim Prügeln gesehen. Veit Krämer, der selbst nicht beschuldigt wurde, benannte ebenfalls Frank, Petry und Lutz als Hauptschläger. Georg Philipp Lang bekräftigte das, brachte zudem Schütz ins Spiel, bemerkte aber, diesen beim Schlagen nicht gesehen zu haben.

Auch Friedrich Philipp Schütz gab in seiner ersten Aussage zur Sache am 19. Juni 1811 Frank, Petry und Lutz als die an, die „jämmerlich geschlagen" hätten, und blieb in der Folgezeit bei dieser Version. Die ihn belastende Angabe von Lutz konterte er damit, dass er dessen Ausrede, bei dem Überfall betrunken gewesen zu sein, widerlegte und ins Lächerliche zog. Betrunken – „wovon dann, von Gottes Wort?", und die anderen bekräftigten das lachend. Konsequent, nachdrücklich und beredt leugnete Schütz, an den Schlägen Anteil gehabt zu haben; und „ich will auch nicht das, was Andere verschuldet haben, auf mich nehmen". Seinen Stock habe er vorher weg geworfen, „weil derselbe ästig gewesen seye und er sich an einem solchen Aste geritzt gehabt habe".

Über den Stock kam es am 16. Juli 1811 zu einem Wortgeplänkel, das deutlich macht, wie viel die gegenseitigen Beschuldigungen der Kumpane wirklich Wert waren. Es entzündete sich daran, dass Petry seine vorherige Aussage widerrief, einer der am Tatort aufgefundenen blutbeschmierten Knüppel sei der des Schütz gewesen.

„Frage: warum hast du also nun vorher fälschlich angegeben, diesen Stock habe Mannefriederich geführt?
Antwort: Ich sagte es eben so.
Frage: Das ist eine schlechte Entschuldigung. Auf diese Weise hast du den anwesenden Mannefriederich hinein geritten und den noch abwesenden langen Andres verschont?
Antwort: Ich habe eben die Unwahrheit gesagt.
Frage: Da du nun gestehen mußt: einmal die Unwahrheit gegen Mannefriederich angegeben zu haben; so kann man dir auch nicht glauben, wenn du vorgiebst, er habe geschlagen?
Antwort: Wegen mir braucht er auch nicht geschlagen zu haben. Es ist sonderbar, daß nun keiner geschlagen haben will und doch haben die Herren mehr als zwey Schläge bekommen und auch mehr als sechs".

Letzteres war erstaunlich ironisch für den ansonsten nicht sehr redegewandten Andreas Petry, dafür aber ganz im Sinne Pfisters. Schließlich war bei dem Überfall einer totgeschlagen worden, und das musste geahndet werden. Das eher dürftige Fazit, das der Untersuchungsrichter aus alledem zog: „Hölzerlips und Veit Krämer haben nicht geschlagen. Nur Andreas Petry behauptete fortwährend, daß Mannefriederich, so wie er angegeben, geschlagen habe. Die Uebrigen versicherten, dieses nicht gesehen zu haben"[1].

Das sieht, was meinen Vetter, den Räuber, betrifft, nach einer juristischen Entlastung aus. Es war aber keine. Pfister ging, unabhängig von seiner insistenten Suche nach dem, der tatsächlich geschlagen hatte, davon aus, dass alle sechs am Überfall Beteiligten eines gemeinsamen Verbrechens – eben des Raubmords – schuldig waren. Oder, in seinen eigenen Worten: „... daß sie daher nach der übereinstimmenden Lehre aller Rechtslehrer als Theilnehmer vor, an und nach der verbrecherischen Handlung, als Socii ex Compacto oder als Miturheber (Coauctores) des Raubmords betrachtet werden müssen; daß die Gesellschaft, in welcher sie miteinander die That verübten, eine wahre Societas delinquendi war". Um eine solche Gemeinschaft nachzuweisen, genügte die Verabredung zum Überfall, die die fünf Verhafteten eingestanden hatten, und der Tod Rieters, der den Raub zum Raubmord machte. Und darauf stand die Todesstrafe:

> „Das Großherz. Badische Strafedikt bestimmt ... die Todesstrafe als die gesetzliche Strafe des Raubmords, und indem es dabei nicht zwischen den verschiedenen möglichen Graden der Theilnahme und Mitwirkung an diesem Verbrechen unterscheidet, so nimmt es ... dem Richter alle Befugniß, einer ... Distinction Statt zu geben, und spricht also deutlich und unverkennbar genug aus, daß alle und jede wirkliche Theilnehmer an der That des Raubes durchaus gleiche Strafe treffen soll"[2].

Auf diesen Grundsätzen baute Pfister seine Anklage auf, und das Gericht folgte seiner Argumentation.

Am 1. Oktober 1811 begannen die Feierlichen Schlussverhöre, die in Baden gesetzlich vorgeschrieben waren und die der – nach heutigem Sprachgebrauch – Anklageerhebung vorauszugehen hatten. Zunächst waren die Frauen dran, das habe ich schon berichtet. Am 7. Oktober folgten Sebastian Lutz und Friedrich Philipp Schütz, am 8. Georg Philipp Lang und am 14. Andreas Petry und Veit Krämer. Alle bestätigten erneut ihr Geständnis, an dem Raubmord beteiligt gewesen zu sein, Lutz zudem die Teilnahme an zwei Straßenräubereien und sieben Einbrüchen und Diebstählen; Lang die seine an zwölf Straßenräubereien und 20 Einbrüchen und Diebstählen; Petry und Krämer die ihren an sieben bzw. 15 Straßenräubereien und 13 bzw. 32 Einbrüchen und Diebstählen. Auch Schütz

> „wiederholte sowohl das Geständniß seiner Theilnahme an dem Raubmorde zwischen Laudenbach und Hemsbach und das seiner Theilnahme
> Am Raube bei Aschaffenburg
> dto bei Heubach
> Am Raube der Fußgänger bei Gelnhausen
> Am attendirten Dörrfleischdiebstahl
> am Kleiderdiebstal zu Wüstwilleroth
> Am Diebstal auf der Ziegelhütte zu Somborn

> Am Diebstal zu Oberschönmattenwaag
> Am Einbruch zu Kleestadt
> Am Dörrfleischdiebstal zu Walldürn
> Am Dörrfleischdiebstal im Darmstädtischen
> Am Zinndiebstal zu Ostheim
> dto zu Vilbel
> An dem Diebstal zu Sprendlingen.
> Wegen des Straßenraubs auf der langen Meile wiederholte er seine Versicherung, keinen Theil daran zu haben, und wegen des versuchten Diebstals zu Niedereschbach und des Diebstals zu Thorfelden die Versicherung, daß er sich darauf nicht erinnern könne"[3].

Es ist nicht ganz einfach, bei der Menge der Delikte und bei der Unterschiedlichkeit der Terminologie den Überblick zu behalten. Offensichtlich ist, dass hier einiges fehlt, was Schütz früher vorgeworfen worden war: zwei geringfügige Diebstähle, die noch im Schuldbuch enthalten gewesen waren[4]; dazu diejenigen in dem Wirtshaus von Dörnigheim, in Niederzell und auf der Scharrmühle, der „Studentenstreich" mit dem Hühnerreff in Harheim, aber auch die Einbrüche auf der Breitenborner Mühle und in Grävenwiesbach, die ich früher beschrieben habe. Zumindest in diesen Fällen hatte das Leugnen des Delinquenten Früchte getragen. Was übrig blieb, reichte freilich aus, um dem Gericht das Bild eines ausgebufften Räubers zu zeichnen.

Es gehörte zum Ritual der Schlussverhöre, dass die Anzuklagenden Gelegenheit zu einer ausführlichen Stellungnahme erhielten. Friedrich Philipp Schütz schilderte noch einmal das schwere Schicksal seiner Familie und die Grausamkeit, mit der er, samt Frau und Kind, überall vertrieben worden sei (eine Passage, die ich im 17. Kapitel zitiert habe), bot sich erneut als Fleischmann an und schloss mit einem pathetischen Appell, der zeigt, worauf er jetzt allein seine Hoffnung setzte:

> „Er empfehle sich lediglich Gott dem Allmächtigen und der höchsten Gnade Seiner Königlichen Hoheit und hoffe und bitte Höchstdieselben um Christi Blut und um der neugebornen Prinzessin willen, daß man ihm das Leben schenke und ihn so seiner Frau und seinen Kindern erhalten wolle"[5].

Der, auf den er da hoffte, war Carl Ludwig Friedrich, 26 Jahre alt, erst seit 1811 auf dem badischen Thron, verheiratet mit einer Stieftochter Napoleons. Die Sage will wissen, dass einer seiner Söhne der hinlänglich bekannte Kaspar Hauser war, den finstere Gesellen aus Erbfolge-Interessen verschwinden lassen wollten. So jedenfalls kam der Mann, der schon 1818, ohne männliche Nachkommen zu hinterlassen, starb, doch noch – und vermutlich schuldlos – zu einigem Ruhm. Die 1811 geborene Prinzessin hieß Luise Amelie Stephanie. Sie heiratete 1830 einen Prinzen aus der aus Schweden verjagten Wasa-Dynastie, ließ sich 1844 von ihm scheiden und starb 1854 in Karlsruhe. Dass sie Pfisters Buch gelesen hat und also von Schütz' in ihre Geburt gesetzter Hoffnung etwas wusste, halte ich für unwahrscheinlich.

Mit dem Ende der Schlussverhöre war die Hauptuntersuchung in Sachen Hemsbach abgeschlossen. Am 15. Oktober 1811 legte Pfister dem Hofgericht

Carl Ludwig Friedrich, von 1811 bis zu seinem Tod im Jahr 1818 Großherzog von Baden

in Mannheim die einschlägigen Akten vor; der Koffer – oder waren es mehrere? – muss prall gefüllt und schwer gewesen sein. Da es sich um Verbrechen handelte, für die die Todesstrafe vorgesehen war, musste das Gericht, den badischen Vorschriften entsprechend, Verteidiger bestellen. Im Schlussverhör hatte nur Sebastian Lutz einen „Defensor" verlangt, die anderen aber, auch Friedrich Philipp Schütz (freilich erst nach einigem Hin und Her) auf die Bestellung eines solchen verzichtet. Das Mannheimer Hofgericht benannte nun von Amts wegen einen Verteidiger für alle – eine Maßnahme die Pfister prompt mit dem Argument kritisierte, ein Einzelner könne nicht die widerstrebenden Interessen aller Angeklagten wahrnehmen[6].

Bei dem vom Gericht bestellten Pflichtverteidiger handelte es sich vermutlich um Dominicus Molitor, der in Mannheim als „Obergerichtsadvokat, Auditeur und Regimentsquartiermeister" nachweisbar ist[7]. Ich sage vermutlich, weil die einschlägigen Akten nur seinen Nachnamen nennen und ich seiner Familiengeschichte nicht nachgeforscht habe. Molitor war zum Zeitpunkt seiner Bestellung ein relativ junger Mann, wohl knapp über 30 Jahre alt; Pfister, der von Verteidigern, die ihm widersprachen, grundsätzlich nicht viel hielt, suchte ihn in seinem Gegenplädoyer mit der Bemerkung zu diskreditieren, er gehöre „noch nicht unter die langjährigen Practiker"[8]. Dennoch gewinnt man aus den Gerichts-Unterlagen den Eindruck, daß er sich der Sache mit Eifer und großem Engagement annahm und unerschrocken die Schwachstellen in Pfisters Argumentation benannte.

Molitor, der im übrigen auch Matthäus Oesterlein und andere Odenwald-Räuber verteidigte, bekam die Akten und am 15. November 1811 auch die Erlaubnis, mit den Delinquenten, die ja mittlerweile im Mannheimer Zuchthaus saßen, zu sprechen, freilich in Anwesenheit des dortigen Stadtamtmanns Ziegler[9]. Das zog sich hin. Pfister befürchtete, die Kontrolle über das Procedere zu verlieren. Nicht zuletzt deshalb beschleunigte er die Publikation seiner „Aktenmäßigen Geschichte", mit der er sich die Deutungshoheit über den Fall sicherte und faktisch das Hofgericht unter Druck setzte.

Molitors Verteidigungsschrift, die mit 44 Paragrafen auf 144 Seiten ziemlich umfangreich ausfiel, datiert vom 14. Februar 1812[10]; das ist vermutlich der Tag, an dem er sie beim Hofgericht einreichte. Noch einmal in verkürzter Fassung vorgetragen hat er sie am 17. oder 18. Mai vor dem Oberhofgericht; (die Protokolle sind, besonders was die Daten betrifft, nicht eindeutig, da es sich häufig um spätere Abschriften handelt). Wie es sich gehört, ging der Verteidiger, Verständnis heischend, ausführlich auf Herkunft und Familiengeschichte der Angeklagten ein und wies bei Schütz auf die Ungerechtigkeiten hin, die dieser in seinem Leben erfahren habe. Er verwies auf die herkömmliche Laxheit der Verfolgungsbehörden, die die Räuberei erst möglich gemacht oder doch sehr erleichtert habe, geißelte die Peinliche Halsgerichtsordnung Karls V. von 1530, die ja in Teilen weiterhin galt, als „Straf-Codex des Mittelalters" und bezweifelte, dass badisches Recht auf Verbrechen angewandt werden könne, die auf Territorien anderer Staaten begangen worden waren.

Was Rieters Tod betrifft, so stellte Molitor die Frage, ob dieser nicht durch den beschwerlichen Transport von Weinheim nach Heidelberg mitverursacht worden sei; damit traf er einen wunden Punkt Pfisters, der seinerseits den Transport beanstandet hatte. Zum Problem „wer hat geschlagen?" konstatierte er, mit Verweis auf die widersprüchlichen Aussagen, dass es dazu „keine genügende Aufklärung", also keine gerichtsfesten Beweise gebe. Die fünf Angeklagten seien im übrigen nicht auf Mord, sondern auf Raub ausgegangen. Und wenn schon Schläge für Rieters Tod verantwortlich gemacht würden, so doch wohl die von Andreas Frank mit dem Pistolenknauf.

Fazit: „Ich kann daher das begangene Verbrechen nicht für Raubmord, sondern nur für einen mit Tötung verbundenen Straßenraub ansehen". Folgerichtig lautete sein schlussendliches Plädoyer, Krämer, Lang und Schütz von der Schuld an der Verwundung Rieters freizusprechen, ihnen aber wegen Räuberei, Diebstahl und so fort eine gebührende Zuchthausstrafe zuzuerkennen, mit einem deutlichen Nachlass für den Ersteren wegen seiner Geständigkeit. Petry und Lutz sollten, wenn sie denn wegen der Schläge für schuldig befunden würden, angesichts ihrer Jugend und Unerfahrenheit wenigstens mit dem Leben davon kommen. Wir werden sehen, dass er mit diesem Ansinnen schließlich durchdrang.

Pfisters Gegenplädoyer liegt nicht bei den Akten. Er hat es aber, zumindest teilweise, ergänzt und wohl auch redigiert, in seinem „Nachtrag zu der Aktenmäßigen Geschichte"[11] abgedruckt. Ich versage mir die Wiederholung seiner juristischen, zuweilen spitzfindigen, zuweilen besserwisserischen Argumentation. Im Kern läuft es auf die These von der Gesamthaftung der „Räubergesellschaft" – mitgegangen, mitgefangen, mitgehangen – hinaus. Bemerkenswert an dem Text sind aber die Schärfe und Häme, mit denen er den Verteidiger, dessen Plädoyer er seitenweise wörtlich zitierte, regelrecht abkanzelte. Das musste öffentliches Aufsehen und bei vielen Unmut erregen, und so hat denn auch der – Pfister ansonsten lobende – Rezensent der Jenaischen Allgemeinen Literatur-Zeitung[12] sehr dezidiert erklärt, er habe sich „diese Kritik der Defension lieber ganz aus der Schrift weggewünscht". Molitor hat übrigens prompt Beschwerde gegen Pfister wegen dessen „unbefugter öffentl. Critik der Defensorenschrift" eingelegt, das Mannheimer Oberhofgericht wies ihn damit jedoch am 29. September 1812 ab[13].

Noch einmal ein paar Schritte zurück im Gang der Gerechtigkeit. Am 8. und 9. April 1812 referierte Pfister vor dem Hofgericht in Mannheim in Sachen Veit Krämer und Konsorten. Damit waren nicht nur die Hemsbach-Räuber gemeint, sondern alle aus Anlass dieses Überfalls Verhafteten. Unmittelbar anschließend verkündete das Hofgericht seine Entscheidungen. Es teilte die Menge der Angeklagten in drei Kategorien ein. In die erste sortierte es diejenigen, denen geringe Strafen zuerkannt worden waren und für die die Urteile sofort ausgefertigt wurden. Dazu gehörten u. a. die Frauen, so, wie wir gesehen haben, Anna Katharina Nern. In die zweite Kategorie kamen die, die mit langjährigen Zuchthausstrafen belegt worden waren. Die entsprechenden Urteile wurden dem Justizministerium zur Bestätigung oder auch Abänderung übersandt. In die dritte Kategorie schließlich gehörten nur die Hemsbach-Räuber und Matthäus Oesterlein, für die die Todesstrafe beantragt worden war. Deren Akten gingen zunächst zur Urteilsfindung an das Oberhofgericht.

Schon kurze Zeit später bestätigte Karlsruhe die Zuchthausstrafen[14]. Betroffen waren die „Frankfurter Karlsbuben" (Joseph Jacobi, Balthasar, Bernhard und Friedrich Held), der „Schefflenzer Bub" Johann Bauer, die Kumpane also, die Friedrich Philipp Schütz in seinem Lied über die falschen Trümpfe beim Spielen („Hört mir itzt zu ...") charakterisiert hatte, und dazu der „Krautscheißer" Johann Schulz samt seiner Frau. Am schlimmsten traf es Bauer und Bernhard Held, die für 42 bzw. 37 Jahre ins Zuchthaus sollten und sofort gebrandmarkt wurden.

Am 1. Juni dann fiel auch das Urteil über Veit Krämer, Georg Philipp Lang, Friedrich Philipp Schütz, Andreas Petry, Sebastian Lutz und Matthäus Oesterlein: Tod durch das Schwert. Vorausgegangen waren die schon erwähnten Plädoyers Molitors und Pfisters sowie ein entsprechendes Votum des im Gericht zuständigen Berichterstatters[15]. Ich beschreibe diese Prozeduren so ausführlich, um darzulegen, dass es sich um ein zwar von den heutigen Gepflogenheiten abweichendes, aber ordentliches und ganz und gar geregeltes Verfahren gehandelt hat.

Am 2. Juni 1812 wurde auch dieses Urteil dem Justizministerium zur Bestätigung übermittelt. Beigelegt waren kurz gefasste Lebensläufe der Verurteilten, und in dem von Schütz stand u. a.:

> „... bei einem Vaganten lernte er das Korbmachen, blieb Vagant, schloß sich an die Gauner, mit welchen er seit 1801 herumzieht. 4 Straßenraube, 12 Einbrüche, er zählt zu den Schlimmsten. Krämer und Hölzerlips sagen von ihm, er sei ein alter Kochem, der noch viele Einbrüche und Diebst. auf sich habe. Er gestehe aber nichts u. wenn man ihn umbringe"[16].

Man sieht: die gegenseitigen Denunziationen entfalteten durchaus ihre Wirkung; solcherart Charakterisierungen machten eine Begnadigung eher unwahrscheinlich. Am 27. Juni bestätigte der Großherzog denn auch die Todesurteile ohne Ausnahme. Es dauerte eine Weile, bis sie ausgefertigt waren, aber am 24. Juli konnte Pfister sie in Mannheim entgegen nehmen.

Mit der großherzoglichen Bestätigung war jedoch das Verfahren eigenartiger Weise nicht wirklich abgeschlossen. Da für die folgenden Ereignisse nur wenige Aktenstücke vorliegen, bin ich wieder einmal auf Pfisters eigene, allerdings sehr detaillierte Darstellung angewiesen[17]. Danach hatte das Justiz-Ministerium ihn gebeten, die intensiven Verhöre mit den Verurteilten fortzusetzen. Ob sich darin Unzufriedenheit mit den bisherigen Untersuchungs-Ergebnissen ausdrückte oder das Verlangen nach der Aufklärung anderer, nicht mit Hemsbach in Verbindung stehender Vergehen, lässt sich nicht entscheiden.

Bemerkenswert ist, dass der Untersuchungsrichter die Häftlinge bei den Vernehmungen, die offenbar nichts Wesentliches zu Tage förderten, im Unklaren darüber ließ, dass das Urteil über sie bereits gesprochen war. Auch die Pfarrer, die die Verurteilten vor dem Vollzug der Strafe betreuen sollten (Christian Theodor Wolf für Lang und Oesterlein, Theophor Dittenberger für Schütz und Petry, der Kaplan Gerhard Holdermann für die Katholiken Krämer und Lutz), informierte er erst am Mittag des 27. Juli. Dabei hatte er längst alles weitere terminiert: auf den 28. Juli die Verkündung der Urteile in interner Sitzung und in Anwesenheit der Angeklagten im Heidelberger Rathaus; auf den 31. Juli die öffentliche Verkündung, das sogenannte „Blutgericht", auf dem Marktplatz und daran unmittelbar anschließend die Hinrichtung.

Zu der Urteilsverkündung vom 28. Juli erschienen der Oberhofgerichtsrat Gambsjäger, Pfisters „ihm ewig verehrungswürdiger Rechtslehrer", der Mannheimer Stadtamtmann Ziegler sowie, als Beobachter, der Hofrichter von Schmiz und der Kreisdirektor von Manger. Als die Angeklagten, unter starker militärischer Bewachung, vom Gefängnis zum Rathaus gebracht wurden, dämmerte ihnen, was da auf sie zukam. Andreas Petry wurde prompt ohnmächtig, musste ärztlich versorgt und mit ein paar Gläsern Wein wieder zu Kräften gebracht werden. Die Sitzung dauerte drei Stunden, und als die Urteile verkündet waren, drohte die Situation außer Kontrolle zu geraten. Petry widerrief sein Geständnis, geschlagen zu haben; Lang und Schütz verwünschten die Richter, die diesen „unschuldigen Buben" zu Tode bringen wollten. Oesterlein fluchte, und alle jammerten über diese ungerechte Behandlung. Erst bei der Zusage, dass Krämer und Schütz ihre Frauen und Kinder, Petry seine Schwester noch einmal sehen durften, beruhigte sich die Lage[18].

Die Szene hatte ein Nachspiel, mit dem Pfister nicht gerechnet hatte und das sie an Dramatik womöglich übertraf. Am folgenden Tag, also am 29. Juli 1812, mittags um zwei Uhr bekam Pfister einen Brief des Kreisdirektors von Manger, worin dieser ihm mitteilte, der Hofrichter von Schmiz habe, „ergriffen von dem, was sich bei der Urtheilsverkündung ereignet habe, und von dem Anblick der jugendlichen Gestalten des Andreas Petry und Sebastian Luz" und „dem Andrange seines Herzens folgend", beim Großherzog deren Begnadigung erbeten; und auch er, Manger, habe sich dieser Bitte angeschlossen. Pfister was not amused. Er musste, Mangers Weisung folgend, die Delinquenten erneut vernehmen und das Ergebnis –

Petry blieb dabei, nicht geschlagen zu haben – flugs protokollieren. Abends um acht Uhr erschien ein großherzoglicher Ordonanz-Offizier bei ihm und beorderte ihn, samt Protokoll, nach Mannheim.

Dort tagte dann vier Stunden lang, von zehn Uhr abends bis zwei Uhr in der Nacht, eine „Rathsversammlung", die der Großherzog offenbar ad hoc zusammen gerufen und um ein Votum in Sachen Begnadigung gebeten hatte. Am Tisch saßen hochrangige Beamte: der Staatsrat und Oberhofrichter Freiherr von Drais, der Staatsrat und Hofrichter von Schmiz, der Oberhofgerichtskanzler Siegel, der Oberhofgerichtskanzler Freiherr von Hohenhorst, der Vize-Hofrichter Freiherr von Zyllnhardt, der in dieser Sache zuständige Oberhofgerichtsreferent Gaum, der Hofgerichtsreferent und Geheime Justizrat von Weiler – und schließlich auch Pfister.

Ob der in seinem Buch richtig wiedergab, was da verhandelt wurde, kann ich nicht beurteilen, weil ein Protokoll der Sitzung fehlt. Nach Pfisters Bericht jedenfalls war man sich schnell einig, dass Petrys Widerruf „nicht die leiseste rechtliche Rücksicht verdiene". Bei der Suche nach Gründen für die Begnadigung der beiden spielte das Argument eine Rolle, dass die Deliktliste von Lutz relativ kurz und es bei Petry, mangels einer Geburtsurkunde, nicht klar war, ob er 1811 überhaupt schon 18 Jahre alt gewesen sei – Tatbestände, die Pfister und allen am Fall beteiligten Richtern und sonstigen Juristen auch schon früher hätten auffallen können.

Was immer den Ausschlag gegeben hat, das Gremium fand schließlich, vielleicht in Kenntnis einer entsprechenden großherzoglichen Geneigtheit, eine Begnadigung „räthlich", und am 30. Juli in der Früh, noch zu nachtschlafener Zeit, eilte der Ordonanz-Offizier mit dem Votum nach Karlsruhe. Die zustimmende Entscheidung traf am gleichen Tag um Mitternacht in Heidelberg ein, wurde den Begnadigten jedoch verheimlicht. Sie erfuhren davon erst am 31. Juli bei der professionell inszenierten öffentlichen Urteilsverkündung auf dem Marktplatz. Diesen theatralischen Clou wollte Pfister sich nicht nehmen lassen.

## 28. Das Märchen vom Blendwerk. Friedrich Philipp Schütz' Version einer Eulenspiegel-Geschichte

Zu einem Könige von England, der ein großer Liebhaber von Mahlerei war, kam einst ein fremder Mann, welcher sich für einen großen Mahler ausgab und sich erbot, dem Könige einen neuerbauten Saal auszumahlen. Der König wollte zuvor eine Probe der Kunst des Fremden sehen; dieser aber erklärte: das sey seine schwache Seite; er zeige keine Probe, er lasse nicht einmal seine angefangene Arbeit selbst, während der Arbeit, sondern nur dann sehen, wenn sie vollendet sey; Se. Majestät möchten aber nur gnädigst befehlen, welche Gegenstände in den Saal gemahlt werden sollten, und es werde gewiß Alles zur Allerhöchsten Zufriedenheit ausfallen.

Dem Könige gefiel der sonderbare Mann, er fügte sich den Launen desselben. Die Arbeit wurde im Saale begonnen, welchen der Mahler stets verschlossen hielt. So arbeitete er viele Monate, während welchen er aus der königlichen Küche verköstiget wurde. Endlich war das Meisterstück vollendet und der König, welcher dasselbe zuerst allein sehen wollte, wurde von dem Künstler in den Saal geführt.

Aber wie erstaunten Ihro Majestät, als Sie nichts erblickten, als die weißen Wände. Voll Zorn wandten Sie sich gegen den Künstler und wollten schon nach der Wache rufen; als dieser, gleich erstaunt, Höchstdenselben erklärte: Es sey ihm nun unendlich leid, eines besonderen Umstandes nicht früher erwähnt zu haben: Seine Kunstwerke hätten nämlich die sonderbare Eigenschaft, daß sie nur von in rechtmäßigen Ehen ehelich Erzeugten gesehen werden könnten.

War des Königs Majestät vorher aufgebracht, so war sie es jetzt noch mehr; allein der Künstler wußte so viele Betheuerungen vorzubringen, daß der König beschloß, die Sache näher zu prüfen. Das ganze Ministerium, der Hofstaat und alle Geheimen Räthe wurden zusammen berufen und ihnen der Fall von dem Könige selbst, in Anwesenheit des Künstlers, vorgetragen; – welcher, da die ganze Versammlung Zweifel in ihn setzte, seine Betheuerungen wiederholte und versicherte, daß sich der Beweis leicht finden werde, sobald sie in den Saal träten.

Der Zug begann und trat in den Saal; aber wie unbeschreiblich groß war der Schrecken des Königs, als die ganze Versammlung, einige Wenige ausgenommen, theils nach dieser, theils nach jener Wand des Saales eilte, und in laute Bewunderung der Gemälde ausbrach. Der König zog sich zurück, ließ dem Künstler den bedungenen Lohn auszahlen, jenen Saal aber für immer verschließen.

*Diese Geschichte, eine durchaus originelle Variante des
in der Eulenspiegel-Sammlung von 1515 zuerst gedruckten
„Märchens vom Blendwerk",
erzählte Schütz am 22. oder 23. Mai 1812 während einer
Vernehmungs-Pause „den Herrn vom peinlichen Gerichte zu
Darmstadt". Pfister, der sie überlieferte (Pfister: Nachtrag, S. 84f.),
war unverkennbar irritiert und kommentierte den Vorgang etwas
säuerlich: „Was sollte wohl diese Erzählung in diesem Augenblicke, an
diesem Orte, ohne alle sonstige Veranlassung, mit Laune vorgetragen,
anderst sagen, als: Auch die falschesten Behauptungen finden Glauben, wenn es dem falschen Angeber nur gelingt, auf irgend eine Weise,
die Menschen für sich oder für die falsche Angabe zu gewinnen;
– sie sehen dann was er haben will, – auch wo nichts ist?".*

## IV. Schaffot 1812

**29. Er ist unter Allen der Gebildetste, Manierlichste und Klügste**

Das Drama neigt sich seinem Ende zu, Zeit für ein Ritardando am Beginn des letzten Aktes, Zeit für ein paar simple Fragen: Was war das für ein Mensch, dieser Friedrich Philipp Schütz, von dem die ganze Zeit die Rede ist, der den drachentötenden Georg (den Schutzheiligen nicht nur der Soldaten, sondern auch der Gefangenen) an die Kerkerwand malte und die Darmstädter Untersuchungsrichter mit einer Eulenspiegel-Geschichte überraschte? Wie sah er aus? Was kann man – jenseits der Räuberei – wissen über seinen Charakter, seine innere Verfasstheit, seine Intelligenz, sein Selbstverständnis? Die Quellenlage ist äußerst dürftig, hier und da ist eine beiläufige Aussage der wenigen Personen überliefert, die mit dem Mann Kontakt hatten, eher zornig und polemisch bei Pfister, mehr von Empathie geprägt bei Dittenberger. Ich stelle mir also einfache Fragen und tue mich schwer mit den Antworten.

Phantombilder gab es damals nicht, und die Angaben in den Steckbriefen sind widersprüchlich. Folgt man dem ersten, hatte Schütz schwarze, folgt man dem zweiten, hatte er hellbraune Haare, einmal waren seine Augen grau, ein andermal blau. Nur im Hinblick auf eine „stumpfe Nase" stimmten die beiden Texte, die ja ausschließlich auf den Angaben Veit Krämers beruhten, überein. Das ist zu wenig, um das Gesicht eines Menschen zuverlässig zu beschreiben. Da hilft auch der wiederholte Hinweis Dittenbergers auf das „Lächeln, das ihm eigen war" – so interessant er für Psychologen sein mag – nicht wirklich weiter[1]. Und die Kupferstiche, die den zeitgenössischen Büchern und Broschüren beigegeben waren, täuschten die Lebensähnlichkeit der dargestellten Räuber nur vor. Nach aller Wahrscheinlichkeit haben die Zeichner die Angeklagten, wenn überhaupt, nur flüchtig gesehen.

Groß war Schütz offenbar nicht: fünf Schuh und drei Zoll; das ergibt, wenn ich die im Großherzogtum Baden der Zeit geltenden Längenmaße richtig umgerechnet habe, etwa 1,60 Meter, nicht ungewöhnlich freilich für einen Mann um 1800. Von „dicker, gesezter Statur" sei er, sagte Krämer, und das deckt sich immerhin mit der Bezeichnung „der Dicke", die Andreas Petry einmal im Verhör mit Bezug auf Schütz gebrauchte[2]. Also: klein und kompakt wird er wohl gewesen sein. Mehr ist dazu nicht zu sagen.

Interessant ist eine Beobachtung Dittenbergers, die er bei seinen seelsorgerlichen Besuchen im Gefängnis mehrfach machte. Danach ging Schütz, wenn die beiden sich unterhielten, „so gut es seine Ketten gestatteten, hastig auf und ab"[3]. Reagierte er damit, wie das Tier im Käfig, nur die Klaustrophobie ab, die ihn in der Enge der Zelle befiel? War es ein Aufbäumen dagegen, dass die eisernen Fesseln ihn quasi zur Bewegungsunfähigkeit verdammten und allenfalls Trippelschritte zuließen? Rebellierte er auf diese Weise gegen die Einsicht, dass alles Reden und Argumentieren, das ihn bisher immer wieder gerettet hatte, nun nichts mehr half? Oder war der Bewegungsdrang Ausdruck einer inneren Unruhe, die vielleicht schon sein früheres Leben bestimmt hatte und die sich jetzt nur verstärkte angesichts der Sackgasse, in die er geraten war? Brach sich da sogar, aus dem Psychischen übersetzt ins Körperliche, das schlechte Gewissen Bahn? Ich kann das, in einer zeitlichen und räumlichen Ferndiagnose, nicht entscheiden. Vielleicht war es eine Mischung aus allem.

Kein Zweifel, in seinem Kopf rumorte es, ich habe das beschrieben, und die Quellen belegen es vielfach: das hätte ich gegenüber Pfister nicht zugeben, anderes den Mitgefangenen nicht erzählen dürfen, wieder anderes leugnen und energischer abstreiten müssen, aber jetzt ist es dafür zu spät. Jetzt ist mein Schicksal besiegelt. Oder etwa doch nicht? Kann ich auf Begnadigung hoffen, wenn ich nur nachdrücklich genug mildernde Umstände geltend mache?

Wir haben es gesehen: x-mal hat er Sätze wie diesen wiederholt und abgewandelt: „Die großen Herren sind selbst Schuld daran, daß wir stehlen müssen. Geduldet werden wir nicht; – Pässe bekommen wir nicht; – wir dürfen also auch nirgends aufgenommen werden; – und leben wollen wir denn doch". Das ist am 20. Juli 1811, unmittelbar nach seinem ersten Geständnis, gesagt, und Pfister berichtete, dass Schütz „mit Wohlgefallen" registriert habe, dass es, als Verteidigungsgrund, wörtlich zu Protokoll genommen wurde[4]. Und den Pfarrer Dittenberger begrüßte der schon Verurteilte, fast auf den Tag genau ein Jahr später, mit den Worten: „ja, ja! ich seh's, Sie meinen es gut mit uns, und Sie werden sehen, daß wir keine so gar böse Menschen sind, wie die Leute meinen; das Unglück und die Noth hat uns so weit gebracht"[5].

Wer war schuld an Unglück und Not? Schütz holte weit aus und bemühte sogar das Jüngste Gericht: „Diejenigen müssen es an jenem Tage verantworten, welche seine Mutter aus ihrer Heimath ausgestoßen hätten, und dadurch an seinem ganzen Unglück schuld seyen", sagte er[6]. Das zielte auf Frücht, aber auch die späteren Demütigungen waren nicht vergessen:

> „Die Armuth, die war freilich schuld,
> weil man sie nicht mehr hat geduld't.
> Die meisten Herrn sind Schuld daran,
> daß Mancher thut, was er sonst nicht gethan".

Das ist die zweite Strophe aus dem Hemsbach-Gedicht („Seit dem ersten May ..."), die ihrem Autor zu einem gewissen Nachruhm verholfen hat. Das fortwährende Rumoren im Kopf meines Räuber-Vetters, so darf man das wohl zusammenfassen, führte nicht zur Selbsterkenntnis, sondern zu immer neuen, im hastigen Auf- und Ablaufen bedachten Versuchen der Selbstentlastung.

Es ist unverkennbar, dass Schütz im Kreis seiner räuberlichen Kumpane eine Sonderrolle spielte, nicht selten die des Klassenclowns, der durch Fürwitz und Blödeleien die Aufmerksamkeit auf sich zog. Immer wieder elendete er die Mitgefangenen mit Vorträgen über ihr falsches Verhalten im Verhör. Er bevormundete sie, sprach, unautorisiert, in ihrem Namen, so als er für den etwas unterbelichteten Sebastian Lutz einen Verteidiger forderte[7]. Den Analphabeten Andreas Petry unterwies er im Buchstaben-Malen und sorgte dafür, dass der Untersuchungsrichter es erfuhr. Oft ergriff er, vorlaut und unbekümmert, bei Gemeinschafts-Veranstaltungen als erster das Wort. Als Pfister zwei Tage vor der Hinrichtung mit den beiden Pfarrern im Gefängnis ankam, entspann sich diese – nicht untypische – Szene:

> „Es erschien nun zuerst Schütz, oder Mannefriedrich, mit einem kurzen Kopfnicken, und einer spöttelnd freundlichen Miene. Er blickte auf Herrn Stadtdirector und dann etwas scheu und von der Seite auf uns, mit den Worten: Deo gratias! Herr Stadtdirector erinnerte ihn sogleich, daß seine Begrüßung nicht den Ernst und die Achtung bezeichne, welche er jetzt zu beweisen habe, worauf er sich entschuldigte"[8].

Schütz lachte, so steht es in den Protokollen, gern und viel, auch über andere. Den schweigsamen und in sich gekehrten Matthäus Oesterlein foppte er: „... man sollte ihn ... nicht Oesterlein, sondern Osterlamm nennen"; und den fast kahlen Schädel von Georg Philipp Lang kommentierte er im Hinblick auf die bevorstehende Enthauptung so: „... es werde morgen schwer werden, ihn beim Schopfe zu fassen". Bei der Mahlzeit nach dem Abendmahl bewarf er die anderen mit Kirschkernen, und die sagten: „Schütz macht immer Spaß"[9]. Solcherart aufgesetzte Lustigkeit wirkt arg pubertär, klassenclownesk eben. Auch die anderen hatten solche Anwandlungen, aber durch die Spottlust, die oft durchscheint, durch das schnelle Reaktionsvermögen und das prompte Umschalten in brenzligen Situationen, durch die Schlagfertigkeit auch, unterschied sich Schütz deutlich von ihnen.

Sieht man die Lebensläufe durch, die Pfister mitteilte[10], so fallen dennoch zunächst die Übereinstimmungen auf. Fast alle sind auf der Landstraße aufgewachsen. Die Frankfurter Karlsbuben und Johann Bauer zogen, wie Schütz, mit ihren Müttern von Ort zu Ort, Sebastian Lutz und Georg Philipp Lang mit ihren Eltern. Die meisten versuchten wie er, sich wenigstens zeitweise – und erfolglos – mit einem Wandergewerbe über Wasser zu halten: Matthäus Oesterlein, dessen Eltern in der Hoffnung auf ein besseres Leben nach Russland ausgewandert waren, als Klein-Krämer, Lang als Händler mit hölzernen Waren, was ihm den Spitznamen Hölzerlips eingetragen hatte, Andreas Petry und Sebastian Lutz als Musikanten. Auf der Landstraße waren sie alle, auch die, die nicht, wie Petry und Lutz, aus Räuberfamilien stammten, ins kriminelle Milieu geraten.

Wenn Pfister schrieb, der Branntwein sei „das Lieblingsgetränk dieser Menschen"[11], so war ich – angesichts der langen Liste seiner Vorurteile über die herumziehenden Leute – zunächst einmal geneigt, ihm nicht zu glauben. Aber die Aussagen der Räuber selbst bestätigten ihn. Bei fast allen Delikten, derer sie beschuldigt wurden, bei der Posse mit dem Hühner-Reff ebenso wie bei dem Überfall an der Bergstraße, spielte der Alkohol eine Rolle. Und Schütz, ich habe das zitiert, sagte in der Beschreibung seiner Lebensumstände wiederholt, er habe sein Geld vertrunken und verspielt. Das war üblich – aber natürlich nicht klug. Die Beute musste schnell zu Geld gemacht werden. Das erlaubte den Hehlern, die Preise zu diktieren, und der Erlös hielt nie lange vor. Nicht zuletzt deshalb mussten die Frauen betteln gehen oder, wie im Fall von Veit Krämer, als Bänkelsängerinnen zusätzlich Geld verdienen. Und nach kurzer Zeit war der nächste Raubzug fällig.

Trotz dieser Gemeinsamkeiten gibt es Unterschiede. Schütz war kein geschwätziger Naivling wie Veit Krämer, kein verschlossener und unzugänglicher Sonderling wie Matthäus Oesterlein, nicht weinerlich und unartikuliert wie Andreas Petry; er war vor allem älter als alle diese, Sebastian Lutz eingeschlossen. Am ehesten vergleichen lässt er sich mit dem fast gleichaltrigen Georg Philipp Lang. Der stammte aus einer bitterarmen Gegend im Nassauischen Hinterland bei Usingen, war der Sohn herumziehender Eltern und auch er saß, bevor er zu den Räubern stieß, zunächst nur wegen Landstreicherei im Gefängnis. Freilich: Lang wurde, im Gegensatz zu Schütz, von seinen Kumpanen als „böser Kerl" beschrieben; „der sticht einen um einen Kreuzer todt", sagte Andreas Petry[12]. Und Pfister selbst beschrieb ihn so:

> „Er ist der stärkste unter allen in Heidelberg Verhafteten und, nach allen Umständen, auch der grausamste und boshafteste. Er kann seinen Zorn, wenn er ausbricht, nicht dämpfen"[13].

Lang gerierte sich, wiederum anders als Schütz, als „Bonherr", als Anführer (der er nicht war), und legte offenbar Wert darauf, dass alle das wahrnahmen. Als er bei Regen auf einem offenen Karren ins Mannheimer Zuchthaus gebracht wurde, warf er die Decke, die ihn schützen sollte, beiseite, „hob beide kreuzweis mit schweren Ketten gefesselten Hände, so hoch er konnte, empor und sagte: 'die Leute müssen sehen, wer ich bin'!". Und im Verhör trumpfte er gelegentlich auf: „Es giebt nur einen Hölzerlips – und der bin ich!"[14]. Kein Wunder, dass der Heidelberger Untersuchungsrichter solcherart Eitelkeit nutzen konnte, um Aussagen und Geständnisse zu erlangen. Auch Schütz war eitel: Eine bezeichnende Szene beschrieb wiederum Pfister:

Der Möchtegern-Anführer Georg Philipp Lang im Kerker. Vorblatt zu: anon.: „Actenmäßige Geschichte der schrecklichen Thaten ...", Heidelberg, 1812

„Während der Vorlesung seiner Aussagen hatte Inquisit ein zufällig auf dem Fußboden gelegen habendes Stückchen Papier aufgehoben und bat nach vollendeter Vorlesung, um die Erlaubniß, etwas schreiben zu dürfen. Sie wurde ihm gestattet und nun schrieb er einige, übrigens unbedeutende Worte, theils in Fraktur-, theils in Current-Schrift auf jenes Blättchen Papier und reichte dann dieses mit selbstgefälligem Lächeln dem Untersuchungsrichter dar. Dieser errieth die Absicht des Inquisiten: zu zeigen, daß er etwas mehr könne, als Brodessen; und erzeigte ihm darum auch die

Gefälligkeit, seine Schrift zu loben und sich über seine Geschicklichkeit zu wundern. Mannefriederich fand sich dadurch sehr geehrt und kehrte sehr vergnügt in seinen Arrest zurück. Ueberhaupt war es dessen schwache Seite, sich für klüger, als alle seine Genossen zu halten und dafür anerkannt zu werden; und diese Seite war es denn auch, von welcher ihm am meisten beyzukommen war"[15].

Pfister nahm den Zettel zu den Akten, bei deren Durchsicht wir ihn nicht gefunden haben. Ich hätte was drum gegeben.

Klar, da hat einer Selbstwert-Probleme, da braucht einer Streicheleinheiten. Als Schütz die Menschenmenge sah, die seinen Transport zum Schafott begleitete, sagte er zu Dittenberger: „Die Heidelberger werden an den Mannefriedrich gewiß noch lange denken"[16]. Das klingt allerdings anders als das Auftrumpfen von Lang – und es steht auch im Gegensatz zu dem selbstgewissen Auftreten in seinen ersten Verhören, in denen er stets „kalt" blieb, „nicht den geringsten Grad von Verlegenheit" zeigte und trotz aller Gegenreden „weder Stellung, Ton noch Farbe" veränderte[17]. Der Unterschied: Nach seinem Geständnis war er gänzlich der Autorität des Übervaters Pfister ausgeliefert, und auf diese Situation reagierte er mit Anbiederung einerseits und mit dem Herumkaspern andererseits.

Aber war er nicht tatsächlich klüger als alle seine Genossen? Konnte er nicht wirklich erheblich mehr als „Brodessen"? Er hatte offenbar ein gutes Gedächtnis. Er kannte ellenlange Kirchenlieder, Gebete, Bibelstellen auswendig. Das Lesen und Schreiben beherrschte er, anders als viele der Kumpane, ohnehin. Er konnte nicht nur taktisch, sondern auch strategisch denken – und seinem Denken beredt Ausdruck verleihen. Keiner hat so schnell erkannt (und ausgesprochen), dass es ihnen allen nach dem Tod Rieters „wirklich an den Kragen geht". Kein anderer malte Figuren auf die Gefängniswände, hantierte mit lateinischen Floskeln und keiner schrieb Gedichte und Lieder (die sie dann alle mitsangen).

Vieles kam also zusammen, um dem Friedrich Philipp Schütz die besondere Aufmerksamkeit derer zu sichern, die jetzt mit ihm zu tun hatten. Das galt für Dittenberger ebenso wie für Pfister. Letzterer hat sich an ihm regelrecht abgearbeitet, oft genug widerwillig und boshaft, aber doch mit einer unterschwelligen Bewunderung für einen, der ihm – freilich erfolglos – Paroli bot. Zahllos sind die Auslassungen, in denen er Schütz neben der „unbändigen Frechheit" und der „trotzigen Kälte" beim Leugnen (die er auch anderen ankreidete) eine besondere Raffinesse oder jedenfalls listige Hintergedanken (wie beim Blendwerk-Märchen) unterstellte, in denen er gereizt die „nach seiner Weise sehr fein ausgesonnene Spitzbüberei" des

„sonst so klugen Manne Friederich", seine „ganze Phraseologie" und die „Tiraden" geißelte, mit denen er „wie ein bibelfester Spießbürger seine Sprüche und Predigtfragmente" hersagte[18].

Das Verhalten keines anderen Angeklagten hat Pfister so detailreich beschrieben wie das von Schütz, dem er gelegentlich sogar "vielen Anstand" bescheinigte und den er auch loben konnte, etwa wenn der sich – was nicht selten vorkam – entschuldigte für ungebührliches und rohes Verhalten, für regelrechtes Randalieren, vor allem wenn er mit den anderen zusammen war. Insofern ist das Urteil, zu dem der Stadtdirektor und Buchautor schließlich kam, nicht so erstaunlich, wie es klingen mag: Schütz sei zwar „dem Brandwein ganz außerordentlich ergeben, übrigens aber bei weitem nicht so boshaft als Hölzerlips. Er ist unter Allen der Gebildetste, Manierlichste und Klügste"[19].

Von diesem Urteil ausgehend schenkten auch außenstehende Zeitgenossen, die über die Hemsbach-Räuber schrieben, Schütz eine bevorzugte Beachtung. Keiner freilich stellte die Frage, die sich doch aufdrängte: Woher hatte der das, wie kam ein berufs- und wohnsitzloser Vagabund, der zu viel trank, sein Geld mit Stehlen und Räubern verdiente und wegen eines Raubmords zum Tod verurteilt war, dazu, Gedichte zu schreiben und Märchen zu erzählen? Gerade diese Frage beschäftigte mich, seit ich zum ersten Mal die Bekanntschaft meines Vetters, des Räubers, gemacht hatte, und so versuche ich nun, darauf eine Antwort zu finden. Das wird – unvermeidlich – ein Ausflug in die Literaturgeschichte.

Zunächst, im Sprachgebrauch der einschlägigen Wissenschaft: das Märchen vom Blendwerk. Die Geschichte vom Monarchen, der, um der Legitimität seiner Herrschaft willen, Wert darauf legen muss, ehelich gezeugt worden zu sein, und der sich betrügen lässt, damit das Gegenteil nicht behauptet werden kann, gibt es in zwei Versionen. In der ersten geben die Betrüger vor, Stoffe zu weben oder Kleider zu nähen, in der zweiten dagegen Bilder zu malen, die jeweils nur für in der Ehe gezeugte Menschen sichtbar sind. Gemeinsam ist ihnen das lustvolle Spiel mit der opportunistischen Heuchelei der Untergebenen (in der Regel des Hofstaats) und die Entlarvung der Betrüger – zugleich die Bloßstellung des Betrogenen – durch einen unbedarften Außenseiter. Gemeinsam ist ihnen auch, dass ihre Überlieferung bis ins Mittelalter zurück reicht und sie seither in immer neuen Varianten erzählt wurden.

Die Version mit den vorgeblichen Webern und Schneidern, die durch das Märchen „Des Kaisers neue Kleider" von Hans Christian Andersen weithin bekannt wurde und heute noch gelesen wird, lasse ich hier außer

Acht. Die Geschichte mit dem betrügerischen Maler war, den Literatur-Historikern zufolge, schon im 13. Jahrhundert bekannt, fand auch in Norditalien und Spanien eine weite Verbreitung und wurde in deutscher Sprache 1481/82 in Straßburg zum ersten Mal gedruckt[20]. Dann tauchte sie, als Nr. 27 und mit dem Schalk Eulenspiegel in der Rolle des Malers, in der 1515 erschienenen Sammlung „Dyl Ulenspiegel" auf. Überschrift: „Die XXVII. histori sagt, wie Ulenspiegel dem landgroffen von Hessen malet, un in weiß macht, wer unelich wer, der könt es nit sehen"[21]. Dieses Buch wurde dann immer wieder, in sprachlichen Aktualisierungen, in Bearbeitungen, komplett oder in Auswahl, neu gedruckt, so auch im 18. Jahrhundert und, besonders häufig, um 1800 herum mit Ausgaben in Nürnberg, München, Reutlingen, Köln, Halle, Hamburg, Breslau und Frankfurt/Oder[22].

Diese Texte, die manchmal nur ein paar Seiten umfassten, wurden auf Jahrmärkten vertrieben und dort und anderswo von Spaßmachern vorgetragen. Gut möglich (aber natürlich nicht bewiesen), dass Schütz auf diese Weise mit ihnen bekannt wurde. Unter den Bearbeitungen des Blendwerk-Märchens war auch, 1779 im Druck erschienen, eine dramatisierte Fassung („Maler Eulenspiegel, ein Drama mit Gesang in einem Aufzuge"), in der die ridikülen Hofleute Don Schlampansky, Baron von Kikelkakel, Ignaz Schnaps, Lora Schlinkschlank und Frau von Schnurpfeif hießen und in der es auch sonst derb und turbulent zuging[23]. Die richtige Vorlage also für einen Studentenulk oder für vagierende Schauspieler-

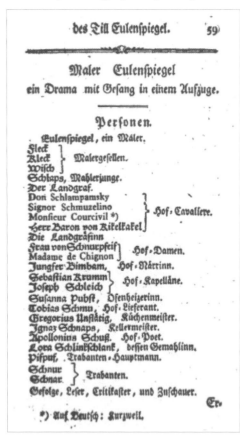

Das Personenverzeichnis aus dem Drama „Maler Eulenspiegel" von 1779

Truppen. Wiederum: denkbar, aber nicht bewiesen, dass der seinerseits vagierende Räuber so etwas gesehen und dann im Gedächtnis behalten hat.

Auffällig ist, dass Schütz bei seinem offenbar improvisierten Auftritt vor den Darmstädter Untersuchungsrichtern bei der Betrugsgeschichte selbst zwar im Wesentlichen den bekannten Vorlagen folgte, jedoch den Anfang und den Schluss veränderte. Sachkundige haben mir versichert, dass es keine gedruckte Version der 27. Eulenspiegel-Historie gibt, in der der Düpierte ein König von England ist und in der am Ende der Betrug gar nicht aufgedeckt, sondern nur der Saal verschlossen wird[24]. Das ist, was den Schluss betrifft, eigentlich schade, denn hier hätte sich die Moral von der Geschicht', also die „Düpierung sozial Höhergestellter"[25] durch einen naiven Beobachter (das Kind bei Andersen, die „Törin" in der Fassung von 1515, die „Hof-Närrin Jungfer Bimbam" im Drama von 1779) wunderbar sozialkritisch illustrieren lassen. Warum Schütz das nicht tat? Man kann es nicht wissen, und man sollte auch nicht zu viel spekulieren. Vielleicht war ihm das doch zu riskant, vielleicht fehlte nur die Zeit, und die Juristen drängten auf eine Fortsetzung der Verhöre.

Anders verhält es sich mit dem Beginn der Geschichte. Eulenspiegel foppte den Landgrafen von Hessen. Der Darmstädter Allerdurchlauchtigste Souverän gehörte zwar jetzt in die Liga der Großherzöge, aber die Zeiten seiner bescheideneren Landgräflichkeit waren noch nicht lange vorüber. Da galt es, Rücksicht zu nehmen. Schon das „Drama mit Gesang" sprach nur von einem „Landgrafen", ohne seinen Herrschaftsbereich näher zu definieren. Ob Schütz selbst dem englischen König die Rolle des Düpierten zuwies oder Pfister hier redigierend eingriff (was immerhin möglich ist), lässt sich nicht entscheiden. Klar hingegen scheint mir zu sein, dass der Delinquent die Geschichte – woher auch immer – in der Fassung mit dem hessischen Landgrafen kannte und sie, vielleicht sogar ohne die von Pfister unterstellten Hintergedanken, zum Besten gab, weil er sich gerade, unvermutet und unfreiwillig, auf dessen Territorium, in Löwches Medine, befand. Will heißen: er hatte das Märchen (und vielleicht auch andere) nicht nur in seinem Gedächtnis gespeichert, er konnte es auch im rechten Moment und angepasst an die jeweilige Situation präsentieren.

Hinweise auf intelligente Reaktionen dieser Art gibt es viele. Als Dittenberger den in Religionsdingen völlig unwissenden Andreas Petry, in Anwesenheit von Schütz, auf das Abendmahl vorbereitete, stellte er fest, dass dieser „die angeführten Bibelstellen meist kannte, und selbst, oft sehr passend, noch andere einmischte". Schon bei der ersten Begegnung registrierte der Stadtpfarrer „gar nicht unbescheidene und von vieler Überlegung zeugende Äußerungen" des ihm nun Anvertrauten und bescheinigte ihm, „daß er nicht nur eine spezielle Kenntniß sämmtlicher Religionswahrheiten, auch der kirchlichen Unterscheidungslehren, mit dem Gedächtniß gesammelt", sondern offenbar auch „darüber vielfältig nachgedacht hatte. Nur schien er hiebei mit einigen witzelnden Bemerkungen glänzen zu wollen, was ich ihm offen, aber sanft erklärte..." – zu viel Nachdenken und kommentierende Ironie störten denn doch[26].

Wie auch immer: Der Befund bleibt erstaunlich. Die Kenntnis der Bibel erlangt man nicht auf Jahrmärkten oder in den Gasthäusern kochemer Wirtsleute. Woher hatte Schütz das? Er selbst verwies zum einen auf seine Mutter, die „täglich mehrmals mit ihm und seinen Geschwistern gebetet ..., ihn den Catechismus und viele Sprüche und Lieder ... gelehrt" habe, und zum andern auf seine Konfirmation, „der er sich noch mit Rührung erinnerte"[27]. Die lag nun gute 15 Jahre zurück, und ich weiß nicht, wie viele von uns sich nach so langer Zeit noch an die (hoffentlich) im Konfirmanden-Unterricht gelernten Lieder erinnern. Es ist ein Jammer, dass ich weder den Ort, an dem die Einsegnung stattfand, noch den Pfarrer, der den – offenbar lernbegierigen – Friedrich Philipp darauf vorbereitete, benennen kann. Dessen Rückbesinnung auf Kindheit und Jugend mag sentimental und verklärend gewesen sein – „Wäre ich immer so geblieben, so säße ich jetzt nicht so in Eisen, und käme dem Scharfrichter nicht unter die Hände!"[28] – sie gibt aber doch einen wichtigen Hinweis. Der unbekannte Landpfarrer konnte Schütz zwar nicht vor der Rückkehr in das herumziehende Leben bewahren, er vermittelte ihm aber ein fundiertes Wissen und legte den Grundstein für eine beeindruckende Sprachgewandtheit. Die Begabung des Knaben fand ihr Futter in den religiösen Texten.

Die Liste der barocken und wortgewaltigen Kirchenlieder, die Schütz kannte und mit Dittenberger betete oder sang, ist lang – und die Lieder selbst sind es auch:

- „Vater, Vater, voll Gebrechen nah ich deinem Throne mich; kaum noch darf ich mit dir sprechen, denn ein Sünder, Herr, bin ich!" (zehn Strophen);
- „Wachet auf vom Schlaf, ihr Sünder, erwacht, denn euch, o Menschenkinder, erwarten Tod und Ewigkeit" (drei vielzeilige Strophen);
- „Wer weiß, wie nahe mir mein Ende ..." (acht Strophen);
- „Gott des Himmels und der Erden ..." (acht Strophen).

Das Lied „Jesu, Retter meiner Seele ..." (zwölf Strophen) scheint Schütz besonders am Herzen gelegen zu haben, mehrfach zitierte er es, vielleicht, weil er Zeilen wie „Und wie oft wir täglich fehlen, merken ja wir, Sünder, durch Buße und Glauben.

**443.** Jesu, der du meine Seele, Jesu, Retter meiner Seele! daß mich nicht der andre Tod ewig in der Hölle quäle, übernahmst du Schmach und Noth, und nun läßt dein Wort mich wissen, wie du mich dem Tod entrissen. Jesu! dies dein theures Wort ist und bleibt mein Fels und Hort.

2. Blindlings, als verirrte Schaafe, eilten wir der Hölle zu. Aber unsre Schuld und Strafe, treuer Hirte! trugest du; und nun rufst du allen Sündern: kommt, laßt euch die Welt nicht hindern! euch heilt niemand, als nur ich. Herr, hier bin ich; heile mich.

3. Ach! wie von der ersten Jugend stets mein Dichten eitel war, nie mit Ernst bemüht um Tugend, blieb' es dies auch immerdar. O wie bin ich voll Gebrechen! Oft schon hab' ich mein Versprechen leicht vergessen, und der Welt mich in Sünden gleich gestellt.

4. Wollt' ich diese Sünden zählen; weh mir! zahllos sind schon die. Und wie oft wir täglich fehlen, merken ja wir, Sünder, nie. Zag nur, zage mein Gewissen; laßt, ihr Augen, Thränen fließen; fühle, Herz, der Reue Pein: wie kanst du genug bereun?

5. Zagen, aber nicht verzagen, soll ich, Herr! denn mir zu gut zagtest du, von Gott geschlagen, rangst dich matt und schwitztest Blut. "Warlich! so "hast du geschworen; wer nur "glaubt, wird nicht verlohren. "Ewig lebt er; ins Gericht "kommt, wer an mich glaubet, "nicht."

6. Herr! ich glaube; rette, rette! denn mich schrecket dein Gericht. Du starbst, daß ich Friede hätte, hör mein Schreyn, verlaß mich nicht! Ach! gieb Trost, die Angst zu lindern; furchtbar droht der Fluch den Sündern, furchtbar, wie ein Donner droht, Untergang und ewgen Tod.

7. Herr, durch deine Todesschmerzen heile meiner Seele Schmerz. Du, du Kündiger der Herzen, kennst mein unruhvolles Herz. Dies mein Herz, von Angst bedränget, doch auch durch dein Blut besprenget, übergeb ich, Jesu, dir; Nimm es gnädig an von mir!

8. Mach es selber rein. Ich fühle, daß nichts Gutes in mir wohnt. Gutes setz' ich mir zum Ziele; Böses bin ich stets gewohnt. Nun kan ich mein Fleisch nicht zwingen; und das Gute zu vollbringen, hindert mich der Sünde Joch. Was ich nicht will, thu ich doch.

9. Brich du selbst des Fleisches Willen, wenn es fühlen

*Geistlicher Trost: Das Schütz'sche Lieblingslied „Jesu, Retter meiner Seele"*

nicht" oder „Ich fühle, daß nichts Gutes in mir wohnt; Gutes setz ich mir zum Ziele; Böses bin ich stets gewohnt ..." auf sich selbst bezog.

Nach der öffentlichen Urteilsverkündung auf dem Heidelberger Marktplatz betete Schütz laut „Nimmt mich der Tod auch hin, Sterben ist mein Gewinn; denn Christus ist mein Leben, dem hab ich mich ergeben" aus dem Lied „Auf meinen lieben Gott trau ich in Angst und Not ...", von dem er behauptete, er habe es, aus Mitleid mit den beiden Opfern, auf dem Rückweg von der „Affaire bei Hemsbach" gesungen. Auf Raubzügen, fügte er hinzu, habe er häufig gebetet, auch bis in die letzten Jahre hinein regelmäßig am Abendmahl teilgenommen[29]. Das ist, stellt man die zeitübliche Strenge bei der Zulassung zum Abendmahl in Rechnung, wenig wahrscheinlich, wie überhaupt die religiöse Inbrunst, die Schütz im Gespräch mit Dittenberger zeigt, nicht ganz echt wirkt. Hier ist die innere Unsicherheit wieder zu spüren. Erkennbar passt er sich, in Diktion und Habitus, seinem Gesprächspartner an, sieht in ihm, wie vorher in Pfister, den Vater, den er in der Jugend nicht hatte und dem er sich anvertrauen möchte.

Dass der Pfarrer, im Gegensatz zu dem Untersuchungsrichter, auf diesen Ton einging und dem nach Anerkennung verlangenden Räuber mit Verständnis und Sympathie begegnete, mag den frommen Eifer noch befördert haben. Gleichwohl muss man nicht alles glauben, was Schütz da behauptete. Schließlich ging es ja nicht nur um die religiöse Selbstvergewisserung vor dem Tod, sondern auch um die Hoffnung auf Begnadigung. So oder so, bemerkenswert bleibt, dass Schütz bis zuletzt mit seinem Seelsorger im Gespräch blieb und noch in dem Augenblick, in dem ihm der Kopf abgeschlagen wurde, betete „Herr Jesu, dir leb ich, Herr Jesu, dir sterb ich, Herr Jesu, dein bin ich, tot und lebendig ..."[30].

Unverkennbar sind die drei Gedichte, die Schütz in der Haft schrieb (ob er schon früher welche verfasste, ist mangels Überlieferung nicht zu entscheiden), von der Metrik und der Metaphorik der Kirchenlieder beeinflusst. Am deutlichsten wird das – nicht zufällig – in dem Abschiedslied für sein Kathrinchen, das sich leicht auf die Melodie von Paul Gerhardts „O Haupt voll Blut und Wunden ..." singen lässt:

- „... daß sich die Last wird mindern und ich vom Kreuz befreit ...";
- „Auch dieser Erde Freuden und ihre falsche Rott ...";
- „Wer weiß, was uns noch blüht, was unserm Gott gefällt ...";
- „... denn auch den Unglückstagen setzt unser Gott ein Ziel";
- „Denn Gott nur kann uns helfen; sonst bleibet uns kein Freund. Was fragt man nach den Wölfen, wann seine Hülf erscheint!".

Und so bis zum Ende, wenn „Jesu Martertod" sich auf „seiner Wunden Roth" reimt und die letzten Worte am Kreuz beschworen werden.

Auch in dem Hemsbachlied, das insgesamt einen anderen Ton anschlägt, wird Gott drei Mal und Jesus einmal angerufen, und wieder sind die Diktion und der Rhythmus diejenigen der Kirchenlieder:

- „Gott, der in alle Herzen sicht, doch dieser, der verläßt uns nicht";
- „Ob uns schon viele Menschen hassen, thun wir uns doch auf Gott verlassen";

- „... unsern armen Weibern und Kinderlein mag Gott nun ein Begleiter seyn, da du doch selbst, Herr Jesu Christ! der armen Waisen Vater bist".

Ungewöhnlich war das nicht. Es gibt ganz ähnliche Texte aus der gleichen Zeit, etwa das Lied des „Heidenpeter" (alias Peter Görzel), das in 15 Strophen ein diebisches Leben beschreibt und mit den Zeilen endet:

„Jetzt steige ich die Himmelsleiter,
o Herr und Gott! Sei mein Begleiter.
Dich Jesu, Heiland! ruf ich an,
Nimm meiner Seel' dich gnädig an"[31].

Dennoch: so hören sich Räuberlieder eigentlich nicht an. Was davon überliefert ist, geht eher so: „Hopfa Viva insgemein, wie die kochemer Künstler sein ..." oder „Lustig ist das Kochemer Leben ..." und ist durchsetzt mit jenischen Ausdrücken[32]. Am nächsten kommt diesem Typus das Schütz'sche Lied von den mangelnden Trümpfen, das das originellste der drei ist, vor allem wegen der gekonnten Variationen der Kartenspiel-Metapher. Aber da hat, auch bei der Verwendung umgangssprachlichen Vokabulars und einzelner rotwelscher Wörter, wohl eher die Bänkelsängerei Pate gestanden.

Was immer die Vorbilder oder die Vorlagen gewesen sein mögen, das Fazit lautet: Friedrich Philipp Schütz konnte nicht nur reden, nicht nur Sätze sagen wie „Das lügt er in seinen Hals hinein" oder „Man kann sich in nichts mehr irren, als in Menschengesichtern", er konnte nicht nur geschickt und überzeugend argumentieren, sondern eben auch Gedichte schreiben. Man muss die Verse nicht an großen literarischen Texten messen, den Vergleich aber mit den Reimereien, die die Heidelberger Broschüren zum Hemsbacher Raubmord füllen, halten sie allemal aus. Ja, der Mann geht sogar souveräner mit der Sprache um – „Unmünder", „trümpfevoll", „Wildprettshütten", „Freiheitstage" sind durchaus originelle Wortschöpfungen. Und die kleinen syntaktischen Wackeligkeiten können als poetische Freiheiten durchgehen.

Ein dichtender Räuber also, den vielleicht erst die erzwungene Muße im Gefängnis zum Schreiben brachte. Und ein Mann in seinem Widerspruch, schwankend zwischen Bekenntnissen und Ausreden, klug, pfiffig und doch Illusionen hingegeben, roh und kalt, ironisch, spöttelnd, vorlaut und zugleich ehrerbietig, zart, hilfsbereit, mitfühlend, anlehnungsbedürftig – und voller Sehnsucht nach Geborgenheit. Eine Geborgenheit, die er unter den widrigen Umständen des Räuberlebens in seiner Familie zu finden hoffte. Nichts nimmt mich so sehr für meinen Vetter, den Räuber, ein wie die immer wieder ausgesprochene Liebe zu seiner Frau und seinen Kindern, von denen er nun für immer Abschied nehmen musste.

Im April und Mai 2001 sendete der Hessische Rundfunk eine Folge von Porträts berühmter einheimischer Liebespaare. Es ging um Bonifatius und Lioba, Goethe und Lili Schönemann, Clemens Brentano und Sophie Mereau, Ludwig Börne und Jeanette Wohl, Theodor und Gretel Adorno und um viele weitere Prominente. Zwischen Beiträgen über Arthur Schopenhauer und Leopold von Sacher-Masoch gab es, kurios genug, auch einen über den „Räuber Mannefriedrich und seine traurige Kathrine"[33]. Der Text ist eher dürftig, kein Wunder bei der miesen Quellenlage. Aber er enthält immerhin den ersten Vers von „Nun hör, mein lieb Kathrinchen ...", und der kann sich als Liebeserklärung auch in solcher Nachbarschaft ja durchaus sehen lassen.

Gegenüber Dittenberger sprach Schütz wiederholt „von seinen oft so ängstlichen Sorgen" für seine Familie, von seiner „sehr starken Anhänglichkeit" an seine Frau. Als Pfister ihm versicherte, dass er sie und die Kinder noch einmal sehen könne, „bezeigte er große Freude, erzählte von ihnen mit allen Zeichen der aufrichtigsten Liebe, und äußerte die Hoffnung, daß sie bei ihm bleiben dürften, bis zu seinem Tode, was ihm zum großen Troste gereichen würde"[34].

Als Zeugnis für diese Anhänglichkeit mag hier der Text stehen, in dem der Heidelberger Stadtpfarrer, der ein Sensorium für die seelische Spannung solcher Szenen hatte, von der vorletzten Begegnung der kleinen Familie am 29. Juli 1812 im Heidelberger Gefängnis berichtete:

„Schüz, indem er sein kleines etwa fünfvierteljähriges Kind an der Brust seiner Mutter ansichtig wurde, vergessend die Last seiner Ketten und die eiserne Stange, welche das Zusammenbringen der Arme verhinderte, griff mit beiden Händen nach demselben. Die Mutter gabs ihm, auf seine gefesselten Hände, er konnte es aber nicht halten, und da er die Unmöglichkeit sah – und das Kind anfing heftig zu weinen, schrie er laut: 'Ach Gott, kann ich dann mein eigenes liebes Kind nicht einmal mehr an das Herz drücken'. Er sah es wehmüthig an, küßte es mehrmals und sagte zu den Umstehenden: 'ich kann in solchen Augenblicken nicht weinen, erst später verwandelt sich mein Schmerz in Thränen.' Als der etwa 10jährige Knabe (sein Stiefsohn) seinen mit schweren Eisen beladenen Vater erblickte, eilte er auf ihn mit dem Ausruf zu: 'lieber Vater! ach lieber Vater!' und da er ihm gern durch etwas seine kindliche Liebe beweisen wollte, so hielt er ihm die schwere eiserne Stange, unter einem Strome von Thränen, in die Höhe, um die Last zu vermindern"[35].

## 30. Manne Friederichs Lebensgeschichte nach dem ABC. Moritat III

1. A_m Anfang, als mir Gott das Leben
als treuster Vater hat gegeben,
war ich zum Kreuze schon geboren,
zu hartem Schicksal auserkohren!

2. B_ald, als mein Vater war gestorben,
war meine Mutter auch verdorben,
denn sie war in dem Wittwenstand
in einem fremden, fernen Land.

3. C_hristen, die in dem Herzen drein
für Wittwen gut gesinnet sein,
ach, diese sind, ich sags, fürwahr,
wohl in der ganzen Welt sehr rar!

4. D_arnach, als Sie dies eingesehen,
sucht meine Mutter nach Haus' zu gehen,
nahm ihre armen Kinderlein
und bettelt sich bis an den Rhein.

5. E_in kurze Zeit war sie zu Haus',
da kamen die Franzosen raus,
das war ihr ein fataler Stand;
sie floh mit uns in ein anders Land.

6. F_riedrich Phil'pp Schütz bin ich genannt,
Dänemark ist mein Vaterland,
Kopp'nhagen ist der Geburtsort mein;
Prinz Friederich mein Pathe drein.

7. G_ut lesen und schreiben kann ich wohl;
weiß auch, was ich noch haben soll:
„Nur einen einz'gen treuen Freund,
„der's treu in Glück und Unglück meint!"

8. H_ört zu: mein ganzer Lebenslauf
bestand in Qual von Jugend auf;
Korbflechten war mein Profession,
jezt aber leb ich in Spott und Hohn.

9. J_ezt selbst, in diesem harten Stand,
giebt's Trost mir, daß es ist bekannt,
daß nur der Armuth harter Drang
zum Raub mich und zum Diebstahl zwang.

10. K_ein' Freud' hab' ich auf dieser Welt,
das Leben mir nicht mehr gefällt;
doch sprech' ich: „Herr! dein Will' gescheh'!"
und lass' es gehen, wie es geh'.

11. L_eicht kann es mir wohl noch ergehen,
vielleicht aber schlimmer auch geschehen,
als ich mir hätte vorgestellt;
doch wer weiß, wie es Gott gefällt?

12. M_an macht mir wohl auch oftmal bang,
und spricht: es währt mit dir nicht lang;
denn schon: der Sommer kommt zur Hand,
da ändert sich's mit euerm Stand.

13. N_un bild ich mir zwar selber ein,
es mögt' ein heißer Sommer seyn,
der unsre Körper mögt' erhitzen,
daß uns die Köpfe nicht mehr schwitzen;

14. O_ft spricht aber auch das Volk gar viel.
Doch ist's fürwahr kein Kinderspiel,
wenn man verliert und zum Beschluß
gar mit dem Kopf bezahlen muß.

15. P_rahl nicht zu viel, du falsche Rott'!
Verschon' uns arme Leut' mit Spott,
sonst dir auch widerfahren kann,
was Christus spricht vom reichen Mann.

16. Q_uält, liebe Brüder, quält euch nicht!
Man weiß nicht, wie der Richter spricht.
Vielleicht geht's besser, als wir denken,
drum wollen wir uns noch nicht kränken.

17. R_echt thun gar Wen'ge auf der Welt.
Wo ist der Mensch, der nie gefehlt?
Drum denke Jeder, Heid' und Christ
und Jud: daß er ein Sünder ist!

18. S_eht, Freunde, was ich hab' gethan,
sind bloß die Herren Schuld daran.
Weil sie die Armen nicht geduld't,
sind sie an unserm Unglück Schuld.

19. T_raktiret hat man uns im Grunde
mit Weib und Kindern, wie die Hunde
und hart mißhandelt in manchem Land.
Dadurch kam ich in diesen Stand.

20. U_nd auch selbst dieses nicht allein,
Soldat und Bauer allgemein,
der auf der Streif uns hat bekommen,
hat unsre Haab' uns abgenommen.

21. V_ertrieben stets von Ort zu Ort,
in Feld und Wald und immer fort
aufs Neu' verjagt und fortgetrieben;
wie konnt' ich da die Menschen lieben?

22. W_ann man uns vor ein Amt gebracht,
hat man uns dort verhöhnt, verlacht,
mit harten Schlägen uns traktirt,
und halblahm über d' Gränz' geführt.

23. X steht im ABC zu End'.
Die drei und zwanzig sind vollend't.
Nun hört, was 's letzte Pärlein sagt,
dann ist das ABC vollbracht.

24. Y_ltis du bist ein böses Thier,
Doch wiss', ich hab' gefunden hier:
Es giebt auch Menschen, groß und klein,
die dir in Allem ähnlich seyn.

25. Z_um End' geht unsre Lebenszeit,
und nach ihr folgt die Ewigkeit.
Drum denke jeder, zum Beschluß,
daß er von hinnen scheiden muß.

Soli Deo Gloria!
Gott allein die Ehre und dem Großherzoge von Baden.
Auch Unserm Herrn Stadtdirector zu Heidelberg und allen denen, welche sich der armen verlassenen und trostlosen Menschen annehmen.
Also verfaßt von mir,
Friederich Philipp Schütz oder Manne-Friederich.
Am 4. Juny 1812

*Dieses, dem Friedrich Philipp Schütz in den Mund gelegte Gedicht erschien Anfang August 1812 in einer achtseitigen Broschüre in Heidelberg. Es belegt, welch große Aufmerksamkeit gerade Schütz in der Öffentlichkeit genoss, wenngleich der Titel anderes vermuten ließ: „Darstellung der vier letzten Lebens-Stunden der am 31. July 1812 zu Heidelberg hingerichteten Raubmörder Manne Friederich, Hölzerlips, Krämer Mathes und Veit Krämer. Nebst Nachrichten über die begnadigten Verbrecher Sebastian Lutz und Andreas Petry". Der auf dem Deckblatt genannte Verfasser Martin Schleicher war Gefangenenwärter im Heidelberger Gefängnis, aber seine Autorschaft wurde – vermutlich zu Recht – schon von den Zeitgenossen angezweifelt.*

## 31. Abscheu und Verachtung, Mitleid und Erbarmen

Der Raubüberfall zwischen Laudenbach und Hemsbach – „auf einer öffentlichen Landstraße, zur Messezeit, wo sie so selten menschenleer ist, in einer Ebene, zwischen zwei, kaum etwas über eine Viertelstunde von einander entlegenen volkreichen Dörfern"[1] – erregte bei den Bewohnern der umliegenden Gemeinden und Städte beträchtliches Aufsehen, und die aufwändige, sich über Wochen hinziehende Suche nach den Tätern tat es auch. In der Presse jedoch fanden weder das Verbrechen selbst noch die Fahndung den geringsten Widerhall. Im „Heidelberger Wochenblatt" stand am 16. Mai 1811 unter dem Rubrum „Kirchenbücher-Auszüge" die Notiz: „Gestorbene: 6. Mai. Hr. Jacob Rieter, Bgr. u. Handelsmann von Winterthur in der Schweiz, alt ohngefähr 45 Jahre, ev. ref.". Kein Wort über die Todesursache und mehr als ein Jahr lang, bis Ende Juli 1812, kein Sterbenswörtchen über den Kriminalfall.

Im Oktober 1810 waren im Großherzogtum Baden auf Verlangen der kaiserlich-französischen Schutzmacht alle politischen Zeitungen – mit Ausnahme der der Regierung direkt unterstellten „Großherzoglich Badischen Staats-Zeitung" – und zugleich jegliche politische Berichterstattung verboten worden. Was an Mitteilenswertem, z. B. im „Heidelberger Wochenblatt", übrig blieb, waren, neben den amtlichen Verlautbarungen, Anekdötchen („Der Hunger ist der beste Koch"), Rätsel, private Verkaufs- und Vermietungsanzeigen, Reklame („Neuerfundener Suppengries", „Kosmetik für Damen"), Drolliges („Verwechselter Stockparaplü") und Ernsteres („Fruchtpreise und Viktualienschätzungen"), jedenfalls aber Harmloses.

Es ist anzunehmen, dass ein Kapitalverbrechen wie der Raubmord vom 1. Mai 1811, der ein Regierungshandeln nötig machte, als „politisch" eingestuft wurde und also einschlägige Nachrichten einer strengen Zensur unterlagen. Nicht einmal die Steckbriefe, die offenbar als Einzeldrucke verbreitet wurden, standen in der Zeitung. Auch das „Badische Magazin", das in der Nachbarstadt Mannheim erschien, erwähnte den Überfall und seine Folgen nicht. Die Berichterstattung begann hier wie im Heidelberger Schwesterblatt, erst mit der Ankündigung der Hinrichtung der Täter am 28. bzw. 29. Juli 1812.

Wenngleich also veröffentlichte Belege fehlen, kann man davon ausgehen, dass das moralische Urteil über die – zunächst noch unbekannten – Hemsbach-Räuber von vorn herein feststand. Der reformierte Pfarrer Hiert, dessen „Rede am Grabe des durch Räuberhände gefallenen, und in Heidelberg begrabenen Herrn Jacob Rieter von Winterthur" in einer gedruckten

Fassung verbreitet wurde, blieb dabei noch ziemlich allgemein. Er bemühte sich naturgemäß darum, den Angehörigen geistlichen Trost zu spenden, und erwähnte die Täter nur mit wenigen Worten. Er sprach von der „verruchte(n) Hand, die aus schändlichem Gelddurst den Faden seines schönen Lebens gewaltsam abriß!", von einem, der „einer mehr als höllischen Bosheit preis gegeben" worden sei, und von „Satanähnlichen Menschen, die Er nie gekränket hatte"[2].

Auch wenn es nicht in der Zeitung stand, konnte den Heidelbergern und ihren Nachbarn an der Bergstraße und im Odenwald nicht verborgen bleiben, dass die Streifer in den Dörfern ausschwärmten, um die Räuber einzufangen, dass zahlreiche Personen, darunter durchaus bekannte wie die Wirte kochemer Häuser, verhaftet wurden, dass Gefangenen-Transporte mit Pferd und Wagen und unter polizeilicher, sogar militärischer Bewachung in Heidelberg und Mannheim eintrafen, dass reitende Boten auf Tour geschickt wurden, Zeugen aus Zwingenberg, Katzenbach und wer weiß woher an- und abreisten und in Stadt und Land eine aufgeregte Stimmung herrschte. Es wäre ein Wunder gewesen, wenn die vielen an solcherart Aktionen beteiligten Menschen zu Hause, im Wirtshaus oder an der Straßenecke über das Gesehene oder Gehörte den Mund gehalten hätten. Gerede also gab es, wohl eher mehr als weniger, und dass es immer mit der Wirklichkeit überein stimmte, darf bezweifelt werden.

Man muss sich diese Situation vergegenwärtigen, wenn man die – vom Autor wohl berechnete – Wirkung von Pfisters Büchern verstehen will. Da schrieb einer, der die Räuber wirklich kannte, da schrieb der alles wissende, zumindest alles zu wissen vorgebende Untersuchungsrichter. Und da schrieb einer, der das moralische Urteil nicht scheute, obwohl das juristische noch gar nicht gesprochen war. Ich habe sein Diktum von „diese(r) Menschenklasse in ihrer ganzen Verworfenheit, Abscheulichkeit und Gefährlichkeit" und all die anderen schon zitiert und will sie hier nicht wiederholen. Die Folgen waren absehbar. Die Zeitgenossen, die sich ein Bild von dem Verbrechen und von denen, die es begangen hatten, machen wollten, waren auf Pfisters Darstellung des Falls angewiesen, und nicht wenige übernahmen seine Urteile.

Das lässt sich an den Rezensionen der Veröffentlichungen des Heidelberger Stadtdirektors ebenso ablesen wie an den zahlreichen – gereimten und ungereimten – Traktaten, die aus Anlass der Hinrichtung der vier Verurteilten erschienen. Aus der Fülle der Rezensionen nur ein Beispiel: Die Jenaische Allgemeine Literatur-Zeitung[3] sprach mit Bezug auf die Räuber vom einem „Krebs der bürgerlichen Gesellschaft" und davon, „... daß mitten in unseren Staaten eine geraume Zeit lang eine eigene Republik, die den Staat und seine Bewohner unaufhörlich bekriegt, – die Gauner-Republik – besteht" und dass es um deren „gänzliche Vertilgung" gehe. Unverkennbar wurde hier Pfisters einschlägiges Geschwafel aufgegriffen. Die Behandlung des Problems wurde – wir kennen das aus der Gegenwart zur Genüge – vom konkreten Anlass los gelöst und auf die Ebene abstrakter politischer Polemik verschoben. Der menschliche Faktor und die sozialen Ursachen wurden ausgeklammert. Arbeit am Feindbild – nicht gut für die, die in der „Subkultur der Ränder und der Übergänge" lebten oder leben mussten.

Gut sieben Monate lang behauptete Pfisters „Aktenmäßige Geschichte ...", die im Dezember 1811 erschienen war und immerhin zwei Gulden kostete, ihr Monopol auf dem Markt der gedruckten Hemsbach-Informationen. Erst Ende Juli 1812, als, ein par Tage vor der offiziellen Bekanntgabe, Gerüchte über die verhängten Todesurteile nach Heidelberg gelangten[4], änderte sich die Situation. In rascher Folge erschienen jetzt Broschüren, in denen der Überfall an der Bergstraße im Jahr zuvor und die verurteilten Täter geschildert wurden, drei von ihnen noch vor der Hinrichtung am 31. Juli, fünf weitere unmittelbar danach. Was die Obrigkeit veranlasst hat, diese Art der öffentlichen Unterrichtung zuzulassen, ist nicht ersichtlich; mag sein, dass sie dem Dampf aus der Gerüchteküche einen halbwegs geordneten Weg bahnen wollte. Denn „wohin man kam, in allen Gesellschaften, Gast- und Kaffeehäusern, war nur die Rede von der Hinrichtung der Spitzbuben"[5].

Pfister wusste oder ahnte, was da bevorstand, und forcierte das Erscheinen seines „Nachtrags zu der Aktenmäßigen Geschichte ...". Die erste Ankündigung erschien im „Badischen Magazin" vom 28. Juli 1812, zeitgleich mit der amtlichen Verlautbarung über das Datum der Hinrichtung; sie wurde am 1. August, verbunden mit der Werbung für die Restexemplare des ersten Bandes und mit der Bitte um Subskription, wiederholt, obwohl zu diesem Zeitpunkt weder der Umfang noch der Preis der Publikation feststanden. Alle Postämter nahmen Bestellungen an, ebenso Buchhandlungen, nicht nur in Heidelberg und Mannheim, sondern auch in Bretten, Pforzheim, Bruchsal, Rastatt und anderswo. Entsprechende Hinweise gab es am 29. Juli im „Heidelberger Wochenblatt" und am 30. Juli in der „Großherzoglich Badischen Staats-Zeitung"[6]. Der Mann fürchtete die Konkurrenz, und diese Furcht war nicht ganz unbegründet.

Die Broschüren, die sich jetzt der Sache annahmen, die er allein als die Seinige betrachtete, enthielten allerdings, von einer Ausnahme abgesehen, nichts Neues, waren inhaltlich völlig von ihm abhängig, verbal eher harmlos, allenfalls witzig – und schnell vergessen. Dennoch lohnt es sich, sie hier zu präsentieren, weil allein ihre barocken und manchmal dem Zensor Tribut zollenden Titel viel über den Geist der Zeit aussagen. Die Reihenfolge ihres Erscheinens binnen weniger Tage zwischen Ende Juli und Mitte August 1812 ergibt sich aus Anspielungen innerhalb der Texte selbst sowie aus Rezensionen, die nun – tatsächlich! – in den örtlichen Zeitungen standen.

    1. „Kurze und treue Darstellung des außerordentlichen Straßenraubes, verübt in der Nacht vom letzten April auf den ersten May 1811, an den beyden Schweizern Herrn Rudolph Hanhart aus Zürch und dem an seinen dabey erhaltenen Wunden verstorbenen Herrn Jacob Rieder aus Winterthur von den auf den 31. Juli zum Schwert verurteilten Räubern: Hölzerlips, Manne Friederich, Krämer Mathes, Andreas Petry, Sebastian Lutz und Veit Krähmer".

Diese gereimte Moritat (Kapitel 20) erschien anonym, war auf den 31. Juli vordatiert, also auf die herbeiströmenden Neugierigen berechnet, umfasste 16 Seiten und kostete sechs Kreuzer. Die Rezensenten des „Badischen Magazins"[7] stuften sie als „unter aller Kritik" und als „elendes Machwerk" ein, und das war sie wohl auch. Dennoch vermittelte sie etwas von der Erregung, die an diesen Tagen in der Öffentlichkeit herrschte.

    2. „Actenmäßige Geschichte der schrecklichen Thaten welche in der Nacht vom letzten April auf den ersten May 1812 (sic!) auf der Bergstraße zwischen Laudenbach und Hemsbach an zweyen Schweizer Kaufleuten verübt und am 31. Julius 1812 auf der Richtstätte zu Heidelberg an sechs Raubmördern mit dem Schwert bestraft wurden. Als warnendes Beyspiel von Gottes Rache gegen den, der Böses thut. Mit kurzer Schilderung der Raubmörder zur Kunde für Kinder, Enkel und Urenkel aufgesetzt. Zum Besten der nothleidenden Menschheit, damit aus Bösem auch was Gutes entstehe. Mit der sehr ähnlichen Abbildung des Anführers Hölzerlips".

Als Verfasser dieses moralisierenden Traktats wurde ein sonst nicht zu verifizierender Hofrat Weise genannt. Der Text war weitgehend bei Pfister abgeschrieben, umfasste acht Seiten und erschien am 30. Juli. Das Heftchen kostete ebenfalls sechs Kreuzer. Der Verkaufserlös war für die finanzielle Unterstützung einer armen Witwe bestimmt, und nicht zuletzt deshalb war der Absatz gut; allein in Mannheim wurden angeblich binnen weniger Tage 800 Exemplare verkauft[8]. Im „Heidelberger Wochenblatt"[9] wurde diese Publikation als „Volksschrift" beworben. Kämmerer nannte sie

„höchst erbärmlich"[10], und im „Badischen Magazin"[11] wurde sie verrissen. Das Hölzerlips-Abbild erschien auch separat für drei Kreuzer das Stück, und es war gewiss nicht das einzige, das auf diese Weise vermarktet wurde. Kaum eine der „Aktenmäßigen Geschichten" erschien ohne Ähnlichkeit vortäuschende Porträt-Zeichnungen.

3. „Gar schöne und feine Reimlein, enthaltend die gräßliche, grausame Morithat, welche von den Räubern, die heute, zu Heidelberg den 31. Juli, geköpfet werden sollen, ist begangen worden".

Wieder eine Moritat (Kapitel 26), acht Seiten lang, zum Preis von sechs Kreuzern zu haben. Der Text erschien anonym, stammte aber von Ferdinand Kämmerer, aus dessen Nachlass er in die Universitätsbibliothek Rostock gelangte. Auf dem Vorblatt gab es eine Zeichnung der sechs Räuber, die Nummer 1 war der „Mane Fritz".

Dritter von links: Friedrich Philipp Schütz. Vorblatt zu (Ferdinand Kämmerer): „Gar schöne und feine Reimlein ...", Heidelberg 1812

4. „Darstellung der vier letzten Lebenstage der am 31. July 1812 zu Heidelberg hingerichteten Raubmörder, Manne Friedrich, Hölzerlips, Krämer Mathes und Veit Krämer. Nebst Nachrichten über die begnadigten Verbrecher Sebastian Lutz und Andreas Petry. Enthaltend eine getreue Darstellung der vom 28. bis 31. July 1812 inbegriffenen Periode ihres Lebens, ihrer Verurtheilung und Hinrichtung".

Diese 16-seitige Broschüre, die acht Kreuzer kostete, war die erste, die nach der Hinrichtung erschien (sie ging von vier und nicht von sechs Geköpften aus). Auch sie enthielt zahlreiche Zitate aus Pfisters erstem Buch, der anonym bleibende Autor fügte jedoch eigene, die Gefangenen als frech und ungezügelt denunzierende Beobachtungen hinzu, die erhebliches Aufsehen erregten. Nachdem die Veröffentlichung am 4. August 1812 im „Badischen Magazin" besprochen worden war, sah sich Pfister veranlasst, in einer „amtlichen Erklärung" mehr als ein Dutzend dort aufgestellte Behauptungen zu widerlegen und zu dekretieren, „daß dieses Machwerk nichts weiter als eine unverschämte Compilation von Stadtgesprächen und offenbaren Lügen sey, und daß der Verfasser durchaus keine Gelegenheit gehabt habe, das was er niedergeschrieben, selbst zu sehen, oder selbst zu hören"[12]. Zur Schärfe des Tons mag beigetragen haben, dass das Heftchen in einem Konkurrenz-Verlag erschienen war.

5. „Darstellung der vier letzten Lebens-Stunden der am 31. July 1812 zu Heidelberg hingerichteten Raubmörder Manne Friederich, Hölzerlips, Krämer Mathes und Veit Krämer. Nebst Nachrichten über die begnadigten Verbrecher Sebastian Lutz und Andreas Petry. Zur Kunde für Kinder, Enkel, Ur- und Ururenkel, aufgesetzt von Martin Schleicher".

Kämmerer bezeichnete diesen Text, der acht Seiten lang war und nur vier Kreuzer kostete, als „eine Satyre auf die vorhergehende Broschüre"[13], also auf die über die vier letzten Lebenstage. Tatsächlich herrschte hier ein sehr ironischer Ton vor. Im ersten Teil waren ein paar – vermutlich erfundene – Anekdoten zu den verurteilten Räubern zusammen gestellt, der zweite enthielt ein Gedicht, das der Autor (wohl nicht der Gefangenen-Wärter Martin Schleicher), dem Friedrich Philipp Schütz in den Mund legte (Kapitel 30) und in dem er auch Zitate aus dessen Aussagen und Liedern unterbrachte.

6. „Kurzer Bericht von den am 31. July 1812 in Heidelberg zum Tod durch das Schwerdt verurtheilten sechs Raubmördern. Von D. Kämmerer. Nebst der nach erfolgter Enthauptung von vier Missethätern auf dem Blutgerüste gehaltenen Rede von Christian Theodor Wolf, Kirchenrathe und erstem Ev. Luther. Stadtpfarrer zu Heidelberg".

Das 30-seitige Büchlein war die stark erweiterte Neuauflage einer 16-seitigen Broschüre mit ähnlichem Titel, die, gewissermaßen als Schnellschuss, vor der Hinrichtung erschienen war, von der Begnadigung von Lutz und Petry nichts wusste und schon Wolfs – noch gar nicht gehaltene – Leichenrede enthielt. Es erschien in Pfisters Verlag Braun, und so ist es nicht verwunderlich, dass in dem „Nachtrag zu der Aktenmäßigen Geschichte ..." ein empfehlender Hinweis darauf zu finden ist. Umgekehrt lobte Kämmerer den Untersuchungsrichter über den grünen Klee, zitierte ihn ausführlich und druckte in dem stark erweiterten Text der zweiten Auflage sogar eins von Schützens Gedichten nach. Der Band ist insoweit von Interesse, als sich mit Wolf zum ersten Mal nach Pfister ein (freilich kirchlicher) Amtsträger zu den verurteilten Räubern äußerte.

7. „Manne Friederichs Erscheinung nach dem Tode und seine Beurtheilung der über ihn und seine Raubgenossen erschienenen Schriften in schönen Reimlein zur Kunde für alle Ururur-Ephemeristen aufgesetzt. Nebst einem Anhange, eine treue Darstellung der vier letzten Lebensminuten der hingerichteten vier Raubmörder und Nachrichten von den Aemtern, welche sie in der Hölle bekleiden, enthaltend".

Noch einmal Kämmerer, der sich auf dem Deckblatt nicht zu seiner Autorschaft bekannte, aber als Verfasser durch die handschriftlichen Korrekturen im Manuskript, das bei seinem Nachlass liegt, eindeutig zu identifizieren ist. Das Gedicht, acht Druckseiten für sechs Kreuzer, ist offenkundig nach allen hier aufgeführten Publikationen erschienen und nahm sie, die des Autors selbst eingeschlossen, in einer fingierten Rede von Schütz satirisch aufs Korn (Kapitel 32). Der Rezensent des „Badischen Magazins"[14], der das „drollige Ding" seinen Lesern unter der Überschrift „Ende gut – Alles gut" wärmstens empfahl, nahm den flapsigen Ton auf: „Wir sind es überzeugt, daß jeder, der 1. die vier letzten Lebenstage etc, 2. die vier letzten Lebensstunden etc gelesen hat, auch diese vier letzten Lebensminuten begierig zur Hand nehmen wird, ohne zu erwarten, bis allenfalls noch 4. die vier letzten Lebenssecunden etc in einem eigenen Werke beschrieben werden". Ob Derartiges tatsächlich erschienen ist, weiß ich nicht. Nicht jede Flugschrift hat ihren Weg in die Bibliotheken gefunden.

8. „Das Verhalten der zu Heidelberg am 31. July 1812 vier enthaupteten und zwei begnadigten Verbrecher während ihrer Vorbereitung zum Tode. Von ihren Seelsorgern selbst dargestellt".

Das war nun keine Broschüre mehr, sondern ein gut hundertseitiges Buch, das als letzte der mir bekannten zeitgenössischen Publikationen wohl im August 1812 im Verlag Braun erschien und stolze 36 Kreuzer kostete. Angekündigt war es im „Heidelberger Wochenblatt"[15], zusammen mit Pfisters „Nachtrag ...", als „die einzige zuverlässige Schrift" zu diesem Thema; da hatte es noch den spezifischeren Titel „Das religiöse und moralische Verhalten der in Heidelberg am 31. Juli 1812 vier enthaupteten und zwey begnadigten Verbrecher, von Eröffnung bis zur Vollziehung des Urtheils; von ihren Seelsorgern selbst dargestellt, und von Herrn Kirchenrath Wolf ausgearbeitet".

Den drei Pfarrern, die da zu Wort kamen (Christian Theodor Wolf, Theophor Dittenberger für die evangelischen und Gerhard Holdermann für die katholischen Delinquenten) ging es um mehr als nur um religiöse und moralische Aspekte. Sie schrieben, in unterschiedlicher Intensität, ihre Sicht der Dinge auf, weil sich „im Publikum Gerüchte verbreiteten, und in der Folge sogar auch in Flugschriften für Wahrheiten ausgegeben worden sind, nach welchen die Unglücklichen, auch in ihren letzten Stunden noch, als die verworfensten Unmenschen dargestellt wurden". Und dem wollten sie widersprechen: „... ist man nicht auch dem Verbrecher Gerechtigkeit schuldig? Ist's nicht schwere Versündigung an ihm, wenn man ihn verabscheuungswürdiger darstellt, als er wirklich ist, oder schweigend zuhört, wenn es Andere thun?"[16].

Hier tauchten also neue Zeugen auf, die Pfisters Darstellung nicht nur ergänzten, sondern sie auch relativierten – und seinen harschen moralischen Urteilen widersprachen. Das war bemerkenswert, weil die meisten hier aufgeführten Publikationen dessen Verdikte übernommen und womöglich noch verschärft hatten. Bei den Tätern handelte es sich demnach um „verwahrloste Geschöpfe"[17], um „verworfenste Menschen", „abscheulichste Menschen" und „Gesindel"[18], um „reissende Thiere in Menschengestalt", „Ungeheuer", „Barbaren" und „Erzbösewichte", die „Gegenstand des größten Abscheus" sein mussten[19] und schließlich um Menschen, „herabgesunken bis zu der Verworfenheit, daß sie als krebsartige Glieder aus der Gesellschaft mit dem Schwerdte herausgeschnitten werden mußten" – so ausgerechnet der Stadtpfarrer Wolf in seiner Predigt nach der Hinrichtung[20]. Das waren Vokabeln, hinter denen ich meinen Vetter, den Räuber, selbst in Anbetracht seiner Beteiligung an dem Hemsbacher Raubüberfall, nicht wiedererkenne.

Die schwülstige und donnernde Leichenrede Wolfs – die Ausrufezeichen in der gedruckten Fassung sind gar nicht zu zählen – dauerte mindestens eine halbe Stunde und stand unter dem beziehungsreichen Motto „Die Gottlosen gehen unter und nehmen ein Ende mit Schrecken". Das war eine leichte Abwandlung von Vers 19 des 73. Psalms, der von den Anfechtungen des Menschen bei der Betrachtung gottlosen Tuns handelt. Neben ziemlich grauslichen Hinweisen auf das noch dampfende Blut der gerade Enthaupteten und einer stark übertriebenen, durch das Urteil nicht gedeckten Darstellung ihrer Untaten enthielt sie aber auch nachdenkliche Passagen.

Da sprach Wolf von Mitleid und Bedauern mit den „Unglücklichen" und davon, dass der christliche Gott „der Vater auch seiner gefallenen Kinder" sei. Und diese hätten sich doch bußfertig gezeigt, als sie „in ihren letzten Tagen, in welchen sie die Belehrungen, welche man ihnen ertheilte, willig annahmen, ihre Verirrungen und Verbrechen reuevoll bekannten und mit bittern Thränen beweinten, um Gottes Erbarmung und Gnade voll Demuth flehten ... und überhaupt noch so manche Spur besserer menschlicher Gefühle an sich blicken ließen"[21]. Das waren Aussagen, die die Berechtigung von Todesurteil und Hinrichtung nicht in Frage stellten, den Verurteilten und Hingerichteten aber etwas von ihrer menschlichen Würde zurück gaben.

Dr. Christian Theodor Wolf, 1765 in Grünstadt geboren und 1848 in Heidelberg gestorben, war von 1795 bis zu seinem Tod Pfarrer an der evangelisch-lutherischen Providenzkirche in der Heidelberger Altstadt. Als solcher gehörte er zu den Honoratioren der Stadt, und sein Wort hatte Gewicht. Insofern kommt seinem – etwas frömmelnden, die aufrüttelnde Kraft der christlichen Botschaft stark betonenden – Bericht über die seelsorgerliche Betreuung von Georg Philipp Lang und Matthäus Oesterlein an ihren letzten Lebenstagen eine besondere Bedeutung zu. Er ließ keinen Zweifel an ihrer Schuld aufkommen, schilderte sie aber als Menschen – und eben nicht als Unmenschen.

Zwei weitere Zeugnisse sind in diesem Zusammenhang von Bedeutung, weil sie sich direkt auf Friedrich Philipp Schütz bezogen: das des Pfarrers Theophor Dittenberger und das des Juristen Ferdinand Kämmerer. Die beiden Männer betonten in ihren öffentlichen Äußerungen, wie übrigens Wolf auch, ihre Loyalität und ihren Respekt für den Stadtdirektor und Untersuchungsrichter, aber sie sprachen, jeder auf seine Weise, anders über die Verurteilten und besonders über meinen Vetter, den Räuber, als der oft boshafte, spöttische, manchmal sogar aggressive Pfister. Sie waren Mitglieder der besseren Heidelberger Gesellschaft, und ihre Veröffentlichungen werden nicht ohne Einfluss zumindest auf das lesende Publikum gewesen sein.

Theophor Friedrich Dittenberger, Vorblatt des ersten Bandes seiner Autobiografie, Mannheim 1839

Theophor Friedrich Dittenberger, 1766 in Weingarten als Sohn eines Pfarrers geboren, 1843 in Heidelberg gestorben, war fast 20 Jahre lang Landpfarrer in Teningen in Südbaden, bevor er 1807 als zweiter evangelisch-lutherischer Stadtpfarrer nach Heidelberg kam. Als 15-jähriger war er aus der strengen Zucht der Francke'schen Erziehungsanstalt in Halle ausgebüxt und hatte sich nach Hamburg durchgeschlagen, wo er von Seelenverkäufern gekidnappt wurde. Die verhökerten ihn an die Ostindische Kompagnie, verschifften ihn, mit vielen anderen, nach Amsterdam, und erst da konnte er fliehen[22] und mit dem Theologie-Studium in die geordneten Bahnen eines bürgerlichen Lebens zurück finden. Er war vielseitig interessiert und hat neben einer – nicht vollendeten – Autobiografie ein weit verbreitetes Lehrbuch für Geografie an Gymnasien geschrieben.

Dittenberger war erkennbar kein Eiferer. Auch er ließ keinen Zweifel an der Schuld der ihm Anvertrauten aufkommen, aber er denunzierte sie nicht, sondern begegnete ihnen mit Empathie und menschlicher Wärme. Das unterschied ihn von Pfister, und gerade deshalb ist mir sein Urteil so wichtig. Wenngleich der Heidelberger Stadtdirektor in dem Drama, über das hier berichtet wird, weiterhin Regie führte, wird nicht er, sondern Dittenberger in diesem Buch das letzte Wort haben.

Anders verhielt es sich mit Ferdinand Kämmerer. Er war, 1784 in Güstrow geboren, jünger als Pfister und die beiden Pfarrer. Er hatte in Leipzig und Göttingen studiert und 1807 in Heidelberg in Rechtswissenschaften promoviert. Seither hielt er dort Vorlesungen. Schon 1816 wurde er an die Universität Rostock berufen und publizierte fortan gelehrte Abhandlungen über das Römische Recht und über quasi alle Aspekte der Mecklenburgischen Rechtsgeschichte. Bevor er 1841 starb, vermachte er seine 10.000 Bücher der Universitäts-Bibliothek Rostock, die sie noch heute, Kämmerers eigene Werke eingeschlossen, aufbewahrt.

Der Mann war aber nicht nur an provinziellem Lehns- und Kriminalrecht interessiert, sondern auch an der schönen Literatur. 1813 veröffentlichte er in Darmstadt eigene „Poetische Versuche und Uebersetzungen" – vermutlich ein Grund dafür, dass ihn die Universität Rostock 1819 auch noch zum Dr. phil. h.c. machte. Die beiden Gedichte, die sich auf den Hemsbacher Überfall und im Besonderen auf Friedrich Philipp Schütz beziehen (Kapitel 26 und 32), beweisen sein literarisches Geschick. Er war von dem

In Amt und Würden: Ferdinand Kämmerer als Rechtsprofessor in Rostock

Räuber, der im Gefängnis Lieder schrieb, so fasziniert, dass er dessen Schreibstil nachzuahmen versuchte. Man mag, angesichts von Todesurteil und Hinrichtung, die Saloppheiten und den an studentische Bierzeitungen erinnernden Ton nicht goutieren, wichtig und wohltuend scheint mir aber, dass Kämmerer sich der anderswo üblichen moralisierenden Urteile enthielt und diese sogar ironisch auf's Korn nahm.

Mangels aussagekräftiger Zeugnisse und weil wir nicht sind wie „Gott, der in alle Herzen sicht", können wir Heutigen keine wirklich validen Aussagen darüber machen, ob, in welchem Umfang und wie genau alle diese Veröffentlichungen auf die öffentliche Meinung gewirkt haben. Das gilt in gleicher Weise für die Leichenrede Wolfs. Zwar hatten sich Tausende auf dem Richtplatz versammelt, es ist aber wenig wahrscheinlich, dass sie sie alle – ohne heutige technische Hilfsmittel wohlgemerkt – hören konnten. Kleine Hinweise darauf, dass auch bei den Zuschauern das Mitleid verbreitet war, liefern immerhin das Ergebnis der Kollekte für die hinterbliebenen Frauen und Kinder und auch eine kleine Geschichte, die Dittenberger – vielleicht als Andeutung der eigenen Sicht der Dinge – notiert hat: „... so aeußerte einer der Umstehenden laut und etwas hart: 'daß es diesen Spitzbuben recht geschehe usw', welche Aeußerungen mehrere rechtliche hiesige Bürger auf der Stelle laut und scharf mißbilligten"[23]. Schon der Verfasser der „Darstellung der vier letzten Lebens-Stunden ..." hatte ja um Verständnis für das harte Lebensschicksal der Räuber geworben, und derjenige der „Darstellung der vier letzten Lebenstage ..." war zu dem Schluss gekommen, dass „das Gefühl des Erbarmens mit den Unglücklichen nicht erloschen sey, sondern daß der Haß der Menschheit nur ihren Verbrechen gegolten habe"[24].

Ganz meinungsabstinent blieben übrigens die Zeitungen in ihrer Berichterstattung nicht. Am 5. August 1812 erschien im „Badischen Magazin"[25] ein Artikel, der die Überschrift „Empfindungen, als ich im Jahre 1797 von der Execution eines Mörders zurück kam" trug. Er ist ein Musterbeispiel dafür, wie man mit der Zensur Katz und Maus spielen kann. Der Autor, ein offenbar im Militärischen angesiedelter Herr von Beulwitz aus Bruchsal, berichtete von einem lange zurück liegenden Ereignis, der Leser aber konnte gar nicht anders, als die eingestreuten kritischen Bemerkungen auf die Hinrichtung der Hemsbach-Räuber zu beziehen.

Schon die Einleitung gab den Takt vor: „Ich komme von dem Hochgerichte zurück. ... Ich komme zurück mit Bitterkeit im Herzen, und mit Betrübniß. Jene wurde erzeugt von den Gesichtern, die ich dort erblickte, – (ich sah aber nicht auf den Delinquenten) ...". Beulwitz sprach mit Bezug auf die Zuschauer bei der Exekution von ihrer „kannibalischen Lust", von dem „Freudengeschrey der Furien", mit dem sie „den tödtenden Schlag des herabfallenden Messers begleiteten", ja sogar von „Unmenschen" (!). Und er schloss seinen kleinen Text mit dem – unverhohlen auf die Vollstreckung der Todesstrafe selbst bezogenen – Satz: „Ach, der heutige Tag weckte mich fürchterlich aus dem süßen Traume von dem aufgeklärten Zeitalter, das mich umglänze – und werde ich ihn je wieder träumen können, den herrlichen Traum?". (Beiläufige Anmerkung: Die öffentliche Hinrichtung kam in Deutschland erst in der zweiten Hälfte des 19. Jahrhunderts aus der Mode; die Todesstrafe selbst wurde – jedenfalls für den Bereich der alten Bundesrepublik – mit Inkrafttreten des Grundgesetzes im Jahr 1948 abgeschafft).

Zwei Tage vor diesem Aufsatz von Beulwitz war, ebenfalls im „Badischen Magazin"[26], ein sehr ironischer Bericht über die Begleitumstände der Hinrichtung erschienen. Im Zusammenhang mit den (geschätzten) Einnahmen, die die Stadt Heidelberg, Pfisters Wunsch entsprechend, von den herbei strömenden Zuschauern erzielt hatte, sprach der Verfasser von dem „Guten", das die „Entfernung von Ungeheuern aus der menschlichen Gesellschaft" zur Folge gehabt habe. Auch das konnte einem, der angesichts des Schafotts die Ideale der Aufklärung beschwor, nicht gefallen. Beulwitz schrieb einen Leserbrief[27], in dem er erneut – und diesmal ganz direkt – den „blutdürstigen Sinn" und die „zweideutige Neugierde" der Zuschauer geißelte und den er mit dem milden, aber deutlichen Satz schloss: „Aber ich wünsche dieser, so wie jeder guten Stadt meines lieben deutschen Vaterlandes, daß ihr recht lange kein solcher Erwerbszweig mehr grünen möge". In solchen Worten, geschrieben unter der Fuchtel der Zensur, blitzt die politische Diskussion auf, die damals in gelehrten Zirkeln zweifellos geführt wurde, aber im Zusammenhang mit konkreten Anlässen nur selten ihren schriftlichen Niederschlag fand.

Auch die gängige Praxis der Landesverweisung war Gegenstand einer solchen Debatte. Sie entzündete sich nicht an der Hinrichtung der Hemsbach-Räuber, sondern an der entsprechenden Behandlung vieler Verhafteter durch die Gerichte. In einer längeren Abhandlung[28] unterzog ein anonymer Autor die Abschiebeverfahren einer scharfen Kritik, die in Sätzen wie diesem gipfelte: „... daß der Staat den Verwiesenen geradezu zwingt, wiederum zu sündigen, weil er ihm die Mittel raubt, sich auf ehrliche Weise in der bürgerlichen Gesellschaft zu erhalten".

Wir haben gesehen, dass auch Pfister die Praxis des „Schubs", die 30 Jahre früher damit begonnen hatte, dass das habsburgische Österreich zwei Mal jährlich alle landfremden Herumziehenden nach Bayern abschob, sehr kritisch beurteilte. Es wäre verlockend, die einschlägige Diskussion hier nachzuzeichnen – nur eine Erzählung aus lange zurück liegender Zeit? Von wegen! Ich versage es mir aber. Friedrich Philipp Schütz war allenfalls indirekt – sehr indirekt – der Anlass dafür, dass sie geführt wurde, und geholfen hat sie ihm auch nicht mehr. Im übrigen verebbte sie schnell.

Von den Hingerichteten war fürderhin nicht mehr die Rede. Es gab andere Aufreger. Einer war der Russland-Feldzug Napoleons, der im Juni 1812 begonnen hatte, über den die „Großherzoglich Badische Staats-Zeitung" exklusiv und linientreu berichtete und der die Gespräche in „allen Gesellschaften, Gast- und Kaffeehäuser(n)" nun beherrschte. Er war zwar weit weg, wegen des engen Bündnisses der Majestäten aber näher, als den Untertanen recht sein konnte.

Und auch in Heidelberg lief bald eine neue Sau durchs Dorf. Pfister löste seinen nächsten Kriminalfall und wieder den nächsten und schließlich – zwei Jahre nach der Hinrichtung von Friedrich Philipp Schütz, Georg Philipp Lang, Veit Krämer und Matthäus Oesterlein – einen ganz spektakulären. Der spielte in der besten Heidelberger Gesellschaft, in der es großes Aufsehen erregen musste, dass es dem Stadtdirektor 1814 gelang, das reiche Ehepaar Grandisson als Gauner-Duo zu entlarven. Der Mann, der eigentlich Grosjean hieß, finanzierte den Reichtum durch fortgesetzte Räubereien in Thurn- und Taxis'schen Postwagen. Als die Sache aufflog, erdrosselte er sich in Berlin mit dem eigenen Schnupftuch. Pfister ließ die Witwe verhaften und entlockte ihr so viele Informationen, dass fast alle Delikte des Posträubers aufgeklärt werden konnten, was die Fürstliche Ober-Post-Amts-Direction höchlich zufrieden stellte und seinen Ruhm als erfolgreicher Untersuchungsrichter erneut bestätigte[29].

Die Erinnerung an die Hemsbach-Räuber verblasste und lebte nur noch in Legenden fort.

## 32. Drum aus der Höll' bin ich gekehrt. Moritat IV

Manne Friederichs Erscheinung nach dem Tode und seine Beurtheilung der über ihn und seine Raubgenossen erschienenen Schriften in schönen Reimlein zur Kunde für alle Uru-urur-Ephemeristen aufgesetzt.

1. Du thorheitsvolle Oberwelt
Voll Narren und voll Kinder!
Es ist mit dir nicht gut bestellt,
Und alle seyd ihr Sünder.
Ihr laßt uns Armen keine Ruh,
Und schreibt und schreibt und schreibet zu,
Im Tod uns noch zu hudeln.

2. Drum aus der Höll' bin ich gekehrt,
Nicht mehr konnt' ichs ertragen.
Daß aufmerksam mich jeder hört! –
Ich will euch Wahrheit sagen.
Zwar seyd ihr taub, wo diese spricht,
Doch kümmert dies mich wahrlich nicht,
So viel ihr drob auch schreyet.

3. Nicht einer gern den Kopf verliert,
Wie ich noch immer hörte;
Denn als wir Räuber wegspaziert,
Geköpfet mit dem Schwerdte,
Da war mit uns es rein vorbey,
Ich sag' es allen frank und frey:
Ein Todter bleibt ein Todter!

4. Drum dacht' ich nun, wir hätten Ruh
Vor allen Schriftgesellen;
Es würde brüllen keine Kuh,
Kein Hund um uns mehr bellen.
Doch leider auf dem Dach der Hahn
Fing lauter nun zu krähen an,
Daß ach! die Leute weinten.

5. Nicht alles war damit gethan,
daß wir den Kopf verloren.
Jetzt erst ging der Spektakel an
Für unsre armen Ohren.
Und was ich nimmer sonst gedacht,
Das wurd' in einem Tag vollbracht
Von sämmtlichen Autoren.

6. Sie setzten sich an's Schreibepult,
Und fingen an zu schmieren,
Daß Sehen, Hören und Geduld
Man möchte rein verlieren.
Bald halb, bald einen Bogen stark
Beschrieben sie mit manchem Quark,
Die Leut' zu ennuyiren.

7. Zuerst heraus kam ein Gedicht,
Schön über alle Maßen;
Ihr lieben Leute, glaubt's zwar nicht,
Doch sag' ich's ohne Spaßen:
Daß der Verfasser gutbestellt
Es für sein bestes Machwerk hält,
Was er bis jetzt geschrieben.

8. Betrachtet des Gedichtes Lauf,
Wenn ihr das Machwerk sehet!
Wie oft das Schlechte stehet auf,
Das Gute untergehet.
Behaltet's fein im Angesicht,
Und haltet nicht zu streng Gericht
Ob des Poeten Weise.

9. Hierauf erschien nun ein Bericht
Von der Raubmörder Leben.
Sucht ihr was hier, ihr findet's nicht,
Vorn, hinten und daneben.
Drum hat man, daß es wird verkauft,
Ein andres Kindlein angetauft,
Die Red' vom Blutgerüste.

10 alt. Die actenmäßige Geschicht'
Von (unsern ?) bösen Thaten
Kam hierauf an das Tageslicht,
Ein Kindlein ungerathen.
Aus andern Büchern ausgeschmiert,
Mit Ausrufungen ausstaffiert,
(Enthält?) es nichts, als Unsinn.

10. Da heißt es aus des Assaphs Psalm
„Die Bösen gehen unter,
Und steigen zu der Hölle Qualm
Mit Schrecken tief hinunter!" –
Und über diesen kurzen Text
Steht vieles auf's Papier gekleckst
Zu unsrer Langenweile.

11. Gebildet ist der Hölzerlips
Dabey auf einem Blatte;
Als hätt' der Arme gar den Pips,
Wie Hühner auf der Latte.
An linker Hand, am linken Fuß
Gefesselt er da stehen muß,
Zum Spott für alle Leute.

12. Nun wurden Reimlein schön und fein,
Die Morithat gedrucket.
Doch hat sich das Verfasserlein
Gar sehr dabey vergucket.
Er dachte einen Fang zu thun,
Und wollte nun, bey Gott! nicht ruhn,
Als bis es ihm gelungen.

13. Doch was er drinnen hat erzählt,
Ist nichts, als alter Plunder;
Und daß er seine Leser quält,
nimmt wahrlich mich nicht Wunder.
Er sucht, und sucht in seinem Kopf,
Und findet nur als Reim, den Kropf,
Und andre schlechte Sachen.

14. Nun, lieben Leute! kamen die
Vier letzten Lebenstage;
Aus Lügen nur, ich weiß nicht wie,
Aus Stadtgespräch' und Sage,
Ist dieses ganze Ding gemacht. –
Darob der Stadt-Director lacht
Im Bad'schen Magazine.

15. Es kommen endlich angerückt
Vier letzte Lebensstunden.
Dies ist das neuste Kunstproduct,
Das ich bis jetzt gefunden.
Ist vieler Anekdoten voll,
Daß man zu Tod sich lachen soll,
So wie auch voll Satyre.

16. Nun, lieben Leut'! hab' ich erzählt,
So wie es ist geschehen.
Ich habe mich genug gequält,
Das Ende zu ersehen;
Denn daß man einmal enden muß,
Und endlich machen den Beschluß,
Ist eine wahre Regel.

17. Nur hört noch meine Bitte an:
„O kaufet das Gedichte!" –
Ich geb' euch ja, so gut ich kann,
Von Poesie Gerichte.
Denn ich, wie Dichter Peter Squenz,
Hab' aufgetischt die Quintessenz
Aus allen jenen Schriften.

18. Und jetzt ist mein Geschäft gethan,
Ich kehr' zurück zur Hölle.
Doch wenn ihr fangt von neuem an,
Flugs bin ich auch zur Stelle,
Und hudle dann euch Tag und Nacht,
Daß ihr so schlechte Schriften macht,
Allein gut zum Verbrennen.

Anhang.
Manne Friederich spricht.
1.
Manne Friederich.
Ich dachte nichts in den letzten Augenblicken. –
Der Teufel hat mich zu seinem Hofpoeten ernannt.

2.
Hölzerlips.
Ihm begegnete etwas Menschliches, doch nicht aus Todesangst, sondern aus purem Aerger wegen seines schlechten Conterfey's bey der actenmäßigen Geschichte der schrecklichen Thaten, wie er mir in der Hölle unter dem Siegel der Verschwiegenheit vertraute. – Ist Kammerdiener bey des Teufels Großmutter geworden.
3.
Krämer Mathes.
Er hat mir nicht sagen wollen, was er dachte. –
Der Teufel hat ihn zu seinem Tafeldecker ernannt.
4.
Veit Krämer.
Bedauerte sehr, daß er die Tochter der gräßlichen Fulderliese nicht in die andere Welt mitnehmen konnte. – Ist noch nicht vom Teufel angestellt.

Ende gut, alles gut
Hofrath Weise in seinem Hölzerlips S. 8.

*Dieses Gedicht erschien als achtseitige Broschüre im August 1812 anonym und ohne Verlagsangabe in Heidelberg.*
*Der Verfasser war Ferdinand Kämmerer.*
*Im gedruckten Exemplar aus Kämmerers Bibliothek ist der Vers 10 alt überklebt (aber als Palimpsest noch halbwegs lesbar) und durch Vers 10 ersetzt.*
*Die Verse 7 & 8 beziehen sich auf die „Kurze und treue Darstellung ...";*
*die Verse 10 alt & 11 auf die „Aktenmäßige Geschichte der schrecklichen Thaten ..." des Hofrats Weise und auf das dort beigefügte Hölzerlips-Porträt.*
*Die Verse 9 & 10 beziehen sich auf die erste Auflage von Kämmerer/Wolf: „Kurzer Bericht ...";*
*sie sind eine Selbstparodie wie auch die Verse 12 & 13 zu Kämmerers „Gar schönen und feinen Reimlein ...".*
*Vers 14 bezieht sich auf die „Darstellung der vier letzten Lebenstage ...";*
*und Vers 15 schließlich auf die „Darstellung der vier letzten Lebens-Stunden ...".*
*Drei zum Verständnis des Gedichts nicht wichtige Anmerkungen Kämmerers habe ich beim Abdruck weggelassen.*

## 33. Was bleibt: der Spitzname und ein paar Verse

Wer im Internet nach einzelnen Hemsbach-Räubern sucht, wird schnell feststellen, dass es in diesem virtuellen Abschnitt unserer Welt auch für sie eine klare quantitative Rangfolge gibt: Während Veit Krämer, Andreas Petry und Sebastian Lutz kaum punkten können, bringt es der Möchtegern-Bonherr Georg Philipp Lang alias Hölzerlips auf über 4.000 Einträge, Friedrich Philipp Schütz – im Medium besser bekannt als Mannefriedrich – auf knapp über 2.000. Das ist auf einem leicht manipulierbaren Jahrmarkt der Eitelkeiten nicht eben viel, zumal die zahlreichen Doppelungen und Fehlverweise abgezogen werden müssen. Erstaunlich bleibt es trotzdem. Wer interessiert sich, 200 Jahre nach ihrem Tod, für diese armen Schlucker? Die Antwort ist schnell gefunden: ein Großteil der Notierungen verweist auf Publikationen der regionalen Tourismus-Werbung und derer, die sie mit einschlägigem Material versorgen.

Da locken dann „dunkle Wälder, dunkle Gesellen" oder ein „Räuberbuffet mit Räuberlesung", da gibt es heimatgeschichtliche Kurzseminare zur Räuberei im Odenwald, pittoreske Kostümführungen und das Versprechen „Treffen Sie den legendären Mannefriedrich oder eine echte Räuberbraut" (wohlgemerkt: oder!). Zu sehen war (2003) ein Musical „Die Hölzerlipsbande" und (2006) ein Theaterstück „Das Ende der Hölzerlipsbande". Sogar bei Geopark-Wanderungen (2017) werden die finsteren Burschen aus ferner Vorzeit nicht vergessen. Immerhin steht in der Nähe von Weinheim ein Findling, der „Hölzerlipsstein" heißt und um den sich Geschichten ranken, die alle Klischees vom furchtbar bösen und vom wunderbar guten Räuber versammeln. Mit der historischen Wahrheit, wir wissen es, hat das nichts zu tun[1] – Schauerromantik pur, harmlos und unterhaltsam; der Räuber als Sehnsuchtsfigur, als Projektionsfläche für die sonntäglichen Wünsche derer, die sich wochentags einem mehr oder weniger strengen, jedenfalls aber ordentlichen Regelsystem unterwerfen müssen.

Wollte man auf der Grundlage solcher Texte ein Schnell-Porträt von Friedrich Philipp Schütz zeichnen, so sähe das etwa so aus: Er war ein „prominenter Gangster"[2], sprach ein lexikonreifes Rotwelsch[3], schrieb viele „Lieder und ein Puppenspiel für Kinder" und war sogar der Erfinder des Kartenspiels „Schwarzer Peter". Für Letzteres gibt es, soweit ich sehe, nicht die Spur eines Beweises, und auch sonst fällt es mir schwer, hinter solchen Zuschreibungen – wie schon hinter denen seiner Zeitgenossen – meinen Vetter, den Räuber, wiederzuerkennen. Der hätte vielleicht mit den

Versen geantwortet, die Ferdinand Kämmerer ihm nach seinem Tod in den Mund gelegt hatte:

„Sie setzten sich an's Schreibepult,
Und fingen an zu schmieren,
Daß Sehen, Hören und Geduld
Man möchte rein verlieren".

Aber vielleicht hätte er sich über den – egal wie fantasievoll ausgeschmückten – Nachruhm auch gefreut als Beweis dafür, dass "die Heidelberger ... gewiß noch lange" an ihn dachten. Wer weiß?

Es scheint, dass die Sagen-Erinnerung sich während des 19. Jahrhunderts im Wesentlichen auf Georg Philipp Lang bezog und zudem lokal sehr begrenzt war[4]. Zu einiger Berühmtheit gebracht hat es immerhin das „Hölzerlips-Schwert". Es spielt eine zentrale Rolle in dem Spottgedicht „Der Antiquar, odder: Er glaabt's am End selwer", das Karl Gottfried Nadler (1809 - 1849) zwei Jahre vor seinem Tod in seiner Sammlung „Fröhlich Palz, Gott Erhalt's" veröffentlicht hat[5]. Das Buch erschien bis 1913 in neun, und in einer Neubearbeitung bis in die 1990er Jahre noch einmal in mehreren Auflagen. Das Gedicht erzählte von einem betrügerischen Antiquitäten-Händler, der den „Schlachthelm ... vum Hannibal" im Angebot hat, dazu

„... e Schwerdt vun Karl dem Große,
em Attila sein ledderne Reidderhose"

und eben auch das „Hölzerlipse-Schwerdt". Das verkauft er – mehrmals – an durchreisende schauerromantisierende Engländer wie „den dick Lord Nothinghead" und den „Erl of Rumplefort", denen er weismacht, der Rost darauf stamme vom „Hölzerlipsianerblut".

Das war Fiktion, aber tatsächlich hat das Schwert, mit dem die Hemsbach-Räuber hingerichtet wurden, eine eigene Geschichte, von der Nadler schwerlich etwas wissen konnte. Diese Geschichte hängt eng zusammen mit dem „Nachrichter", der die vier am 31. Juli 1812 enthauptete. Er hieß Franz Wilhelm Widmann und stammte aus einer alten Scharfrichter-Familie. In Heidelberg praktizierte er als Tierarzt und übernahm 1804, im Alter von 30 Jahren, zusätzlich das Scharfrichter-Amt, das, wie allgemein üblich, als Lehen erblich war[6]. Zu dem Erbe gehörte ein Richtschwert, denn die „Enthauptung mit dem Schwert ... war seit dem 17. Jahrhundert die vorherrschende Strafe für Männer und für Frauen. ... Die Enthauptung galt als die leichteste und ehrenhafteste Todesstrafe"[7].

Hölzerlipsianerblut am Hölzerlipse-Schwert: Karikatur zu Nadlers satirischem Gedicht „Der Antiquar"

Form und Handhabung des Richtschwerts waren normiert. Der Prototyp war aus „hartem, wenig biegsamem Stahl", besaß eine ein Meter lange Klinge, einen ausladenden Griff und häufig eine 2,5 cm breite und 20 cm lange Blutrinne. Die Maße

> „differieren sehr wenig und zwar im ganzen Gebiete des Römischen Reichs deutscher Nation und durch die ganze Zeit des Gebrauchs, die wir auf eine längere Reihe von Jahrhunderten zurückverfolgen können. Auch die Handhabung des Schwertes, aus der sich seine Formen erklären, ist in der ganzen Zeit die gleiche geblieben: hinter dem knienden oder im Armensünderstühlchen sitzenden Delinquenten steht der Scharfrichter, der mit beiden Händen das Schwert nahezu horizontal führt und den Hals des armen Sünders so trifft, daß der Hieb nicht in einen der Knochen der Wirbelsäule geht, sondern die zwischen je zwei Wirbeln liegende Knorpelplatte durchschneidet, was natürlich gewisse anatomische Kenntnisse und eine bedeutende Handfertigkeit des Meisters voraussetzt"[8].

Das Richtschwert war das persönliche Eigentum des Scharfrichters, das er zur Exekution mitzubringen hatte und das in der Regel nur er benutzte.

Der historische Zufall wollte es, dass Widmann nicht nur die Hemsbach-Räuber, sondern knapp acht Jahre später, am 20. Mai 1820, auch den zum Tod verurteilten Kotzebue-Mörder Karl Ludwig Sand enthauptete. Der Mannheimer Scharfrichter Schmitt war gestorben, und der Heidelberger Kollege übernahm, um der Witwe das Lehen zu erhalten, für eine gewisse Zeit dessen Aufgaben[9]. Es liegt nahe anzunehmen (einen Beweis, der durch Augenzeugen bestätigt wäre, gibt es nicht), dass Widmann dazu sein eigenes Richtschwert mitbrachte und das „Hölzerlips-Schwert" so zum „Sand-Schwert" wurde. Der patriotische Rummel, den die Tat und der Tod des überdrehten Studenten hervorriefen, machte aus dem Schwert eine Ikone, mit der nur die Haarlocke und das Schnupftuch Sands, die Widmann dessen Mutter zukommen ließ, mithalten konnten.

Das Schwert gelangte 1868, nachdem das Scharfrichter-Lehen der Familie Widmann erloschen war, in den Besitz eines Heidelberger Privatmuseums, 1878 für 1100 Mark in den der Brüder Louis und Gustav Castan, die es, zeitweise in dramatischer Inszenierung, in ihrem Berliner Friedrichstraßen-Etablissement, dem berühmten „Castan's Panopticum", einer Mischung aus Wachsfiguren-Kabinett und ethnografischem Museum, ausstellten. Aus der Hinterlassenschaft der Castans erwarb es 1922 ein Privatmann, der es 1926 an die Stadt Wunsiedel, den Geburtsort Sands, weiter verkaufte, und in deren Museum wird es heute noch aufbewahrt[10]. Seine Berühmtheit verdankt es dem Kotzebue-Mörder; der Friedrich Philipp Schütz und seine drei Kumpane, die (vermutlich) auch damit hingerichtet wurden, sind darüber in Vergessenheit geraten. Und ebenso der Scharfrichter Widmann, der, angeblich aus Gram über seinen Anteil am Tod Sands zum Trunkenbold geworden[11], am 26. Juni 1832 in Heidelberg starb.

Am Beginn der Wiederentdeckung odenwäldlicher Räuber-Traditionen stand – sehr viel später, im Jahr 1978 – die Veröffentlichung zweier Bücher. Beide zeugen, dem Geist der Zeit entsprechend, von der engen Verbindung zwischen dem romantischen Impetus und dem sozialkritischen Engagement ihrer Autoren.

Michail Krausnick („Beruf: Räuber. Das abenteuerliche Leben des Mannefriedrich") übernahm, ohne die Texte zu hinterfragen und mit Dreck und Speck, also auch mit allen Fehlern, das, was Ludwig Pfister und Theophor Dittenberger aufgeschrieben hatten, und komponierte daraus eine „romanhafte Handlung". Abgesehen davon, dass man den Anführungszeichen im Text misstrauen muss (kein Zitat ist authentisch), ist das Buch spannend und mit Eifer für die Sache der Entrechteten geschrieben. Es erlebte allein in seinem ersten Verlag (rororo Rotfuchs) zwischen 1978 und 1986 mit 35.000 verkauften Exemplaren sechs, im zweiten (Beltz und Gelberg, jetzt mit dem Untertitel „Vom schrecklichen Mannefriedrich und den Untaten der Hölzerlips-Bande") zwei Auflagen. 2009 wurde es, wieder mit verändertem Untertitel, noch einmal herausgegeben. Auf seiner Grundlage entstand der Film „Das letzte Lied des Räubers Mannefriedrich", den das gemeinsame Dritte Fernsehprogramm des Süddeutschen und des Saarländischen Rundfunks sowie des Südwestfunks 1981 sendeten. Filmruhm: das, da bin ich sicher, hätte Friedrich Philipp Schütz gefallen.

Über das zweite 1978 erschienene Buch (Dieter Preuss/Peter Dietrich: „Bericht vom poetischen Leben der Vaganten und Wegelagerer auf dem Winterhauch, besonders aber vom Aufstieg des Kastenkrämers Hölzerlips zum Odenwälder Räuberhauptmann") habe ich schon berichtet. Es enthält durch die Einbeziehung der Karlsruher Akten sehr viel authentisches Material und folgt ziemlich zuverlässig der Chronologie der Ereignisse. Auch hier ist, was in Anführungszeichen steht, nicht die wörtliche Wiedergabe des Zitats, vieles ist hinzu gedichtet; der Text transportiert aber in den meisten Fällen den Sinn dessen, was die Vernehmungs-Protokolle aussagen. Man könnte das Ganze einen dokumentarischen Roman nennen. Preuss und Dietrich verklärten den erbärmlichen Alltag der Räuber nicht und widerlegten so den Titel des eigenen Buches: von poetischem Leben keine Spur.

Den Stadtdirektor Pfister mochten die beiden nicht: „Er ist ein Mann der Ordnung, er ist kein Aufklärer, kein Demokrat"[12]. Den Friedrich Philipp Schütz dagegen mochten sie sehr und schrieben ihm Eigenschaften zu, die er, glaube ich, nicht wirklich hatte: „Der Mannefriedrich ist keiner, der Untertanenqualitäten entwickelt, sich anpaßt. Spöttische Miene (sagt der Pfister), stets heiter (sagen seine Genossen), Sicherheit ausstrahlend, ein Mann, der zufällig in eine geschlossene Gesellschaft gerät und sich beim Hausherren in wohlgesetzter Rede entschuldigt"[13]. Besonders angetan hatten es ihnen seine Gedichte, die sie dann auch getreulich nach Pfisters Vorlage, aber mit geringen Veränderungen der Orthografie und der Zeichensetzung, in ihrem Buch abdruckten[14].

Es scheint, dass es just diese Gedichte waren, die den Journalisten Dieter Preuss dazu brachten, sich mit den Odenwälder Räubern zu beschäftigen. Im Juli 1974 zeigte eine Mannheimer Galerie – ich war längst nicht mehr dort und hatte von dem Ereignis keine Ahnung – den „Hölzerlips-Zyklus" des Malers Peter Schnatz. Die Bilder hatten Titel wie „Höllgrund",

„Tatort", „Blutgericht", „Hinrichtung" und zeigten, künstlerisch verdichtet und außerordentlich eindrucksvoll, einige Stationen aus den letzten Lebensmonaten der Hemsbach-Räuber. Teil der Ausstellung waren zudem fünf Siebdrucke, die den Tätern gewidmet waren, ihre Köpfe aus den zeitgenössischen Lithografien effektvoll verfremdet und kombiniert mit Text-

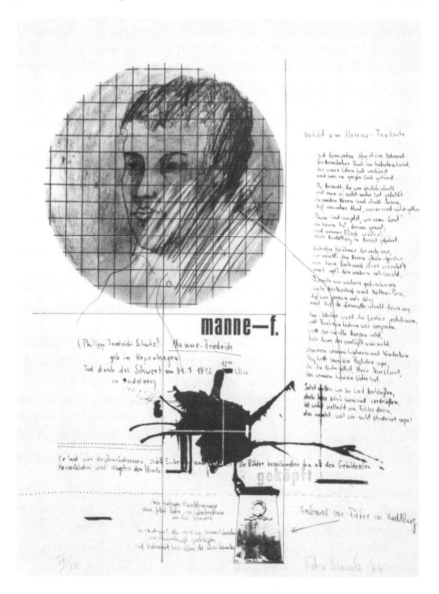

Ein Siebdruck aus dem Jahr 1974: „manne-f" aus dem Hölzerlips-Zyklus von Peter Schnatz

Zitaten aus den Akten, derjenige von Schütz zudem mit acht Strophen aus dessen Gedicht „Seit dem ersten May ...". Peter Schnatz (1940 - 2004) hat diesen Zyklus später offenbar überarbeitet und einzelne Bilder umbenannt. Das alles kann in seinem online verfügbaren Werkverzeichnis[15] aufgerufen und betrachtet werden.

Zu der kleinen Ausstellung erschien ein Katalog, und Dieter Preuss hatte das Vorwort dazu geschrieben. Er referierte darin, etwas unsystematisch nach Pfisters Bericht, den Hergang der Hemsbacher Geschichte und druckte auch „Seit dem ersten May ..." noch einmal ab. Bei der Vernissage mit dem beziehungsreichen Motto „Spurensicherung" sang Preuss, der, wie die Pressemitteilung vermerkte, „sich u. a. mit Mundart und Volksliedern beschäftigte und das Lied wiederentdeckte, das einer der Beteiligten vor seiner Hinrichtung über den Überfall verfaßte"[16], Räuberlieder. Dass sich darunter auch diejenigen von Friedrich Philipp Schütz befanden, ist wahrscheinlich. Der singende Journalist hat später zusammen mit der Gruppe „HölzerLips" unter dem Titel „Jenischer Schall" eine Schallplatte aufgenommen, und auf der kann man, neben einem „Mordbrenner-Lied" und einem „Bollerbayes-Schal(l)", auch das Schütz'sche „Abschiedslied für Kathrin" und das über den Hemsbacher Mord hören. Die Musik dazu hatten die elf Sänger und Instrumentalisten, darunter der Co-Autor des Hölzerlips-Buches Peter Dietrich, selbst gemacht. 2001 erschien alles noch einmal auf einer CD, und die ist bis heute im Handel.

Ein Blick auf die (wenig verlässlichen) Internet-Einträge zeigt, dass das mitnichten ein Einzelfall war. Von den späten 1970ern bis zur Jahrhundertwende sind die Lieder von Friedrich Philipp Schütz – unter veränderten Titeln – auf Schallplatten vertreten[17], und in den Liederbüchern aller möglichen Jugend- und Pfadfinder-Gruppen auch[18]. Ich bin sicher, dass ich nicht einmal alles gefunden habe, was diesbezüglich in der Unterabteilung Räuber-Romantik der Volksmusik im Angebot ist.

Friedrich Philipp Schütz, so scheint es, lebte in seinen Gedichten weiter – aber in der Regel blieb er hinter ihnen verborgen. Um das zu erklären und auch, wie aus den Gedichten Lieder wurden, ist ein Blick auf die verzwickte Überlieferungs-Geschichte fällig.

Ludwig Pfister, der die drei Texte ohne Noten mitgeteilt hat, sprach dennoch zwei Mal von „Liedern"[19]. Und tatsächlich wurde mindestens einer von den Gefangenen selbst am 30. Juli 1812, einen Tag vor ihrer Hinrichtung, gesungen. Dittenberger beschrieb die Szene so:

"Schüz gieng wieder hastig und seufzend im Gefängniß auf und ab, redete von dem schweren Abschied, den er von den Seinen noch zu nehmen habe, von der Verlassenheit, in der sie nun in der Welt zurückblieben, und schloß mit den Worten; 'das wär' alles nicht, wenn Hemsbach nicht wäre, und davon hab' ich im Gefängniß ein Lied gemacht, das wollen wir Ihnen singen, wenn Sie es erlauben, es ist nichts schlimmes darin'. Auf meine Bejahung fuhr er fort: 'der Andres kanns auch; und wenn ich schon seit längerer Zeit einen bösen Hals habe, so wirds doch gehn'. Sie sangen hierauf das ... Lied: Seit dem ersten May ist uns bekannt, der Hemsbacher Raub im Badischen Land etc, mit sehr traurigen Empfindungen, so daß viele der unten auf der Straße stehenden Menschen weinten"[20].

Und wer hat die Melodie dazu gemacht? War sie anderen Räuberliedern, die es ja gab, oder gar den Kirchenliedern nachempfunden? Dittenberger sagt es nicht, Pfister sagt es nicht – ich weiß es nicht.

Vier Wochen nach dem Tod der Hemsbach-Räuber (und also auch nach diesem Gesang) erschien im „Heidelberger Wochenblatt"[21] unter der Rubrik „Bücher-Anzeigen" ein einschlägiges Inserat: „Räuberlied von Manne Friedrich, geschrieben im Gefängnisse zu Heidelberg. In Musik gesetzt für Guitarre und Pianoforte von Mademoiselle Weippert. ... 10 kr". Nannette Weippert war die Tochter des Universitäts-Musiklehrers Kaspar Weippert[22] und unterrichtete selbst. Sie hatte wohl eine interessierte Klientel. Dennoch ist unklar, ob dieses Notenheft je erschienen ist. Ich habe es jedenfalls nicht gefunden; und auch sonst keinen Hinweis auf eine Melodie, nach der das Lied, z. B. auf Jahrmärkten, hätte gesungen werden können.

Selbst der traditionsbewusste Pfarrer Johann Philipp Glock, der 1910 eine Sammlung badisch-patriotischer Lieder veröffentlicht und darin die drei – ganz unpatriotischen – „Manne-Frieder-Lieder" aufgenommen hat, erwähnte eine etwa dazu gehörige Musik mit keinem Wort. Er berichtete erläuternd, die Lieder seien im Badischen Unterland weit verbreitet gewesen und „als Flugblätter bei dem Hinrichtungsakt, zu dem die Bevölkerung der ganzen Pfalz zusammengeströmt war, unter der Menge verkauft worden ..., wie mir mein Großvater, der als Unterlehrer vom Kohlhof bei Heidelberg selbst zugegen gewesen ist, selbst mitgeteilt hat"[23]. Die Texte, die der Autor im handschriftlichen Nachlass des Großvaters gefunden haben will, entsprechen – mit wenigen Abweichungen – denen Pfisters. Fazit: Die drei Gedichte wurden, zumindest im regionalen Umfeld, als „Lieder" wahrgenommen, aber die Musik dazu ist nicht überliefert.

In den z. T. umfangreichen Analysen, die prominente Gelehrte des 19. Jahrhunderts wie Feuerbach, Avé-Lallemant und ein Anonymus im

Neuen Pitaval von 1852[24] dem Bandenwesen widmeten, kamen die Hemsbach-Räuber allenfalls beiläufig vor. Einzig Avé-Lallemant erwähnte sie, Pfister folgend, etwas ausführlicher, aber mit den Schütz'schen Hervorbringungen konnte er gar nichts anfangen: „Die Gedichte des Manne Friedrich ... sind nur platte schlechte Reime eines durch Kerkerhaft mürbe und verzagt gemachten rohen Verbrechers, wie man solche Reimereien vielfach bei zum Tode verurteilten Verbrechern findet"[25]. Räuber-Romantik war die Sache dieses großen Kriminalisten nicht.

So ist es sicher kein Zufall, dass die ersten Nachdrucke der Texte seit 1812 (wenn ich denn alle gefunden habe) in eher schöngeistigen Publikationen stehen: im „Archiv für das Studium der neueren Sprachen und Literaturen" von 1867 (Birlinger: Miscellen)[26] und in der „Deutschen Revue über das gesamte nationale Leben der Gegenwart" von 1883[27]. Birlinger präsentierte die drei Gedichte gewissermaßen als Zufallsfund unter der Überschrift „Gaunergedichte und Lieder". Er folgte wortgetreu der Vorlage Pfisters und fügte zudem – allerdings ohne Quellenangabe – einige von dessen Kommentaren an. Den weiteren Zusammenhang der Sache schilderte er nicht. Außer ein paar Fachleuten wird das kaum jemand zur Kenntnis genommen haben.

Anders verhält es sich mit der zweiten Veröffentlichung. Sie erschien in einem verbreiteten Magazin, und der Autor (der rührige Schriftsteller und Politiker Karl Braun-Wiesbaden) umrahmte die Liedtexte mit einer weitläufig und fantasievoll ausgemalten Geschichte des Hemsbacher Überfalls, wobei ihm ausschließlich Pfister als Quelle diente. Von „Nun hör, mein lieb Kathrinchen ..." druckte er nur die Verse 1 & 4, von „Hört mir itzt zu ..." nur die Schluss-Strophe mit der Begründung, dass die Vorstellung der darin vorkommenden Personen die Leser langweilen würde. Das hat was für sich und mag dazu beigetragen haben, dass just dieses – nach meinem Geschmack außerordentlich gelungene – Gedicht auch von späteren Herausgebern vernachlässigt wurde. Das alles wäre nicht weiter erwähnenswert, wenn das Hemsbach-Lied hier nicht in einer deutlich veränderten Fassung erscheinen würde, und zwar in einer, die weder von Pfister zu stammen scheint noch mit der von Glock überlieferten übereinstimmt. Statt

> „Seit dem ersten May ist uns bekannt
> der Hemsbacher Raub im badischen Land ..."

stehen hier die Zeilen

> „Seit den ersten Märzen ist bekannt
> Der Hemsbacher Mord im Baden-Land ...",

und auch im weiteren Verlauf gibt es zahlreiche Änderungen in der Wortwahl und in der Syntax. So steht in der zweiten Strophe nicht, wie bei Pfister:

„Die meisten Herrn sind Schuld daran ..."

sondern:

„Die großen Herrn sind Schuld daran ...",

und das war eine Akzentverschiebung, die Folgen hatte. (In Glocks Großvater-Version steht übrigens „Die reichen Herrn ..."). Abgedruckt wurden zudem nur sieben der ursprünglich neun Verse. Der Autor ist zwar nach wie vor ein Hemsbach-Räuber, heißt aber hier Philipp Friedrich Schulz alias „Mahne Friedrich", und seine Frau ist nicht seine Frau, sondern seine „Zuhälterin"[28].

Warum Braun, der offenkundig Pfisters Text kannte – und ihn auch zitierte – diese Version druckte, ist nicht ersichtlich. Vielleicht handelte es sich um eine Schlamperei beim Abschreiben. Vielleicht aber stammte diese gewissermaßen verderbte Fassung aus den Lied-Drucken der Bänkelsänger, die auch im 19. Jahrhundert auf den Jahrmärkten verkauft und von einschlägigen Verlagen (z. B. Trowitzsch und Sohn in Frankfurt/Oder) in großer Zahl produziert wurden. Ein Gesamt-Verzeichnis dieser Bänkelsänger-Drucke gibt es nicht, und meine Suche in dem, was hier und da in Bibliotheken erschlossen worden ist und benutzt werden kann, blieb ergebnislos. Wie auch immer: Die Version des Hemsbach-Gedichts in der „Neuen Revue" von 1883 war die Quelle für zahlreiche weitere Nachdrucke in den folgenden Jahrzehnten.

Der erste, der sich – korrekt mit genauer Quellenangabe – hier bediente und der meinen Vetter, den Räuber, freilich unter dem Namen „Schulz", in die Sphäre der gehobenen Literatur katapultierte, war der Berliner Journalist Hans Ostwald (1873-1940). Der schilderte in seinen Reportagen vorwiegend die sozialen Randgruppen („Dunkle Winkel in Berlin", „Sechs Monate Arbeitshaus", „Das Berliner Dirnentum"), betätigte sich aber auch als Herausgeber. 1903 veröffentlichte er, in einem ersten von insgesamt drei Bändchen, „Lieder aus dem Rinnstein" mit Texten von Goethe, Schiller, Heine und Büchner ebenso wie von Peter Hille, Else Lasker-Schüler, Frank Wedekind („Ich hab meine Tante geschlachtet ...") und vielen anderen, heute unbekannten Autoren.

Im zweiten Band von 1904 stehen Handwerkerlieder und solche aus „Pennen und Kaschemmen" neben Gedichten von Uhland, Chamisso, Liliencron – und mittenmang das Hemsbach- und das Kathrinchen-Lied vom

„Mahne Friedrich", der nun auch die Vornamen getauscht hat: Philipp Friedrich Schulz. Das waren nicht unbedingt „Lieder aus dem Rinnstein" (und viele andere Texte waren es auch nicht), aber der Buchtitel war nicht wörtlich gemeint. Er war vielmehr eine unverhohlene – und provokative – Reaktion auf die Rede von Wilhelm II. zur Eröffnung der Siegesallee im Berliner Tiergarten am 18. Dezember 1901. Da hatte dieser kaiserliche Unglücksrabe, der nun für einen kurzen Moment durch unsere Theaterkulissen flattert, mit der Kunst seiner Zeit abgerechnet und dazu aufgerufen zu verhindern, „daß sie in den Rinnstein niedersteigt"[29]. Die Empörung über diese Äußerung ist ein fester Bestandteil der deutschen Kunstgeschichte des 20. Jahrhunderts geworden.

Mein Vetter, der Räuber, in guter Gesellschaft. Ein germanistischer Balladen-Spezialist, der die Texte 1912 nachdruckte, befand sogar, in ihnen manifestiere sich „ein eigenartiger und origineller Stil"[30]. Ostwalds Rinnstein-Bändchen waren erfolgreich, erlebten mehrere Auflagen und wurden 1920 zu einem veritablen Sammelband zusammengefasst – wiederum unter Einschluss des Hemsbach-Lieds.

Es dauerte dann, angesichts der Zeitläufte wenig erstaunlich, knapp 40 Jahre, bis sie wieder im Druck auftauchten: in der Sammlung „Die Moritat vom Bänkelsang oder das Lied der Straße"[31], die die Schauspielerin Elsbeth Janda und der Journalist Fritz Nötzoldt aus Heidelberg 1959 herausgaben und die 1976 eine zweite Auflage erlebte; und ebenso im wesentlich dünneren Auswahlband „Warum weinst du holde Gärtnersfrau" von 1965, der auch als dtv-Taschenbuch erschien und von dem bis Ende der 1960er Jahre 50.000 Exemplare verkauft wurden. Da waren sie unter der Kapitelüberschrift „Traurig, schaurig, fürchterlich" zwischen eine anonyme „Schaurige Mordtat" und eine ebenso anonyme „Unglückliche Spazierfahrt auf der Donau" eingeordnet.

Und so ging das weiter. Schütz'sche Texte – immer noch unter dem falschen Namen Schulz und in der Braun'schen Fassung – erschienen

- 1964 (allerdings nur die zwei Strophen aus „Nun hör, mein lieb Kathrinchen ...") in dem eher betulichen Sammelband „Glück und Segen. 570 Gedichte für alle Feste des Jahres und des Lebens"[32], der zwei Jahre später in die Buchgesellschaft Mohn, einem Vorläufer des Bertelsmann Leserings, übernommen wurde. Hier standen sie in illustrer Gesellschaft zwischen „Reiters Morgengesang" von Wilhelm Hauff und „Begräbnis" von Hoffmann von Fallersleben, und in trauter Gemeinschaft mit Gedichten von Hans Sachs, Lu-

ther, Zinzendorf, Mörike, Uhland, Eichendorff und und und bis zu Guggenmos und James Krüss.
- 1971 in einer Kurzbiografie des Raubmord-Opfers Hans Jacob Rieter[33].
- 1978 (nur das Hemsbach-Lied unter dem Titel „Mahne-Friedrichs Abschied") hinter Texten von Brecht und Heine und vor solchen von Christa Reinig und Peter Hacks in einem „Buch der Balladen"[34], das ebenfalls in den Buchclub aufrückte und in dem von A (wie Achim von Arnim) bis Z (wie Carl Zuckmayer) alles versammelt war, was in der deutschen Literatur der letzten zwei Jahrhunderte Rang und Namen hatte.
- 1978 (wieder nur das Hemsbach-Lied, nun in nicht so literarischer Umgebung, zwischen einem Landsknechtslied und dem „Aufruf des Schinderhannes") in dem Band „Es wollt ein Bauer früh aufstehn ..."[35], der mehrfach nachgedruckt wurde und eine hohe Auflage erreichte. Die hier versammelten „222 Volkslieder" waren ausdrücklich zum Nachsingen bestimmt. Deshalb bekam das Schütz'sche Gedicht auch eine Melodie (vom Mitherausgeber Erich Schmeckenbecher).

Eine Musikgruppe mit dem schönen Namen „Sorgenhobel" hat schließlich dafür gesorgt, dass die von Braun überlieferte Version des Hemsbach-Liedes Eingang ins Internet gefunden und sogar als Vorlage für Übersetzungs-Übungen gedient hat. Jedermann kann es dort in französischer, englischer, spanischer, italienischer, russischer, rumänischer, estnischer, türkischer und – man glaubt es kaum – vietnamesischer und indonesischer („Sejak Märzen pertama dikenal Hemsbacher pembunuhan di Baden negara ...") Sprache nachlesen.

Die Liste der Veröffentlichungen –Tantiemen waren ja nicht fällig – ist damit noch nicht abgearbeitet. Denn auch die ursprüngliche (Pfister'sche) Version des Hemsbach-Lieds, die sowohl Krausnick als auch Preuss & Dietrich 1978 mit der richtigen Verfasser-Angabe „Schütz" nachgedruckt hatten, fand Eingang in Sammelbände, so
- 1980 in das „Kleine dicke Liederbuch"[36], das bis 2001 sieben Auflagen mit 50.000 verkauften Exemplaren erreichte;
- 1995 in „Hessens große Räuberbanden"[37], ein Buch, das u. a. die Berichte von Grolman, Brill und eben Pfister enthielt; und darüber hinaus in zahlreiche Werke der Sekundär-Literatur, die ich zum Teil schon zitiert habe und hier nicht noch einmal aufzählen will.

Viele Büchermacher beschäftigten sich also mit den Texten von Friedrich Philipp Schütz und räumten ein, zwei Seiten in ihren Publikationen frei, um sie abzudrucken. Und viele Leser hatten, über anderthalb Jahrhunderte hin, die Gelegenheit, sie zu lesen. Das ist mindestens so erstaunlich wie die gut 2000 Internet-Einträge des Jahres 2017. Die meisten Leser werden sich weder den falschen Namen Schulz noch den richtigen Namen Schütz gemerkt haben, wohl aber den Spitznamen „Mannefriedrich", der viel eingängiger klingt, in dem viel mitschwingt von der minderen sozialen Stellung seines Trägers, der eine – beiläufig: unangemessene – Vertraulichkeit schafft und den zu gebrauchen ich deshalb in diesem Buch weitgehend vermieden habe.

Das also assoziieren viele Menschen, nach 200 Jahren, mit Friedrich Philipp Schütz: seinen Spitznamen und seine Gedichte. Bei Letzteren kann man, bei aller augenzwinkernden Sympathie, nicht wirklich von Literatur sprechen, die einen Vergleich mit Heine, Brecht & Co aushalten würde. Das müssen sie auch nicht. Es genügt, sie als Zeugnisse eines Menschen zu lesen, der mit seinem Leben nicht zurecht kam und in diesen Gedichten etwas davon preisgab.

Das gilt, zu guter Letzt, auch für die beiden kurzen Text-Auszüge, die in der Sekundär-Literatur immer und immer wieder angeführt worden sind. Auch ich habe sie schon zitiert. Der erste findet sich in dem Verhörprotokoll vom 20. Juli 1811:

„ ... Die großen Herren sind selbst Schuld daran, daß wir stehlen müssen. Geduldet werden wir nicht; – Pässe bekommen wir nicht; – wir dürfen also auch nirgends aufgenommen werden; – und leben wollen wir denn doch".

Und der zweite stammt aus dem Hemsbach-Lied:

„Die Armuth, die war freilich schuld,
weil man sie nicht mehr hat geduld't.
Die meisten Herrn sind Schuld daran,
daß Mancher thut, was er sonst nicht gethan".

Der erste z. B. stand, gewissenmaßen als Motto, über der Karlsruher Ausstellung „Schurke oder Held? Historische Räuber und Räuberbanden" von 1995/96, in der u.a. viele Dokumente zum Hemsbacher Überfall und auch ein veritables Richtschwert gezeigt wurden[38]. Und die entscheidenden Zeilen des zweiten kamen erst kürzlich (in englischer Übersetzung) als Überschrift eines einschlägigen Artikels zu neuen Ehren: „Many a Lord is Guilty, Indeed, For Many a Poor Man's Dishonest Deed"[39].

Löst man diese beiden Texte aus dem Zusammenhang, in den sie gehören, lesen sie sich wie eine hellsichtige Analyse der sozialen Lage herumziehender Leute am Ende des 18. und am Beginn des 19. Jahrhunderts, und zwar unabhängig davon, ob in den Zitaten des Hemsbach-Lieds (richtig) von den „meisten" oder (falsch) von den „großen" Herrn die Rede ist. Und, erstaunlich genug: stellt man sie in den Zusammenhang, in den sie gehören, lesen sie sich genauso. Aber Friedrich Philipp Schütz war weder ein Analytiker noch ein Theoretiker. Schon deshalb taugt er nicht als Kronzeuge für das Konzept „Gegengesellschaft". Er sprach, ganz ohne Klassenbewusstsein und sonstige weltanschauliche Beimengsel, das Offenkundige, nicht nur ihm Bekannte aus. Er sprach, pfiffig und beredt, wie er war, von sich selbst und von seinen Kumpanen. Er verteidigte sich. Nur in diesem Kontext wird das, was er sagte (und was nicht er, sondern Pfister der Nachwelt überlieferte) zu einem Zeugnis, das auch heute noch gelesen und erinnert werden kann.

Zu anderen Zeiten hätten die Argumente, die mein Vetter, der Räuber, vorbrachte, seine Richter vielleicht milder gestimmt – es ist müßig, darüber zu spekulieren. Die Mannheimer Richter des Jahres 1812 überzeugten sie nicht.

## 34. In weißen Totenkleidern. Die öffentliche Verkündung der Urteile

Actum Heidelberg den 31. Juli 1812
Praesentes
Großherzogl. Stadt-Direktor Herr Pfister
dann
die Großherzogl. Stadt-Amtleute
Herr Weber
" von Pötz
" Wilckens
In Untersuchungssachen
gegen
Veit Krämer und Compl. und den Mathes Oesterlein
Pto. Rapinae et Homocidii.

Schon mit Tagesanbruch waren die Blutfahnen auf dem Balkon des Rathhaus ausgesteckt worden.

Sämmtliche Inquisiten wurden Morgens 5 Uhr aus ihren Gefängnissen auf das Rathhaus, unter hinlänglicher Bedeckung, gebracht, wo ihnen die weißen Todtenkleider angelegt, und dann sie je 2 u. 2 in einer besonderen Stube, unter dem Zuspruch des Geistlichen, belassen wurden.

Um 8 Uhr versammelten sich, in feierlicher Auffahrt, die Beamten, und um ½ 9 Uhr fuhr ebenso der Stadtdirektor zum Rathhause, begleitet von dem Großherzogl. Hessischen peinlichen Richter, Herrn Brill von Darmstadt.

(...)

Um halb 10 Uhr Morgens wurde das Blutgericht zum ersten und um ¾ auf 10 Uhr zum zweiten Male angeläutet.

Mit dem Schlag 10 Uhr ertönte das 3. Zeichen mit der Glocke, und mit diesem setzte sich der gesammte hiesige Stadtrath mit dem Oberbürgermeister Mays und zweiten Bürgermeister Walz, in Bewegung, um als Urkundspersonen dem Acte beizuwohnen. Im feierlichen Zuge begaben sie sich auf den hierzu schicklich bereiteten Gerichtsplatz auf dem Markte, unmittelbar vor dem Rathhause und erwarteten, vor den zu beiden Seiten des Platzes für sie aufgestellten, schwarz überzogenen Stühlen stehend, die Ankunft des Gerichts; der Oberbürgermeister und der Bürgermeister die Gerichts-Stäbe tragend.

Gleich nach diesen zog das Gericht selbst, unter Vortretung der 4 Gerichtsdiener mit Partisanen *), in den Gerichtsplatz ein und nahm auf dem schwarz belegten, erhöhten Theil seinen Sitz ein. Neben ihm nahm der peinliche Richter von Darmstadt und Stadt-Physikus Professor Zipf seinen Platz.

Unmittelbar hierauf wurden die 6 Inquisiten, begleitet von den Geistlichen, mit Wache vorgeführt und nahmen, dem Gericht gegenüber, die ihnen bereiteten Sitze ein.

Die Richter hatten ihre entblößten Degen auf dem Gerichtstisch kreuzweise vor sich liegen; der Oberbürgermeister und Bürgermeister überbrachten dem Stadtdirektor die Stäbe.

Der Stadtdirektor gebot mit einem Schlag mit dem Stab, und einem lauten Ruf:
Stille!

Die 4 Gerichtsdiener, welche mit den Partisanen neben ihm an den 4 Enden des Gerichtsplatzes standen, riefen, einer nach dem andern, sich gegen die zahllos versammelte Menge wendend:
Stille!

Der Stadtdirektor: „Herr Amtmann Weber, ich frage Sie: Ob dieses gegenwärtige Blutgericht nach den Vorschriften unserer Gesetze und nach unserem Gerichtsgebrauche besetzt sei?"

Amtmann Weber: „Es ist es".

Der Stadtdirektor: „Herr Amtmann von Pötz, ich frage Sie: In wessen Namen ist dieses Blutgericht zu eröffnen und zu hegen?"

Amtmann von Pötz: „Im Namen des allmächtigen Gottes;

Im Namen Sr. Königl. Hoheit des Großherzogs von Baden, unseres allergnädigsten Fürsten und Herrn, und

Im Namen Höchstdessen nachgesetzter höchst- und hochpreislichen Justiz-Collegien."

Der Stadtdirektor: „Herr Amtmann Wilckens, ich frage Sie: ob es gerechte Zeit sei, dieses Blutgericht zu eröffnen?"

Amtmann Wilckens: „Es ist gerechte Zeit."

Der Stadtdirektor: „Ihr Diener dieses peinlichen Gerichtes: rufet!"

Die 4 Gerichtsdiener einer nach dem andern: „Wer Ohren hat, zu hören, der höre!"

Der Stadtdirektor, aufstehend mit entblößtem Haupte, den Stab in der Hand: „Weil dann also dieses Blutgericht gehörig besetzt, und da es gerechte Zeit ist, es zu eröffnen, so eröffne ich es hiermit, im Angesichte des Himmels und der Erde!"

Schlag mit dem Stabe: „Im Namen des allmächtigen Gottes, des Obersten der Richter; welcher die Herzen und Nieren der Menschen ergründet, und die Haare auf ihren Scheiteln gezählt hat."

Schlag mit dem Stabe: „Im Namen seiner Königlichen Hoheit, Carls, von Gottes Gnaden Großherzogs zu Baden, Herzogs zu Zähringen, Landgrafen zu Nellenburg, Grafen zu Hanau etc etc unsers allergnädigsten Fürsten und Herrn, und seiner nachgesetzten höchst- und hochpreislichen Justiz-Collegien, und"

Schlag mit dem Stabe: „Kraft meines Amtes!"

Nach einer kleinen Pause: „Setzen wir uns meine Herren!"

Sitzend: „Das Blutgericht ist eröffnet, darum tretet hervor ihr, die ihr durch eure Verbrechen die Langmut des Allmächtigen erschöpft, das Schwert der Gerechtigkeit selbst gegen euch gewendet habet.

Du, Sebastian Lutz, vulgo Basti;

du, Andreas Petri, vulgo Köhlers Enders;

du, Philipp Friederich Schütz, vulgo Mannefriedrich;
du, Philipp Lang, vulgo Hölzerlipps;
du, Veit Krämer und
du, Mattheus Österlein, vulgo Kremer Mathes

tretet hervor und vernehmet wiederholt unter Gottes freiem Himmel in Gegenwart der von euch beleidigten u. gekränkten Menge vor diesem Großh. Blutgericht das Straf-Urteil, welches die höchsten Richter dieses Landes, zwar mit blutendem Herzen, aber auch mit der höchsten Gerechtigkeit, gegen Euch ausgesprochen und welches selbst die angestammte Milde unseres Erhabensten Souverains nicht zu mildern vermochte, weil vor euch Recht ergehen mußte vor Gnade. Herr Gruber, verkündigen sie die Urteile."

Amtsschreiber verlas aufstehend die Urteile.

Bei der Verlesung der allergnädigsten Bestätigungen erhob sich jedes Mal das ganze Gericht mit entblöstem Haupte.

Der Stadtdirektor: „Mit diesem Schwert sollt ihr also hingerichtet werden vom Leben zum Tode! Gerecht in höchstem Grade, gerecht ist dieses Urteil, verdienet von euch, verdienet im höchsten Grade ist dieses Urteil! Euer Leben ist verwirkt; – auf dieser Erde ist für euch kein Bleibens mehr; – ich zerbreche mit diesem Stabe (er wurde gebrochen und den armen Sündern vor die Füße geworfen) zugleich das Band zwischen der Menschheit und euch. Nur bei Gott könnt ihr noch Gnade finden. Wehe sei über Euch! Wehe, Wehe!"

Die Beamten: „Wehe, Wehe, Wehe!"

Die Gerichtsdiener: „Wehe, Wehe, Wehe!"

Nach einer Pause erhob sich der Stadtdirektor von seinem Sitz, trat mit entblößtem Haupt vor den Gerichtstisch und sprach:

„Allmächtiger, Allgütiger, Allbarmherziger Gott, ich danke dir mit gerührtem Herzen, daß du mich das Härteste vollbringen ließest – u. nun bitte ich dich, verleihe mir auch die Gnade, daß ich das vollbringe, was mein eigenes Herz erfrischet, was so mancher redliche unter dieser Menge wünschet; was selbst die verstehenden armen Sünder verlangten, u. was der gnädigste Wille meines erhabensten Souverains ist".

Mit erhöhter Stimme:
„Andreas Petri und Sebastian Luz – Euch ist das Leben geschenkt!"

Lauter Jubel der Menge, wiederholtes Rufen der Menge: „Es lebe der Großherzog von Baden!"

Sebastian Luz sank ohnmächtig vom Stuhl zur Erde. Nur durch die angestrengtesten Bemühungen des Physikus konnte er nach und nach wieder zu sich gebracht werden, immer aber befielen ihn von Zeit zu Zeit wieder Schwachheiten.

Andreas Petri war im ersten Moment tief erschüttert, zeigte aber gleich darauf die lebhafteste Freude auf seinem Angesicht.

Die 4 übrigen Inquisiten bezeugten laut ihre Zufriedenheit u. besonders bemerkbar war die hohe Freude des Mannefriedrich, womit er die Begnadigung vernahm. Er umarmte beide Begnadigte, und seinem Beispiele folgten die 3 übrigen.

Nach einer Pause der Stadtdirektor:

„Herr Amtsschreiber, verlesen sie den Begnadigungsbrief."

Er wurde verlesen:

„Wir Carl, von Gottes Gnaden Großherzog zu Baden, Herzog zu Zähringen, Landgraf zu Nellenburg etc etc, Graf zu Hanau etc etc

Auf die Uns vorgelegte Nachricht über den Hergang der Publikation des von Uns genehmigten Todes-Urtheils wider Veit Krämer und dessen Mitschuldige über einen mit Mord verbundenen Raub an der Bergstraße und über die aus diesem Anlaß von vorigen Richtern an Uns gebrachten Begnadigungs-Anträge, haben Wir Uns gnädigst entschlossen, wegen der Jugend und Unerfahrenheit des Andreas Petry und Sebastian Luz, dahin Gnade für Recht ergehen zu lassen, daß diesen beeden alsdann, wann ihnen ihr Todesurtheil nochmals förmlich verkündet seyn wird, durch Vorlesung dieses Unsers Rescripts angekündigt werden soll, wie Wir ihnen das Leben geschenkt und sie, nach gehabtem Anblick der an den übrigen Verurtheilten vollzogenen Todesstrafe, zu lebenslänglich vollkommen gesicherter Aufbewahrung im Zuchthause zu Mannheim dahin zurückgebracht werden sollen, welches alles also zu vollziehen ist.

Hieran geschieht Unser Wille. Gegeben Carlsruhe den 30ten July 1812

Carl

Frhr. von Edelsheim

Auf Sr. Königl. Hoheit besondern
Höchsten Befehl
Weiß" **)

Nach einer weiteren Pause der Stadtdirektor:

„Der Nachrichter ***) trete herunter."

Er erschien.

Der Stadtdirektor:

„Nachrichter, ich übergebe die hier vorstehenden armen Sünder Philipp Friederich Schüz, Philipp Lang, Mathes Österlein u. Veit Krämer euch und euren Gehilfen u. befehle euch bei eurem Eide, sie in Gemäßheit der vom Gr. Obergericht ausgesprochenen u. von Sr. Königl. Hoheit allergnädigst bestätigten Urteile, wovon ich euch hiermit Abschriften reiche, zu richten mit der Schärfe des Schwerts der Gerechtigkeit vom Leben zum Tod. Thut nun eure Schuldigkeit, wir haben die unsrige gethan. Das Blutgericht ist geendet."

Das Gericht erhob sich nebst den Urkundspersonen, warf seine Sitze um u. entfernte sich zum Zuge auf das Rathaus. Dahin wurden auch die 2 Begnadigten gebracht, man ließ sie hier laben und suchte sie auf die Scene, welche ihnen noch bevorstand, vorzubereiten.

Sie zeigten sich dazu gefaßt u. erklärten, sie wollten der Hinrichtung recht genau zusehen, um sich desto lebhafter daran zu erinnern, u. sich desto gewisser vollkommen bessern zu können.

Nachdem die 4 Verurteilten entfesselt, von den Knechten des Nachrichters gebunden u. auf die dazu bereiteten Wagen verbracht worden waren, auf welchen auch die Geistlichen Platz nahmen, fuhr das Gericht, von der hiesigen Bürger-Cavallerie eskortiert, auf den Richtplatz ab.

*Dies ist das geringfügig gekürzte Protokoll der öffentlichen Verkündung der Todesurteile am Vormittag des 31. Juli 1812. Verfasser war der Heidelberger Amtsschreiber Gruber.*
*\*) Partisane ist die veraltete Bezeichnung für einen Spieß.*
*\*\*) Der Text des Begnadigungsbriefs ist in Grubers Protokoll nicht enthalten; ich habe ihn Pfisters in der Wortwahl leicht abweichendem Bericht entnommen und hier eingefügt.*
*\*\*\*) Nachrichter = Nach-Richter, also der Scharfrichter, der die Exekution vornimmt.*

*(GLA, Bestand 240, Nr. 1900a, unpaginiert; Pfister: Nachtrag, S. 340).*

## 35. Hinrichtungs-Tourismus

Den Heidelbergern standen turbulente Tage bevor. Am Samstag, dem 25. Juli 1812, einen Tag nachdem Pfister in Mannheim die Todesurteile über die fünf Hemsbach-Räuber und den Matthäus Oesterlein abgeholt hatte, verschickte das Direktorium des Neckarkreises eine Liste mit den „strengsten Polizei-Masregeln", die bis zu der auf den 31. Juli festgesetzten Hinrichtung gelten sollten. Sie dienten einem dreifachen Zweck:

> „daß Erstens kein Versuch zur Befreiung der verurtheilten Verbrecher durch äußeres Einwirken unternommen werden kann; daß Zweitens bei einem Zusammenlauf, wie solcher zuverläßig am Tage der Hinrichtung in der Nähe der Stadt Heidelberg Statt finden wird, das sich einfindende verdächtige Gesindel abgehalten oder ergriffen wird; und daß endlich Drittens in jenen Gemeinden, deren Einwohner zum größten Theile durch die Execution von so berüchtigten Raub-Mördern aus ihrer Heimath abgezogen werden, die öffentliche Sicherheit vollkommen gehandhabt bleibt"[1].

Um dies zu gewährleisten, wurden die Amtmänner angewiesen, „die Tag- und Nachtwachen zu verdoppeln" und „alle Abend nach der gewöhnlichen Polizei-Stunde sämmtliche Wirthshäuser genau zu visitieren und ... die abgelegenen Häuser und Mühlen durchsuchen zu lassen". Für den Tag der Hinrichtung selbst sollten sie garantieren, „daß wenigstens der vierte Theil der rüstigen männlichen Einwohner sammt dem Orts-Vorstand in allen jenen Gemeinden den ganzen Tag hindurch einheimisch bleibe, welche nicht über 4 Stunden von der Stadt Heidelberg entfernt sind". Der „in Weinheim stationirte Gardist Lachmeyer" musste „mit seiner ganzen Bewaffnung" vom 27. Juli bis zum 1. August im Dorf Wieblingen den westlichen Zugang nach Heidelberg überwachen, „jedem Verdächtigscheinenden den Paß (abfordern)" und verhindern, „daß sich verdächtiges Gesindel ... sammle". Wer sich nicht ausweisen konnte, war zu verhaften, und die Meldung darüber sollte flugs – mit reitendem Boten, versteht sich – nach Mannheim übermittelt werden[2]. Das war, so operettenhaft es klingen mag, der kleine Ausnahmezustand.

Diesem Reskript angefügt war die gedruckte Mitteilung Pfisters über die bevorstehende öffentliche Enthauptung der Verurteilten. Publiziert wurde diese Meldung allerdings erst am Dienstag, dem 28. Juli im „Badischen Magazin", am Mittwoch, dem 29. Juli im „Heidelberger Wochenblatt" und dann auch anderswo, z. B. in der „Zeitung des Großherzogtums Frankfurt"[3].

Der Text, der für die Heidelberger Bürgerschaft bestimmt war, begann mit ein paar praktischen Hinweisen:

„Nächsten Freytag den 31sten dieses wird das vom Großherzogl. Oberhofgerichte gefällte und von Sr. Königl. Hoheit dem Großherzoge allergnädigst bestätigte Todesurtheil den hier verhafteten Raubmördern ... Morgens 10 Uhr, auf dem Marktplatze öffentlich verkündet, und unmittelbar darauf, vor dem Mannheimer Thore, an denselben mit dem Schwert vollzogen werden.
Man hat, mit höherer Genehmigung, die Einrichtung getroffen, daß zu beyden Seiten des Platzes, auf welchem das Urtheil verkündet wird, zwey gesonderte Plätze, der eine sub No. 1. für Fremde und hiesige Standespersonen, der andere sub No. 2. für die Herren Akademiker bereitet werden. Auf der Richtstätte selbst findet aber eine solche Einrichtung nicht statt; – doch wird der Raum groß genug und die Einrichtung so seyn, daß Jedermann diesen Akt hinlänglich sehen kann".

Dem folgten auf dem Fuß die Anordnungen, die die öffentliche Sicherheit betrafen. Die Bürger wurden angewiesen,

„1) An jenem Tage und so auch an dem vorhergehenden und folgenden Abend ihre Wohnung wohl verschlossen zu halten, oder doch die Ein- und Ausgänge sorgfältig bewachen zu lassen.
2) Dafür zu sorgen, daß nicht sämmtliche Bewohner eines Hauses, zur Zeit der Hinrichtung, dasselbe verlassen; sondern daß vielmehr in jeder Wohnung eine oder einige Personen zurückbleiben, um dieselbe gegen etwa einschleichendes Gesindel zu sichern.
3) Ihre weitere Sorgfalt darauf zu richten, daß alle Feuersgefahr vermieden werde.
Die Bäcker, Metzger und Wirthe hat man bereits aufgefordert, und fordert sie hiermit wiederholt auf: dafür zu sorgen, daß an jenem Tage die erforderlichen Lebensmittel in hinlänglicher Anzahl und Güte vorhanden seyen, auch in richtigem Gewicht und Maaß ausgegeben werden.
Am 30sten und am 31sten d. M. ist mit dem Schlag 10 Uhr Abends in allen Wirthshäusern jeder Art, bey 20 Reichsthaler Strafe, Feierabend zu machen. Eben so hat sich an jenen Abenden nach 10 1/4 Uhr, bey gleicher Strafe, Niemand mehr auf den Straßen betreten zu lassen. ...
Anbey wird ... ausdrücklich bemerkt, daß weder irgend ein Fuhrwerk, noch Reitende in der Nähe des Richtplatzes geduldet werden, vielmehr das Militair angewiesen sey, dieselben nöthigen Falls mit Gewalt zu entfernen"[4].

Das Karlsruher Ministerium hatte Pfister schon frühzeitig eine „militairische Bedeckung für die Acte der Publication und Execution" bewilligt[5].

Am 28. Juni übernahm, sehr zum Missvergnügen der Verurteilten, eine Militärwache vor und in den Gefängnissen die Kontrolle. Augenzeugen wollten an diesem Tag „100 Mann Dragoner", dazu Grenadiere und Constabler gesehen haben, die in der Stadt und auf den Landstraßen patrouillierten – der Gardist Lachmeyer war also nicht ganz allein auf weiter Flur[6]. Und am 31. Juli sicherten die Soldaten die Ordnung sowohl auf dem Marktplatz als auch auf dem gut zwei Kilometer langen Weg durch die Stadt zum Richtplatz und auf diesem selbst, wo sie einen Kreis um das Schafott zogen, um die Neugierigen auf Distanz zu halten[7].

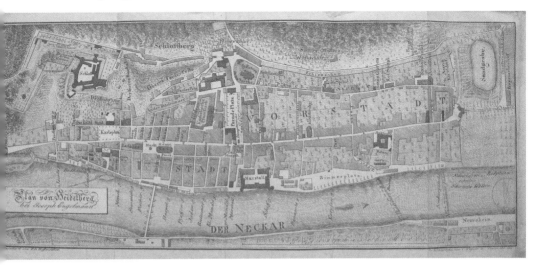

F. L. Hoffmeister: Heidelberg im Jahr 1821

Das war Pfister wichtig. 14 Tage zuvor, am 17. Juli 1812 war er in der Nähe des im hessischen Odenwald gelegenen Städtchens Neustadt (30 km östlich von Darmstadt) Zeuge der Hinrichtung zweier Räuber geworden, die ihm gar nicht gefiel. Er fand die Prozedur unordentlich, den Scharfrichter dilettantisch, hielt sich bei der Niederschrift des Berichts jedoch – ungewöhnlich für den Mann – mit Kritik zurück; mit einer Ausnahme:

„ ... wohl aber muß ich zwei ... Punkte berühren, welche auf mich und gewiß auf gar Viele den widrigsten Eindruck machten:
In demselben Augenblicke, als die Köpfe der armen Sünder von dem Rumpfe fielen und aus Letzterm das Blut fontainenartig empor sprang, faßten Knechte des Scharfrichters jedesmal ein Glas voll dieses Blutes auf, und ein nahe stehender Mensch trank es aus; – um sich dadurch von der fallenden Sucht zu heilen. So waren auch die Stücke des zer-

brochenen Stabes von einer Weibsperson mit dem größesten Eifer unter den Füßen der Inquisiten hinweggerafft worden, um sie zu irgend einem, mir unbekannt gebliebenen, abergläubischen Endzwecke zu benutzen. ... Unmittelbar nach der Hinrichtung ertönte in den Wirthshäusern Neustadts Saitenspiel; – und bachantische Tänze waren das Resultat des Eindrucks, welchen die Gräuelszene auf die Menge gemacht hatte. Ich schweige, – um nicht zu viel zu sagen"[8].

Derartiges wollte der Stadtdirektor in Heidelberg unbedingt vermeiden. Das war nicht einfach. Denn das Aufsehen, das der Hemsbacher Überfall erregt, und die öffentliche Inszenierung von Blutgericht und Enthauptung, die sich der Untersuchungsrichter in seiner Funktion als Regisseur ausgedacht hatte, sorgten dafür, dass unzählige Neugierige nach Heidelberg kamen. Kämmerer behauptete, dass am Tag der Hinrichtung mehr als 40.000 Menschen in der Stadt gewesen seien, das „Badische Magazin" sprach von 30.000, die im übrigen zwischen 15.000 und 20.000 Gulden verausgabt hätten[9]. Das Geld sei den gut vorbereiteten Bäckern, Metzgern, Wirten und Broschüren-Verkäufern gegönnt, aber die Zahlen sind sicherlich übertrieben, vor allem die der Hinrichtungs-Touristen; Heidelberg selbst hatte in jenem Jahr nicht einmal 10.000 Einwohner.

Wie auch immer: an Neugierigen, die sich in den Gassen der Altstadt drängelten, wird kein Mangel gewesen sein. Ein Augenzeuge beschrieb Szenen vom 28. Juli, dem Tag, an dem die Hemsbach-Räuber zur internen Urteilsverkündung zum Rathaus gebracht wurden:

„Die Straßen, welche vom Brückenthor nach dem Rathhause führten, und der Markt waren mit Menschen bedeckt, um die Spitzbuben zu sehen. Da gerade Markttag war und sich viele Wagen auf dem Markt befanden, so standen auch diese gepfropft voll. Selbst auf den Brunnen und die Säule des Herkules waren Knaben gestiegen"[10].

Man wird wohl glauben können, was andere Zeitgenossen berichteten: dass sich an den Tagen vor der Hinrichtung viele Menschen vor den Gefängnissen am Mannheimer Tor und am Rathaus versammelten, um etwas von den Verurteilten zu sehen oder zu hören; dass schon am 30. Juli in den Gasthäusern kein Zimmer mehr frei war; und dass am 31. Juli selbst die Umlandbewohner „im Sonntagsputz" zu Fuß und in Kutschen die Straßen der Stadt blockierten[11].

Und natürlich gab es am Tag der Hinrichtung auf dem Marktplatz Gedränge. Dessen Opfer waren ausgerechnet die Standespersonen und die Akademiker: „... die Ordnung wurde so wenig beobachtet, daß dieser kleine Raum bald mit vielen andern Menschen angefüllt war, und die Berechtigten nur wenig oder gar nichts zu sehen bekamen. Je weiter der Morgen vorrückte, je größer wurde die Menschenmasse. ... Aus jedem Fenster sahen wenigstens acht Personen heraus. Dächer waren abgedeckt, auf den Schornsteinen saßen Menschen und selbst auf dem hohen Kirchendach". Aber abgesehen davon, dass ein hartnäckiger Bauer nur mit Hilfe eines Gewehrkolbens daran gehindert werden konnte, in den Bereich der privilegierten Zuschauer vorzudringen, scheint tatsächlich während der vier aufregenden Tage kein größeres Unglück geschehen zu sein[12].

Pfisters Inszenierung von Urteilsverkündung und Hinrichtung war kostspielig, und sie stieß auf Kritik. Einer undatierten Auflistung zufolge betrugen die Gesamtkosten (sie gingen nicht zu Lasten der Enthaupteten) 2.084 Gulden und 17 Kreuzer. Darin enthalten waren die Ausgaben für die „Kleidung der armen Sünder" und für ihre Verpflegung an den drei letzten Lebenstagen (einmal etwa 50 und noch einmal 84 Gulden), die Forderungen des Scharfrichters Widmann (185 Gulden), die Auslagen für den Stadtdirektor und die anderen Beamten und ein bisschen was für die vier Särge. Am stärksten zu Buche schlugen die hölzernen Aufbauten des Schafotts und der Tribüne auf dem Marktplatz, die immerhin Raum bot für das Gericht, den Stadtrat, die Gäste, die Beamten und, nicht zuletzt, für die Verurteilten[13].

Die Kritik, die in der örtlichen Presse laut wurde und über die ich schon berichtet habe, bezog sich im Wesentlichen auf das Verhalten der Zuschauer und auf den Vollzug der Todesstrafe selbst. Es gab aber offenbar auch missbilligende mündliche Äußerungen von Amtspersonen, die vor allem das Blutgericht auf dem Marktplatz zu „pomphaft" und zu „theatralisch" fanden. Pfister selbst berichtete davon, Jahre später in der Darstellung des Hemsbach-Raubs in seinen „Merkwürdigen Criminalfällen" und versteckt in einer Anmerkung. Seine weitschweifige Rechtfertigung lief auf den Satz hinaus: „Nicht für den Verbrecher ... war der Act berechnet, sondern für einen tiefen, bleibenden Eindruck auf die Menge"[14]. Das ist ein wenig überzeugendes Argument, und es trifft auch nicht den Kern der Sache.

Natürlich sieht das nach großem Theater aus: Blutfahnen, Totenkleider, Glockenläuten, entblößte Degen, Wehe-Geschrei, das Brechen der Stäbe und die pathetische Rhetorik. Das ist uns fremd, darf aber nicht darüber hinweg täuschen, dass es sich auch hier, wie bei der Urteilsfindung, um ein ordentliches und durchweg geregeltes Verfahren handelte, das Teil der damals geltenden Strafprozess-Ordnung war. Insofern war es nicht bloß Theater und schon gar kein „Schauprozess", wie der Vorgang heute gelegentlich bezeichnet wird. Im Kern ging es um die öffentliche Feststellung des gesetzeskonformen Charakters von Gericht und Urteilsfindung und um die für alle vernehmbare Verkündung des Urteils, wie sie auch heute noch, zum Glück in anderer Form, üblich ist. Die Bezeichnung „Blutgericht", die Schaudern erregen mag, trägt dabei – mit großem Ernst – dem Umstand Rechnung, dass eine Strafe verhängt wurde, deren Vollzug irreversibel war, also Menschen vom Leben zum Tod beförderte. Das verträgt schon ein bisschen Pathos. Freilich: weniger Pomp und ein bescheideneres Auftreten Pfisters hätten es auch getan. Aber persönliche Zurückhaltung war die Sache des Stadtdirektors nicht.

Über all dem Theater sind die Menschen, um die es hier geht, also die zum Tode Verurteilten selbst, etwas in den Hintergrund geraten. Die befanden sich in der Obhut der Pfarrer, deren Einsatz intra muros dem Untersuchungsrichter fast so wichtig war wie der des Militärs extra muros. Denn hier ging es um etwas für den Ablauf des Verfahrens Existenzielles: Um die Versöhnung der Todeskandidaten mit Gott und der Welt im Abendmahl.

Die Geistlichen und die Gefangenen trafen am Dienstag, dem 28. Juli 1812 zum ersten Mal aufeinander. Das gegenseitige Misstrauen war groß. Die Pfarrer, die Pfister am Tag zuvor erst benachrichtigt hatte, befürchteten, sicherlich von dessen Schilderungen der Hemsbach-Räuber beeinflusst, dass diese „der Stimme der Religion ihre Ohren und ihre Herzen hartnäckig verschließen, oder wenigstens durch sie nur wenig auf sich würden wirken lassen"[15]. Und bei Schütz und seinen Kumpanen war die Aufregung über die am Vormittag in interner Sitzung verkündeten Todesurteile noch nicht abgeklungen. Als Pfister sie, wohl eher pro forma, fragte, ob sie einen Geistlichen verlangten, blockten sie ab:

Schütz: „Das Abendmahl verlange ich; – aber keinen Pfaffen!".

Lang: „Ich verlange drei Pfaffen, einen katholischen, lutherischen und reformirten; – den, der mir am besten gefällt, behalte ich, die Andern jage ich fort." Darauf Pfister: „Man wird dir den Rewwe (Rabbiner) senden!". Und wieder Lang: „Ja, den Rewwe-Mosche (eine Benennung des Chlamones), den könnte ich brauchen, wenn ich boder (los) wäre; nun verlange ich ihn nicht; – aber einen Capuziner will ich haben" (*zur Erläuterung: Chlamones ist ein Brecheisen*).

Petry: „Es giebt keinen Gott, – was soll mir ein Gallach (Geistlicher)".

Krämer: „...er habe nichts gelernt und wolle darum auch keinen Geistlichen".

Lutz & Oesterlein: Sie „widersetzten sich zwar nicht, äußerten aber doch bestimmt, sie verlangten keinen Geistlichen"[16].

Verzeichnis
der Hinrichtungskosten

|  | fl. | Kr. |
|---|---|---|

No. 1. Dem Zimmermeister Ottmel für geliefertes Holz
zur Erbauung des Schaffots auf dem Richtplatz ... 775

No. 2. Dem Schlossermeister Weickert für Schlosserarbeit an
dem Schaffott u. dem Haus auf dem Markt
nach Abzug des zurückerhaltenen Eisens ——— 51, 20

No. 3. Den Zimmermeistern Martin und Hieronimus
Schmitt Arbeitslohn ——————————————— 55, 16

No. 4. Dem Schlossermeister Krauß für Befestigung der
Särge 8, 40

5. Dem Spenglermeister Hinkle für Futter der 6 Kisten, der
Särge, Morgen u. Kaffee zu den Sectionen ——— 89, 30

6. Dem Lackiermeister Heller Arbeitslohn ——— 22, 30

7. Dem Zimmermeister Ottmel für Errichten des
Gerüstes auf dem Marktplatz nach Abzug des zurückerhaltenen Holzes 156, 30

8. Dem Schlosser Martin Schmitt für Schlosserarbeit 7. —

9. Dem Küfer Beck 4. —

10. Dem Sattler Petri      Petri 16. —

11. Dem Wagner Rubel 8. 42

12. Dem Tapezier Götzenberger für Arbeit u. Auslagen 65, 50

Penible Rechnungslegung: Aufstellung der Hinrichtungs-Kosten; hier die erste von vier vollgeschriebenen Seiten

Das war der übliche Klamauk, den die Sechs aufführten, wenn sie zusammen waren. Pfister kannte das, nahm sie sich einzeln vor und erreichte, was er wollte. Vom Nachmittag des 28. Juli an waren die Pfarrer täglich, schon am frühen Morgen und meist für viele Stunden, bei den Verurteilten. Sie trugen viel zu ihrer Beruhigung bei. Sie nahmen sie ernst, sprachen sie (mit Ausnahme Holdermanns) mit „Ihr" an und gewannen bald ihr Vertrauen.

Dechant Günther und Kaplan Holdermann, die die beiden Katholiken Veit Krämer („ein äußerst verwahrloster, aber sehr gutmüthiger schwacher Mensch") und Sebastian Lutz („ein verirrter Jüngling") betreuten, haben öffentlich wenig Zitierbares mitgeteilt, weil sie deren „Vertrauen nicht durch Ausplaudern" missbrauchen wollten[17]. Der lutherische Erste Stadtpfarrer und Kirchenrat Wolf entschied sich für die „als die schlimmsten beschriebenen" Georg Philipp Lang und Matthäus Oesterlein und hatte, vor allem mit Lang, seine liebe Not: „Schon seine Sprache, durch welche er seine Gedanken nicht bestimmt und richtig auszudrücken wußte, verriet Dunkelheit und Verwirrung in seinen Begriffen"[18]. Dennoch ist es ihm gelungen, mit den beiden Delinquenten in ein – nicht nur oberflächliches – Gespräch zu kommen. Oft ließ er sich allerdings von seinem Sohn, der Diakon in Weinheim war, und von dem Pfarrverweser Krumbholz aus Leimen vertreten, so dass sein Bericht an vielen Stellen nicht das eigene Erleben wiedergibt. Ohnehin interessiert mich mein Vetter, der Räuber, wesentlich mehr.

Der wurde dem Zweiten lutherischen Stadtpfarrer Theophor Dittenberger anvertraut und dazu Andreas Petry, „besonders aus dem Grunde ..., weil der Erstere zur Bearbeitung des Letzteren, seiner vorzüglichen Fähigkeiten wegen, behülflich seyn könne und werde ..." [19]. Schütz enttäuschte die in ihn gesetzten Erwartungen nicht. Mit beträchtlichem Eifer unterstützte er den Pfarrer, der über Petrys kindisches Verhalten und vor allem über seine religiöse Unwissenheit schier verzweifeln wollte. Bereits am nächsten Tag, am 29. Juli, forderten Dittenberger und Wolf Pfister auf, „für diesen so ganz verwahrlosten Menschen das Gesuch um Gnade oder wenigstens Aufschub der Todesstrafe auf irgend eine Weise einzuleiten"[20]. Ob der sie von dem am gleichen Tag gestellten Begnadigungs-Antrag des Hofrichters von Schmiz unterrichtete, geht aus dem Text nicht hervor.

Schütz jedenfalls sang Lieder und betete mit dem Jungen und nahm aktiv teil an dem Versuch, „ihm die gewöhnlichsten Worte und Begriffe einigermaßen verständlich zu machen: z. B. Gewissen, Glauben, Hoffnung, Seele, Geist, Allmacht, Heiligkeit, Gerechtigkeit, Auferstehung, Ewigkeit u.s.w." [21]. Das war ein nicht wirklich gewöhnliches, sondern ein eher ambitioniertes Vorhaben, und man muss bezweifeln, ob dieser Crashkurs wirklich Erfolg hatte. Jedenfalls entschlossen sich die beiden evangelischen Pfarrer nach einigem Zögern, Petry zum Abendmahl zuzulassen.

Wie im Brennglas zeigten sich an den drei Tagen, die folgten, noch einmal die widersprüchlichen Verhaltensweisen, die Friedrich Philipp Schütz in der Haft entwickelt hatte. Er war bestrebt, dem väterlichen Dittenberger behilflich zu sein, nahm tränenreich Abschied von dem Übervater Pfister, zugleich hing er Fluchtgedanken nach und randalierte zusammen mit seinen Kumpanen. Er sorgte sich um das Wohlergehen seiner Familie und wollte offenstehende irdische Rechnungen begleichen. Er haderte mit seinem Schicksal und fand sich schließlich damit ab. Er tröstete sich und andere. Er verlor mehrfach die Kontrolle über sich und ging dann doch tapfer in den Tod. Der Pfarrer, der ihn dabei begleitete, hat es unsentimental, aber voller Verständnis und Zuneigung zu Papier gebracht und der Nachwelt überliefert.

Als Dittenberger am Mittwoch, dem 29. Juli, früh um sechs Uhr, zu den Gefangenen gerufen wurde, musste er sich anhören, diese hätten die ganze Nacht über gelärmt und sich „sehr roh benommen". Sie waren voneinander getrennt und je einzeln, aber zusammen mit einem „minderbedeutenden Arrestanten" in besonders bewachte Gefängniszellen gebracht worden, um Selbstmord oder Flucht zu verhindern. Der Pfarrer beruhigte die Situation und fragte Schütz direkt, ob sie etwa hätten fliehen wollen. „Er antwortete nichts und schlug das Auge, wie mir däuchte, bedeutungsvoll zu Boden". Am nächsten Tag wurden bei einer Leibesvisitation in den Strümpfen von Georg Philipp Lang die zwei Hälften einer Schere gefunden[22]. Wollten sie wirklich fliehen? Ein abenteuerlicher, realitätsferner Gedanke angesichts ihrer eisernen Fesseln und der massiven militärischen Bewachung.

Die Aussicht darauf, dass der Besuch von Frau und Kindern unmittelbar bevorstand, stimmte Schütz melancholisch. Er sprach „von deren traurigem Loose nach seinem Tode ... mit Thränen ..., indem er besonders darüber jammerte, daß sein kleineres Kind, so unschuldig durch seine Strafe mit Schande bedeckt, mit Abscheu einst an ihn denken werde". Die Begegnung selbst, an der auch, auf deren Wunsch hin, Lang und Oesterlein teilnahmen, habe ich, in Dittenbergers Worten, schon geschildert. Sie ließ ihn mit widerstreitenden Empfindungen zurück. Nostalgisch resümierte er,

> „daß er manches um ihrentwillen gethan habe, was er, ohne sie, gewiß nicht würde unternommen haben, und daß er, gewiß eben so gut wie der lange Andres, nach dem letzten Unglück bei Hemsbach (wie er es nannte),

würde entkommen, und dann nach Dännemark oder auf das Wasser geflüchtet seyn, wenn er sich von den Seinigen und besonders von seinem kleinen Kinde hätte loßreißen, oder sie mitnehmen können".

In dieser Stimmung ließ er sich sogar, im Hinblick auf das am nächsten Tag bevorstehende Abendmahl, zu einem ungewöhnlichen Geständnis hinreißen: er habe nämlich „weit mehr Böses gethan, als zu seiner bloßen Erhaltung nöthig gewesen wäre, und es sey auch das Meiste wieder unnütz durchgebracht worden, denn an Gottes Segen sey alles gelegen, und der sey nicht dabei gewesen"[23].

Das Rumoren in seinem Kopf nahm kein Ende. Am nächsten Morgen erinnerte er sich an sein früheres Leben auf der Landstraße und an eine arme Familie, „die sich seines Elends erbarmt, und sich seiner uneigennützig und treulich angenommen hätte". Er habe den Leuten acht Gulden versprochen, sein Versprechen aber nicht gehalten. Dittenberger bat er, jetzt und sogar noch auf dem Schafott, diese Schuld aus den Mitteln der für seine Frau bestimmten Kollekte zu begleichen[24]. Da schließt einer, auf bemerkenswerte Weise, mit seinem Leben ab.

Und so auch unmittelbar darauf, als seine Familie wieder zu ihm gelassen wurde und er endgültig Abschied von ihr nehmen musste:

„Schütz hingegen gab seinem größern Knaben gute Ermahnungen, warnte ihn vor Diebstahl und andern Lastern, und stellte ihm sein eigenes trauriges Schicksal als Beispiel auf, wohin das Böse zuletzt führe. Seiner Frau aber befahl er, für das kleine Kind treulich zu sorgen, und es gut und christlich zu erziehen, und 'wenn es größer ist, – fuhr er fort –, und du meinst, daß es von den andern Leuten erfahren könne, wie mir's gegangen ist, so sollst du es ihm selber sagen, und nicht andre, – damit es mich nicht haßt, wenn ich schon längst nicht mehr auf der Welt bin'. Hiebei äußerte Schüz wiederholt den Wunsch, daß seine Frau auf dem Richtplatz gegenwärtig seyn, und daß er sein jüngstes Kind beim Hinausfahren auf dem Schooße haben müßte, sonst könne er nicht ruhig sterben. Der ältere Knabe aber solle nicht dabei seyn, er sey zu weichherzig; zu gleicher Zeit vermachte er demselben seinen blauen Wamms (Jacke)"[25].

Zum Schafott musste er allein fahren, Katharina und die Kinder durften ihn nicht begleiten. Sie haben ihren Mann und Vater nach dieser Begegnung im Gefängnis nicht wiedergesehen.

Es gehört zu der verwirrenden Dramaturgie dieses 30. Juli 1812, dass Pfister die Vernehmung der bereits Verurteilten unentwegt, sogar unmittelbar vor und nach dem Abendmahl, fortsetzte. Gegenstand waren meist Vergehen anderswo Inhaftierter, die der rastlose Untersuchungsrichter in letzter Minute noch aufklären wollte. Das sorgte für Aufregung, führte aber zu nichts.

Ebenso verwirrend ist es zu lesen, dass das Abendmahl mit den vier evangelischen Todeskandidaten vor zahlreichen Zuschauern, quasi als kleines Spektakel vor dem bevorstehenden großen, gefeiert wurde. Anwesend waren Pfister, sein Darmstädter Kollege Brill samt Begleitern, der Kirchenrat Schwarz, der Heidelberger Stadtamtmann Wilckens mit weiteren Beamten, und außerdem der wegen der Vernehmungen aus Mannheim herbei geschaffte Joseph Jacobi, einer der vier schon verurteilten Frankfurter Karlsbuben. Und in der offenen Tür standen Soldaten und andere Wachleute. Dennoch verlief die Zeremonie offenbar mit der ihr angemessenen Würde. Die Gefangenen standen vor dem Tisch, der als Altar diente, Wolf und Dittenberger, die auch die Dankgebete sprachen, dahinter. Den bewegenden Abschluss und die Reaktion von Schütz – wieder einmal als Initiator – beschrieb Wolf so:

„Der Ernst, die Andacht und die tiefe Ehrfurcht vor Gott, welche die mit Ketten beladenen Delinquenten bei dieser Handlung bewiesen, und die Thränen, die auch ein Oesterlein selbst weinte, machten den tiefsten Eindruck auf Aller Herzen. Keiner unter allen Anwesenden konnte sich der Thränen enthalten. Zuletzt trat Friedrich Schütz etwas hervor. Und nun, Brüder, sprach er: wollen auch wir einander verzeihen, und allen, die uns beleidigt haben! Die Ketten klirrten. Alle fielen einander wechselseitig in die Arme und küßten sich. Alle umarmten den dabei sitzenden erschütterten Züchtling aus Mannheim, baten ihn um Verzeihung, und daß er ihre Brüder in Mannheim alle in ihrem Namen um Verzeihung bitten, ihnen die ihrige verkünden, und ihnen sagen sollte, wie sie sich zu ihrem Tode bereitet hätten. Waren Aller Herzen schon tief gerührt, so mußten sie bei diesem, mir ewig unvergeßlichen, Auftritte zerfließen".

Sogar Pfister war gerührt von der Zeremonie, „weil er sie, nach seiner Kenntniß der Individuen, fast für unmöglich gehalten habe"[26].

Folgt man Dittenbergers Bericht, so war Friedrich Philipp Schütz mit seinem Schicksal ausgesöhnt und fasste das auch in Worte: „Mir ist es wohl, es ist, als ob eine große Last von meinem Herzen genommen wäre, ich werfe nun meine schweren Fesseln bald ab; ich sterbe jetzt gern – ich trachte nach dem, das droben ist, und nicht nach dem, das auf Erden ist". Das klingt angelernt, und andere Sätze sind dagegen viel nüchterner: „Morgen um diese Zeit ... sind unsre Köpfe schon auf der Anatomie, und unsre Leiber auf dem freien Felde begraben", und im übrigen sei Sterben besser

„als, lebenslang in Ketten geschlossen, im Zuchthaus zu bleiben", zumal für „seine Frau und Kinder ... ja jetzt gesorgt" werde[27].

Von so viel Gefasstheit war am nächsten Morgen, am Freitag, dem 31. Juli, erst einmal wenig zu spüren. Als Schütz den Menschenauflauf auf dem Marktplatz bemerkte und der Schlosser kam, um seine Ketten und Schappeln zu entnieten – er konnte das natürlich besser als dieser und sparte nicht mit guten technischen Ratschlägen – bemerkte Dittenberger auf seinem Gesicht eine „etwas erkünstelte Heiterkeit, die er vergebens unter seinem gewöhnlichen Lächeln zu verbergen suchte", und kurz darauf einen „kalte(n) Schweiß, der die Todesangst nur zu deutlich verkündete". Der Pfarrer konnte ihn beruhigen und führte ihn, nachdem er mit dem üblichen weißen Gewand eingekleidet worden war, an der Hand hinaus zum Blutgericht[28].

Kurz zuvor war es im Rathaus noch zu einer etwas makabren Szene zwischen dem Übervater Pfister und seinen „Inquisiten" gekommen, die Wolf so beschrieb:

„Ich traf mit Herrn Stadtdirector auf der Hausflur zusammen, der tief bewegt war und mich fragte: 'soll ich noch einmal zu ihnen gehen?' – 'Es wird den Sterbenden Trost seyn', antwortete ich, und sogleich eilte er zu ihnen. Sie umarmten und küßten ihn, er sie mit heißen Thränen. Wer nicht Augenzeuge davon gewesen ist, glaubt es nicht, wie sehr die Unglücklichen an diesem Manne, der doch ihre Verbrechen untersucht und an das Licht gebracht hatte, hiengen"[29].

Pfister ließ das anders protokollieren: „Da sämmtliche Inquisiten ausdrücklich verlangten, noch einmal von dem Stadtdirektor Abschied zu nehmen, so wurde ihnen, so schwer es auch den Stadtdirektor ankommen mußte, diese Bitte willfahrt". Und in seinen eigenen Erinnerungen behauptete er kühl, er habe diese letzte Begegnung noch einmal zu Vernehmungen über einen lange zurückliegenden Straßenraub benutzt[30]. Vielleicht sind das die zwei Seiten derselben Medaille.

Die Delinquenten waren immer noch zu sechst. Andreas Petry und Sebastian Lutz wussten nichts von ihrer Begnadigung. Auch kurze Zeit später auf dem Marktplatz ließ Pfister, wie die großherzogliche Verfügung es vorsah, zunächst die Todesurteile für alle sechs verlesen, bevor er die für die beiden erlösenden Worte sprach: „Euch ist das Leben geschenkt". Kein Wunder, dass Lutz, der ohnehin von schwacher Gesundheit war, in Ohnmacht fiel. Da er für den weiteren Ablauf des Zeremoniells noch gebraucht wurde, musste der Stadtphysikus Zipf ihn mit Wein traktieren und wieder zu Bewusstsein bringen.

Die öffentliche Verkündung der Todesurteile: das „Blut-Gericht" am 31. Juli 1812. Kupferstich von Friedrich Rottmann auf dem Vorblatt der 2. Auflage von Kämmerer/Wolf: „Kurzer Bericht ...", Heidelberg 1812

Der Vorfall brachte Bewegung in den steifen Ablauf des Blutgerichts, das nun ohnehin bald zu Ende ging. Die Begnadigten wurden im Rathaus ihrer Totenkleider entledigt. Die nicht Begnadigten wurden dem Scharfrichter übergeben. Der bat sie – gerührt, aber protokollgerecht – „um Verzeihung, daß er nach dem ihm gegebenen Befehle gezwungen sey, seine Pflicht an ihnen zu vollziehen, worauf sie ihm die Hände boten, und besonders Schütz gegen ihn äußerte: 'Er seye ihm deßwegen nicht feind, er möge es nur gut ausführen, daß es mit ihnen gleich vorbey seye'. Sie wurden nun von ihm den bey sich habenden Knechten überlassen, welche ihnen die Hände zusammenbanden und sie über die Brust und Arme mit einem Stricke umgaben, woran sie auf dem Wagen sie festhielten"[31].

Dann begann die Kavalkade durch die lang gezogene Hauptstraße, vorbei an dem Mannheimer Tor und weiter, nun schon vor der Stadt, auf der Mannheimer Chaussee (das ist die heutige Bergheimer Straße) bis zum Richtplatz. Der lag auf einem abgeernteten Acker, stadtauswärts links in Richtung auf die alte Eppelheimer Straße zu; über die genaue Lokalisierung auf dem Heidelberger Stadtplan sind sich die Historiker uneins. Neugierige gab es auch hier. Ein Augenzeuge behauptete, dass die Chaussee „von beyden Seiten mit oft zwanzigfach hintereinander stehenden Zuschauerreihen eingefaßt" war[32].

Den Anfang machten, begleitet von „den vier ... Gerichtsdienern mit Hellebarden" die Offiziellen, das Gericht, die Stadtoberen, Pfister mit seinen Beamten und Gästen, für die beim Schafott eine „schwarz belegte, durch Draperie decorirte erhöhte Tribüne" errichtet worden war[33]. Die Abfahrt der Delinquenten verzögerte sich, weil mit Rücksicht auf die Begnadigten die Plätze getauscht werden mussten. Den ersten Wagen bestiegen, zusammen mit Wolf und seinem Assistenten, Oesterlein und Lang, auf dem zweiten saßen Schütz und Veit Krämer mit Dittenberger und Günther, auf dem dritten endlich Petry und Lutz. Die drei Karossen „waren mit bewaffneten Bürgern dicht umgeben, auch von Dragonern begleitet, und fuhren ganz langsam"[34]. Wenn ich die unpräzisen und widersprüchlichen Angaben der Zeitgenossen richtig deute, verließen die Todeskandidaten um elf Uhr den Marktplatz und kamen um viertel vor zwölf auf dem Richtplatz an.

Dort ging alles sehr schnell. Vor der Exekution versicherte Pfister dem Scharfrichter, er stehe bei seinem Tun unter dem besonderen Schutz der Obrigkeit: „Friede dem Nachrichter, Friede, Friede!". Dann gebot er ihm: „... thuet nun, was eures Amtes ist!". Die Enthauptung der vier Räuber, denen zuvor die Nackenhaare geschoren, die Kleidung vom Hals entfernt und die Augen verbunden worden waren, dauerte insgesamt zwanzig Minuten:

> „Mannefriedrich ging munter und immerfort mit den ihm zunächst stehenden auf dem Schaffotte sprechend zum Stuhle, setzte sich, um 15 Minuten nach 12 Uhr mittags flog sein Kopf vom Rumpfe.
> Hölzerlips nahte sich zwar gefaßt, aber mit sichtbarem innerem Kampfe dem Stuhle, auf ihm sitzend verlangte er Wein, erhielt ihn und trank in langen Zügen. 25 Minuten nach 12 Uhr lag sein Kopf zu seinen Füßen.
> Krämer Mathes nahte sich still und ruhig, wie er stets war, dem Stuhle, nahm Platz u. war 30 Minuten nach 12 Uhr gerichtet.
> Veit Krämer in lautem Jammer weinend und um Mitleid umherflehend, wurde, da er allein nicht gehen konnte, zum Stuhle gebracht. 35 Minuten nach 12 Uhr war auch sein Lebensfaden durchgeschnitten[35].

Das amtliche Protokoll vermerkte noch, dass die Blutlachen mit Sand bestreut und die Köpfe und Körper der Gerichteten jeweils nach dem Todesstreich durch eine neben dem Richtstuhl angebrachte Falltür unter das Schafott befördert und so den Blicken der Zuschauer entzogen wurden. Die kamen dennoch auf ihre Kosten. Noch viele Jahre später erinnerte sich ein Augenzeuge, der „der Hinrichtung auf den Schultern unseres großen Lehrjungen" zugesehen hatte, an das aus den Rümpfen sprudelnde Blut und daran, dass es bei Georg Philipp Lang der unmittelbar zuvor getrunkene Wein war, der zuerst empor schoss[36]. Immerhin hatte Pfister verhindern können, dass das Blut getrunken wurde. Ob es anschließend in den Heidelberger Kneipen (bis 10 Uhr) zu „bachantischen Szenen" kam, ist nicht überliefert.

Nach der Hinrichtung präsentierte Franz Wilhelm Widmann das nach den Regeln seiner Kunst gehandhabte blutige Schwert und fragte: „Richter, habe ich recht gerichtet?" und Pfister antwortete:

„Ihr habt gericht
wie Recht und Urtheil spricht,
darum habt ihr recht gericht".

Es folgte die Predigt Wolfs, die das Protokoll „ebenso vortrefflich wie sachgerecht" nannte. Danach „fuhr das Gericht in derselben Ordnung, wie es gekommen, auf das Rathhaus zurück"[37].

Und mit ihm die beiden Begnadigten Andreas Petry und Sebastian Lutz. Sie blieben bis zum 4. August in Heidelberg und wurden dann zur Verbüßung ihrer lebenslangen Haftstrafe ins Mannheimer Zuchthaus überstellt. Lutz kam im Oktober 1816 „wegen Kränklichkeit" in das Correctionshaus von Bruchsal[38] und ist angeblich kurze Zeit später gestorben[39]. Auch Petry blieb nicht in Mannheim. 1828 jedenfalls war er im Pforzheimer Arbeitshaus. Seine Anträge auf Haftentlassung wurden wiederholt abgelehnt, so am 9. Juli 1828 und am 19. Mai 1830. Erst am 26. Juli 1831, gut 20 Jahre nach seiner Verhaftung (damals noch unter dem Namen Andreas Wild) kam er frei[40]. Nach dem – von mir nicht überprüften – Bericht eines Zeitgenossen „erlernte (er) im Zuchthaus die Weberprofession, und nach Ablauf seiner Haft ließ er sich in Handschuhsheim bürgerlich nieder, und ist vor einigen Jahren nach Amerika ausgewandert"[41].

Die abgeschnittenen Köpfe der Hingerichteten waren am 1. August angeblich in der Heidelberger Anatomie zu besichtigen[42]. Der Wahrheitsgehalt solcher Berichte, die allzu gut ins schauerromantische Klischee passen, ist heute nicht mehr zu überprüfen. Zu Zweifeln besteht jedenfalls Anlass. Das gilt auch für ein bis heute in der Anatomie aufbewahrtes Skelett, das dasjenige des Georg Philipp Lang sein soll[43]. In den Quellen findet sich kein Hinweis auf ein solches Vorgehen der Gerichtsbehörden. Sie berichten im Gegenteil von einem halbwegs ordentlichen Begräbnis jedenfalls der drei evangelischen Räuber (und es ist kaum anzunehmen, dass mit dem Katholiken Veit Krämer anders verfahren wurde).

Das „Heidelberger Wochenblatt"[44] meldete am Donnerstag, dem 13. August 1812 unter der Rubrik „Kirchenbuch-Auszüge" als gestorben:

„31. Jul. Philipp Friedrich Schütz, verheirathet, alt 34 Jahr. Ev. luth.
31. Georg Philipp Lang, verheirathet, alt 37 Jahr. Ev. luth.
31. Matthäus Oesterlein, verheirathet, alt 24 Jahr. Ev. luth."."

Und im Kirchenbuch der Heidelberger Providenzkirche selbst[45] wurde zudem, in für Schütz, Lang und Oesterlein gleichlautenden Einträgen, die Beerdigung erwähnt. Ich gebe hier den von Wolf unterzeichneten Eintrag für meinen Vetter, den Räuber, wieder:

„Im Jahre Ein tausend acht hundert u zwölf den ein und dreißigsten Tag des Monats July Mittags zwischen zwölf u ein Uhr starb dahier Philipp Friedrich Schütz, ein Korbmacher aus Kopenhagen gebürtig, wohin seine Eltern, deren Namen nicht angegeben werden konnten, von Frügt bey Coblenz gegangen waren, alt 30 Jahr, u. wurde auf polizeilichen Befehl am Abend desselben Tages begraben. Der Beweis dafür ist eine Benachrichtigung des Großherzoglichen Stadtamts dahier vom 29ten August dieses Jahres, wodurch zugleich der Eintrag dieses Verstorbenen in das Kirchenbuch verordnet wurde".

Friedrich Philipp Schütz, der am Tag seiner Hinrichtung tatsächlich 31 Jahre, sieben Monate und 20 Tage alt war, wurde also am 31. Juli, vermutlich im Schutz abendlicher Dunkelheit, ohne öffentliche Beteiligung an einem unbekannten Ort zusammen mit Georg Philipp Lang und Matthäus Oesterlein begraben. Seine Frau und die Kinder werden nicht zugegen gewesen sein. So war das üblich bei enthaupteten Straftätern. Einen Grabstein, wie er dem Opfer Hans Jacob Rieter zustand, bekam Schütz nicht. Könnte ich einen stiften, würde, ohne weitere Zusätze, darauf stehen

„Hier ruht in Frieden
mein Vetter
Friedrich Philipp Schütz
geboren am 6. Dezember 1780 in Kopenhagen,
gestorben am 31. Juli 1812 in Heidelberg".

## 36. Das Lächeln, das ihm eigen war. Theophor Dittenbergers Bericht vom Tod des Friedrich Philipp Schütz

Die Verurtheilten wurden nun entfesselt.

Schüz, der ganz kurz vorher noch sehr freimüthig gesprochen hatte, wurde blaß und erbebte einige Momente, da er von den Leuten des Nachrichters, obgleich schonend, gebunden wurde. Doch erholte er sich bald wieder beim Aufsteigen auf den Wagen und äußerte, indem er auf demselben das Gewühle von Menschen übersah, mit einer gewissen Selbstgefälligkeit: „das ist doch ein Leichenzug, wie es in Heidelberg noch keinen gegeben hat."

Er zog, da auf dem Markte noch eine Zeit lang gehalten werden mußte, seine Mütze ab, dankte den aus den Fenstern schauenden und den Wagen umgebenden Menschen, mit Thränen, für die Wohlthaten, die sie den Seinigen durch eine milde Beisteuer erwiesen, empfahl sie ihrer fernern Erbarmung und wünschte ihnen Gottes Seegen; was mein Herr College, des Getöses wegen, mit lauter Stimme wiederholte.

Hierauf wurden die Plätze auf den Wägen gewechselt; ich begleitete den Schüz auf den zweiten und da nun auch Veit Krämer auf diesen gebracht wurde, so setzte sich der ehrwürdige Herr Dechant Günther zu mir. Schüz sprach dem laut weinenden Veit Krämer Muth zu, war beim Wegfahren sehr freimüthig, und benahm sich hiebei mit einer gewissen Eitelkeit, die ich vorher mehrmals an ihm bemerkt und getadelt hatte und worauf ich ihn auch jetzt, warnend und ernstlich, aufmerksam machte.

Das Glockengeläute auf der Evangelisch-Lutherischen Kirche machte einen starken Eindruck auf ihn, ob er gleich vorher mehrmals den Wunsch geäußert hatte, daß ihnen zum Tode möchte geläutet werden. Auf seine Frage: „was das für eine Kirche sey?" antwortete ich ihm: es sey die unsrige, und wir beteten darin im öffentlichen Gebet jedesmal für die Verbesserung der Sünder und um Gottes Erbarmung. Auch für ihn hätte ich also schon oft hier gebetet. Damit verband ich noch einige Ermahnungen und Erinnerungen und betete nun mit ihm, wobei er die Mütze abzog und mehrmals die gebundenen Hände kläglich zum Himmel emporhob. Auch Veit Krämer hörte aufmerksam zu.

Am Mannheimer Thore bemerkte Schüz einige Gefangene an den Fenstern und auch in dem Gefängniß, in welchem er seit drei Tagen zum Tode vorbereitet wurde. Einem derselben rief er zu: „Adieu! Gott sey mit dir und mache dich bald los!"

Herr Dechant Günther betete nun auch, und erklärte unter andern sehr schön, und für diesen besondern Fall sehr zweckmäßig, das Gebet des Herrn dem Veit Krämer, wodurch dieser augenscheinlich sehr beruhiget wurde, und wobei Schüz sich recht aufmerksam und ehrerbietig bezeigte. Schüz sprach viel mit uns Beiden und mit Veit Krämer, äußerte mehrmals eine gewisse selbstgefällige Verwunderung über die Menge von Menschen, die die Straße auf beiden Seiten bis zum Richtplatz dicht besetzt hatte, und wandte sich einigemal gegen die, welche den Wagen zunächst umgaben, mit den Worten: „die Heidelberger werden an den Mannefriedrich gewiß noch lange denken!" Ich erinnerte ihn daher an das, von ihm auf dem Rathhause verlangte Lied: Wer weiß wie nahe mir mein Ende etc, welches ich ihm mit einigen wörtlichen Abänderungen und Anwendungen vorsprach.

Auch Herr Dechant Günther sprach betend mit Veit ein solches, mit wahrer Rührung. Unter mancherlei Reden kam hierauf Schüz auch wieder auf die Härte seines Urtheils, und auf die Verantwortung derer vor Gottes Richterstuhle, die an seinem Unglück schuld wären, sagte aber auf unsre beiderseitige ernstliche Zurechtweisungen, und auf meine Erinnerung an sein gestriges Versprechen, doch endlich: „ich hab ja keinen Haß, verzeihe allen Menschen von Herzen und Gott wird mir auch gnädig seyn um Jesu Christi willen." Unterwegs verlangten und erhielten sie mehrmals Wein.

Der Anblick des Schaffots erschütterte Veit Krämer aufs neue, Schüz benahm sich dabei gefaßt. Während der Wagen dort eine Zeit lang halten mußte, so äußerte einer der Umstehenden laut und etwas hart: „daß es diesen Spitzbuben recht geschehe u.s.w.," welche Aeußerungen mehrere rechtliche hiesige Bürger auf der Stelle laut und scharf mißbilligten. Schüz erwiederte sogleich mit erhobener Stimme: „Guter Freund! so sollte er nicht reden, wenn er dorthin (aufs Schaffot) sieht. Ich will ihm auch etwas sagen: Unser Herr Jesus Christus ist zwischen 2 Schächern gekreuziget worden. Der eine sagte: Herr denke an mich, wenn du in dein Reich kommst, und der Herr Jesus hat ihm geantwortet: Heute noch sollst du mit mir im Paradiese seyn. Sieht er: das bin ich, denn ich hoffe auf die Barmherzigkeit Gottes. Der andre aber hat den Herrn Jesus am Kreuz ausgespottet, und ist nicht in das Reich Gottes gekommen, der bin ich nicht! Wir sind alle arme Sünder und ich bin einer der größten! Wer aber nie eine Sünde gethan hat, der werfe den ersten Stein auf mich!"

Auf meine darüber gemachte Erinnerung, daß er ja sehe, wie auch viele Menschen mit ihrem, obwohl selbst verschuldeten, Schicksale Mitleiden hätten, und ihnen wünschten, daß sie bekehrt und begnadigt in die Ewigkeit eingehen möchten, beruhigte er sich. Er stieg ab, und gieng mit dem Lächeln (das ihm eigen war), und mit festem Schritte auf das Schaffot zu dem ihm bestimmten Sitze.

Während der ihnen hier noch gegönnten Ruhe, sprach ich mit ihm von dem ihm jetzt bevorstehenden Wechsel eines vergänglichen, irdischen Lebens, in welchem er, durch seine traurige Versunkenheit in Sünden und Laster, nur Unruhe des Gewissens, Noth und Elend, Fesseln und Schande gehabt hätte – mit dem ewigen und unverwelklichen Erbe, auf das er, wenn seine Reue und Buße aufrichtig gewesen, durch Gottes Barmherzigkeit noch Anspruch hätte, und –

von den hohen Erwartungen, zu denen auch er, durch Jesu Religion berechtiget und davon im heiligen Abendmahle versichert worden sey. Er antwortete: „ich will nun gern sterben, und ich hoffe auf die Barmherzigkeit Gottes, meine Sünden sind mir vergeben."

Der Augenblick der Hinrichtung nahte heran, daher fragte ich ihn: Ob er seine begangenen Sünden nochmals hier öffentlich bekenne und bereue? worauf er antwortete: „Ja und ich bitte alle Menschen um Verzeihung!" Dann wurden alle drei von meinem Collegen und von mir gemeinschaftlich eingesegnet.

Hierauf sah er an den Anstalten, daß es nun Zeit für ihn seye, stand schnell auf und fragte: „bin ich dann der Erste?" was ihm von irgend Jemand mit einem mitleidigen „Ja" beantwortet wurde. Ich erwiderte, er müsse dies ja als eine große Erleichterung und als Anerkennung seiner geringern Schuld betrachten, und da ich fortfuhr: Ihr seyd ja doch bereit, den letzten Weg auf dieser Erde muthig und christlich getrost anzutreten, und ihr habt auch die gewisse Hoffnung, daß euch Gott um Jesu Christi willen aufnehmen werde in sein ewiges Reich? da antwortete er: „ich bin bereit, ich fürchte mich nicht vor dem Tode, es ist bald überstanden."

Nun nahm er von seinen Mitverurtheilten Abschied und äußerte seinen Wunsch, noch einmal öffentlich zu reden. Da dies aber, besonders auch bei dem großen Getöse, nicht angieng, so sagte er zu mir: „Ich habe mich nur noch einmal bedanken, und meine Frau und Kinder recommendiren wollen. Grüßen Sie sie noch viel tausend mal von mir. Unser Herr Gott wird für sie sorgen. Ich bedanke mich auch bei Ihnen für alles, denken Sie auch noch manchmal an den Mannefrieder." Mit den Worten: Befiehl dem Herrn deinen Weg und hoffe auf ihn, er wirds wohl machen, begleitete ich ihn zu dem Richtstuhle, auf den er mit seinem gewohnten hastigen Schritte zugieng.

Im Niedersetzen übersah er noch einmal die Menge von Menschen und über ihnen hinaus die Gegend von Weinheim. Da sah er mich mit kläglicher Miene an, und sagte: „ach Gott, dort drunten liegt Hemsbach." Gott ist aber gnädig und barmherzig, antwortete ich, und vergiebt dem reuigen Sünder seine Missethat. Jesus Christus hat uns erlöset, und sein Blut macht uns rein von aller Sünde.

Während der Vorbereitungen zur Enthauptung sprach ich nun mit lauter Stimme folgendes Gebet, welches er mir vernehmlich Wort für Wort nachsprach. Zu dir, Barmherziger Gott! erhebe ich hier noch einmal mein Auge, hier, wo ich, um meiner Missethaten willen, jetzt sterben muß. Zwar bin ich nicht werth, daß ich dein Kind heiße. Aber ich rufe, mit wahrer Reue, aus der Tiefe meines Herzens: Vergieb mir – Vergieb mir aus Gnade, laß mich nicht verzagen! Ach! ich unterfange mich, dich, meinen Schöpfer, noch Vater zu nennen. Zu dir nehme ich meine Zuflucht in diesem harten letzten Kampfe. Mein Glaube stärket mich in der Gewißheit, daß ich noch Gnade finde vor deinen Richterstuhle. Du lässest mich nicht wanken, bei meinem Abschied von der Erde, die nun bald vor meinem Blicke verschwindet. Auf dich gründet sich meine Hoffnung, heiliger Erlöser der Sündenwelt! Auch für mich hast du gelitten, auch für mich bist du gestorben. Dein bin ich, dein Eigenthum. An dich glaube ich – und wer an dich glaubet, der wird leben, ob er gleich stürbe, er kommt nicht in das Gericht, sondern er ist vom Tode zum Leben hindurchgedrungen. Führe du mich aus dieser Angst zur Ruhe, aus dieser eitlen vergänglichen Welt in dein ewiges himmlisches Reich. Erhöre mein Flehen, das Seufzen des Sterbenden. Erbarme dich Herr! erbarme dich meiner! Amen.

Beim Verbinden der Augen sagte er: „Gute Nacht, du elende erbärmliche Welt, mit dir habe ich nichts mehr zu schaffen; – ich trachte nach dem, das droben ist, und nicht nach dem, das auf Erden ist." Da ihm aber sogleich die Binde nochmals abgenommen werden mußte, rief er: „muß ich dich denn noch einmal sehen du elende Welt?" Das Sichtbare ist zeitlich, antwortete ich, das Unsichtbare ist ewig. Der Herr wird dich erlösen von allem Uebel und dir aushelfen zu seinem himmlischen Reich. Jesus Christus hat dem Tode die Macht genommen und Leben und Unsterblichkeit ans Licht gebracht.

Die ersten Worte des Gebetes: Herr Jesu dir leb ich etc, fieng er nun selbst an, ich widerholte dies Gebet mit steigender Stimme, indem ich mich entfernte, – und der Todesstreich fiel, ehe ich es ganz vollendet hatte. Seine lächelnde Miene war auch im Tode nicht verändert.

*(Wolf/Dittenberger, S. 66-71)*

# Anhang

**Abkürzungen**

| | |
|---|---|
| Bad. Mag. | Badisches Magazin |
| DIN | Dillenburgische Intelligenz-Nachrichten |
| EKHN | Evangelische Kirche in Hessen und Nassau |
| GBStZ | Großherzoglich Badische Staats-Zeitung |
| GGA | Göttingische Gelehrte Anzeigen |
| GLA | Generallandesarchiv Karlsruhe |
| Heid Hs | s. Ungedruckte Quellen, Universitätsbibliothek Heidelberg |
| HJL | Heidelbergische Jahrbücher der Litteratur |
| HW | Heidelberger Wochenblatt |
| JALZ | Jenaische Allgemeine Literatur-Zeitung |
| KB | Kirchenbuch |
| StAM | Hessisches Staatsarchiv Marburg |
| WALZ | Wiener Allgemeine Literaturzeitung |

# Anmerkungen

## zu Kapitel 1. Räuber, Räuber, Räuber

[1] Benjamin, Bd. VII.1, S. 152
[2] Scholem, S. 109

## zu Kapitel 3. Faltin Schütz seine Schuldigkeit

[1] Degn, S. 174f.
[2] Holmsten, S. 10f., nach G. Ritter
[3] DIN, 3. & 10. 10. 1778, Sp. 627ff., Sp. 644ff.
[4] Archiv Stein, Nr. 6226, Bl. 84ff.
[5] Hefner: Tscherwenka, S. 4
[6] Archiv Stein, Nr. 2127
[7] Archiv Stein, Nr. 6226, Bl. 1f.
[8] Archiv Stein, Nr. 6226, Bll. 53-55
[9] Archiv Stein, Nr. 3171, Bl. 1ff.; Nr. 6226, Bl. 3
[10] Archiv Stein, Nr. 3171, Bl. 25; Nr. 6226, Bl. 7
[11] Archiv Stein, Nr. 2128, Bll. 13-19; Nr. 6226, Bl. 44
[12] GLA, Bestand 145, Nr. 494, S. 14ff.
[13] Archiv Stein, Nr. 2128, Bl. 108; Nr. 6226, Bl. 44
[14] Archiv Stein, Nr. 6226, Bll. 31 & 48-51
[15] Archiv Stein, Nr. 6226, Bll. 71ff., 101ff, 111ff.

## zu Kapitel 5. Tobacks Pflantzen Arbeiter

[1] Archiv Stein, Nr. 6226, Bl. 89ff., Bl. 137ff.
[2] Archiv Stein, Nr. 6226, Bll. 61-64
[3] Bruun, S. 543-545; Københavns Stadsarkiv, Breve og Dekreter, Bd. 463/1780, Nr. 119 und Bd. 468/1780, Nr. 139
[4] Carstens, S. 33-35; Jantzen, S. 22-24
[5] arkivalieronline.dk; sa.dk
[6] Københavns Stadsarkiv, Breve og Dekreter, Bd. 471/1784, Nrr. 67, 146, 152; Bd. 472/1784, Nrr. 83, 107
[7] Archiv Stein, Nr. 6226, Bll. 33-35
[8] Degn, S. 128 ff.; S. 200ff.
[9] ebd., S. 79
[10] ebd., S. 114f.
[11] ebd., S. 117
[12] ebd., S. 294
[13] ebd., S. 367
[14] Archiv Stein, Nr. 6226, Bl. 31
[15] GLA, Bestand 145, Nr. 494, S. 14ff.
[16] Wolf/Dittenberger, S. 50, S. 52

[17] Archiv Stein, Nr. 2128, Bl. 135f.

**zu Kapitel 7. Brahetrolleborg**

[1] Bobé: Efterladte Papirer; Degn: Die Schimmelmanns
[2] Bobé: Efterladte Papirer, S. 4
[3] Degn, S. 368
[4] Rasmussen Soekilde, S. 89ff.
[5] Archiv Stein, Nr. 2122
[6] GLA, Bestand 145, Nr. 494, S. 18
[7] Bobè: Efterladte Papirer, S. 25; Übersetzung: Waltraud Becker-Hammerstein
[8] Degn, S. 293f.
[9] ebd., S. 403f., S. 414

**zu Kapitel 9. Verweisung**

[1] Archiv Stein, Nr. 2128, Bl. 135f.; GLA, Bestand 145, Nr. 494, S. 33
[2] Lange: Zwischen Verurteilung und Ideologisierung, S. 12
[3] Protokoll vom 2. März 1789, GLA, Bestand 145, Nr. 494, S. 28f.
[4] Spielmann II, S. 499
[5] Archiv Stein, Nr. 2122
[6] ebd.
[7] Archiv Stein, Nr. 2128, Bl. 131f.
[8] ebd.
[9] Jüngst, S. 246
[10] DIN, 1. 10. 1796, Sp. 639; Auskunft von Frau Ursula Hatzfeld, Dillenburg
[11] DIN, 12. 6. 1802, Sp. 330f.; Auskunft von Frau Ursula Hatzfeld, Dillenburg
[12] Archiv Stein, Nr. 2128, Bl. 137f.

**zu Kapitel 11. Allerley Leute**

[1] Pfister: Merkwürdige Criminalfälle, Bd. 4, S. 386
[2] GLA, Bestand 145, Nr. 494, S. 29; Archiv Stein, Nr. 2122
[3] Pfister: Aktenmäßige Geschichte, S. 54; ders.: Merkwürdige Criminalfälle, Bd. 4, S. 386f., S. 473
[4] GLA, Bestand 145, Nr. 480, S. 81f.
[5] Pfister: Merkwürdige Criminalfälle, Bd. 4, S. 386
[6] GLA, Bestand 145, Nr. 494, S. 14ff.
[7] Wolf/Dittenberger, S. 40f.
[8] Heiler: Von Landstreichern, friedlosen Leuten, S. 26
[9] Spielmann II, S. 346
[10] Spielmann II, S. 411ff.; Heiler: Von Landstreichern, friedlosen Leuten, S. 26; Bettenhäuser, S. 308f.
[11] Spielmann II, S. 412ff.; Heiler: Von Landstreichern, friedlosen Leuten, S. 29ff.
[12] Blum, S. 52

[13] Spielmann II, S. 491f.; Blum, S. 6ff.
[14] Eisenbach, S. 35ff.; Heiler: Von Landstreichern, friedlosen Leuten, S. 29ff.
[15] Spielmann II, S. 471, S. 499; Blum, S. 44; Jüngst, S. 284ff.
[16] Jüngst, S. 391
[17] zur einschlägigen Literatur s. Struck, S. 5
[18] DIN, 27. 4. 1793, Sp. 268f.
[19] Blum, S. 45
[20] Blauert/Wiebel, S. 58
[21] Jüngst, S. 279
[22] Blum, S. 22
[23] ebd., S. 10
[24] DIN, 3. 1. 1789, Sp. 5f.
[25] Spielmann I, S. 235ff.
[26] so die nassau-oranische Regierung, s. DIN, 15. 2. 1794, Sp. 98; auch DIN, 8. 3. 1794
[27] DIN, 13. 2. 1790, Sp. 97-102
[28] DIN, 15. 2. 1794, Sp. 101
[29] DIN, 7. 12. 1799, Sp. 680; ähnlich DIN 19. 5. 1798, Sp. 274ff.; DIN, 17. 8. 1799, Sp. 461f.; DIN, 9. 11. 1799, Sp. 627; DIN, 5. 4. 1800, Sp. 191; DIN, 2. 8. 1800, Sp. 434
[30] DIN, 22. 2. 1800, Sp. 105-107; vgl. Brill, S. 23; Bettenhäuser, S. 297f.

## zu Kapitel 13. Ein äußerst gefährlicher Mensch

[1] Archiv Stein, Nr. 2128, Bl. 135f.
[2] ebd.
[3] GLA, Bestand 145, Nr. 494, S. 87, S. 114; ebd., Bestand 145, Nr. 495, S. 14f.
[4] Heck, S. 31
[5] Schwarze: Das Zuchthaus, S. 112f.
[6] ebd., S. 113
[7] Schwarze: Die Strafanstalt, S. 12; s. auch Eisenbach, S. 102-104, S. 238; Henche: Die ersten Jahrzehnte, S. 28f.
[8] Eisenbach, S. 21f., S. 41, S. 74, S. 86
[9] Eisenbach, S. 89; Henche: Die ersten Jahrzehnte, S. 29
[10] Zentralarchiv der EKHN, Best. 244, Film 2529 KB Diez, Nr. 13 Bestattungen
[11] Wolf/Dittenberger, S. 40
[12] GLA, Bestand 145, Nr. 494, S. 114; ebd., Bestand 240, Nr. 1898, im Plädoyer des Verteidigers § 9
[13] Zentralarchiv der EKHN, Best. 244, Film 2529 KB Diez, Nr. 13 Bestattungen
[14] Auskunft von Herrn Dieter Walk, Hülscheid-Heelfeld
[15] GLA, Bestand 145, Nr. 494, S. 114; ebd., Bestand 240, Nr. 1898, im Plädoyer des Verteidigers § 9
[16] GLA, Bestand 145, Nr. 494, S.114; ebd., Bestand 145, Nr. 495, S. 14f.
[17] Becker: Actenmäßige Geschichte, Tl. 1, Nr. 2, S. 51ff.; Waldecker, S. 26f.
[18] s. DIN, 13. 3. 1802, Sp. 153f.
[19] GLA Karlsruhe, Bestand 240, Nr. 1898, im Plädoyer des Verteidigers § 9

[20] Wolf/Dittenberger, S. 41
[21] Bericht aus Dillenburg vom 3. 10. 1811, GLA, Bestand 145, Nr. 495
[22] Kirchenbuch Odenhausen, Gebohrne und Getaufte, 1804, lf. Nr. 4; Auskunft von Herrn Manfred Schmidt, Krofdorf-Gleiberg
[23] Pfister: Merkwürdige Criminalfälle, Bd. 4, S. 386
[24] GLA, Bestand 145, Nr. 676, unpaginiert
[25] Kirchenbuch Odenhausen, Geborne und Getaufte 1821, lf. Nr. 18; Auskunft von Herrn Manfred Schmidt, Krofdorf-Gleiberg
[26] Pfister: Aktenmäßige Geschichte, S. 89; ders.: Nachtrag, S. 117-121; GLA, Bestand 145, Nr. 476, S. 166ff. & Nr. 481, S. 4; Grolman: Actenmäßige Geschichte, S. 261; Brill, S. 46-55
[27] Brill, S. 46-50; Pfister: Nachtrag, S. 117-119
[28] Brill, S. 37-224, S, 489f.; Schwencken, S. 221ff.; Grolman: Actenmäßige Geschichte, S. 258ff.; Pfister: Aktenmäßige Geschichte, S. 160ff.; ders.: Nachtrag, S. 208ff., S. 255f.
[29] Pfister: Nachtrag, S. 81f., S. 119
[30] Pfister: Merkwürdige Criminalfälle, S. 432
[31] GLA, Bestand 145, Nr. 493, S. 14f.; ebd., Bestand 145, Nr. 480, S. 85ff.

**zu Kapitel 15. Kochemer, Jenische und andere Eingeweihte**

[1] Seidenspinner: Bettler, S. 28; ders.: Mythos, S. 96
[2] Seidenspienner: Mythos, S. 89
[3] Bettenhäuser, S. 290f.
[4] Jütte, S. 241ff.
[5] Küther, S. 18, S. 56, S. 99, S. 60, S. 104
[6] ebd., S. 100
[7] Blauert/Wiebel, S. 77ff.; Jütte, passim; Lange: Many a Lord, S. 112, S. 142; Seidenspinner: Mythos, S. 25, S. 239ff., S. 294ff.
[8] Seidenspinner: Mythos, S. 128
[9] Rebmann, S. 87
[10] Grolman: Actenmäßige Geschichte, S. 1f.
[11] Avé-Lallemant, Bd. I, S. 2, S, 19f.
[12] Bettenhäuser, S. 314ff.
[13] Wittich, S. 102ff.; vgl. Blauert/Wiebel, S. 166ff.; Hartmann: Räuberleben
[14] Blauert/Wiebel, S, 162
[15] ebd., S. 84
[16] Grolman: Actenmäßige Geschichte
[17] Brill: Actenmäßige Nachrichten, bes. S. 486ff.
[18] Becker: Actenmäßige Geschichte, Teil 2, S. 36ff., S. 48ff., S, 115ff., S. 180ff., S. 454ff.
[19] Pfister: Aktenmäßige Geschichte, S. 60ff.; ders.: Nachtrag, S. 100ff.
[20] Becker: Actenmäßige Geschichte, Teil 2, S. 430ff.
[21] ebd., Teil 2, S. 205ff.; anon.: Die Räuberbanden, S. 196ff.

[22] GLA, Bestand 234, Nr. 617
[23] Rebmann, S. 67
[24] Rebmann in Boencke/Sarkowicz, S. 353ff.
[25] Pfister: Aktenmäßige Geschichte, S. IIIf.

**zu Kapitel 17. ach Gott, dort drunten liegt Hemsbach**

[1] Pfister: Merkwürdige Criminalfälle, Bd. 4, S. 472f.; GLA Karlsruhe, Bestand 145, Nr. 481, S. 169ff.
[2] Brill, S. 344f.
[3] ebd., S. 344
[4] Brill, S. 332ff.; Pfister: Aktenmäßige Geschichte, S. 90f.; ders.: Nachtrag, S. 100f.
[5] Pfister: Aktenmäßige Geschichte, S. 70ff.; Brill, S. 328ff.
[6] Brill, Vorrede; Pfister: Aktenmäßige Geschichte, S. 199ff.
[7] Pfister: Aktenmäßige Geschichte, S. 74; Grolman: Actenmäßige Geschichte, S. 158ff.
[8] Pfister: Aktenmäßige Geschichte, S. 92, S. 108f.; ders.: Nachtrag, S. 170f.
[9] Pfister: Nachtrag, S. 169f.
[10] GLA Karlsruhe, Bestand 145, Nr. 635, S. 3
[11] Pfister: Nachtrag, S. 170f.; Grolman: Actenmäßige Geschichte, S. 436f.
[12] Pfister: Aktenmäßige Geschichte, S. 75f.; Brill, S. 415f.
[13] Pfister: Aktenmäßige Geschichte, S. 74f.; Brill, S. 415f.
[14] GLA, Bestand 240, Nr. 1898, im Plädoyer des Verteidigers § 9
[15] Pfister: Aktenmäßige Geschichte, S. 73
[16] Pfister: Aktenmäßige Geschichte, S. 77
[17] Ev. Oberkirchenrat Karlsruhe, Landeskirchliches Archiv, Film Nr. 572, Taufen Waldkatzenbach luth., 1806-1822
[18] Pfister: Merkwürdige Criminalfälle, Bd. 4, S. 373f.
[19] Pfister: Aktenmäßige Geschichte, S. 26ff.; ders.: Merkwürdige Criminalfälle, Bd. 4, S. 451ff.
[20] GLA, Bestand 229, Nr. 42188, S. 15f.; ebd., Bestand 145, Nr. 490, S. 11ff.; Pfister: Merkwürdige Criminalfälle, Bd. 4, S. 283
[21] Auskunft des Instituts für Stadtgeschichte Frankfurt am Main
[22] Schöll, S. 193
[23] ebd., S. 191f.; Hürlimann; Lassner
[24] GLA, Bestand 145, Nrr. 496 & 497; Pfister: Merkwürdige Criminalfälle, Bd. 4, S. 249ff., S. 261ff.
[25] GLA, Bestand 145, Nr. 678, S. 18ff., S. 45ff.; Pfister: Aktenmäßige Geschichte, S. 5f.; ders.: Merkwürdige Criminalfälle, Bd. 4, S. 265ff.
[26] Schöll, S. 193
[27] Pfister: Merkwürdige Criminalfälle, Bd. 4, S. 453
[28] Wolf/Dittenberger, S. 70

**zu Kapitel 19. Ludovicus Adamus Aloysius Pfister**

[1] Erzbischöfliches Archiv Freiburg, Taufbuch Jesuitenkirche Heidelberg 1746-1776

[2] Toepke, Bd. IV, S. 341
[3] Auskunft des Universitätsarchivs Marburg
[4] StAM, Bestand 19 b, Nr. 18 70
[5] Auskunft des Stadtarchivs Mannheim
[6] Auskunft des Universitätsarchivs Gießen
[7] Neuer Nekrolog der Deutschen, 1829, S. 981
[8] Pfister: Merkwürdige Criminalfälle, Bd. 4, S. 287
[9] GLA, Bestand 61, Nr. 15239, Nr. 378
[10] Pfister: Nachtrag, S. IV
[11] Pfister: Merkwürdige Criminalfälle, Bd. 4, S. 488f., S. 493ff.
[12] ebd., S. 493f.
[13] Pfister: Aktenmäßige Geschichte, S. III
[14] JALZ, Nr. 163, Sept. 1815, S. 345-351; Christensen, S. 33ff.; Falkenberg, S. 375ff.
[15] Pfister: Aktenmäßige Geschichte, S. 11, S. 46, S. 211
[16] Jg. 1813, S. 338-341
[17] Pfister: Nachtrag, S. 314f.
[18] Heidelberger Wochenblatt, Nr. 31 vom 29. 7. 1812, S. 125f.; ähnlich in Badisches Magazin, Mannheim, 28. 7. 1812, S. 693; und sogar in: Allgemeine Zeitung, Augsburg, 11. 8. 1812, Beilage Nro. 22, S. 86
[19] Pfister: Nachtrag, S. 380
[20] ebd., S. 79
[21] ebd., S. 56
[22] GGA, 13. 5. 1815, S. 758; HJL, 1815, Nr. 11, S. 162; WALZ, 14. 7. 1815, Sp. 881
[23] Pfister: Ueber die zweckmäßigste Benutzung
[24] HJL, Nr. 11,1815, S. 165, S. 167, S. 175; JALZ, Nr. 140, 1817, Sp. 182
[25] Pfister: Merkwürdige Criminalfälle, Bd. 2, Nr. VII, S. 520-615
[26] Krauss, S. 181f.; vgl. Mumm, S. 27ff.
[27] Krauss, S. 187
[28] Börne, S. 879f.
[29] Krauss, S. 183f.
[30] ebd., S. 187
[31] Siemann, S. 78
[32] Weber, S. 33, S. 46f.
[33] ebd., S. 93
[34] Stadtarchiv Mannheim, Katholisches Familienbuch von 1829, S. 63, Nr. 351

**zu Kapitel 21. Ich bin der nicht, für welchen Sie mich halten**

[1] Pfister: Aktenmäßige Geschichte, S. 30
[2] Pfister: Aktenmäßige Geschichte, S. 31; ders.: Nachtrag, S. 81; ders.: Merkwürdige Criminalfälle, Bd. 4, S. 387f.; GLA, Bestand 145, Nr. 490, S. 55, S. 68, S. 199ff.
[3] Pfister: Merkwürdige Criminalfälle, Bd. 4, S. 253ff.
[4] GLA, Bestand 229, Nr. 42188
[5] Niehaus, S. 10

[6] Pfister: Merkwürdige Criminalfälle, Bd. 4, S. 271
[7] GLA, Bestand 145, Nr. 682
[8] Pfister: Merkwürdige Criminalfälle, Bd. 4, S. 273, S. 276
[9] Pfister: Aktenmäßige Geschichte, S. 47
[10] ebd., S. 46f.
[11] Pfister: Merkwürdige Criminalfälle, Bd. 4, S. 290-319
[12] Pfister: Aktenmäßige Geschichte, S. 24ff.; ders.: Nachtrag, S. 188ff.
[13] Pfister: Nachtrag, S. 271-300
[14] ebd., S. 201
[15] Pfister: Aktenmäßige Geschichte, S. 76; GLA, Bestand 145, Nr. 492, S. 291-301, S. 304f., S. 316; ebd., Bestand 145, Nr. 491, S. 130
[16] Lange: Many a Lord, S. 125
[17] Pfister: Merkwürdige Criminalfälle, Bd. 1, S. 367
[18] Pfister: Merkwürdige Criminalfälle, Bd. 4, S. VIII
[19] ebd., S. 344
[20] ebd., S. 350-390
[21] Pfister: Aktenmäßige Geschichte, S. 15f.
[22] Pfister: Merkwürdige Criminalfälle, Bd. 4, S. 413
[23] Pfister: Aktenmäßige Geschichte, S. 23f.
[24] Pfister: Aktenmäßige Geschichte, S. 20ff.; ders.: Merkwürdige Criminalfälle, Bd. 4, S. 395ff.
[25] Pfister: Aktenmäßige Geschichte, S. 180f.; ders.: Nachtrag, S. 46f, S. 240f.

**zu Kapitel 23. Von der Kinzenbacher Mühle**

[1] Bayer, S. 58
[2] LAGIS Hessen, Eintrag Kinzenbacher Mühle; Bayer, S. 55
[3] Schmidt, S. 225f.
[4] Bayer, S. 56ff.
[5] GLA, Bestand 145, Nr. 480, S. 94; ähnlich in seinem Geständnis vom 19. Juni 1811, s. Pfister: Merkwürdige Criminalfälle, Bd. 4, S. 386
[6] Kirchenbuch Krofdorf für Kinzenbach, anno 1775, Auskunft von Herrn Manfred Schmidt, Krofdorf-Gleiberg
[7] Eisenbach, S. 47f., S. 108, S. 121, S. 207
[8] GLA, Bestand 145, Nr. 480, S. 86
[9] ebd., S. 88f.
[10] GLA, Bestand 145, Nr. 493, S. 236
[11] GLA, Bestand 145, Nr. 492, S. 153; Pfister: Merkwürdige Criminalfälle, Bd. 4, S. 462
[12] Pfister: Merkwürdige Criminalfälle, Bd. 4, S. 466f.
[13] Kirchenbuch Krofdorf für Kinzenbach, Trauungen 1828, Nr. 4; Auskunft von Herrn Manfred Schmidt, Krofdorf-Gleiberg
[14] Kirchenbuch Reiskirchen III für 1855, S. 432f.; Auskunft von Herrn Manfred Schmidt, Krofdorf-Gleiberg
[15] Pfister: Merkwürdige Criminalfälle, Bd. 4, S. 357; GLA, Bestand 145, Nr. 483, S. 40f.

[16] Pfister: Merkwürdige Criminalfälle, Bd. 4, S. 375f.; Auskunft von Frau Anneliese Mischewski, Ilbesheim
[17] Pfister: Merkwürdige Criminalfälle, Bd. 4, S. 375
[18] GLA, Bestand 145, Nr. 480, S. 96f.
[19] Pfister: Merkwürdige Criminalfälle, Bd. 4, S. 354ff.
[20] ebd., S. 366f
[21] ebd., S. 375
[22] ebd., S. 457f.
[23] Brill, S. 25; Rebmann, S. 62; Schwencken: Notizen, S. 23; Pfister: Nachtrag, S. 72
[24] Blauert/Wiebel, S. 57
[25] ebd., S. 62; Bettenhäuser, S. 341; Seidenspinner: Mythos, S. 121ff.
[26] Pfister: Aktenmäßige Geschichte, S. 15
[27] ebd., S. 16
[28] GLA, Bestand 145, Nr. 481, S. 140ff.; Pfister: Merkwürdige Criminalfälle, Bd. 4, S. 468f.
[29] Pfister: Nachtrag, S. 53; vgl. GLA, Bestand 240, Nr. 1898, lf. Nr. 389
[30] Pfister: Nachtrag, S. 54, S. 55
[31] GLA, Bestand 145, Nr. 484, Dokument Nr. 19
[32] Pfister: Nachtrag, S. 55f.
[33] GLA, Bestand 145, Nr. 676, unpaginiert
[34] Die genealogischen Angaben verdanke ich Herrn Manfred Schmidt, Krofdorf-Gleiberg
[35] Kirchenbuch Krofdorf für Kinzenbach, Verstorbene pro 1837; Auskunft von Herrn Manfred Schmidt, Krofdorf-Gleiberg

**zu Kapitel 25. Ketten, Schappeln, Sprenger, vernietet und mit Blei ausgegossen**

[1] GLA, Bestand 145, Nr. 491, S. 137ff.
[2] Pfister: Merkwürdige Criminalfälle, Bd. 4, S. 349
[3] Pfister: Nachtrag, S. 302ff.
[4] ebd., S. 32
[5] Wolf/Dittenberger, S. 10, S. 20, S. 38f.
[6] Pfister: Nachtrag, S. 80
[7] GLA, Bestand 145, Nr. 481, S. 174; ähnlich Wolf/Dittenberger, S. 23, S. 64
[8] Pfister: Merkwürdige Criminalfälle, Bd. 4, S. 476
[9] Preuss/Dietrich, S. 174f.
[10] Pfister: Nachtrag, S. 306
[11] Pfister: Aktenmäßige Geschichte, S. 209
[12] Pfister: Merkwürdige Criminalfälle, Bd. 4, S. 484
[13] GLA, Bestand 145, Nr. 676, unpaginiert
[14] Pfister: Nachtrag, S, 81ff.; Zitate S. 85, S. 86
[15] GLA, Bestand 188, Nr. 1098, unpaginiert
[16] Pfister: Nachtrag, S. 93-99
[17] GLA, Bestand 240, Nr. 1898, unpaginiert; Pfister: Nachtrag, S. 318

[18] Pfister: Nachtrag, S. 305f.
[19] ebd., S. 305f.
[20] Pfister: Aktenmäßige Geschichte, S. 201, S. 208f.
[21] Pfister: Merkwürdige Criminalfälle, Bd. 4, S. 483; vgl. ebd. S. 476ff.
[22] Pfister: Nachtrag, S. 42
[23] Wolf/Dittenberger, S. 47
[24] Pfister: Aktenmäßige Geschichte, S. 209; Pfister: Nachtrag, S. 41
[25] Pfister: Aktenmäßige Geschichte, S. 209
[26] Pfister: Merkwürdige Criminalfälle, Bd. 4, S. 399, S. 476; vgl. ebd. S. 463 und ders.: Aktenmäßige Geschichte, S. 60
[27] Pfister: Merkwürdige Criminalfälle, Bd. 4, S. 389f.
[28] GLA, Bestand 145, Nr. 481, S. 171f.

**zu Kapitel 27. Mitgegangen, mitgefangen, mitgehangen**

[1] Pfister: Merkwürdige Criminalfälle, Bd. 4, S. 335ff.; S. 401; S. 435ff.; Zitate S. 433, S. 401, S. 389, S. 439, S. 444, S. 446, S. 453
[2] Pfister: Nachtrag, S. 23, S. 24
[3] GLA, Bestand 145, Nr. 481, S. 66ff.
[4] GLA, Bestand 145, Nr. 476, S. 4
[5] GLA, Bestand 145, Nr. 481, S. 172; s. auch Pfister: Merkwürdige Criminalfälle, Bd. 4, S. 472f.
[6] Pfister: Nachtrag, S. 4f.
[7] Auskunft des Stadtarchivs Mannheim
[8] Pfister: Nachtrag, S. 8
[9] GLA, Bestand 61, Nr. 15240, lf. Nrr. 979, 993, 1122
[10] GLA, Bestand 61, Nr. 15241, lf. Nr. 191; Text: GLA, Bestand 240, Nr. 1898, Ziffer 1313
[11] Pfister: Nachtrag, S. 8-31
[12] JALZ, Nr. 163, September 1815, Sp. 349
[13] GLA, Bestand 240, Nr. 1898, Ziffer 2458
[14] Pfister: Nachtrag, S. 87ff.
[15] GLA, Bestand 240, Nr. 1898, Ziffer 1314; Bestand 240, Nr. 1899, Ziffer 1329
[16] GLA, Bestand 240, Nr. 1900a, unpaginiert
[17] Pfister: Nachtrag, S. 318ff.
[18] ebd., S. 320ff.

**zu Kapitel 29. Er ist unter Allen der Gebildetste, Manierlichste und Klügste**

[1] Wolf/Dittenberger, S. 64, S. 69, S. 72
[2] Pfister: Merkwürdige Criminalfälle, Bd. 4, S. 336
[3] Wolf/Dittenberger, S. 51, S. 60, S. 63
[4] Pfister: Merkwürdige Criminalfälle, Bd. 4, S. 390
[5] Wolf/Dittenberger, S. 39
[6] ebd., S. 41

[7] Pfister: Nachtrag, S. 3f.
[8] Wolf/Dittenberger, S. 2f.
[9] ebd., S. 22f.
[10] Pfister: Aktenmäßige Geschichte, S. 46ff.; ders.: Nachtrag, S. 181ff.
[11] ebd., S. 27
[12] Pfister: Merkwürdige Criminalfälle, Bd. 4, S. 438
[13] Pfister: Aktenmäßige Geschichte, S. 53; vgl. ders.: Nachtrag, S. 321
[14] Pfister: Aktenmäßige Geschichte, S. 201; ders.: Nachtrag, S. 80
[15] Pfister: Merkwürdige Criminalfälle, Bd. 4, S. 391
[16] Wolf/Dittenberger, S. 68
[17] Pfister: Merkwürdige Criminalfälle, Bd. 4, S. 361
[18] Pfister: Aktenmäßige Geschichte, S. 16ff.; ders.: Nachtrag, S. 2f., S. 85, S. 320
[19] Pfister: Aktenmäßige Geschichte, S. 54; vgl. ders.: Nachtrag, S. 327
[20] Enzyklopädie des Märchens, Bd. 7, Sp. 854; vgl. Landau, S. 971ff.
[21] Faksimile in: Wunderlich
[22] Schmitz, S. 71f; vgl. Heitz/Ritter, S. 29ff.
[23] Herzberg, S. 59-101
[24] Auskunft von Prof. Dr. Alexander Schwarz, Lausanne
[25] Enzyklopädie des Märchens, Bd. 7, Sp. 854
[26] Wolf/Dittenberger, S. 56, S. 39, S. 42
[27] ebd., S. 40, S. 42
[28] ebd., S. 42
[29] ebd., S. 51f.
[30] ebd., S. 71
[31] Boehncke/Sarkowicz: Die deutschen Räuberbanden, Bd. III, S. 237, nach Grolman
[32] ebd., S. 221, S. 234f.
[33] Boehncke: Vom Mannefriedrich, S. 86-88
[34] Wolf/Dittenberger, S. 45, S. 50, vgl. S. 48, S. 58
[35] ebd., S. 49

**zu Kapitel 31. Abscheu und Verachtung, Mitleid und Erbarmen**

[1] Wolf/Dittenberger, S. IIIf.
[2] Hiert, S. 4, S. 6
[3] JALZ, Nr. 163, Sept. 1815, Sp. 345-351
[4] Wolf/Dittenberger, S. 1; Bad. Mag. Nr. 180, 3. 8. 1812, S. 709
[5] Bad. Mag., Nr. 180, 3. 8. 1812, S. 709
[6] Bad. Mag., Nr. 176, S. 693; Nr. 179, S. 708; HW, Nr. 31, S. 127; GBStZ, Nr. 210, S. 866
[7] Nr. 180, 3. 8. 1812, S. 711; Nr. 188, 12. 8. 1812, S. 742f.
[8] Bad. Mag., Nr. 180, 3. 8. 1812, S. 711
[9] HW, Nr. 31, 29. 7. 1812, S. 127
[10] handschriftlicher Vermerk auf Kämmerer/Wolf
[11] Bad. Mag., Nr. 188, 12. 8. 1812, S. 741f.
[12] ebd., Nr. 184, 7. 8. 1812, S. 725

[13] handschriftlicher Vermerk auf Kämmerer/Wolf
[14] Bad. Mag., Nr. 191, 17. 8. 1812, S. 755f.
[15] HW, Nr. 32, 6. 8. 1812, S. 131; vgl. GBStZ, 7. 8. 1812, S. 897f.
[16] Wolf/Dittenberger, S. VI, S. VII
[17] Darstellung der vier letzten Lebenstage, S. 16
[18] Kurze und treue Darstellung ...
[19] Actenmäßige Geschichte der schrecklichen Thaten ...
[20] Kämmerer/Wolf S. 22
[21] ebd., S. 23f.
[22] Kelch, S. 317ff.
[23] Wolf/Dittenberger, S. 68
[24] Darstellung der vier letzten Lebenstage, S. 16
[25] Bad. Mag., Nr. 182, S. 717f.
[26] ebd., Nr. 180, 3. 8. 1812, S. 709ff.
[27] ebd., Nr. 186, 10. 8. 1812, S. 734f.
[28] ebd. Nrr. 189-192, 14. - 18. 8. 1812: „Etwas über den sogenannten Schubb"
[29] Pfister: Merkwürdige Criminalfälle, Bd. 2, Nr. IV, S. 145-398

**zu Kapitel 33. Was bleibt: der Spitzname und ein paar Verse**

[1] Seidenspinner: Odenwälder Räubersagen, S. 355ff.; Layer, S. 195ff.
[2] Bald/Kuhn, S. 23
[3] Slama, S. 104
[4] Layer, S. 191; weiterführende Literaturangaben S. 200ff.
[5] Nadler, S. 186-201
[6] Froehner, S. 355ff.
[7] Viehöfer, S. 172
[8] Bruck, S. 2, auch S. 4
[9] Froehner, S. 354
[10] Schütze, S. 2ff.; Bruck, S. 22
[11] Albert Becker: Zu Sand's Tod, Sp. 163f.
[12] Preuss/Dietrich, S. 12
[13] ebd., S. 75
[14] ebd., S. 176-180, S. 209f., S. 222-225
[15] www.kuenstlernachlaesse-mannheim.de
[16] Peter Schnatz und sein Hölzerlips-Zyklus, S. 2
[17] „Die Sens' uffm Buckel"; „Ein freyes Leben führen wir ..."; „Leipziger Folk Sessions"
[18] Kochemer Blog, Cosuaneten, Sorgenhobel, Felsenmeerkobolde
[19] Pfister: Nachtrag, S. 34, S. 37
[20] Wolf/Dittenberger, S. 60f.
[21] HW, Nr. 35, 27. 8. 1812, S. 143
[22] Pfeiffer: Musizierende und komponierende Frauen, S. 158
[23] Glock, S. 72-75, S. 255f.
[24] anon.: Die Räuberbanden am Mittel- und Niederrhein

[25] Avé-Lallemant, Bd. I, S. 197
[26] Birlinger, S. 233-237
[27] Deutsche Revue, Jg. 8, Heft III, S. 348- 68: Braun: Vagabunden und Gauner in Deutschland
[28] Braun, S. 352f.
[29] Johann, S. 102
[30] Benzmann, S. 16
[31] Janda/Nötzoldt: Die Moritat, S. 114f.
[32] Bull, S. 259f.
[33] Eberhard Schöll, S. 196ff.
[34] Hansen, S. 264
[35] Friz/Schmeckenbecher, S. 62f.
[36] Buhmann/Haeseler, S. 158f.
[37] Boehncke/Sarkowicz, S. 123f.
[38] Siebenmorgen, S. 9, S. 300ff., S. 348
[39] Lange: Many a Lord, S. 109; vgl. auch Bald/Kuhn, S. 32; Boehncke: Vom Räuber Mannefriedrich, S. 87; König, S. 101; Küther, S. 100; Lange: Zwischen Verurteilung, S. 11; dies.: Gesellschaft und Kriminalität, S. 107; Seidenspinner: Hölzerlips – eine Räuberkarriere, S. 79; ders.: Mythos, S. 148

## zu Kapitel 35. Hinrichtungs-Tourismus

[1] GLA, Bestand 188, Nr. 1098, unpaginiert
[2] ebd.
[3] Bad. Mag., Nr. 176, S. 693; HW, Nr. 31, S. 125f.; Zeitung des Großherzogtums Frankfurt, Nr. 212, 30. 7. 1812
[4] HW, Nr. 31, 29. 7. 1812, S. 125f.
[5] Pfister: Nachtrag, S. 319
[6] anon.: Darstellung der vier letzten Lebenstage, S. 10
[7] ebd., S. 13
[8] Pfister: Nachtrag, S. 313
[9] Kämmerer/Wolf, S. 15; Bad. Mag., Nr. 180, 3. 8. 1812, S. 711
[10] Bad. Mag. Nr. 180, 3. 8. 1812, S. 709
[11] Wolf/Dittenberger, S. 12; anon.: Darstellung der vier letzten Lebenstage, S. 9f.; Kämmerer/Wolf, S. 14
[12] Bad. Mag. Nr. 180, 3. 8. 1812, S. 710; Nr. 186, 10. 8. 1812, S. 734f.
[13] GLA, Bestand 240, Nr. 1900a, unpaginiert
[14] Pfister: Merkwürdige Criminalfälle, Bd. 4, S. 485
[15] Wolf/Dittenberger, S. V
[16] Pfister: Nachtrag, S. 323f.
[17] Wolf/Dittenberger, S. 75, S. 77
[18] ebd., S, 2, S. 9
[19] ebd., S. 2
[20] ebd., S. 55

[21] ebd., S. 53f, vgl. S. 43f., S. 61
[22] ebd., S. 45; Pfister: Nachtrag, S. 325, S. 334
[23] Wolf/Dittenberger, S. 48, S. 50, S. 52; vgl. Pfister: Nachtrag, S. 327f.
[24] Wolf/Dittenberger, S. 56f.; ähnlich Pfister: Nachtrag, S. 344
[25] Wolf/Dittenberger, S. 58
[26] ebd., S. 20f.; vgl. ebd., S. 18ff.; Pfister: Nachtrag, S. 333f.
[27] Wolf/Dittenberger, S. 59f., S. 62
[28] ebd., S. 64f.
[29] ebd., S. 29
[30] GLA, Bestand 240, Nr. 1900a, unpaginiert; Pfister: Nachtrag, S. 335
[31] Kämmerer/Wolf, S. 16
[32] anon.: Die vier letzten Lebenstage, S. 13
[33] Kämmerer/Wolf, S. 16; GLA, Bestand 240, Nr. 1900a, unpaginiert
[34] Kämmerer/Wolf, S. 16
[35] GLA, Bestand 240, Nr. 1900a, unpaginiert
[36] anon.: Die vier letzten Lebenstage, S. 14f.; vgl. Heid. Hs 1372, S. 15ff.
[37] GLA, Bestand 240, Nr. 1900a, unpaginiert
[38] ebd.
[39] Heid. Hs, 1372, S. 18
[40] GLA, Bestand 240, Nr. 1900a, unpaginiert
[41] Heid. Hs. 1372, S. 18
[42] ebd.
[43] Preuss/Dietrich, S. 233; Layer, S. 200
[44] HW, Nr. 33, S. 136
[45] Kirchenbuch Providenzkirche Heidelberg, Film Nr. 557: Beerdigungen 1788 bis Juni 1813, Nrr. 52-54

## Ungedruckte Quellen

**für die Auswanderung der Familie Schütz u.a. nach Dänemark:**
Archiv der Freiherrn vom und zum Stein, Nassau/Lahn *(zit.: Archiv Stein)*
Nrr. 1633, 2120, 2122, 2127, 2128, 2134, 2979, 3171, 6226

**für den Tabakanbau in Kopenhagen:**
Københavns Kommune, Stadsarkivet, Kopenhagen *(zit.: Københavns Stadsarkivet)*
Bestand Breve og Dekreter, Bde. 463/1780 A, 468/1782 B, 471/1784 A, 472/1784 B

**für die Briefe Emilia von Schimmelmanns an August von Hennings:**
Staats- und Universitätsbibliothek Hamburg, Sign. NHA 3, NHA 7

**für die Akten über den Studenten Ludwig Pfister:**
Hessisches Staatsarchiv Marburg *(zit.: StAM),* Bestand 19 b, Nr. 18 70

**für die Volkszählungen in Dänemark:**
www.sa.dk; www.arkivalieronline.dk

**für den Raubüberfall an der Bergstraße am 1. Mai 1811, die polizeilichen Untersuchungen, den Prozess und die Urteile:**
Generallandesarchiv Karlsruhe *(zit.: GLA),* Bestand 61, Nrr. 15239-15241; Bestand 127, Nr. 2014; Bestand 145, Nrr. 476-690; Bestand 188, Nrr. 1097, 1098; Bestand 229, Nr. 42188; Bestand 234, Nrr. 617, 10033; Bestand 240, Nrr. 1898-1900a; Bestand 245

**für den Ablauf der Hinrichtung in Heidelberg:**
Universitätsbibliothek Heidelberg, Heid. Hs. 1372: Die Hinrichtung der 4 Raubmörder Manne Friedrich, Hölzerlips, Krämer Mathes und Veit Krämer (handschriftliches Manuskript), http://digi.ub.uni-heidelberg,de/diglit/heidhs1372

**für Geburts- und Sterbedaten:**
Zentralarchiv der Evangelischen Kirche in Hessen und Nassau, Darmstadt
Kirchenbuch der Reformierten Kirchengemeinde Diez, Bestand 244, Film 2529, Nr. 13, Bestattungen (1801 & 1802)

Erzbischöfliches Archiv Freiburg i. Br.
Kirchenbuch der Jesuitenkirche (Hl. Geist) Heidelberg, Taufen 1746-1776

Evangelische Kirchengemeinde Frücht
Kirchenbücher für Taufen, Konfirmationen, Heiraten, Begräbnisse 1606ff.

Evangelischer Oberkirchenrat Karlsruhe, Landeskirchliches Archiv
Kirchenbuch der Providenzkirche Heidelberg, Begräbnisse 1788-1813
Kirchenbuch der Evangelisch-Lutherischen Gemeinde Waldkatzenbach, Taufen 1806-1822

Evangelische St. Petri-Gemeinde Kopenhagen
Kirchenbücher für Taufen 1779-1789, für Konfirmationen 1767-1813, für Begräbnisse 1783-1808

**Gedruckte Literatur und andere Medien**

Jakob Friedrich Abel: Lebensgeschichte Friedrich Schwahns, in: Sammlung merkwürdiger Rechtsfälle aus dem Gebiete des peinlichen Rechts, Nürnberg, 1794, S. 269-354; Nachdruck in: > Heiner Boehncke, Hans Sarkowicz (Hrsg.): Die deutschen Räuberbanden. Bd. I, S. 256-283

Allgemeines Chur-Pfälzisches Evangelisch-Lutherisches Gesang-Buch, auf Verordnung des Chur-Pfälzischen Consistorii herausgegeben. Mit Sr. Churfürstlichen Durchlaucht zu Pfalz gnädigstem Privilegio. Im Verlag des Evangelisch-Lutherischen Armenhauses in Mannheim. Frankenthal, gedruckt bey Ludw. Bernh. Friedr. Gegel, 1774

anon.: Leben und Ende des berüchtigten Anführers einer Wildschützenbande, Mathias Klostermayrs, oder des sogenannten Bayerischen Hiesels, aus gerichtlichen Urkunden gezogen und mit genau nach den Umständen jeder Begebenheit gezeichneten Kupfern gezieret; Frankfurt und Leipzig: bey Jakob Andreas Friedrich, 1772; Nachdruck in: > Heiner Boehncke, Hans Sarkowicz (Hrsg.): Die deutschen Räuberbanden. Bd. I, S. 40-101

anon. (vermutlich ein Hofrat Weise): Actenmäßige Geschichte der schrecklichen Thaten welche in der Nacht vom letzten April auf den ersten May 1812 (sic!) auf der Bergstraße zwischen Laudenbach und Hemsbach an zweyen Schweizer Kaufleuten verübt und am 31. Julius 1812 auf der Richtstätte zu Heidelberg an sechs Raubmördern mit dem Schwert bestraft wurden. Als warnendes Beyspiel von Gottes Rache gegen den, der Böses thut. Mit kurzer Schilderung der Raubmörder zur Kunde für Kinder, Enkel und Urenkel aufgesetzt. Zum Besten der nothleidenden Menschheit, damit aus Bösem auch was Gutes entstehe. Mit der sehr ähnlichen Abbildung des Anführers Hölzerlips. Heidelberg, 1812, 8 S.

anon.: Kurze und treue Darstellung des außerordentlichen Straßenraubes, verübt in der Nacht vom letzten April auf den ersten May 1811, an den beyden Schweizern Herrn Rudolph Hanhart aus Zürch und dem an seinen dabey erhaltenen Wunden verstorbenen Herrn Jacob Rieder aus Winterthur von den auf den 31. Juli zum Schwert verurtheilten Räubern: Hölzerlips, Manne Friederich, Krämer Mathes, Andreas Petry, Sebastian Lutz und Veit Krähmer. Heidelberg, den 31. Juli 1812, 15 S.

anon.: Darstellung der vier letzten Lebenstage der am 31. July 1812 zu Heidelberg hingerichteten Raubmörder, Manne Friedrich, Hölzerlips, Krämer Mathes und Veit Krämer. Nebst Nachrichten über die begnadigten Verbrecher Sebastian Lutz und Andreas Petry. Enthaltend eine getreue Darstellung der vom 28. bis 31. July 1812 inbegriffenen Periode ihres Lebens, ihrer Verurtheilung und Hinrichtung. Heidelberg, bey Ignaz Mayr, (1812), 16 S.

anon.: Die Räuberbanden am Mittel- und Niederrhein. Zu Ende des vorigen und Anfang dieses Jahrhunderts. in: Der neue Pitaval. Eine Sammlung der interessantesten Criminalgeschichten aller Länder aus älterer und neuerer Zeit. Hrsg.

von J(ulius) E(duard) Hitzig und W(ilhelm) Häring (= Willibald Alexis), Achtzehnter Theil. Neue Folge, sechster Theil, Leipzig: F. A. Brockhaus, 1852, S. 146-312

anon.: Eintrag Pfister, in: Neuer Nekrolog der Deutschen, 7. Jg., 2. Teil, 1829, S. 981

anon.: Eintrag Molitor von Mühlfeld, in: Gothaisches Genealogisches Taschenbuch der freiherrlichen Häuser, Gotha: Perthes, 1871, Jg. 21, S. 459f.

Gerold Anrich: Räuber, Bürger, Edelmann, jeder raubt, so gut er kann. Die Zeit der großen Räuberbanden 1790-1803, Neunkirchen: Neithard Anrich Verlag, 1975, 131 S.

Friedrich Christian Benedict Avé-Lallemant: Das deutsche Gaunerthum in seiner sozialpolitischen, literarischen und linguistischen Ausbildung zu seinem heutigen Bestande, Zwei Teile in einem Band, Wiesbaden: Fourier, 1998, 348 S., (Nachdruck der überarbeiteten Ausgabe von 1914 in 2 Bden, Erstausgabe Leipzig, 1858-1862 in 3 Bden)

Badisches Magazin *(zit.: Bad. Mag.)*;
Mannheim: Kaufmann & Friedrich, Jge. 1811 & 1812

R**: Correspondenz (Bericht über die Hinrichtung des Hölzerlips etc), in: Badisches Magazin Nr. 180, 3. 8. 1812, S. 709-712

v. Beulwitz: Empfindungen, als ich im Jahre 1797 von der Exekution eines Mörders zurück kam, in: Badisches Magazin Nr. 182, 5. 8. 1812, S. 717f.

Ludwig Pfister: Amtliche Erklärung gegen den Verfasser der „Darstellung der vier letzten Lebenstage der am 31. Julius 1812 zu Heidelberg hingerichteten Raubmörder u.s.w.", in: Badisches Magazin Nr. 184, 7. 8. 1812, S. 725f.

R**, v. Beulwitz: Nothgedrungene Anmerkungen zu dem Briefe in Nr. 180 des Badischen Magazins; in: Badisches Magazin Nr. 186, 10. 8. 1812, S. 734f.

anon.: Vaterländische Literatur; in: Badisches Magazin Nr. 188, 12. 8. 1812, S. 741-744

anon.: Etwas über den sogenannten Schubb, in: Badisches Magazin Nr. 189, 14. 8. 1812, S. 745-748; Nr. 190, 15. 8. 1812, S. 750-752; Nr. 191, 17. 8. 1812, S. 753-756; Nr. 192, 18. 8. 1812, S. 757-758

G.: Auch etwas über den sogenannten Schubb, verglichen mit Nro. 189 u.s.w. des Bad. Magazins, in: Badisches Magazin Nr. 225, 25. 9. 1812, S. 889-891

Herbert Bald, Rüdiger Kuhn: Die Spessarträuber, Legende und Wirklichkeit, hrsg. von Wolfgang Weismantel, Würzburg: Königshausen und Neumann, 1990, 93 S.

Johann Bayer: Die Kinzenbacher Mühle, in: 1200 Jahre Kinzenbach. Aus der Geschichte des Dorfes vom Jahre 788 bis zur Gegenwart; Heuchelheim: Gemeinde Heuchelheim, 1991, 384 S., S. 55-61

A(lbert) Becker: Zu Sands Tod, in: Mannheimer Geschichtsblätter. Monatsschrift für die Geschichte, Altertums- und Volkskunde Mannheims und der Pfalz. 28. Jg., Nr. 8, 1927, Sp. 162-165

Albert Becker: Scharfrichter und Tierarzt, in: Schweizerisches Archiv für Volkskunde, Bd. 33, 1934, S. 90

A(lbert) B(ecker): Tierarzt und Scharfrichter in Heidelberg, in: Heidelberger Tageblatt, 4. 3. 1936

Albert Becker: Scharfrichter und Tierarzt, in: Palatina. Heimatblatt des Pfälzer Anzeigers, Nr. 13, 3. 4. 1936, S. 49

A(lbert) B(ecker): Tierarzt und Scharfrichter in Personalunion. Vom Landrichtschwert, Karl Ludwig Sand und der Gestalt Widmanns, in: Aus heimatlichen Gauen. Beilage zu „Pfälzischer Merkur", Ausgabe Pfalz/Saar, 1952, Nr. 4, unpag.

(Johann Nikolaus) Becker: Actenmäßige Geschichte der Räuberbanden an den beyden Ufern des Rheins; Berlin: Rixdorfer Verlagsanstalt, o.J., 68 &152 & 476 S.; (Nachdruck der Ausgabe von 1804 in 2 Teilen); auch Nachdruck in: > Heiner Boehncke, Hans Sarkowicz (Hrsg.): Die deutschen Räuberbanden. Bd. II, S. 18-145, S. 161-432

Walter Benjamin: Räuberbanden im Alten Deutschland, in: ders.: Gesammelte Schriften, hrsg. von Rolf Tiedemann und Hermann Schweppenhäuser, Bd. VII.1, S. 152-159, Frankfurt am Main: Suhrkamp, 1991

Hans Benzmann: Die soziale Ballade in Deutschland. Typen, Stilarten und Geschichte der sozialen Ballade, München: Beck, 1912, 123 S.

Hermann Bettenhäuser: Räuber- und Gaunerbanden in Hessen. Ein Beitrag zum Versuch einer historischen Kriminologie Hessens, in: Zeitschrift des Vereins für hessische Geschichte und Landeskunde, Bd. 75/76, 1964/65, S. 275-348

v. Beulwitz > Badisches Magazin

Oskar Bezzel: Zu Sands Tod, in: Mannheimer Geschichtsblätter. Monatsschrift für die Geschichte, Altertums- und Volkskunde Mannheims und der Pfalz, 27. Jg., Nr. 8/9, 1926, Sp. 175-179

Anton Birlinger: Miscellen. Gaunergedichte und Lieder, in: Archiv für das Studium der neueren Sprachen und Literaturen. Jg. 20, Band 40, 1867, S. 233-237.

Andreas Blauert, Eva Wiebel: Gauner- und Diebslisten. Registrieren, Identifizieren und Fahnden im 18. Jahrhundert. Mit einem Repertorium gedruckter südwestdeutscher, schweizerischer und österreichischer Listen sowie einem Faksimile der Schäffer'schen oder Sulzer Liste von 1784, Frankfurt am Main: Klostermann, 2001, 367 S.

Peter Blum: Staatliche Armenfürsorge im Herzogtum Nassau 1806-1866, Wiesbaden: Historische Kommission für Nassau, 1987, 202 S., Veröffentlichungen der Historischen Kommission für Nassau, Bd. 44

Louis Bobé: Schimmelmann, Heinrich Ernst, in: Dansk biografisk Lexikon, Bd XV, 2006, S. 131-139

Louis Bobé: Efterladte Papirer fra den Reventlowske Familiekreds, Bd. II, Auszug: Johan Ludvig Reventlow, Internet-Version

Gabriele Böhme: Bänkelsängermoritaten, vornehmlich solche zu Anfang des 19. Jahrhunderts, (phil. Diss. München, 1920, maschinenschriftl. Manuskript), 90 S.

Heiner Boehncke, Hans Sarkowicz (Hrsg.): Hessens große Räuber. Die großen Banden zwischen Weser und Neckar, Frankfurt am Main: Eichborn, 1995, 325 S.

Heiner Boehncke, Hans Sarkowicz (Hrsg.): Im wilden Südwesten. Die Räuberbanden zwischen Neckar und Bodensee, Frankfurt am Main: Eichborn, 1995, 224 S.

Heiner Boehncke, Hans Sarkowicz (Hrsg.): Die deutschen Räuberbanden. 3 Bde: I. Die großen Räuber, II. Die rheinischen Räuberbanden, III. Von der Waterkant bis zu den Alpen, Frankfurt am Main: Eichborn, 1993, 395, 432, 456 S.

Heiner Boehncke: Vom Räuber Mannefriedrich und seiner traurigen Kathrine, in: Hadwiga Fertsch-Röver, Birgit Spielmann (Hrsg.): Hessen: Wo die Liebe hinfällt. Paare und Passionen in Hessen, Marburg: Jonas-Verlag, 2001, S. 86-88

Ludwig Börne: Aufsätze und Erzählungen. Für die Juden b., in: ders.: Sämtliche Schriften, hrsg. von Inge und Peter Rippmann, Bd. 1, Düsseldorf: Joseph Melzer, 1964, S. 879-880

Karl Braun: Vagabunden und Gauner in Deutschland. Geschichten von Anno Elf, mit Nutzanwendung für Heute, in: Deutsche Revue über das gesamte nationale Leben der Gegenwart, Jg. 8, Heft III, S. 348-368, Stuttgart, Leipzig: Deutsche Verlagsanstalt, 1883

Carl Friedrich Brill: Actenmäßige Nachrichten von dem Raubgesindel in den Maingegenden, dem Odenwald und den angrenzenden Ländern, besonders in Bezug auf die in Darmstadt in Untersuchung befindlichen Glieder desselben. Erste Abtheilung, mit den Bildnissen von acht Haupträubern, Darmstadt: Heyer und Leske, 1814, 228 S.; dass., Zweite Abtheilung, Darmstadt: Heyer und Leske, 1815, XII & 314 S. (= S. 229-543); Teil-Nachdruck in: > Heiner Boehncke, Hans Sarkowicz (Hrsg.): Die deutschen Räuberbanden. Bd. III., S. 240-266

Geo(rg) J. Bruck, Karl-Robert Schütze: Das deutsche Richtschwert, in: Angelika Friederici: Castan's Panopticum. Ein Medium wird besichtigt. Eine kulturhistorische Rekonstruktion, Heft 12, Berlin: Karl-Robert Schütze, 2011, 24 S., (Neudruck von: Geo(rg) J. Bruck: Das deutsche Richtschwert. in: Antiquitäten-Rundschau. Zeitschrift für Museen, Sammler und Antiquare, Jg. 5, 1907, Heft 18, S. 193-195; Heft 20, S. 209-211; Heft 21, S. 217-219; Heft 22, S. 225-227),

Carl Bruun: Kjöbenhavn, Kopenhagen: Thiele, 1887-1901, 1002 S., S. 543-545

Heide Buhmann, Hanspeter Haeseler (Hrsg.): Das kleine dicke Liederbuch. Lieder und Tänze bis in unsere Zeit, Schlüchtern: Eigenverlag der Herausgeber, 1983 (3. Auflage), 829 S.

Bruno Horst Bull (Hrsg.): Glück und Segen. 570 Gedichte für alle Feste des Jahres und des Lebens, Hamburg: Mosaik-Verlag, 1964, 349 S.

Carsten Erich Carstens: Balthasar Münter, in: Allgemeine Deutsche Biographie, Bd. 23, 1886, S. 33-35

C(aspar) D(ietrich) Christensen: Alphabetisches Verzeichniß einer Anzahl von Räubern, Dieben und Vagabonden, mit hinzugefügten Signalements ihrer Person und Angabe einiger Diebsherbergen, entworfen nach den Aussagen einer zu Kiel in den Jahren 1811 und 1812 eingezogenen Räuberbande. Nebst einem erläuternden Vorbericht über die verschiedenen Gattungen, Lebensweise und Sprache dieser Gauner, Hamburg: Bohnsche Buchhandlung, 1814, 238 S.

Christian Degn: Die Schimmelmanns im atlantischen Dreieckshandel. Gewinn und Gewissen, Neumünster: Wachholtz, 1974, 417 S.

Dillenburgische Inteligenz-Nachrichten *(zit.: DIN)*

Dillenburg, Jge. 1778, 1788-1802, Göttinger Digitalisierungszentrum: www.gdz.sub.uni-goettingen.de

R.: Der Tabacksbau, in: Dillenburgische Intelligenz-Nachrichten, 3. 10. 1778, Sp. 627-636; 10. 10. 1778, Sp. 644-650

Kurrheinische Kreiswarnung gegen die Störer der öffentlichen Ruhe, in: Dillenburgische Intelligenz-Nachrichten, 13. 2. 1790, Sp. 97-106

Chur- und Oberrheinische gemeinsame Poenal-Sanction und Verordnung wider das schädliche Diebs-, Raub- und Zigeuner-, sodann herrnlose Jauner-, Wildschützen-, auch müßig u. liederliche Bettelgesindel, in: Dillenburgische Intelligenz-Nachrichten, 13. 11. 1790, Sp. 721-728; 26. 11. 1790, Sp. 753-758; 4. 12. 1790, Sp. 769-777

Wie dem müsigen Straßenbetteln Einhalt zu thun und wie der geschäftige Landarme durch hülfreiche Unterstützung am sichersten geschäftig zu erhalten sei, in: Dillenburgische Intelligenz-Nachrichten, 27. 4. 1793, Sp. 265-273; 4. 5. 1793, Sp. 281-286; 11. 5. 1793, Sp. 297-303; 18. 5. 1793, Sp. 313-320

Der Fürstl. Landesregierung Aufforderung der Unterthanen zur Vertheidigung des gemeinsamen Vaterlandes. Dillenburg d. 1. Febr. 1794, in: Dillenburgische Intelligenz-Nachrichten, 15. 2. 1794, Sp. 97-103

Aufforderung der Fürstl. Landesregierung an alle sonst befreyte Personen zu einem patriotischen Beytrag für den dermaligen Krieg, in: Dillenburgische Intelligenz-Nachrichten, 8. 3. 1794, Sp. 143-147

Vermischte Nachrichten (Schlacht bei Diez), in: Dillenburgische Intelligenz-Nachrichten, 8. 10. 1796, Sp. 651-655

Vermischte Verordnungen. Wegen der herumziehenden Kötzenleute, in: Dillenburgische Intelligenz-Nachrichten, 22. 2. 1800, Sp. 105-107

Beschluß der Abgeordneten mehrerer Regierungen der zwischen dem Rhein, der Lahn und der Nidda gelegenen Reichsländer: wegen der Unsicherheit durch das Raub- und Diebsgesindel. Actum Wetzlar den 28. Jänner 1801, in: Dillenburgische Intelligenz-Nachrichten, 11. 4. 1801, Sp. 201-211

Theophor Friedrich Dittenberger: Biographie des Großherzoglich Badischen Kirchenrathes Theophor Friedrich Dittenberger, von ihm selbst verfaßt, Mannheim: Bensheimer, 1839, 128 S.

Ralf Dose: Hans Ostwald, in: Neue Deutsche Biographie, Bd. 9, Berlin: Pagel, 1999, S. 634/635

Günther Ebersold: „Im Wald, da sind die Räuber...". Die „Winterhauchbande" im Odenwald zu Beginn des 19. Jahrhunderts, in: Der Wartturm, Jg. 25, 1984, Nr. 2, S. 2-6

Ulrich Eisenbach: Zuchthäuser, Armenanstalten und Waisenhäuser in Nassau. Fürsorgewesen und Arbeitserziehung vom 17. bis zum Beginn des 19. Jahrhunderts, Wiesbaden: Historische Kommission für Nassau, 1994, 309 S.

Richard Evans: Szenen aus der deutschen Unterwelt. Verbrechen und Strafe 1800-1914, Reinbek: Rowohlt Taschenbuch Verlag, 1997, 416 S., rororo Sachbuch 60522

Carl Falkenberg: Versuch einer Darstellung der verschiedenen Classen von Räubern, Dieben und Diebeshehlern, mit besonderer Hinsicht auf die vorzüglichsten Mittel sich ihrer zu bemächtigen, ihre Verbrechen zu entdecken und zu verhüten. Ein Handbuch für Polizeibeamte, Criminalisten und Gensd'armen. Erster Theil, Berlin: Duncker und Humblot, 1816, 288 S., Zweiter Theil, Berlin: Duncker und Humblot, 1818, 432 S.

Anselm Ritter von Feuerbach: Aktenmäßige Darstellung merkwürdiger Verbrechen, 2. Bd., Gießen: Georg Friedrich Heyer, 1829, 698 S.

Udo Fleck: „Diebe – Räuber – Mörder". Studie zur kollektiven Delinquenz rheinischer Räuberbanden an der Wende vom 18. zum 19. Jahrhundert, (Dissertation, Trier, 2003)

Manfred Franke (Hrsg.): Schinderhannes. Kriminalgeschichte voller Abentheuer und Wunder und doch streng der Wahrheit getreu. (Erstausgabe 1802), Berlin: Wagenbach, 1977, 154 S., Wagenbach Taschenbücherei 34

Manfred Franke: Schinderhannes. Das kurze wilde Leben des Johannes Bückler, neu erzählt nach alten Protokollen, Briefen und Zeitungsberichten, Düsseldorf: Claasen, 1984, 418 S.

Carl Franz: Der Post-Raub in der Subach, begangen von acht Straßenräubern, von denen fünf am siebenten October 1824 zu Gießen durch das Schwert vom Leben zum Tode gebracht worden sind. Aktenmäßig ausgezogen und bearbeitet von Carl Franz, Criminalgerichtssekretär zu Gießen, Gießen, 1825 (33 S. in der digitalisierten Fassung von www.lohra-wiki.de)

Hermann von Freeden, Georg Smolka: Deutsche Auswanderung im 18. Jahrhundert, in: Hans Herder (Hrsg.): Hessisches Auswandererbuch. Berichte, Chroniken und Dokumente zur Geschichte hessischer Einwanderer in den Vereinigten Staaten 1683-1983, Frankfurt am Main: Insel, 1983, 452 S.; S. 111-132

Gerhard Fritz: Räuberbanden und Polizeistreifen. Der Kampf zwischen Kriminalität und Staatsgewalt im Südwesten des Alten Reiches zwischen 1648 und 1806, Remshalden: Hennecke, 2003, 339 S.

Thomas Friz, Erich Schmeckenbecher, „Zupfgeigenhansel" (Hrsg.): Es wollt ein Bauer früh aufstehn ... 222 Volkslieder, Dortmund: Verlag „pläne", 1978, 447 S.

Reinhard Froehner: Aus dem Leben des Heidelberger Tierarztes Franz Wilhelm Widmann (1774-1832), in: Cheiron. Veterinärhistorisches Jahrbuch, Jg. 9, 1937, S. 347-365, Hrsg. von der Gesellschaft für Geschichte und Literatur der Veterinärmedizin, Berlin: Schoetz, 1937

Hellmuth Gensicke: Landesgeschichte des Westerwaldes. Gemeinsam mit der Landesarchivverwaltung des Landes Rheinland-Pfalz herausgegeben von der Historischen Kommission für Nassau, Wiesbaden: Historische Kommission für Nassau, 1958, 659 S., (2. erg. Nachdruck, 1987)

Siegfried Gerth: Peter Schnatz – Thema mit Variationen, in: > Peter Schnatz: Gemäldezyklen, Redaktion: Jochen Kronjäger, Mannheim: Städtische Kunsthalle Mannheim, 1996, 120 S., S. 11-27 (Katalog der Ausstellung in der Städtischen Kunsthalle Mannheim, 6. 7. – 1. 9. 1996)

J(ohann) Ph(ilipp) Glock (Hrsg.): Badischer Liederhort. Eine Sammlung der bekanntesten und schönsten Volkslieder der Badischen Heimat. Nach Wort und Weise aus dem Munde des Volkes festgestellt. I. Band: Die historischen Volkslieder des Großherzogtums Baden, insbesondere die Kriegslieder der badischen Truppen in den Feldzügen des 19. Jahrhunderts, Karlsruhe: G. Braun'sche Hofbuchdruckerei und Verlag, 1910, 284 S.

Friedrich Ludwig Adolf von Grolman: Actenmäßige Geschichte der Vogelsberger und Wetterauer Räuberbanden und mehrerer mit ihnen in Verbindung gestandener Verbrecher. Nebst Personal-Beschreibung vieler in alle Lande teutscher Mundart dermalen versprengter Diebe und Räuber; Mit einer Kupfertafel, welche die getreuen Bildnisse von 16 Haupt-Verbrechern darstellt, Giessen: Georg Friedrich Heyer, 1813, VIII & 604 S., Teil-Nachdruck in: > Heiner Boehncke, Hans Sarkowicz (Hrsg.): Die deutschen Räuberbanden. Bd. III, S. 197-237

Friedrich Ludwig Adolf von Grolman: Wörterbuch der in Teutschland üblichen Spitzbuben-Sprachen in zwei Bänden, die Gauner- und Zigeuner-Sprache enthaltend. Bd. 1 die Teutsche Gauner-, Jenische oder Kochemer-Sprache enthaltend, mit besonderer Rücksicht auf die Ebräisch-Teutsche Judensprache, Gießen: C. G. Müller, 1822, VIII & 142 S., (Bd. 2 nie erschienen)

Großherzoglich Badische Staats-Zeitung (*zit.:* GBStZ), Karlsruhe: Braun, Jge. 1811 & 1812

Hugo Grün: Die Einrichtung der kirchlichen Behörden für die nassau-oranischen Länder im 18. Jahrhundert, in: Nassauische Annalen, Bd. 46, 1925, S. 81-111

Jean Pierre Gubler: Wie Jacob Rieter damals zu Tode kam, in: Der Landbote, Winterthur, 28. April 2011

Jean Pierre Gubler: Aufgefallen: Blumenstrauss für ein Raubmordopfer, in: Der Landbote, Winterthur, 17. Mai 2011

H. H.: Vorkehrungen gegen Räuberbanden, in: Nassovia, Jg. III, 1902, S. 310

Theodor Hampe: Die fahrenden Leute in der deutschen Vergangenheit. Mit 122 Abbildungen und Beilagen nach Originalen, größtenteils aus dem fünfzehnten bis achtzehnten Jahrhundert. Leipzig: Eugen Diederichs, 1902, 128 S., Monographien zur deutschen Kulturgeschichte, hrsg. von Georg Steinhausen, Bd. 10

Walter Hansen (Hrsg.): Das Buch der Balladen. Balladen und Romanzen von den Anfängen bis zur Gegenwart, München: Mosaik Verlag, 1978, 400 S.

Lukas Hartmann: Räuberleben. Roman. Zürich: Diogenes, 2012, 346 S., Diogenes Taschenbuch 24205

Wilhelm Hauff: Das Wirtshaus im Spessart, in: ders.: Sämtliche Märchen, München: Deutscher Taschenbuch Verlag, 1979, S. 190-328, dtv Weltliteratur Nr. 2050

Hermann Heck: Aus der Diezer Zuchthausordnung von 1821, in: Diezer Heimatblätter 1, 1954, Nr. 3, S. 29-31

Heidelberger Wochenblatt *(zit.: HW)*, Heidelberg: Reichard, Jge. 1811 & 1812

Carl Heiler: Von Landstreichern, friedlosen Leuten und fahrendem Volk, besonders in den nassau-ottonischen Ländern von 1500 bis 1800. Ein Beitrag zur Kulturgeschichte Nassaus, Hanau: Hohe Landesschule, 1927, 39 S., Beilage zum Jahresbericht der Hohen Landesschule zu Hanau

C(arl) Heiler: Der Räuberhauptmann Johannes La Fortun genannt Hemperla und seine Bande im Lahntal 1718-1726, in: Land und Leute im Oberlahnkreis. Blätter für Heimatgeschichte und Volkskunde, Bd. 6, 1930, S. 49-51

C(arl) Heiler: Von Landstreichern und Gaunern in und aus dem Lahntal um 1800, in: Land und Leute im Oberlahnkreis. Blätter für Heimatgeschichte und Volkskunde, Bd. 10, 1934, Nr. 1, S. 3f.; Nr. 2, S. 6f.

C(arl) Heiler: Leibchen Schloß aus dem Weilburgischen, in: Land und Leute im Oberlahnkreis. Blätter für Heimatgeschichte und Volkskunde, Bd. 11, 1935, Nr. 1

Paul Heitz, Fr. Ritter (Hrsg.): Versuch einer Zusammenstellung der Deutschen Volksbücher des 15. und 16. Jahrhunderts, nebst deren späteren Ausgaben und Literatur, Straßburg: Heitz, 1924, XIII & 217 S.

Albert Henche: Der Schinderhannes in Ems, in: Heimatblätter für den Unterlahnkreis, 1. Jg., 1926, Nr.7, S. 4

Albert Henche: Die ersten Jahrzehnte des ehemaligen Diezer Zuchthauses, in: Diezer Heimatblätter 1, 1954, Nr. 3, S. 27-29

Friedrich Herzberg: Leben und Meynungen des Till Eulenspiegel. Volks Roman. Zweeter Theil, (Breslau), 1779, 204 S.

Hiert: Rede am Grabe des durch Räuberhände gefallenen, und in Heidelberg begrabenen Herrn Jacob Rieter von Winterthur. Gehalten von Herrn Stadtpfarrer Hiert zu Heidelberg, o. O., 1811, 8 S.

Eric J. Hobsbawm: Sozialrebellen. Archaische Sozialbewegungen im 19. und 20. Jahrhundert, Neuwied/Berlin: Luchterhand, 1962, 269 S., Soziologische Texte, Bd. 14

E. Holm: Schimmelmann, Heinrich Carl, in: Dansk biografisk Lexikon, Bd XV, 2006, S. 122-131

Georg Holmsten: Freiherr vom Stein. In Selbstzeugnissen und Bilddokumenten, Hamburg: Rowohlt, 1975, 151 S., rororo Bildmonographien 227

Katja Hürlimann: Rieter, in: Historisches Lexikon der Schweiz, online-Ausgabe

Susanne Irmen: „... daß die Armuth schuld dran sey", in: Rhein-Neckar-Zeitung, Heidelberg, 16. 1. 1974

Urs Jäggle: (Rezension von) > Küther, Carsten: Räuber und Gauner in Deutschland, in: Frankfurter Allgemeine Zeitung, 10. 5. 1977

Elsbeth Janda, Fritz Nötzoldt (Hrsg.): Die Moritat vom Bänkelsang oder Das Lied der Straße. Wieder ans Licht geholt und herausgegeben von Elsbeth Janda und Fritz Nötzoldt und von denselben auch mit mehr oder weniger passenden An- und Bemerkungen versehen, München: Ehrenwirth, 1959, 248 S.

Elsbeth Janda, Fritz Nötzoldt (Hrsg.): Warum weinst du holde Gärtnersfrau ... Alte Bänkellieder wieder ans Licht geholt von Elsbeth Janda und Fritz Nötzoldt, München: Deutscher Taschenbuch Verlag, 1965, 166 S.

A. Jantzen: Balthasar Münter, in: Dansk biografisk Lexikon, Bd. XII, 2006, S. 22-24

Ernst Johann (Hrsg.): Reden des Kaisers. Ansprachen, Predigten und Trinksprüche Wilhelms II., München: Deutscher Taschenbuch Verlag, 1966, 172 S., dtv dokumente 354

Anton Jung: Schinderhannes und das Räuberunwesen in unserer Heimat, Arbeitskreis Heimatpflege im Ortsbeirat Limburg Eschhofen, Selbstverlag, o. J., 134 S.

Wilhelm Jüngst: Verfassung und Verwaltung von Nassau-Oranien von 1743 bis 1806, Frankfurt am Main, 1923, 437 S., (Maschinenschriftliche Dissertation, Frankfurt am Main, 1923)

Robert Jütte: Mythos Außenseiter. Neuerscheinungen zur Geschichte der sozialen Randgruppen im vorindustriellen Europa, in: Ius Commune 21, 1994, S. 241-266

Wolf Hannes Kalden: Vom Hölzerlips und den Lumpensammlern. Hessisches Räuberleben im Übergang 18./19. Jahrhundert, Bad Soden-Salmünster: Kalden-Consulting, 2013, 16 S.

Ferdinand Kämmerer, Christian Theodor Wolf: Kurzer Bericht von dem Leben der am 31. July 1812 in Heidelberg durch das Schwerdt hingerichteten sechs Raubmörder. Von D. Kämmerer. Nebst der nach erfolgter Enthauptung auf dem Blutgerüste gehaltenen Rede von Christian Theodor Wolf, Kirchenrath und Ev.

Luth. erster Stadtpfarrer zu Heidelberg, Heidelberg: bey Gottlieb Braun, o.J. (1812), 16 S.; dass., zweite, vermehrte Auflage: Kurzer Bericht von den am 31. July 1812 in Heidelberg zum Tod durch das Schwerdt verurtheilten sechs Raubmördern. Von D. Kämmerer. Nebst der nach erfolgter Enthauptung von vier Missethätern auf dem Blutgerüste gehaltenen Rede von Christian Theodor Wolf, Kirchenrathe und erstem Ev. Luther. Stadtpfarrer zu Heidelberg. Heidelberg: bey Gottlieb Braun, o.J. (1812), 30 S.; Nachdruck der Rede Wolfs in: > Heiner Boehncke, Hans Sarkowicz (Hrsg): Die deutschen Räuberbanden. Bd. III, S. 188-194

(Ferdinand Kämmerer): Gar schöne und feine Reimlein, enthaltend die gräßliche, grausame Morithat, welche von den Räubern, die heute, zu Heidelberg den 31. Juli, geköpfet werden sollen, ist begangen worden, Heidelberg, 1812. 8 S.

(Ferdinand Kämmerer): Manne Friederichs Erscheinung nach dem Tode und seine Beurtheilung der über ihn und seine Raubgenossen erschienenen Schriften in schönen Reimlein zur Kunde für alle Ururur-Ephemeristen aufgesetzt. Nebst einem Anhange, eine treue Darstellung der vier letzten Lebensminuten der hingerichteten vier Raubmörder und Nachrichten von den Aemtern, welche sie in der Hölle bekleiden, enthaltend, Heidelberg, 1812, 8 S.

Wilhelm Kelch: Das bewegte Leben des Weingartener Pfarrerssohnes Theophor Dittenberger (1766-1842), in: Jahrbuch des Landkreises Karlsruhe, Bd. 5, 1996, S. 306-320

Jost Kloft (Bearb.): Verzeichnis der Papierurkunden und Akten im Archiv der Freiherrn vom und zum Stein zu Nassau, Koblenz: Landesarchivverwaltung Rheinland-Pfalz, 1985, 3 Bde., zus. 943 S.

Bruno König: Sebastian Lutz – Räuber der Hölzerlips-Bande. Der Neckargeracher war eines der jüngsten Bandenmitglieder, in: Unser Land. Heimatkalender für Neckartal, Odenwald, Bauland und Kraichgau. Heidelberg, 2007, S. 95-102

Michail Krausnick: Von Räubern und Gendarmen. Berichte und Geschichten aus der Zeit der großen Räuberbanden, Würzburg: Arena-Verlag, 1978, 220 S.

Michail Krausnick: Beruf: Räuber. Das abenteuerliche Leben des Mannefriedrich. Ein dokumentarischer Roman, Reinbek: Rowohlt, 1978, 170 S., rororo Rotfuchs 172

Michail Krausnick: Beruf: Räuber. Vom schrecklichen Mannefriedrich und den Untaten der Hölzerlips-Bande. Eine historische Reportage, Weinheim: Beltz, 1990, 175 S.

Michail Krausnick: Beruf: Räuber. Von den Untaten der Räuberbanden des Hölzerlips und Mannefriedrich im Spessart und Odenwald und ihrem schrecklichen Ende in Heidelberg. Historischer Roman, Mannheim: Wellhöfer Verlag, 2009, 207 S.

Michail Krausnick: Das Ende der Räuberzeit, in: Rhein-Neckar-Zeitung, 18. 7. 2012

Martin Krauss: Zwischen Emanzipation und Antisemitismus (1802-1862), in: Geschichte der Juden in Heidelberg, hrsg. von Peter Blum, Heidelberg: Guderjahn, 1996, 649 S., S. 154-216

Carsten Küther: Räuber und Gauner in Deutschland. Das organisierte Bandenwesen im 18. und frühen 19. Jahrhundert, Göttingen: Vandenhoeck & Ruprecht, 1976, 197 S., Kritische Studien zur Geschichtswissenschaft, Bd. 20

Katrin Lange: Gesellschaft und Kriminalität. Räuberbanden im 18. und frühen 19. Jahrhundert, Frankfurt am Main: Peter Lang, 1994, 282 S., Europäische Hochschulschriften, Reihe III, Bd. 584

Katrin Lange: Zwischen Verurteilung und Ideologisierung. Zur Einschätzung von Räuberbanden im 18. und frühen 19. Jahrhundert, in: Volkskunde in Rheinland-Pfalz, 8, 1993, S. 3-13

Katrin Lange: „Many a Lord is Guilty, Indeed For Many a Poor Man's Dishonest Deed": Gangs of Robbers in Early Modern Germany, in: Cyrille Fijnaut, Letizia Paoli (Hrsg.): Organised Crime in Europe. Concepts, Patterns and Control Policies in the European Union and Beyond, Dordrecht: Springer, 2004/2006, 1074 S., S. 109-149, Studies of Organized Crime, Vol. 4

Martin Lassner: Hans Jacob Rieter & Johann Jacob Rieter, in: Historisches Lexikon der Schweiz, online-Ausgabe

Gerhard Layer: „So etwas tut ein richtiger Räuber nicht". Schinderhannes und Hölzerlips als Sagengestalten, in: >Harald Siebenmorgen (Hrsg.): Schurke oder Held? Historische Räuber und Räuberbanden, Sigmaringen: Thorbeke, 1995, S. 191-202

Erich Maletzke: Schimmelmann. Schatzmeister des Königs. Ein dokumentarischer Roman, Neumünster: Wachholtz, 2009, 240 S.

Edmund Mangelsdorf: Das Haus Trowitzsch & Sohn in Berlin. Sein Ursprung und seine Geschichte von 1711 bis 1911, Berlin: Trowitzsch & Sohn, 1911, 124 S.

Walter Maushake: Frankfurt an der Oder als Druckerstadt, Frankfurt/Oder, Berlin: Trowitzsch & Sohn, 1936, 135 S.

Hans-Martin Mumm: Denket nicht: „Wir wollen's beim Alten lassen". Die Jahre der Emanzipation 1803-1863, in: Norbert Giovannini, Jo-Hannes Bauer, Hans-Martin Mumm (Hrsg.): Jüdisches Leben in Heidelberg, Heidelberg: Wunderhorn, 1992, S. 21-60

Karl Gottfried Nadler: Fröhlich Palz, Gott Erhalt's. Gedichte in Pfälzer Mundart, Leipzig: Reclam, 1847, 208 S.

Michael Niehaus: Mord, Geständnis, Widerruf. Verhören und Verhörtwerden um 1800, Bochum: Posth Verlag, 2006, 237 S., Schriften zur historischen Kommunikationsforschung, Bd.1

Hans Ostwald: Lieder aus dem Rinnstein, Leipzig, Berlin: Karl Henckell, 1903, XV & 175 S.

Hans Ostwald: Lieder aus dem Rinnstein. Zweites Bändchen, Leipzig, Berlin: Karl Henckell, 1904, IX & 158 S.

Hans Ostwald: Lieder aus dem Rinnstein. Drittes Bändchen, Berlin: Verlag Harmonie, o. J. (1906), 130 S.

Hans Ostwald: Lieder aus dem Rinnstein. Neue Ausgabe, München: Rösl & Cie, 1920, 304 S.

Harald Pfeiffer: Heidelberger Musikleben in der ersten Hälfte des 19. Jahrhunderts, Heidelberg: Guderjahn, 1989, 344 S.

Harald Pfeiffer: Musizierende und komponierende Frauen in Heidelberg bis zum 19. Jahrhundert, in: Heidelberg. Jahrbuch zur Geschichte der Stadt, Nr. 9, 2004/05, S. 153-161

P. (= Ludwig Pfister): Ueber die zweckmäßigste Benutzung des Augenblicks des ersten Erscheinens der Verbrecher vor Gericht; – nebst einem Criminalfalle, als Beleg der aufgestellten Grundsätze, in: Archiv des Criminalrechts, 1802, Bd. 5, S. 72-104

Ludwig Pfister: Aktenmäßige Geschichte der Räuberbanden an den beiden Ufern des Mains, im Spessart und im Odenwalde. Enthaltend vorzüglich auch die Geschichte der Beraubung und Ermordung des Handelsmanns Jacob Rieder von Winterthur auf der Bergstraße. Nebst einer Sammlung und Verdollmetschung mehrerer Wörter aus der Jenischen oder Gauner-Sprache, Heidelberg: Braun, 1812, 244 S., Nachdruck: Frankfurt am Main: Verlag im Leseladen von Eichborn, 1978, 244 S., Nachdruck: Berlin: Rixdorfer Verlagsanstalt, o.J. (1982), 244 S., Teil-Nachdruck in: > Heiner Boehncke, Hans Sarkowicz (Hrsg.): Die deutschen Räuberbanden. Bd. III, S. 127-185

Ludwig Pfister: Nachtrag zu der aktenmäßigen Geschichte der Räuberbanden an den beiden Ufern des Mains, im Spessart und im Odenwalde; enthaltend vorzüglich auch die Geschichte der weiteren Verhaftung, Verurtheilung und Hinrichtung der Mörder des Handelsmanns Jacob Rieder von Winterthur; nebst einer neueren Sammlung und Verdollmetschung mehrerer Wörter aus der Jenischen oder Gaunersprache, Heidelberg: Braun, 1812, 403 S.; **Rezensionen:** anon.: (Bücher-Anzeige), in: Großherzoglich Badische Staats-Zeitung, 21. 12. 1811, S. 1446; anon.: (Bücher-Anzeige), in: Allgemeine Zeitung Nr. 224, Augsburg, 11. 8. 1812, Beilage Nr. 22, S. 86; anon.: o. T., in: Jahrbuecher der Gesetzgebung und der Rechtswissenschaft des Großherzogtums Baden, Heidelberg, 1813, S. 338-341; F. J.: Jurisprudenz, in: Jenaische Allgemeine Literatur-Zeitung, Num. 163, September 1815, Sp. 345-352

Ludwig Pfister: Merkwürdige Criminalfälle mit besonderer Rücksicht auf die Untersuchungsführung. Fünf Bände, 1. Bd.: Frankfurt am Main: Hermannsche Buchhandlung, 1814, 475 S., 2. unveränderte Auflage, ebd., 1822, 475 S.; **Rezensionen:** anon.: Heidelberg, in: Göttingische Gelehrte Anzeigen, 76. Stück, 13. 5. 1815, S. 758-760; F. K. (= Ferdinand Kämmerer): Criminal-Rechts-Praxis, in: Wiener Allgemeine Literaturzeitung, Nr. 56, 14. 7. 1815, Sp. 881-890; Z. (= Carl Salomo Zachariä): o. T., in: Heidelbergische Jahrbücher der Litteratur, 1815, Nr. 11, S. 161-176; F. J.: o. T., in: Jenaische Allgemeine Literatur-Zeitung, Num. 184, Oktober 1815, Sp. 38-40; G.H.J.: Kurze Anzeigen, in: Jenaische Allgemeine Literatur-Zeitung, November 1824, Sp. 175f.,

2. Bd.: ebd., 1816, 616 S.; **Rezensionen:** Wz.: Jurisprudenz, in: Jenaische Allgemeine Literatur-Zeitung, Nr. 140, August 1817, Sp, 177-184; anon.: o. T., in: Neues Archiv des Criminalrechts, 1817, 4. Band, S. 671-676,

3. Bd.: ebd., 1817, 632 S.; **Rezensionen:** anon.: o. T., in: Neues Archiv des Criminalrechts, 2. Jg., 1818, S. 664-668; Wz.: Jurisprudenz, in: Jenaische Allgemeine Literatur-Zeitung, Ergänzungsblätter, Nr. 11, 1819, Sp. 81-85,

4. Bd.: ebd., 1820, 767 S.

5. Bd.: ebd., 1820, 673 S.

Ludwig Pfister: Criminalfall einer Testamentsverfälschung, bearbeitet mit besonderer Rücksicht auf Untersuchungsführung, in: Gallus Aloys Kleinschrod, Christian Gottlieb Konopak, Carl Joseph Anton Mittermaier (Hrsg.): Neues Archiv des Criminalrechts, 1. Bd., 1. Stück, Halle: Hemmerde und Schwetschke, 1816, S. 36-66

Nicoline Pilz: Bilderzyklus zur Hölzerlips-Tragödie, in: Mannheimer Morgen, Mannheim, 13. Juli 2012

Dieter Preuss, Peter Dietrich: Bericht vom poetischen Leben der Vaganten und Wegelagerer auf dem Winterhauch, besonders aber vom Aufstieg des Kastenkrämers Hölzerlips zum Odenwälder Räuberhauptmann, Modautal-Neunkirchen: Anrich, 1978, 296 S.; dass., Ravensburg: Otto Maier, 1983, 254 S.

Dieter Preuss: Vom Hemsbacher Mord am 1. Mai 1811. Oder: Das Ende der Hölzerlips-Bande, in: > Peter Schnatz: Hölzerlips-Zyklus, o. O., o. J. (Mannheim, 1974), 6 S.

Ernst Probst: Der Schwarze Peter. Ein Räuber im Hunsrück und Odenwald, Mainz: Verlag Ernst Probst, 2005, 136 S.

Kurt Ranke u. a. (Hrsg.): Enzyklopädie des Märchens. Handwörterbuch zur historischen und vergleichenden Erzählforschung, 14 Bde., Berlin, New York: de Gruyter, 1975ff.

Niels Rasmussen Sökilde: Trolleborgegnen og dens Beboere igjennem 250 Aar, Udgivet af Brahetrolleborg Sogns Folkemindesamling og Öster Haesinge Lokalhistoriske Arkiv, Gaerup, 1999, 145 S., (ergänzter Nachdruck der Ausgabe von 1894)

Andreas Georg Friedrich Rebmann: Damian Hessel und seine Raubgenossen. Aktenmäßige Nachrichten über einige gefährliche Räuberbanden, ihre Taktik und ihre Schlupfwinkel, nebst Angabe der Mittel, sie zu verfolgen und zu zerstören. Zunächst für gerichtliche und Polizeibeamte an den Gränzen Deutschlands und Frankreichs, bearbeitet von einem gerichtlichen Beamten, Zweite, durchaus umgearbeitete, vermehrte und verbesserte Auflage. Nebst einigen Beilagen, Notizen über Hessels frühere Geschichte, und eine Übersicht der Resultate der gegen ihn geführten Untersuchung. Mit einem Titelkupfer, Mainz: bei Florian Kupferberg, 1811, 188 S.; Nachdruck der 3. Auflage in: > Heiner Boehncke, Hans Sarkowicz (Hrsg.): Die deutschen Räuberbanden. Bd. I, S. 293-370

Rainer Rotard: Das Schicksal einer nassauischen Familie in den Wirren um 1800. Eine Räubergeschichte, in: Rhein-Lahn-Kreis. Heimatjahrbuch 1995, S. 129-133

Friedrich Schiller: Die Räuber, 4. Akt, 5. Szene, in: Friedrich Schiller: Werke in drei Bänden, Band I, München: Hanser, 1966, S. 129f.

Martin Schleicher: Darstellung der vier letzten Lebens-Stunden der am 31. July 1812 zu Heidelberg hingerichteten Raubmörder Manne Friederich, Hölzerlips, Krämer Mathes und Veit Krämer. Nebst Nachrichten über die begnadigten Verbrecher Sebastian Lutz und Andreas Petry. Zur Kunde für Kinder, Enkel, Ur- und Ururenkel, aufgesetzt von Martin Schleicher, Heidelberg, 1812, 8 S.

Ernst Schmidt: Mühlen und Müllerfamilien im Biebertal, in: Jürgen Leib (Hrsg.): Beiträge zur Siedlungs- und Wirtschaftsgeschichte des Biebertals, Gießen: Oberhessischer Geschichtsverein, 1982, 232 S.; S. 193-232

Heinz-Günter Schmitz: Der wiedererstandene Eulenspiegel. Zur Druck- und Textgeschichte des Eulenspiegelbuchs, in: Jahrbuch des Vereins für Niederdeutsche Sprachforschung, Jg. 118 Neumünster: Wachholtz. 1995, S. 57-98

Peter Schnatz: Hölzerlips-Zyklus, (Text von > Dieter Preuß), o. O., o. J. (Mannheim, 1974), 16 Bll.

Peter Schnatz: Gemälde-Zyklen, Mannheim: Städtische Kunsthalle Mannheim, 1996, 120 S., (Katalog der Ausstellung in der Städtischen Kunsthalle Mannheim, 6. 7. – 1. 9. 1996; Redaktion: Jochen Kronjäger)

Peter Schnatz und sein Hölzerlips-Zyklus von 1974, in: Künstlernachlässe Mannheim. Presseinformation, Mannheim, o. J. (Juli 2012)

Gershom Scholem: Walter Benjamin – die Geschichte einer Freundschaft, Frankfurt am Main: Suhrkamp, 1975, 299 S. (Bibliothek Suhrkamp, Bd. 467)

Eberhard Schöll: Hans Jacob Rieter (1766–1811). Aus dem Leben eines Winterthurer Handelsmannes, in: Winterthurer Jahrbuch 18, 1971, S. 191-198

Johann Ulrich Schöll: Konstanzer Hanß. Eine Schwäbische Jauners-Geschichte aus zuverlässigen Quellen geschöpft und pragmatisch bearbeitet, Stuttgart 1789, Nachdruck in: > Heiner Boehncke, Hans Sarkowicz (Hrsg.): Die deutschen Räuberbanden. Bd. I, S. 165-252

Johann Ulrich Schöll: Abriss des Jauner- und Bettelwesens in Schwaben nach Akten und andern sichern Quellen von dem Verfasser des Konstanzer Hanß, Stuttgart: Erhard und Löflund, 1793; Nachdruck in: > Heiner Boehncke, Hans Sarkowicz (Hrsg.): Die deutschen Räuberbanden. Bd. III, S. 9-57

Th(eodor) Schüler: Politische und soziale Verhältnisse Nassaus, besonders das Briganten-Unwesen von 1713 bis 1813, in: Alt-Nassau, Blätter für Nassauische Geschichte und Kultur-Geschichte. Freibeilage zum Wiesbadener Tagblatt, Nr. 1, 1897, S. 1-3

Karl-Robert Schütze: Reliquien von Carl Ludwig Sand, in: Angelika Friederici: Castan's Panopticum. Ein Medium wird besichtigt. Eine kulturhistorische Rekonstruktion, Heft 15, Berlin: Karl-Robert Schütze, 2012, 12 S.

Anton Schwarze: Das Zuchthaus zu Diez, in: Nassovia, Jg. 14, 1913, Nr. 9, S. 112-113

A(nton) Sch(warze): Die Strafanstalt Diez einst und jetzt, in: Alt-Nassau, Blätter für Nassauische Geschichte und Kultur-Geschichte. Freibeilage zum Wiesbadener Tagblatt, Nr. 3, 1915, S. 12

Carl Philipp Theodor Schwenken: Aktenmäßige Nachrichten von dem Gauner- und Vagabundengesindel, sowie von einzelnen professionirten Dieben, in den Ländern zwischen dem Rhein und der Elbe, nebst genauer Beschreibung ihrer Person von einem kurhessischen Criminal-Beamten, Cassel: Hampesche Buchdruckerey, 1822, 656 S.; Fotomechanischer Neudruck, Heidelberg: Kriminalistik Verlag, 1981; Teil-Nachdruck in: > Heiner Boehncke, Hans Sarkowicz (Hrsg.): Die deutschen Räuberbanden. Bd. III, S. 270-278

Carl Philipp Theodor Schwenken: Notizen über die berüchtigsten jüdischen Gauner und Spitzbuben, welche sich gegenwärtig in Deutschland und an dessen Gränzen umhertreiben, nebst genauer Beschreibung ihrer Person. Nach Criminalakten und sonstigen zuverläßigen Quellen bearbeitet und in alphabetischer Ordnung zusammengestellt, Marburg, Cassel: Johann Christian Krieger, 1820, XVI & 420 S.

Wolfgang Seidenspinner: Hölzerlips und Schwarzer Peter. Zur Raub- und Bandenkriminalität im badisch-hessisch-fränkischen Grenzraum im frühen 19. Jahrhundert, in: Zeitschrift für die Geschichte des Oberrheins 129 (1981), S. 368-398

Wolfgang Seidenspinner: Das Beispiel der Spessart-Odenwaldbande (1802-1811), in: Gherardo Ortalli (Hrsg.): Bande armate, banditi, banditismo e repressione di giustizia negli stati europei di antico regime, Rom, 1986 (Storia 20), S. 277-304

Wolfgang Seidenspinner: Odenwälder Räubersagen um den Hölzerlipsstein. Ein Interpretationsversuch, in: Badische Heimat 68, 1988, Heft 3, S. 355-368

Wolfgang Seidenspinner: Hölzerlips – eine Räuberkarriere. Zur Kriminalität der Odenwälder Jauner im frühen 19. Jahrhundert, in: >Harald Siebenmorgen (Hrsg.): Schurke oder Held? Historische Räuber und Räuberbanden, Sigmaringen: Thorbeke, 1995, S. 75-80

Wolfgang Seidenspinner: Bettler, Landstreicher und Räuber. Das 18. Jahrhundert und die Bandenkriminalität, in: >Harald Siebenmorgen (Hrsg.): Schurke oder Held? Historische Räuber und Räuberbanden, Sigmaringen: Thorbeke, 1995, S. 27-38

Wolfgang Seidenspinner: Mythos Gegengesellschaft. Erkundungen in der Subkultur der Jauner, Münster: Waxmann, 1998, 408 S., Internationale Hochschulschriften, Bd. 279

Wolfgang Seidenspinner: Angst und Mobilität. Die Ausgrenzung der Gauner im späten Mittelalter und der frühen Neuzeit und die Wirkung von Stereotypen, in: Das Mittelalter. Perspektiven mediävistischer Forschung, Berlin etc: de Gruyter, Jg. 12, 2007, S. 72-84

Georg Seiderer: Johann Andreas Georg Friedrich von Rebmann, in: Neue Deutsche Biographie, Bd. 21, 2003, S. 226-228 (Onlinefassung)

Harald Siebenmorgen (Hrsg.): Schurke oder Held? Historische Räuber und Räuberbanden, Sigmaringen: Thorbeke, 1995, 401 S., Volkskundliche Veröffentlichungen des Badischen Landesmuseums Karlsruhe Band 3 (Katalog der Ausstellung im Badischen Landesmuseum Karlsruhe 1995/96)

Harry Maximilian Siegert: Räubergeschichte, in: Viernheimer Tageblatt, 23. 7., 13. 8., 17. 9. 2011

Wolfram Siemann: „Deutschlands Ruhe, Sicherheit und Ordnung". Die Anfänge der politischen Polizei 1806-1866, Tübingen: Niemeyer, 1985, 533 S., Studien und Texte zur Sozialgeschichte der Literatur, Bd. 14

Hans Slama: Der Anfang vom Ende der Hölzerlips-Bande. „Mannefriedrich" schildert den Aufbruch zum Hemsbacher Überfall, in: Unser Land. Heimatkalender für Neckartal, Odenwald, Bauland und Kraichgau. Heidelberg, 2007, S. 103-105

C(hristian) Spielmann: Geschichte von Nassau. I. Teil: Politische Geschichte, Wiesbaden: P. Plaum, o. J. (1909), 525 S.

C(hristian) Spielmann: Geschichte von Nassau. II. Teil: Kultur- und Wirtschaftsgeschichte, Montabaur: Verlag des Nassauischen Vereins für ländliche Wohlfahrts- und Heimatpflege, 1926, 705 & XIV S.

Wolfgang Stenke: Schinderhannes & Co. Kriminalität und Bandenwesen im 18. und 19. Jahrhundert., in: Frankfurter Hefte, Jg. 35, 1980, H. 3, S. 47-54

Wolf-Heino Struck: Die Auswanderung aus dem Herzogtum Nassau (1806-1866). Ein Kapitel der modernen politischen und sozialen Entwicklung, Wiesbaden: Franz Steiner, 1966, 203 S., Geschichtliche Landeskunde. Veröffentlichungen des Instituts für geschichtliche Landeskunde an der Universität Mainz, Bd. IV

Albert Teichmann: Ferdinand Kämmerer, in: Allgemeine Deutsche Biografie, Bd. 15, 1882, S. 57

Gustav Toepke (Bearb.): Die Matrikel der Universität Heidelberg. Vierter Teil, von 1704 bis 1807, Herausgegeben mit Unterstützung des Grossherzoglich Badischen Ministeriums der Justiz, des Kultus und Unterrichts von Paul Hintzelmann. Nebst einem Anhange, Heidelberg: Carl Winter's Universitätsbuchhandlung, 1903, 656 S.

Erich Viehöfer: Das letzte Kapitel: Strafvollzug an Räubern, in: > Harald Siebenmorgen (Hrsg.): Schurke oder Held? Historische Räuber und Räuberbanden, Sigmaringen: Thorbeke, 1995, S. 171-178

Christoph Waldecker: Limburg an der Lahn, Regensburg: Schnell & Steiner, 2. Aufl., 2011, 56 S.

Eberhard Weber: Die Mainzer Zentraluntersuchungskommission. Karlsruhe: Müller, 1970, 104 S.; Studien und Quellen zur Geschichte des deutschen Verfassungsrechts, Reihe A, Bd. 8; (Diss. jur. Bonn, 1970)

Christian Friedrich Wittich: Hannikel oder die Räuber- und Mörderbande, welche in Sulz am Neckar in Verhaft genommen und am 17ten Jul. 1787 daselbst justificirt worden. Ein wahrhafter Zigeuner-Roman ganz aus den Kriminal-Akten gezogen; Tübingen, o.J. (1787); Nachdruck in: > Heiner Boehncke, Hans Sarkowicz (Hrsg.): Die deutschen Räuberbanden. Bd. I, S. 105-161

Christian Theodor Wolf, Theophor Dittenberger, G. Holdermann: Das Verhalten der zu Heidelberg am 31. July 1812 vier enthaupteten und zwei begnadigten Verbrecher während ihrer Vorbereitung zum Tode. Von ihren Seelsorgern selbst dargestellt, Heidelberg: bei Gottlieb Braun, 1812, VIII & 96 S.

Werner Wunderlich (Hrsg.): Dyl Ulenspiegel. In Abbildung des Drucks von 1515, Göppingen: Kümmerle, 1982, 130 Bll. & XXIII S.

Zeitung des Großherzogtums Frankfurt; Nr. 212, 30. 7. 1812

Carl Zuckmayer: Schinderhannes, 1. Akt; in: Carl Zuckmayer: Zwei Stücke, Frankfurt am Main: Fischer Taschenbuch Verlag, 1968, S. 61

**Andere Medien**

Angela Hefner: Tschernowenka, CD

Volker Schlöndorff (Regie): Der plötzliche Reichtum der armen Leute von Kombach, Spielfilm, Deutschland, 1971

Michail Krausnik, Gisela Ziek: Das letzte Lied des Räubers Mannefriedrich, Fernseh-Film, Saarländischer Rundfunk,1982

Hölzerlips (Dieter Preuss u.a.): Jenischer Schall, Schallplatte, LC 0972, Dortmund: Pläne Studio, 1978, dass. CD , Dortmund: Pläne records, 2001

Gerd Schulmeyer, Bodo Kolbe: Die Sens' uffm Buckel, Schallplatte, DWB 19 782, Mörfelden, 1979

Leipziger Folk Sessions Vol 2: Ein freyes Leben führen wir. Räuber- und Wilddiebsgesänge, Schallplatte. Leipzig: Heideck records, 1999

## Informationsquellen im Internet

www.arcinsys.hessen.de (Verbund hessischer Archive)
www.arkivalieronline.de/www.sa.dk (darin: Folketaellinger, Kirkeböger)
www.castans-panopticum.de
www.cosuaneten.de (Bund der Pfadfinderinnen und Pfadfinder. Stamm der Cosuaneten e.V., darin: „Nun hör, mein lieb Kathrinchen ...")
www.deutsche-biographie.de (Allgemeine & neue deutsche Biographie)
www.dnb.de (Deutsche Nationalbibliothek)
www.felsenmeerkobolde.de (eine Seite für Kinder, darin: Marieta Hiller: Romantisches Räuberleben um 1800?)
www.gdz.sub.uni-goettingen.de (Göttinger Digitalisierungszentrum)
www.harry-siegert.de
www.hessen-martin.de
www.kalliope-portal.de (Volksliederarchiv)
www.kuenstlernachlaesse-mannheim.de (darin: Werkverzeichnis Peter Schnatz)
www.lagis-hessen.de (Landesgeschichtliches Informationssystem Hessen)
www.leo-bw.de (Landeskundliches Informationssystem Baden-Württemberg
www.les-paroles-de-chansons.com (darin: Übersetzungen des Gedichts „Seit dem ersten May ...")
www.lohra-wiki.de (darin: Der Postraub in der Stubach)
www.prfk.org (Verein für Pfälzisch-Rheinische Familienkunde)
www.reader.digitale-sammlungen.de (Bayerische Staatsbibliothek digital)
www.subito-doc.de
www.wikipedia.org
http://kochemer-blog (darin: die drei Gedichte von Friedrich Philipp Schütz, zitiert nach der Vorlage Pfisters)

## Ortsregister

Ahrensburg, bei Hamburg: 42
Alfeld (Leine): 35
Allendorf (Eder): 35
Altenkirchen, Westerwald: 23, 115, 162
Amorbach, Odenwald: 99, 128, 130
Amsterdam: 242
Arnsberg: 101, 121, 157, 161f., 176f., 187, 193
Arnsburg, heute Stadtteil von Lich: 178
Aschaffenburg: 124f., 207
Aßlar, bei Wetzlar: 72
Atzbach, bei Gießen, heute Ortsteil von Lahnau: 47, 174-176

Bad Ems: 17, 25-28, 47
Bad Vilbel: 99, 123, 126, 197, 208
Banteln, heute Stadtteil von Gronau (Leine): 35
Bergen, heute Stadtteil von Frankfurt am Main: 99, 197
Bergnassau, bei Nassau/Lahn: 26
Berlin: 12, 159, 246, 254, 160f.
Bessenbach, bei Aschaffenburg: 125
Bicêtre, bei Paris: 121, 177
Bönstadt, Wetterau, heute Stadtteil von Niddatal: 83
Bonames, heute Stadtteil von Frankfurt am Main: 123
Bonn: 16
Brahetrolleborg, auf Fünen, Dänemark: 49, 51-53, 56
Breitenau, Westerwald: 83
Breitenborn, bei Gelnhausen, heute Ortsteil von Gründau: 99f., 115, 193, 208
Breslau (Wroclaw), Polen: 224
Bretten: 235
Bruchsal: 235, 244, 285
Brünn (Brno), Tschechische Republik: 160
Buchen, Odenwald: 119
Bühl (Baden): 139

Celle: 35f.

Daaden, bei Altenkirchen, Westerwald: 115
Daisbach, Taunus, heute Ortsteil von Aarbergen: 83
Darmstadt: 17, 27, 84, 112f., 126, 159, 161, 164, 193f., 216f., 225, 243, 265, 273
Demmin (Vorpommern): 26
Dessau: 52
Dießenhofen, Schweiz: 131
Diez: 35, 91-94, 96, 187

Dillenburg: 20, 65f., 72, 79f., 91, 94, 97, 121
Dörnigheim, bei Hanau, heute Ortsteil von Maintal: 123, 208
Dörsdorf, Taunus: 111
Dörzbach, an der Jagst: 119
Dortelweil, heute Stadtteil von Bad Vilbel: 127
Dransfeld, bei Göttingen: 35f.
Dreilingen, Lüneburger Heide: 35f.

Eberbach, am Neckar: 129, 157, 159
Ebstorff, bei Uelzen: 35f.
Ehringshausen, bei Wetzlar: 72, 83
Eiershausen, bei Dillenburg, heute Ortsteil von Eschenburg: 97
Einbeck, bei Northeim: 35
Elze, bei Hildesheim: 35
Emmerichenhain, Westerwald, heute Stadtteil von Rennerod: 72
Erbstadt, heute Stadtteil von Nidderau, Hessen: 124

Faaborg, auf Fünen, Dänemark: 49
Fachbach, bei Bad Ems: 31
Frankfurt am Main: 12, 19, 26, 48, 66, 84, 87, 100, 116, 123, 125f., 128, 131, 153, 197
Frankfurt/Oder: 224, 260
Frauenfeld, Schweiz: 131
Freiburg im Breisgau: 142
Freiendiez, bei Diez: 92
Friedberg: 57, 62-65, 87, 128
Frücht, bei Bad Ems: 17, 21, 27, 29-31, 33, 47, 49, 52, 55, 57, 59-66, 71-73, 77-79,
    89, 91, 93, 107, 218, 286
Fulda: 122

Gaerup, auf Fünen, Dänemark: 49-54, 59
Gelnhausen: 99, 111, 114, 126, 128, 193, 209
Genf: 26
Georgenborn, Taunus, heute Ortsteil von Schlangenbad: 75
Gießen: 17, 35f., 47f., 72f, 83, 98, 101, 108, 111, 113, 122, 141f., 173, 177, 182, 184
Gisselberg, heute Stadtteil von Marburg: 35
Gleiberg, bei Gießen, heute Ortsteil von Wettenberg: 174
Göttingen: 35f., 242
Grävenwiesbach, bei Usingen, Taunus: 99f., 193, 208
Groningen, Niederlande: 114
Grosendorf > Neuenassenberg
Groß-Umstadt: 128f.
Grünstadt: 47, 94, 241
Günzburg: 47, 96, 178
Güstrow: 242

Haarheim = Harheim, heute Stadtteil von Frankfurt am Main: 126, 208
Hadamar, Westerwald: 72, 89f., 94
Haingründen = Haingründau bei Gelnhausen, heute Ortsteil von Gründau: 83
Halle (Saale): 224, 242
Hallenberg, Hochsauerland: 101
Halsdorf, bei Marburg: 35
Hamburg: 26, 42, 224, 242
Hanau: 123, 125f., 128, 155, 162-165, 167, 177f.
Handschuhsheim, bei Heidelberg: 285
Hann. Münden: 35
Hannover: 26, 35
Heidelberg: 15, 17f., 20f., 72, 93-95, 98f., 101, 118, 122, 130-132, 139f., 142-144, 149-151, 154, 156-160, 162-164, 168-171, 174, 176-181, 183, 187-192, 194f., 197f., 201-203, 205, 210, 213f., 221f., 227, 229f., 232-242, 245f., 249, 252, 254, 258, 261, 265, 269, 271-274, 281, 283-288
Heldenbergen, heute Ortsteil von Nidderau, Hessen: 163
Hemsbach, Bergstraße: 17, 20, 114, 116, 121, 131, 133, 135f., 142f., 148, 153-156, 158f., 162, 167f., 171, 180f., 189f., 192, 194f., 198f., 201-203, 205, 207, 209, 211, 213, 219, 223, 227-229, 233, 235f., 240, 243f., 246, 251f., 254, 256-264, 271, 274-276, 279, 289
Herborn: 65
Hersdorf, bei Prüm, Eifel: 165
Heubach, Odenwald, heute Ortsteil von Groß-Umstadt: 128, 207
Heuchelheim, bei Gießen: 173f.,
Hilscheid = Hillscheid, Westerwald: 83
Homburg vor der Höhe: 123, 125
Hoppach = Hobbach bei Miltenberg: 119
Hundsangen, Westerwald: 83
Hüngen = Hüngheim, bei Mosbach, heute Ortsteil von Ravenstein: 118

Ilbenstadt, Wetterau, heute Ortsteil von Niddatal: 124, 128
Islikon, Schweiz: 131

Jena: 38
Jesberg, nördlich von Marburg: 35

Kahl, am Main, östlich von Offenbach: 125
Kailbach, Odenwald, heute Ortsteil von Hesseneck: 130
Kaiserslautern: 176
Kalisch (Kalisz), Polen: 77
Karlsbad (Karlovy Vary), Tschechische Republik: 151
Karlsruhe: 20, 24, 144, 158, 164, 195, 209, 212, 214, 255, 263, 272
Kassel: 17, 35, 113
Katzenfurt, Westerwald, heute Ortsteil von Ehringhausen: 72
Kelsterbach, am Main: 177

Kinzenbach, bei Gießen, heute Ortsteil von Heuchelheim: 101, 173-175, 183f.
Kleestadt, Odenwald, heute Stadtteil von Groß-Umstadt: 129, 208
Klein-Karben, Wetterau, heute Stadtteil von Karben: 99
Kleve: 58
Koblenz: 26, 47, 286
Köln: 113, 115, 165, 224
Kombach, heute Stadtteil von Biedenkopf: 13
Kopenhagen: 17-21, 25, 29, 32f., 37-44, 47, 49, 52, 54, 65, 89, 98, 129, 231, 286
Krofdorf, bei Gießen, heute Ortsteil von Wettenberg: 174

Lahnstein: 74
Langendiebach, bei Hanau, heute Ortsteil von Erlensee: 128
Laudenbach, Bergstraße: 130f., 135f., 143, 157, 207, 233, 236
Lauenburg/Elbe: 36
Launsbach, bei Gießen, heute Ortsteil von Wettenberg: 174
Lausanne, Schweiz: 26
Leipzig: 242
Leimen, bei Heidelberg: 278
Leun, bei Wetzlar: 35
Limburg an der Lahn: 35f., 72, 95-97, 165
Lindenborg, Jütland, Dänemark: 26, 52
Lindscheid = Linscheid, heute Ortsteil von Schalksmühle: 94, 98
Lollar, bei Gießen: 35, 97
Lübeck: 31, 34f., 37f.
Lüneburg: 35f.
Luxemburg: 165

Magdeburg: 49, 165
Mainz: 17, 20, 27, 30, 96, 116, 152, 177, 192
Mannheim: 14f., 18, 24, 117, 132, 143f., 150, 152, 158, 161f., 166, 171, 181-183, 187, 189-194, 197, 209-214, 221, 233-236, 254f., 264, 268, 271, 281, 285
Marburg: 35, 65, 72, 115, 122, 140-142, 197
Marienschloss, Wetterau, Hessen: 101, 177
Marktheidenfeld, am Main: 124
Medebach, Sauerland: 101
Miltenberg, am Main: 99
Mölln, bei Lübeck: 35
Mülben, Odenwald, heute Ortsteil von Waldbrunn: 130
München: 224

Nassau/Lahn: 17, 21, 26-28, 31f., 35, 37, 41, 43, 58, 62f., 66, 89, 93
Neuenassenberg = Neuastenberg, Sauerland, heute Stadtteil von Winterberg: 79
Neukirch, Westerwald, heute Stein-Neukirch: 72
Neustadt, Odenwald, heute Stadtteil von Breuberg: 273f.

Neuwied: 17, 100, 114, 165
Niddatal, Wetterau: 125
Nidderau, Hessen: 124
Niedererlenbach, bei Homburg vor der Höhe, heute Stadtteil von Frankfurt am Main: 127
Niedereschbach, bei Homburg vor der Höhe, heute Stadtteil von Frankfurt am Main: 99, 208
Niederzell, heute Stadtteil von Schlüchtern: 126, 208
Nievern, bei Koblenz: 31
Nörten-Hardenberg, bei Northeim: 35f.
Northeim, nördlich von Göttingen: 35
Nürnberg: 124, 224

Ober-Schönmattenwaag, Odenwald, heute Ortsteil von Waldmichelbach: 130, 208
Obertiefenbach, westlich von Weilburg, heute Ortsteil von Beselich: 35
Oberursel, Taunus: 99
Odenhausen (Lahn), heute Stadtteil von Lollar: 97
Ostheim, Wetterau, heute Stadtteil von Butzbach: 99, 122-128, 162f., 165, 197, 208

Paris: 121
Pattensen, südlich von Hannover: 35
Pforzheim: 235, 285
Posen (Poznan), Polen: 77
Prag: 129, 137

Rabenscheid, Westerwald, heute Ortsteil von Breitscheid: 72
Ramsthal, bei Bad Kissingen: 23
Rastatt: 235
Rebberlah, Lüneburger Heide: 35f.
Reiskirchen, bei Gießen: 177
Reutlingen: 224
Rod am Berg, bei Usingen, heute Ortsteil von Neu-Anspach: 23, 168
Rohrbrunn, bei Aschaffenburg, heute Ortsteil von Weibersbrunn: 124-126
Ronda, Spanien: 13
Rostock: 20, 237, 243
Runkel, östlich von Limburg an der Lahn: 75
Ruppertshofen, Taunus: 54

Schalksmühle: 95
Scharrmühle: 126, 208
Schlüchtern: 126
Schönstadt, nördlich von Marburg, heute Ortsteil von Cölbe: 35
Schweighausen, Taunus: 27, 30
Schwetzingen, bei Heidelberg: 142
Seligenstadt: 159
Sickenhofen, Odenwald, heute Ortsteil von Babenhausen: 159f.

Sinn (Hessen), Westerwald: 75
Somborn, Spessart, heute Ortsteil von Freigericht: 163f., 207
Sprendlingen, südlich von Offenbach am Main, heute Stadtteil von Dreieich: 126, 208
Strümpfelbrunn, Odenwald, heute Ortsteil von Waldbrunn: 130
Sulz am Neckar: 112

Teningen, Baden: 242
Thorfelden, bei > Bergen: 99, 208
Trier: 27, 165, 176f.
Tringenstein, bei Dillenburg, heute Ortsteil von Siegbach: 72

Urberach, südlich von Offenbach am Main, heute Stadtteil von Rödermark: 126
Usingen: 99, 220

Vaduz, Liechtenstein: 112
Vetzburg, bei Gießen, heute Ortsteil von Biebertal: 184

Wabern (Hessen), südlich von Kassel: 35
Waldkatzenbach/Katzenbach, Odenwald, heute Ortsteil von Waldbrunn: 129f., 179, 184, 234
Walldürn, Odenwald: 130, 208
Weilburg: 72
Weingarten: 242
Weinheim: 98, 132, 135f., 210, 251, 271, 278, 289
Welschneudorf, Westerwald: 75
Werdorf, bei Gießen, heute Ortsteil von Aßlar: 35, 72
Wertheim, am Main: 167
Wesel: 115
Wetter (Ruhr): 58, 63
Wetzlar: 35, 72, 74 83, 88
Wieblingen, heute Stadtteil von Heidelberg: 271
Wien: 29, 162
Windecken, bei Hanau, heute Stadtteil von Nidderau: 122, 162, 164f., 167
Winterthur, Schweiz: 17, 23, 131f., 153, 233, 236
Wissenbach, bei Dillenburg, heute Ortsteil von Eschenburg: 79
Wißmar, bei Gießen, heute Ortsteil von Wettenberg: 174
Wolfenhausen, Taunus, heute Ortsteil von Weilmünster: 95
Wunsiedel: 254
Würges, Taunus: 83
Würzburg: 149, 160
Wüstwillenroth, Vogelsberg, heute Ortsteil von Birstein: 126, 207

Zürich: 23, 131
Zwingenberg, am Neckar, östlich von Heidelberg: 23, 157, 165f., 169, 234

**Personenregister**

Abenheimer, Mendel, Kaufmann, Heidelberg: 150
Ackermann, J., Regierungsrat, Solms-Lich: 83, 88
Adorno, Margarethe, geb. Karplus: 230
Adorno, Theodor W.: 230
Ahlen, N. N., Witwe, Frücht: 64
Andersen, Hans Christian: 223, 225
Ansel, Familie, Frücht: 60
von Arnim, Achim: 262
Attila, Hunnenfürst: 252
Augustenburg, Prinz von: 56
Avé-Lallemant, Friedrich Christian Benedikt: 12, 18, 258f.

Bacher, N. N., französischer Resident, Frankfurt am Main: 84
Bauer, Johann („Schefflenzer Bub"): 105, 162, 169, 212, 220
Bauer, Michael, Angeklagter in Buchen (Odenwald): 118f.
Bauer, Philipp („Salpeter-Sieder"): 105
Baumgart, Jakob, Komplize von Friedrich Philipp Schütz: 126
Baurittel, Katharina, geb. Gehrig, 2. Ehefrau von > Ludwig Aloys Pfister: 142
Becker, Johann Nikolaus, Untersuchungsrichter, Köln: 17, 106, 113f., 144
Becker, Johannette Marie, Frücht: 17
Benjamin, Walter: 12
Benz, Johann Friedrich („Grind-Frieder"): 103
Bernsdorff, Familie, Kopenhagen: 38
Bethmann, Johann Philipp, Bankier, Frankfurt am Main: 19, 26, 28, 33
von Beulwitz, N. N., Bruchsal: 244f.
Biedermann, N. N., Wachtmeister, Heidelberg: 192
Birlinger, Anton, Germanist & Theologe: 259
Blinonen, N.N., zeitweise Begleiter von > Maria Margaretha Schütz: 55, 61, 63, 72
Bonifatius: 230
Borgener, Johann („Pohlengängers Hannes"): 105
Börne, Ludwig: 150, 230
Bosbeck, Jan, Mitglied der Niederländischen Räuberbande: 107, 114
Bragge, Anna, Kopenhagen: 40
Braun-Wiesbaden, Karl, Schriftsteller & Politiker: 259-262
Brecht, Bertolt: 18, 262f.
Brentano, Clemens: 230
Brill, Carl Friedrich, Kriminalrichter, Darmstadt: 17, 106, 113, 125, 159, 193, 262, 265, 281
Brun, Friederike, Tochter von > Balthasar Münter, Kopenhagen: 38
Büchner, Georg: 260
Bückler, Johannes („Schinderhannes"): 12, 95f., 100, 107, 116, 161, 177, 203, 262

Buff, Christian Ludwig, Regierungsrat, Solms-Rödelheim: 83, 88
Busch, N. N., Arzt, Marburg: 141

Carl Ludwig Friedrich, Großherzog von Baden: 20, 22, 156, 194, 209, 212-214, 232, 266, 268, 272
Carlebach, Herz, Kaufmann, Heidelberg: 150
Carlebach, Samuel, Kaufmann, Heidelberg: 150, 183
Castan, Gustav, Betreiber von „Castan's Panopticum", Berlin: 254
Castan, Louis, Betreiber von „Castan's Panopticum", Berlin: 254
von Chamisso, Adelbert: 260
Claudius, Matthias: 42
Crecelius, Philipp, Schultheiß, Frücht: 33
de Custine, Adam-Philippe, französischer General: 79

Daub, Carl, Professor, Heidelberg: 150
Daus, Anne Margareth, Dillenburg: 79
Daus, David, Dillenburg: 79
David, Hajum, Altenkirchen: 23, 162
Delis, Martin („Zahnfranzenmartin"): 106, 161, 192
Dietrich, Peter, Mannheim: 16, 18, 255, 257, 262
Dittenberger, Theophor Friedrich, Pfarrer, Heidelberg: 20, 45, 73, 93, 183, 190, 197, 213, 217f., 222, 226, 228, 230, 240-242, 244, 257f., 278-282, 284, 287-290
Dollmann, N. N., Häfner, Dörzbach: 119
von Drais, Oberhofrichter, Mannheim: 24, 214
Dürrfeld, Ludwig, Bühl, Taufpate von > Ludwig Aloys Pfister: 139

von Edelsheim, Georg Ludwig, Minister, Karlsruhe: 268
Ehwald, Anton, Frücht/Kopenhagen: 30, 32, 40f.
Ehwald, Juliana Maria Sophia, Tochter von Maria & Anton Ehwald: 40
Ehwald, Maria, Ehefrau von Anton Ehwald: 40
von Eichendorff, Joseph: 262
Eichler, Peter („Hainstadter Peter"): 100, 103, 119f., 162, 187
von Erath, Justus Hieronymus, Regierungsrat, Nassau-Oranien: 83, 88
Euler, Wilhelm („Höllenbrands Wilhelm"): 104

Fehn, Georg („dicker Jörg"): 104
Feuerbach, Ludwig: 258
Fielding, Henry: 149
Fontsch, Georg („schrammbackiger Jörg"): 104
Frank, Andreas („der lange Andres"): 129f., 135f., 154, 159, 168, 194, 201f., 205f., 210, 279
Frank, Lorenz („Schinderlorenz"): 105
Friedrich II. von Preußen: 26
Fuhn, Ehepaar, Wirte in der „Juhöhe", Odenwald: 130, 162

Gambsjäger, Franz Wilhelm, Professor, Heidelberg: 142, 213
Gaum, N. N., Gerichtsreferent, Mannheim: 24, 214
Geiger, N. N., Witwe, Oberlaudenbach (Bergstraße): 130, 162
Gensmann, Anton, Frücht/Kopenhagen: 30, 32, 37, 41, 44
Gensmann, Elisabeth Margaretha, Tochter von Anton Gensmann: 40
Gensmann, Johann Philipp, Sohn von Anton Gensmann: 43
Gensmann, Maria Magdalena, Tochter von Anton Gensmann: 43f.
Gerhardt, Paul: 228
Glaser, Hermann, Odenhausen (Lahn): 98
Glaser, Katharina Margaretha, Odenhausen (Lahn): 98
Glock, Johann Philipp, Pfarrer & Heimatforscher: 258-260
Goerzel, Peter („scheeler Heidenpeter"): 104, 229
von Goethe, Johann Wolfgang: 12, 27, 230, 260
Gombel, H. J., Hofrat, Wied-Neuwied: 83, 88
Gottschalk, Johann Georg („schwarzer Jung"): 104
Graff, Anton, Maler: 131
Grandisson, Carl (Grosjean), Heidelberg: 246
Grasmann, Johann Adam („langer Samel"): 100, 105, 126, 161
Gröber, Johann Adam, Waldkatzenbach: 129
von Grolman, Friedrich Ludwig Adolf, Kriminalrichter, Gießen: 17, 106, 108f., 113, 262
Gruber, N. N., Gerichtsschreiber, Heidelberg: 267, 269
Guggenmos, Josef, Schriftsteller: 262
Günther, Johann Georg, Dechant, Heidelberg: 278, 284, 287f.

Haag, Christian („dicker Bub"): 103
Hacks, Peter, Schriftsteller: 262
Hanhart, Rudolph, Kaufmann, Zürich/Winterthur: 23, 131f., 153f., 201f., 205, 236
Hansen, Familie, Gaerup: 54
Hauff, Wilhelm: 12, 261
Hauser, Kaspar, Findelkind: 208
Hegel, Georg Wilhelm Friedrich: 149
Heine, Heinrich: 18, 140, 142, 260, 262f.
Heinemann, Löb („Löb Langnas"): 104
Held, Balthasar („Karlsbub"): 103, 162f., 167, 170, 212, 220
Held, Bernhard („Karlsbub"): 103, 162f., 167, 169f., 212, 220
Held, Friedrich („Karlsbub"): 103, 162f., 167, 169, 212, 220
Heller, Katharina („die große Kathrin"): 104
Herbart, Johann Friedrich: 149
Herrenberger, Johann Baptist („Konstanzer Hans"): 112
Herrmann, Jakob, Wirt, Dörnigheim, bei Hanau: 123
Hessel, Damian, Mitglied der Rheinischen Räuberbande: 13, 17, 100, 107, 109, 114-116
Heusner, Johann Adam („dicker Hannadam"): 100, 103, 126, 161f., 193
Heusner, Stephan („langbeiniger Steffen"): 100, 105, 126, 129, 137, 162f., 170, 180

Hiemer, N. N., Amtmann, Nassau/Lahn: 31, 57f.
Hiert, N. N., Pfarrer, Heidelberg: 233
Hill, N. N., Stadtkommandant, Heidelberg: 190
Hille, Peter, Schriftsteller: 260
Hobsbawm, Eric J.: 109
Hoffmann, Johann Georg („kleiner Krämerjörg"): 104
Hoffmann von Fallersleben, August Heinrich: 261
Höflein, Thomas, Rotgerber, Heubach, Odenwald: 128
Hofmann, Johann Adam („Peter Heinrichs Hannadam"): 100f., 161, 176f.
Hofmann, Simon, Postillion: 131, 205
Hohenhorst, N. N., Oberhofgerichtskanzler, Mannheim: 214
Holdermann, Gerhard, Kaplan, Heidelberg: 213, 240, 278
Holzapfel, Johann („krummer Hannjost"): 104
Holzappel, Marie Elisabeth: 21, 47, 94f., 97-99
Holzappel, Sophia, Tochter von Marie Elisabeth Holzappel: 94
Horn, Georg („Wurzeljörg"): 106
von Hövel, Ludwig Wilhelm Alexander, Justizminister, Karlsruhe: 24
Hüffel, E. L. A., Hofrat, Solms-Braunfels: 83, 88

Ilfeld, Isaak Moses, Metzger, Homburg vor der Höhe: 123
Isac, Jacob („Schimme von Heldenbergen"), Komplize von Friedrich Philipp Schütz: 163f.

Jacob, Abraham, Mitglied der Niederländischen Räuberbande: 114
Jacob, Moyses, Mitglied der Niederländischen Räuberbande: 114
Jacobi, Joseph („Karlsbub"): 103, 162f., 167, 170, 212, 220, 281
Jacobi, Justus, Odenhausen (Lahn): 98
Janda, Elsbeth, Schauspielerin, Heidelberg: 261
Jensen, Ole, Kopenhagen: 37, 44f.
Jensen, Familie, Gaerup: 54
Johann, Andreas, Knecht, Gaerup: 50
Josel, Samuel, Metzger, Homburg vor der Höhe: 123
Joseph, Zaduck, Grävenwiesbach, bei Usingen: 99

Kahn, Herz Löw, Metzger, Homburg vor der Höhe: 123
Kämmerer, Ferdinand, Professor, Heidelberg/Rostock: 20, 149, 203, 236-239, 241-243, 249, 252, 274
Karl der Große: 252
Karl V., Deutscher Kaiser: 210
Karr, Johann Adam („strobeliger Adel"): 103, 162
Keil, Anton, Untersuchungsrichter, Köln: 17, 113, 115
Keil, Anton, Anführer einer Räuberbande: 176
Klein, Anna Barbara („Trief Augig Bäbelen"): 106
Klopstock, Friedrich Gottlieb: 38

Kloster, N. N., Mannheim, Zuchtmeister: 183
Klostermayer, Matthäus („der bayerische Hiasl"): 13
Knaut, Johannes („Halbbäckchen"): 103
Kneißl, Matthias, bayerischer Räuber: 13
Koch, N. N. („krummer Hannfriedel"): 104
Köhler, N. N., Referendar, Gelnhausen: 128
Körner, Theodor: 12
von Kotzebue, August: 151, 254
Krämer, Albert („Zunder-Albert"): 100, 106, 160
Krämer, Johann Jakob („Iltis Jakob"): 104
Krämer, Veit: 23, 100, 126, 128-130, 137f., 146, 155, 159-163, 166-169, 171, 179f., 182f., 189, 194, 196-199, 201, 203, 205-207, 211-213, 217, 220, 232, 236, 238, 246, 249, 251, 265, 267f., 276, 278, 284, 286-288
Krämers-Lis: 137f.
Kraus, Karl: 60
Krausnick, Michail, Schriftsteller: 18, 254f., 262
Krüdener, Familie, Kopenhagen: 38
Krumbholz, Friedrich, Pfarrverweser, Leimen, bei Heidelberg: 278
Krüss, James, Schriftsteller: 262

Lachmeyer, N. N., Gardist, Weinheim: 271, 273,
La Grave, Antoine („der große Galantho"): 107, 111f.
Lang, Georg Philipp („Hölzerlips"): 16f., 23, 100, 104, 116, 130, 135, 138, 146, 153, 156f., 159, 162f., 167-169, 177, 180, 183, 189, 196-199, 201, 203, 205-207, 211-213, 219-222, 232, 236-238, 241, 246, 248f., 251-256, 267f, 276, 278f., 284-286
Lang, Katharina, Frau von Georg Philipp Lang: 138, 183, 192
La Roche, Familie, Koblenz: 26
Larsen, Magnus, Kopenhagen: 65
Lasker-Schüler, Else: 18, 260
Lavater, Johann Caspar: 27
Lehn, Johannes („Musikanten-Hanneschen"): 105
Lenau, Nikolaus: 18
Levi, Salomon („klein Schlaumännchen"): 106
von der Leyen, Grafen: 31, 37
Liliencron, Detlev: 260
Lioba, Benediktinerin, Tauberbischofsheim: 230
List, Nickel, sächsischer Räuber: 13
Löwenstein, Johann Adam, Frücht: 32, 62
Löwenstein, Familie, Frücht: 60
Ludwig Wilhelm August, Großherzog von Baden: 149
Luise Amalie Stephanie, Prinzessin von Baden: 209
Luther, Martin: 261f.
Lutz, Ludwig, Komplize von Friedrich Philipp Schütz: 101

Lutz, Margarethe, Frau von Sebastian Lutz: 135
Lutz, Sebastian („Basti"): 23, 130, 135, 155f., 159f., 163, 167-169, 180, 187, 198, 201-203, 205-207, 209, 211-214, 219f., 232, 236, 238f., 251, 266-268, 276, 278, 282, 284f.

Mandler, Georg Ludwig, Müller, Kinzenbach: 174f.
Mandler, Johann Georg, Müller, Kinzenbach: 174
von Manger, Friedrich, Kreisdirektor, Mannheim: 213
Mangold, Gottfried, Frücht: 73
Mangold, Familie, Frücht: 60
Marchand, N. N., Kanzleidirektor, Anhalt-Schaumburg: 83, 88
Marx, Hirsch, Kaufmann, Heidelberg: 150
Marx, Joseph („Zundelsepp"): 106
Mattern, Georg Philipp, Müller, Kinzenbach: 174
Mayer, Isaak, Kaufmann, Heidelberg: 150
Mayer, Salomon, Kaufmann, Heidelberg: 150
Mayer, Theodor Daniel („Näpflensmacher"): 105
Mays, Georg Daniel, Oberbürgermeister, Heidelberg: 190, 265
Meinhard, Balthasar („Schmuh-Balser"): 106
Meister, K., Justizrat, Solms-Laubach: 83, 88
Mereau, Sophie, Schriftstellerin, Ehefrau von Clemens Brentano: 230
Metz, Familie, Frücht: 60
Molitor, Dominicus, Advokat, Mannheim: 209-212
Mörike, Eduard: 262
Moses, Abraham („das getaufte Jüdchen"): 104
de la Motte Fouqué, Friedrich: 149
Muck, Itzig, Mitglied der Niederländischen und Rheinischen Räuberbanden: 100
Mühsam, Erich: 18
Müller, Anna Magdalena, Ehefrau von Johann Gottfried Müller: 30, 34, 49
Müller, Anthon, Schuhmacher, Kopenhagen: 40
Müller, Catharina Anna Elisabeth, Tochter von Anna Magdalena & Johann Gottfried Müller: 39, 45, 49
Müller, Elisabetha Catharina, Tochter von Anna Magdalena & Johann Gottfried Müller: 30, 49
Müller, Johann Friedrich, Sohn von Anna Magdalena & Johann Gottfried Müller: 30, 49
Müller, Johann Georg („Ofenputzers Jörg"): 105
Müller, Johann Gottfried, Bruder von Maria Margaretha Schütz: 30-32, 37, 40f., 44, 49f., 52, 54f.
Müller, Johanne, Tochter von Anna Magdalena & Johann Gottfried Müller: 49
Müller, Katharina Margaretha, Tochter von Anna Magdalena & Johann Gottfried Müller: 30, 43, 49

Müller, Maria Susanna, Tochter von Anna Magdalena & Johann Gottfried Müller: 30, 49
Müller, Peter Christian, Sohn von Anna Magdalena & Johann Gottfried Müller: 40, 49
Müller, Philipp („stumpfarmiger Zimmermann"): 106, 117f., 137f., 162, 180
Münch, Fr., Consulent, Wetzlar: 83, 88
Mündorfer, Kaspar („Bürstenkaspar"): 103
Münter, Balthasar, Pfarrer, Kopenhagen: 19, 38-40, 42f., 45, 53, 55, 89
Münter, Friedrich, Bischof, Sohn von Balthasar Münter: 38
Mürck, Jürgen, Controleur, Kopenhagen: 40
Murr, Leonhard, Zollbeamter, Nürnberg: 124

Nadler, Karl Gottfried, Rechtsanwalt & Mundartdichter, Heidelberg: 252f
Napoleon I: 19, 121, 145, 245
Nern, Anna Katharina, Ehefrau von Friedrich Philipp Schütz: 21, 47, 72, 101, 114, 122, 129, 164, 166f., 173-185, 211, 228, 230, 257, 259-261, 280
Nern, Anna Margaretha, geb. Mandler, Mutter von Anna Katharina Nern, Kinzenbach: 175, 184
Nern, Johann Heinrich, Vater von Anna Katharina Nern, Kinzenbach: 175
Nern, Maria Katharina > Steinbach, Maria Katharina
Niebuhr, Carsten, Forschungsreisender: 38
Nielsen, Familie, Gaerup: 54
Nötzoldt, Fritz, Journalist, Heidelberg: 261

Oesterlein, Matthäus („Krämer Mathes"): 100, 146, 162f., 169, 196, 203, 210-213, 219f., 232, 236, 238, 241, 246, 249, 265, 267f., 271, 276, 278f., 281, 284, 286
Ostwald, Hans, Journalist, Berlin: 260f.

Pedersen, Familie, Gaerup: 54
Petry, Andreas („Andreas Wild", „Köhlers Andres"): 23, 130, 136, 155, 159, 161, 164, 167, 169, 177, 183, 192, 197f., 201, 203, 205-207, 211-214, 217, 219-221, 225, 232, 236-239, 251, 258, 266-268, 276, 278f., 282, 284f.
Petry, Peter („Johannes Wild", „der schwarze Peter"), Vater von Andreas Petry: 100, 105, 107, 161, 169, 180, 192, 203
Pfeiffer, Heinrich („Pfeifferchen"): 105
Pfister, Balthasar, Vater von Ludwig Aloys Pfister: 139
Pfister, Ludwig Aloys: 17, 18, 20, 49, 72f., 75, 94, 96f., 100, 106-110, 113-116, 118f., 124-126, 128, 130f., 139-152, 158-161, 164-169, 171, 176-182, 184, 186-188, 190-199, 202, 205-207, 209-214, 216-223, 225, 228, 230-232, 234-236, 238-242, 245f., 248, 254f. 257-260, 262, 264-269, 271-276, 278-282, 284f.
Pfister, Maria Agathe, Mutter von Ludwig Aloys Pfister: 139
Picard, Abraham, Mitglied der Niederländischen Räuberbande: 107, 114f.
Pöllmann, N. N., Wirt, Hallenberg, Sauerland: 101
von Pötz, N. N., Amtmann, Heidelberg: 265f.
von Preuschen, Georg Ernst Ludwig, nassau-oranischer Beamter: 77

Preuss, Dieter, Journalist, Mannheim: 16, 18, 255, 257, 262

Rantzau, Familie, Kopenhagen: 38
Rasmussen, Familie, Gaerup: 54
Rebmann, Andreas Friedrich Georg, Richter, Mainz/Trier: 17, 106, 116
Reinhard, Johannes („Zunderhannes"): 106
Reinhardt, Jacob („Hannikel"): 13, 17, 107, 112
Reinig, Christa, Schriftstellerin: 262
Reipert, Johann („großer Johann"): 104
von Reventlow, Johann Ludwig, dänischer Politiker: 19, 49-56
von Reventlow, Sybille, Ehefrau von Johann Ludwig von Reventlow: 51
von Reventlow, Familie, Kopenhagen: 38, 49
Rhein, Wilhelm („Überrheiner Wilhelm"): 106
Richter, Jean Paul Friedrich: 149
Rieter, Hans Jacob, Kaufmann, Winterthur: 17, 21, 23, 131f., 143, 153f., 158f., 168, 201f., 205, 207, 210, 222, 233, 236, 262, 286
Röser, Johann Georg, Grünstadt (?): 47, 94
Rousseau, Jean-Jacques: 26, 50
Rupprecht, Johann Martin („Hessen-Martin"): 100, 104, 123-125
Rütsch, N. N. („Frißnichts"): 103

von Sacher-Masoch, Leopold: 230
Sachs, Hans: 261
Sachsen-Weimar, Herzogin von: 26
Samuel, Moses („Goldvögelchen"): 104
Sand, Karl Ludwig, Student, Mörder > August von Kotzebues: 250, 254
Sartor, Johann Georg, nassau-oranischer Beamter, Dillenburg: 20, 65f., 91
Sauerwein, N. N., Witwe, Kleestadt: 129
Seelig, N. N., Arzt, Marburg: 141
Seemann, Magdalena („dreckete Opersch"): 105
Selzer, Elisabeth („Fulderlies"), Mutter von Eva Selzer: 103, 160, 182, 249
Selzer, Eva, Ehefrau von > Veit Krämer: 129, 137, 167, 182
Siegel, Bernhard, Oberhofgerichtskanzler, Mannheim: 214
Soegaard, Margaretha, Ehefrau von Peter Soegaard, Kopenhagen: 40, 45
Soegaard, Peter, Tabak-Unternehmer, Kopenhagen: 38-40, 43, 45
Söltel, Johann Richard, Kaufmann, Nürnberg: 124f.

Schäffer, Jakob Georg, Oberamtmann, Sulz am Neckar: 112f.
von Schenck, A., nassau-oranischer Beamter, Hadamar: 90f.
Schiller, Friedrich: 12, 14, 16, 18, 56
von Schimmelmann, Familie: 38
von Schimmelmann, Charlotte, 2. Ehefrau von Heinrich Ernst von Schimmelmann: 51
von Schimmelmann, Emilia, 1. Ehefrau von Heinrich Ernst von Schimmelmann: 25-27, 51

von Schimmelmann, Heinrich Ernst: 19, 25-30, 37f., 40f., 42, 49-52, 56
von Schimmelmann, Heinrich Karl, Vater von Heinrich Ernst von Schimmelmann: 26, 42
Schleicher, Martin, Gefängniswärter, Heidelberg: 232, 238
Schleiermacher, Friedrich: 149
Schlöndorff, Volker, Regisseur: 13
Schmeckenbecher, Erich, Musiker: 262
Schmidt, N. N., Postillion, Marburg: 141
Schmidt, Friedrich („Bigeleisen"/„Dornstöffel"): 103, 106
Schmidt, Georg („Glaserchen"/„großer Harzbub"/„Tanzstoffel"): 103f., 106, 130f., 167
Schmitt, Johann Christoph („Lumpenstoffel"): 104
Schmitt, N. N., Scharfrichter, Mannheim: 254
von Schmiz, Franz, Hofrichter, Mannheim: 213f., 278
Schnatz, Peter, Maler, Mannheim: 255-257
Scholem, Gerhard (Gershom): 12
Schönemann, Anna Elisabeth (Lili), Frankfurt am Main: 230
Schopenhauer, Arthur: 230
Schott, N. N., Gerichtssekretär, Mannheim: 24
Schreck, Margaretha, Arbeiterin, Kopenhagen: 40
Schultz, Matthäus, Waldkatzenbach: 129
Schulz, N. N., Marburg: 140, 142
Schulz, Johann („Vogelhannes"/„Krautscheißer"): 106, 162, 212
Schütz, Anna Katharina > Nern, Anna Katharina
Schütz, Anna Maria, Ehefrau von Hans Anders Schütz: 16
Schütz, Christiana Maria, Schwester von Friedrich Philipp Schütz: 37, 40, 44
Schütz, Christoph, Stiefsohn von Friedrich Philipp Schütz: 21, 164, 166f., 176, 180, 183f., 189, 230, 280
Schütz, Friedrich Philipp („Mannefriedrich"): passim
Schütz, Hans Anders (Enders), Ururgroßvater von Friedrich Philipp Schütz, Frücht: 16
Schütz, Johann Gottfried, Bruder von Johann Valentin Schütz (sen.), Frücht: 30, 32, 62
Schütz, Johann Jacob, Urgroßvater von Friedrich Philipp Schütz, Frücht: 60
Schütz, Johann Philipp sen., Verwandter von Johann Valentin Schütz (sen.), Frücht: 60
Schütz, Johann Valentin (sen.), Vater von Friedrich Philipp Schütz: 30-33, 37, 39-41, 43f., 47, 50, 61f., 64, 89, 129
Schütz, Johann Valentin, Sohn von Anna Catharina Nern & Friedrich Philipp Schütz: 21, 129f., 164, 180, 183f., 230, 280
Schütz, Katharina Margaretha, Schwester von Friedrich Philipp Schütz: 28, 43, 50, 54f., 64-66, 73, 77, 91, 94
Schütz, Katharina Margaretha, Tochter von Friedrich Philipp Schütz & Marie Elisabeth Holzappel: 21, 98f.
Schütz, Maria Catharina, Großmutter des Friedrich Philipp Schütz: 29f.

Schütz, Maria Elisabetha, Schwester von Friedrich Philipp Schütz: 28, 43, 50, 54f., 64-66, 73, 77, 91, 94
Schütz, Maria Magdalena, Schwester von Friedrich Philipp Schütz: 28, 47, 50, 64, 66, 82, 94
Schütz, Maria Margaretha, geb. Müller, Mutter von Friedrich Philipp Schütz: 31, 33, 39f., 44, 47, 49f., 52, 55, 57f., 60-63, 71-73, 75, 77-79, 82, 91, 93f., 177, 184, 226
Schütz, Maria Margarethe (sen.), Schwester von Johann Valentin Schütz (sen.), Frücht/Frankfurt am Main: 66
von Schütz, F. A., Oberamtmann, Trier: 83, 88
Schwarz, Friedrich Heinrich Christian, Kirchenrat, Heidelberg: 281
Schwarz, Maria Catharina, Schwester von Johann Valentin Schütz (sen.): 33, 54, 64
Schwarzschild, Feidel David, Metzger, Homburg vor der Höhe: 123
Schwencken, Carl Philipp Theodor, Untersuchungsrichter, Kassel: 17, 106, 113

Starcke, N. N., Commis, Nürnberg: 124
vom und zum Stein, Carl Philipp, Vater von Heinrich Friedrich Karl vom und zum Stein: 26f.
vom und zum Stein, Heinrich Friedrich Karl: 19, 30, 47, 57-63, 65, 89
vom und zum Stein, Henriette Caroline, Mutter von Heinrich Friedrich Karl vom und zum Stein: 19, 26-28, 30
Steinbach, Johannes, Kinzenbach: 177
Steinbach, Maria Katharina, Schwester von > Anna Katharina Nern/Schütz:176f., 184
Steininger, Johann Adam („Überrheiner Hannadam"): 106
Steinmetz, Familie, Frücht: 60
Stolberg, Familie, Kopenhagen: 38
della Strata, Philipp und Familie, Nievern/Kopenhagen: 31, 37
Strauß, Joseph Löw, Metzger, Homburg vor der Höhe: 123

Thibaut, Anton Friedrich Justus, Professor, Heidelberg: 150
Thron, Andreas („Neunfinger-Andres"): 105
Treber, Johann Adam („Schnallenmacher", „der kleine Johann"): 106, 123f., 162
von Trotta, Margarethe, Regisseurin: 13
Tullian, Lips, Mitglied einer sächsischen Räuberbande: 13

Uhland, Ludwig: 260, 262
Ungerer, Tomi: 14

Vetter, Franz („scheeler Hauptmann"): 104
Vielmetter, Johannes („Jakobheinrichs Hanneschen"): 100, 104
Vigelius, Ludwig Christian, Amtmann, Nassau-Usingen: 83, 88
Vogt, Johann Heinrich („Schodenheinrich"): 106, 123, 126, 162, 197
Vogt, Johannes („Porzellan-Hannes"): 105, 123
Vogt, Wilhelm, Sohn von Johannes Vogt: 123
Vulpius, Christian August, Schriftsteller: 12

Wallmoden, Familie, Hannover: 26
Walther, G., Regierungsbeamter, Karlsruhe: 24
Walz, N. N., Bürgermeister, Heidelberg: 265
Weber, Matthias („der Fetzer"), Mitglied der Rheinischen Räuberbande: 13, 17, 100, 107, 114-116
Weber, N. N., Amtmann, Heidelberg: 165f.
Wedekind, Frank: 18, 260
von Weiler, N. N., Justizrat, Mannheim: 214
Weinhändler, Maria Magdalena („Schnauz Madel"): 106
Weippert, Kaspar, Musiklehrer, Heidelberg: 258
Weippert, Nannette, Musiklehrerin, Heidelberg: 258
Weis, Johann Adam („Scheerenschleifers Hannadam"): 105, 126, 168
Weise, N. N., Hofrat, Heidelberg: 236, 249
Weiß, N. N., Regierungsbeamter, Karlsruhe: 268
Werner, Johann („Wuttwuttwutt"): 106
Werner, Konrad („schwarzer Konrad"/„Mahne-Conrad"): 104f.
Widmann, Franz Wilhelm, Tierarzt & Scharfrichter, Heidelberg: 252, 254, 269, 275, 283-285
Wiederhold, N. N., Hofrat, Marburg: 140f.
Wiederhold, Helene, Marburg, 1. Ehefrau von > Ludwig Aloys Pfister: 140-142
Wieler, N. N., Stein'scher Amtmann: 58
Wilckens, N. N., Amtmann, Heidelberg: 265f., 281
Wilhelm II, Deutscher Kaiser: 261
Wilhelm V., Fürst von Nassau-Oranien: 20, 80
Wohl, Jeanette: 230
Wolf, Christian Theodor, Pfarrer, Heidelberg: 184, 213, 238-241, 243, 249, 278, 281-286
Würmle, Hans-Jerg („Sau-Jerg"): 105
Wüstenfeld, N. N., Amtmann, Nassau-Weilburg: 83, 88

Zachariä, Carl Salomo, Professor, Heidelberg: 149
Zengerle, G., Lieutenant, Wied-Runkel: 83, 88
Zerbach, Johann Jost und Familie, Fachbach/Kopenhagen: 31, 37
Ziegler, N. N., Amtmann, Mannheim: 161, 210, 213
von Zinzendorf, Nikolaus Ludwig: 262
Zipf, Stephan, Professor & Arzt, Heidelberg: 265, 267, 283
Zschokke, Heinrich, Schriftsteller: 12
Zuckmayer, Carl: 12, 262,
von Zyllnhardt, Karl, Hofrichter, Mannheim: 214

## Dank

Für sachdienliche Auskünfte, ermutigendes Mitdenken, tatkräftige Hilfe und weiterführende Ratschläge danke ich:

### Einzelpersonen

Herrn Prof. Dr. Burghard Dedner, Marburg
Herrn Prof. Hermann Harrasowitz, Altdorf
Frau Ursula Hatzfeld, Dillenburg
Herrn Ernst Jochum, Bonn
Frau Birthe Kain, Odense, Dänemark
Frau Anneliese Mischewski, Ilbesheim
Frau Christine Moos M. A., Freiburg i. Br.
Herrn Helmut Römer, Heuchelheim
Herrn Manfred Schmidt, Krofdorf-Gleiberg
Herrn Prof. Dr. Alexander Schwarz, Lausanne, Schweiz

### Bibliotheken

Universitäts- und Landesbibliothek Bonn
Bibliothek der Friedrich Ebert Stiftung Bonn
Staats- und Universitätsbibliothek Hamburg
Universitätsbibliothek Heidelberg
Deutsche Nationalbibliothek Leipzig
Pfälzische Landesbibliothek Speyer
Universitätsbibliothek Tübingen
Studienbibliothek Winterthur, Schweiz
Bibliothek der Eidgenössischen Technischen Hochschule Zürich, Schweiz

### Kirchenarchive

Archiv der Evangelischen Kirche im Rheinland, Boppard
Zentralarchiv der Evangelischen Kirche in Hessen und Nassau, Darmstadt
Erzbischöfliches Archiv Freiburg i. Br.
Evangelischer Oberkirchenrat Karlsruhe, Landeskirchliches Archiv
Landeskirchliches Archiv der Evangelisch-Lutherischen Kirche in Bayern, Nürnberg
Gottesdienst-Institut der Evangelisch-Lutherischen Kirche in Bayern, Nürnberg
Verband evangelischer Kirchenmusikerinnen und Kirchenmusiker in Deutschland, Nürnberg
Kreiskirchenamt Siegen
Zentralarchiv der Evangelischen Kirche der Pfalz, Speyer

**Kirchengemeinden**
Evangelische Kirchengemeinde Frücht
Protestantische Kirchengemeinde Grünstadt
Evangelische Kirchengemeinde Hülscheid-Heedfeld, Herrn Dieter Walk
Evangelische Kirchengemeinde Kölschhausen
Evangelische St. Petri Kirchengemeinde, Kopenhagen, Dänemark
Evangelische Kirchengemeinde Krofdorf-Gleiberg
Evangelische Kirchengemeinde Netphen
Evangelische Kirchengemeinde Schalksmühle-Dahlerbrück
Evangelische Kirchengemeinde Strümpfelbrunn-Waldkatzenbach

**Stadtarchive**
Stadtarchiv Arnsberg
Stadtarchiv Bad Ems, Herrn Dr. Hans-Jürgen Sarholz
Stadtarchiv Bad Vilbel
Stadtarchiv Diez
Stadtarchiv Dillenburg
Institut für Stadtgeschichte Frankfurt am Main
Standesamt der Stadt Grünstadt
Stadtarchiv Hanau
Stadtarchiv Heidelberg, Herrn Günther Berger
Stadtarchiv Limburg
MARCHIVUM, Stadtarchiv Mannheim
Stadtarchiv Winterthur, Schweiz

**Staatliche Archive**
Baden-Württemberg:
    Universitätsarchiv Heidelberg
    Generallandesarchiv Karlsruhe
Hessen:
    Hessisches Staatsarchiv Darmstadt
    Archiv der Justus Liebig Universität Gießen
    Hessisches Staatsarchiv Marburg
    Archiv der Philipps-Universität Marburg
    Hessisches Hauptstaatsarchiv Wiesbaden
Mecklenburg-Vorpommern
    Universitätsarchiv Rostock
Nordrhein-Westfalen:
    Landesarchiv Nordrhein-Westfalen, Abt. Westfalen, Münster
Rheinland-Pfalz:

Landeshauptarchiv Rheinland-Pfalz, Koblenz
Schleswig-Holstein:
    Landesarchiv Schleswig-Holstein, Schleswig
Dänemark:
    Rigsarkivet Kopenhagen
    Københavns Kommune, Stadsarkivet, Kopenhagen

**Andere Einrichtungen**
Zentrum für Populäre Kultur und Musik (Deutsches Volksliedarchiv) Freiburg i. Br.
Gaerup Skolemuseum, Gaerup, Dänemark
Heimatmuseum Heuchelheim
Kunsthalle Mannheim, Bibliothek
Stiftung Künstlernachlässe Mannheim
Hessisches Landesamt für geschichtliche Landeskunde Marburg
Archiv der Freiherrn vom und zum Stein, Nassau/Lahn
Freundeskreis Till Eulenspiegels Schöppenstedt
Landesamt für Denkmalpflege Hessen, Wiesbaden

# Bildnachweis

S. 14: Wikipedia, Foto: H.-P. Haack
S. 15: MARCHIVUM, Stadtarchiv Mannheim, Kartensammlung, Ks 00084
S. 22: akg-images Nr. AKG26753 (Gröber nach Trunz)
S. 25: Museum Bad Ems, Sammlung Druckgrafik
S. 39: wikimedia commons, St. Petri, https://commons.wikimedia.org/wiki/File:Sankt_Petri_kirke_1764.jpg (eingesehen am 9. 5. 2018)
S. 41: wikimedia commons, Rosenborggade (P. C. Klaestrup), https://commons.wikimedia.org/wiki/File:Rosenborggade_(P._C._Kl%C3%A6strup).jpg (eingesehen am 9. 5. 2018)
S. 51: Wikipedia, Danmarks Riges Historie, Bd. 5
S. 55: Sammlung Becker 2016
S. 64: Creative Commons, Haselburg-Müller
S. 76: Staats- und Universitätsbibliothek Göttingen, DD ZA 1
S. 82: Staats- und Universitätsbibliothek Göttingen, DD ZA 1
S. 90: Staats- und Universitätsbibliothek Göttingen, DD ZA 1
S. 91: Wikimedia Commons, aus: Ferdinand Luthmer: Die Bau- und Kunstdenkmäler des Lahngebiets. Frankfurt am Main: Keller, 1907
S. 95: Landesamt für Denkmalpflege Hessen (Uwe Rüdenburg)
S. 110: Ludwig Pfister: Nachtrag zu der aktenmäßigen Geschichte ..., Heidelberg, 1812, S. 350
S. 121: Karte 23 in: Geschichtlicher Atlas von Hessen. Begründet und vorbereitet durch Edmund E. Stengel, bearb. von Friedrich Uhlhorn, Marburg, 1975 (www.lagis-hessen.de)
S. 127: Stadtarchiv Bad Vilbel
S. 132: Sammlung Becker, 2007
S. 134: Generallandesarchiv Karlsruhe, Best. 229, Nr. 42188; S. 16
S. 146: Vorblatt zu Ludwig Pfister: Nachtrag zu der aktenmäßigen Geschichte ..., Heidelberg, 1812
S. 151: Wikipedia
S. 163: Generallandesarchiv Karlsruhe, Best. J-N, Nr. R 2
S. 175: Heimatmuseum Heuchelheim
S. 189: Universitätsbibliothek Tübingen, Sign. Hn 63 R
S. 191: Stadtarchiv Heidelberg
S. 193: MARCHIVUM, Stadtarchiv Mannheim, Bildsammlung, ABO 1612-0-01b.
S. 209: Wikimedia Commons
S. 221: Universitätsbibliothek Tübingen, Sign. Hn 63 R
S. 224: Friedrich Herzberg: Leben und Meinungen des Till Eulenspiegel, 1779, S. 59
S. 227: Neues Nördlingisches Gesangbuch, 1785, Nr. 443, S. 365
S. 237: Universitätsbibliothek Tübingen, Sign. Hn 63 R
S. 242: Stadtarchiv Heidelberg
S. 243: Universitätsarchiv Rostock, 8.03.1. Ferdinand Kämmerer
S. 253: Karl Gottfried Nadler: „Fröhlich Palz, Gott Erhalt's", Lahr, 1881, S. 197. Illustration: A. Oberländer
S. 256: Künstlernachlässe Mannheim (H.-J. Schröder)
S. 273: Lithografie von C. Wagner, Karlsruhe, bei Joseph Engelmann, 1821
S. 277: Generallandesarchiv Karlsruhe, Best. 240, Nr. 1900a
S. 283: Universitätsbibliothek Tübingen, Sign. Hn 63 R